TUDI ZENGZHISHUI
SHIWU YU ANLI

土地增值税实务与案例

主　编◎吴　健
副主编◎柴成山　景志伟　魏高兵

立信会计出版社
LIXIN ACCOUNTING PUBLISHING HOUSE

图书在版编目(CIP)数据

土地增值税实务与案例／吴健主编．—上海：立信会计出版社，2020.4

ISBN 978-7-5429-6436-6

Ⅰ.①土… Ⅱ.①吴 Ⅲ.①土地增值税—税收管理—案例—中国 Ⅳ.①F812.424

中国版本图书馆 CIP 数据核字(2020)第 047378 号

策划编辑　张巧玲
责任编辑　陈　瑶

土地增值税实务与案例
Tudi Zengzhishui Shiwu Yu Anli

出版发行	立信会计出版社		
地　　址	上海市中山西路 2230 号	邮政编码	200235
电　　话	(021)64411389	传　　真	(021)64411325
网　　址	www.lixinaph.com	电子邮箱	lixinaph2019@126.com
网上书店	http://lixin.jd.com		http://lxkjcbs.tmall.com
经　　销	各地新华书店		
印　　刷	河北鑫兆源印刷有限公司		
开　　本	787 毫米×1092 毫米	1/16	
印　　张	24.25	插　　页	1
字　　数	436 千字		
版　　次	2020 年 4 月第 1 版		
印　　次	2020 年 4 月第 1 次		
书　　号	ISBN 978-7-5429-6436-6 / F		
定　　价	89.00 元		

如有印订差错，请与本社联系调换

序

财政是国家治理的基础和重要支柱，科学的财税体制是优化资源配置、实现国家长治久安的制度保障。土地是财富之母，历史上基于土地的农业税，当今依附土地的各种税收是落实国家有效治理、形成良好财政的重要抓手。由于房地产开发周期长、业务复杂，加之土地增值税制度体系不完善、地方规定不统一、执法口径不一致等因素，常被戏称为“土地争执税”。尤其是2013年年底中央电视台有关土地增值税的系列报道，再次将土地增值税推向了风口浪尖。2019年7月16日，财政部和国家税务总局就《中华人民共和国土地增值税法（征求意见稿）》向社会公开征求意见，引起了社会各界的广泛关注。

由于土地增值税清算要求高、把握难、风险大，一直让广大纳税人和基层税务干部感到困扰。有鉴于此，有着长期土地增值税清算管理、涉税服务与培训实战经验的吴健、柴成山等共同编著了《土地增值税实务与案例》一书，为广大纳税人以及税务工作者学习、运用土地增值税政策，提供了一本操作性很强的工具书，以有效化解土地增值税征纳风险。该书还可以作为高等院校财税、会计类专业的参考教材，也适合税务硕士专业学位（MT）研究生培养的重要参考书。侧重实务、起步较晚的专业学位，也需要实务界人士提供可视化的教材，催化高等税务人才培养。

该书对现行土地增值税政策体系研究全面透彻、务实具体，非常好地体现了以下几个方面的特色：

一是注重体系研究。该书紧紧围绕土地增值税预征与清算这一主线展开，具体包括：土地增值税概述、转让房地产收入、扣除项目、税收优惠、预征与清算、应纳税额计算、清算管理、后续管理与风险管理、企业改制重组、征收管理以及清算鉴证十一章内容。全面阐述了现行土地增值税从预征到清算，以及后续管理与清算鉴证等政策体系。

二是突出清算实务。该书突出实务，针对土地增值税预征与清算过程中的疑难问题，从清算申报、清算受理、清算审核，到后续管理、风险管理，再到清算鉴证等全流程给出实操指导。

三是精选典型案例。该书在收集整理大量典型案例（如大山房地产清算案、德发房地产税案等）的同时，精选作者工作中实际操作过的大量的典型案例（如深入剖析成本结构、加强税前扣除审核、某房地产开发公司土地增值税清算案例等），以案说法、启发运用。

四是关注风险管理。针对国税地税合并、"金税三期"上线和税收风险管理给纳税人带来的新风险，该书突出土地增值税税收风险识别与应对，解密典型土地增值税风险识别模型，并给出科学的应对策略。

五是紧跟税收立法。本书在以大量案例解析现行土地增值税政策规定的同时，紧跟土地增值税立法动态，并全面对比分析了《中华人民共和国土地增值税法（征求意见稿）》与现行《中华人民共和国土地增值税暂行条例》及其实施细则的主要变化。

《土地增值税实务与案例》即将出版，我相信阅读此书，对掌握和运用税收政策，做好土地增值税征纳工作，一定会有所帮助和启发，也一定会对中国高端税务人才的培养有所裨益。

当然，该书对土地增值税问题的研究也并非十全十美，如对土地增值税立法问题，还有进一步深入研究的空间等。希望作者在今后不断加强这方面的研究与探索。

南京财经大学财政与税务学院院长、公共财政研究中心主任

中国系统工程学会——社会经济系统分会副会长、

中国财政学会第十届理事会理事

朱　军　教授

2020年4月28日

目　录

第一章　土地增值税概述

> 世界上只有两件事是不可避免的，那就是税收和死亡。
>
> ——本杰明·富兰克林

土地增值税是国家为了规范土地、房地产市场交易秩序，合理调节土地增值收益，维护国家权益而开征的税种。土地增值税是以纳税人转让国有土地使用权、地上的建筑物及其附着物（以下简称转让房地产）所取得的增值额为征税对象，依照规定税率征收的一种土地资源税。国务院在1993年12月13日公布了《中华人民共和国土地增值税暂行条例》（国务院令第138号，以下简称《土地增值税暂行条例》），财政部于1995年1月27日公布了《中华人民共和国土地增值税暂行条例实施细则》（财法字〔1995〕6号，以下简称《土地增值税暂行条例实施细则》），规定土地增值税从1994年1月1日起在全国开征。

第一节　纳税义务人

一、纳税义务人概述

（一）纳税义务人定义

纳税义务人，简称为纳税人，是指法律、行政法规规定负有纳税义务的单位和个人。每一种税都有关于纳税义务人的规定，如果不履行纳税义务，应当由该行为的直接责任人承担法律责任。现代社会，人人都承担或多或少的纳税义务，事实上都是纳税人。税法规定的直接负有纳税义务的人可以是自然人（个人），也可以是单位。

（二）纳税人与负税人

负税人与纳税人是两个既有联系又有区别的概念。纳税人是具有纳税义务、直接向税务机关缴纳税款的单位与个人；负税人是实际负担税款的单位与个人。如果说纳税人是法律上的纳税主体，负税人则是经济上的纳税主体。纳税人与负税人有时是一致的，有时是不一致的。纳税人如果能够通过一定途径把税款转嫁或转移出去，纳税人就不再是负税人；否则，纳税人同时也是负税人。由此可见，纳税人和负税人的不一致是由税负转嫁引起的。税法中并没有负税人的规定，国家在制定税法时，只规定由谁负责缴纳税款，并不规定税款最终由谁承担。

二、纳税人的权利与义务

（一）纳税人的权利

根据《国家税务总局关于纳税人权利与义务的公告》（国家税务总局公告2009年第1号）的规定，纳税人（或扣缴义务人）在履行纳税义务过程中，依法享有14项权利：①知情权；②保密权；③税收监督权；④纳税申报方式选择权；⑤申请延期申报权；⑥申请延期缴纳税款权；⑦申请退还多缴税款权；⑧依法享受税收优惠权；⑨委托税务代理权；⑩陈述与申辩权；⑪对未出示税务检查证和税务检查通知书的拒绝检查权；⑫税收法律救济权；⑬依法要求听证的权利；⑭索取有关税收凭证的权利。

（二）纳税人的义务

依照宪法、税收法律和行政法规的规定，纳税人（或扣缴义务人）在纳税过程中有以下10项义务：①依法进行税务登记的义务；②依法设置账簿、保管账簿和有关资料以及依法开具、使用、取得和保管发票的义务；③财务会计制度和会计核算软件备案的义务；④按照规定安装、使用税控装置的义务；⑤按时、如实申报的义务；⑥按时缴纳税款的义务；⑦代扣、代收税款的义务；⑧接受依法检查的义务；⑨及时提供信息的义务；⑩报告其他涉税信息的义务。

三、土地增值税纳税人

根据《土地增值税暂行条例》第二条的规定，转让国有土地使用权、地上的建筑物及其附着物（以下简称转让房地产）并取得收入的单位和个人，为土地增值税的纳税义务人（以下简称纳税人），应当依照《土地增值税暂行条例》缴纳土地增值税。

根据《土地增值税暂行条例实施细则》第六条的规定，《土地增值税暂行条例》第二条所称的单位，是指各类企事业单位、国家机关和社会团体及其他组织。《土地增值税暂行条例》第二条所称个人，包括个体经营者。

由此可见，土地增值税的纳税义务人是有偿转让国有土地使用权、地上的建筑物及其附着物的单位和个人。包括各类企事业单位、国家机关、社会团体、其他组织以及个体工商户和自然人。

根据《国务院关于外商投资企业和外国企业适用增值税、消费税、营业税等税收暂行条例的有关问题的通知》(国发〔1994〕10 号)的规定，土地增值税也同样适用于涉外企业、单位和个人。因此，外商投资企业、外国企业、外国驻华机构、外国公民、华侨以及中国港澳台同胞等，只要转让中国境内的房地产并取得收入，就是土地增值税的纳税义务人，均应按规定照章纳税。

第二节　征税范围与计税依据

一、征税对象

征税对象又称课税对象，是税法规定的征税的目的物，是国家据以征税的依据。通过规定课税对象，解决对什么征税这一问题。每一种税都有自己的课税对象，否则，这一税种就失去了存在的意义。凡是被列为课税对象的，就属于该税种的征收范围；凡是未被列为课税对象的，就不属于该税种的征收范围。例如，所得税的课税对象是企业的所得额和自然人的工资、薪金等各项所得。

课税对象是一个税种区别于另一个税种的主要标志，是税收实体法的基本要素之一，它体现着课税范围的广度。在具体工作中，要注意征税对象与计税依据、税目、税源等的关系。

二、土地增值税的征税范围

根据《土地增值税暂行条例》的规定，凡转让国有土地使用权、地上的建筑物及其附着物并取得收入的行为都应缴纳土地增值税。该界定有如下几层含义。

(一) 仅对转让国有土地使用权的征收

土地增值税仅对转让国有土地使用权的征收，对转让集体土地使用权的不征税。这是因为，在 2019 年 12 月 31 日之前根据原《中华人民共和国土地管理法》的规定，国家为了公共利益，可以依照法律规定对集体土地实行征用，依法被征用后的土地属于国家所有。未经国家征用的集体土地不得转让。自行转让集体土地是一种违法行为。对这种违法行为应由有关部门依照相关法律来处理，而不应纳入土地增值税的征税范围。

（二）只对转让的房地产征收土地增值税

只对转让的房地产征收土地增值税，不转让的不征税。如房地产的出租，虽然取得了收入，但没有发生房地产的产权转让，不应属于土地增值税的征收范围。

（三）对转让房地产并取得收入的征税

转让国有土地使用权、地上的建筑物及其附着物（以下简称转让房地产）并取得收入，根据《土地增值税暂行条例实施细则》第二条的规定，是指以出售或者其他方式有偿转让房地产的行为。不包括以继承、赠与方式（另有规定的除外）无偿转让房地产的行为。

对转让房地产并取得收入的征税，对发生转让行为，而未取得收入的（除另有规定外）不征税。如通过继承、赠与方式转让房地产的，虽然发生了转让行为，但未取得收入，除另有规定外，不应征收土地增值税。

（四）未办理土地使用权证转让土地征税问题

根据《国家税务总局关于未办理土地使用权证转让土地有关税收问题的批复》（国税函〔2007〕645号）的规定，土地使用者转让、抵押或置换土地，无论其是否取得了该土地的使用权属证书，无论其在转让、抵押或置换土地过程中是否与对方当事人办理了土地使用权属证书变更登记手续，只要土地使用者享有占有、使用、收益或处分该土地的权利，且有合同等证据表明其实质转让、抵押或置换了土地并取得了相应的经济利益，土地使用者及其对方当事人应当依照税法规定缴纳土地增值税和契税等相关税收。

【例1-1】 下列情形中，应当计算缴纳土地增值税的是（　　）。

A. 工业企业向房地产企业转让国有土地使用权

B. 房产所有人通过希望工程基金会将房屋产权赠与西部教育事业

C. 甲企业出资金、乙企业出土地，双方合作建房，建成后按比例分房自用

D. 房地产开发企业代客户进行房地产开发，开发完成后向客户收取代建收入

【解析】 根据《土地增值税暂行条例》的规定，凡转让国有土地使用权、地上的建筑物及其附着物并取得收入的行为都应缴纳土地增值税。因而，选项A正确。

三、不征土地增值税的“赠与”的范围

根据《财政部　国家税务总局关于土地增值税一些具体问题规定的通知》(财税字〔1995〕48号，以下简称财税字〔1995〕48号文件)第四条的规定，不征土地增值税的“赠与”是指如下情况：

(1) 房产所有人、土地使用权所有人将房屋产权、土地使用权赠与直系亲属或承担直接赡养义务人的。

(2) 房产所有人、土地使用权所有人通过中国境内非营利的社会团体、国家机关将房屋产权、土地使用权赠与教育、民政和其他社会福利、公益事业的。

上述社会团体是指中国青少年发展基金会、希望工程基金会、宋庆龄基金会、减灾委员会、中国红十字会、中国残疾人联合会、全国老年基金会、老区促进会以及经民政部门批准成立的其他非营利的公益性组织。

【例1-2】 下列情形中，应征收土地增值税的有(　　)。

A. 房产所有权人将房屋产权赠与直系亲属

B. 个人之间互换自有居住用房地产

C. 企业将自有国有土地使用权交换其他企业的股权

D. 企业之间等价互换自有的房地产

E. 房地产评估增值

【解析】 根据《土地增值税暂行条例》及其实施细则的规定，凡转让国有土地使用权、地上的建筑物及其附着物并取得收入的行为都应缴纳土地增值税。因而，选项CD正确。而房地产评估增值，由于没有转让国有土地使用权，因而不征土地增值税，选项E错误。

根据财税字〔1995〕48号文件第四条的规定，房产所有人、土地使用权所有人将房屋产权、土地使用权赠与直系亲属或承担直接赡养义务人的，不征土地增值税。因而，选项A错误。

对个人之间互换自有居住用房地产的，免征土地增值税。因而，选项B错误。

综上，本题应选CD。

四、国有土地、地上建筑物及其附着物

(一) 国有土地

根据《土地增值税暂行条例实施细则》第三条的规定，《土地增值税暂行条

例》第二条所称的国有土地，是指按国家法律规定属于国家所有的土地。

（二）地上建筑物

根据《土地增值税暂行条例实施细则》第四条的规定，《土地增值税暂行条例》第二条所称的地上的建筑物，是指建于土地上的一切建筑物，包括地上地下的各种附属设施。

根据《国家税务总局关于转让地上建筑物土地增值税征收问题的批复》（国税函〔2010〕347号）的规定，对转让码头泊位、机场跑道等基础设施性质的建筑物行为，应当征收土地增值税。

（三）地上附着物

根据《土地增值税暂行条例实施细则》第五条的规定，《土地增值税暂行条例》第二条所称的附着物，是指附着于土地上的不能移动，一经移动即遭损坏的物品。

五、计税依据

（一）计税依据

计税依据，是指税法中规定的据以计算各种应征税款的依据或标准。课税对象与计税依据的关系是：课税对象是指征税的目的物，计税依据则是在目的物已经确定的前提下，对目的物据以计算税款的依据或标准；课税对象是从质的方面对征税所作的规定，而计税依据则是从量的方面对征税所作的规定，是课税对象量的表现。

不同税种的计税依据是不同的。增值税的计税依据一般都是货物、应税劳务和应税服务的增值额；所得税的计税依据是企业和个人的所得额，等等。需要说明的是，计税依据在表现形态上一般有两种：一种是价值形态（从价计征），即以征税对象的价值作为计税依据，这种情况下征税对象与计税依据一般是一致的，如所得税；另一种是实物形态（从量计征），即以课税对象的数量、重量、面积等作为计税依据，这种情况下课税对象与计税依据一般是不一致的，如车船税等。

（二）土地增值税计税依据

根据《土地增值税暂行条例》第三条的规定，土地增值税按照纳税人转让房地产所取得的增值额和《土地增值税暂行条例》第七条规定的税率计算征收。

根据《土地增值税暂行条例》第四条的规定，纳税人转让房地产所取得的收入减除《土地增值税暂行条例》第六条规定扣除项目金额后的余额，为增值额。

因而,土地增值税的计税依据是转让国有土地使用权、地上的建筑物及其附着物所取得的增值额。计算增值额需要把握两个关键点:一是转让房地产所取得的收入,二是扣除项目的金额。

第三节　税率与预征率

一、土地增值税的税率

根据《土地增值税暂行条例》第七条的规定,土地增值税实行四级超率累进税率:

增值额未超过扣除项目金额50%的部分,税率为30%。

增值额超过扣除项目金额50%、未超过扣除项目金额100%的部分,税率为40%。

增值额超过扣除项目金额100%、未超过扣除项目金额200%的部分,税率为50%。

增值额超过扣除项目金额200%的部分,税率为60%。

根据《土地增值税暂行条例实施细则》第十条的规定,土地增值税四级超率累进税率,每级"增值额未超过扣除项目金额"的比例,均包括本比例数。比如,增值额未超过扣除项目金额50%的部分,包括50%在内,均适用30%的税率。

土地增值税采用四级超率累进税率,最低税率为30%,最高税率为60%。超率累进税率是以征税对象数额的相对率为累进依据,按超累方式计算和确定适用税率。在确定适用税率时,首先要确定征税对象数额的相对率。即以增值额与扣除项目金额的比率(增值率)从低到高划分为4个级次:即增值额未超过扣除项目金额50%的部分;增值额超过扣除项目金额50%,未超过100%的部分;增值额超过扣除项目金额100%,未超过200%的部分;增值额超过扣除项目金额200%的部分,四级分别适用30%、40%、50%、60%的税率。

二、土地增值税的预征率

(一) 预征率的确定原则

土地增值税是保障收入公平分配、促进房地产市场健康发展的有力工具。预征是土地增值税征收管理工作的基础,是实现土地增值税调节功能、保障税收收入均衡入库的重要手段。

根据《国家税务总局关于加强土地增值税征管工作的通知》(国税发〔2010〕53号)第二条的规定,除保障性住房外,东部地区省份预征率不得低于2%,中部和东北地区省份不得低于1.5%,西部地区省份不得低于1%,各地要根据不同类型房地产确定适当的预征率(地区的划分按照国务院有关文件的规定执行)。对尚未预征或暂缓预征的地区,应切实按照税收法律法规开展预征,确保土地增值税在预征阶段及时、充分发挥调节作用。

(二) 上海的预征率与预征办法

《上海市地方税务局关于调整住宅开发项目土地增值税预征办法的公告》(上海市地方税务局公告2010年第1号)规定:

(1) 按不同的销售价格确定土地增值税预征率。除保障性住房外,住宅开发项目销售均价低于项目所在区域(区域按外环内、外环外划分)上一年度新建商品住房平均价格的,预征率为2%;高于但不超过1倍的,预征率为3.5%;超过1倍的,预征率为5%。

项目所在区域上一年度新建商品住房平均价格按市房屋主管部门提供的数据为准。

(2) 房地产开发企业开发住宅项目的,以项目为单位预缴土地增值税。分期开发的,以分期项目为单位预缴土地增值税。

(3) 住宅开发项目销售均价按以下公式计算:

项目销售均价=项目可售住房总销售价格÷项目可售住房总建筑面积

项目可售住房总销售价格、总建筑面积按房屋主管部门备案通过的该项目"商品房销售方案"中可售住房的销售价格和建筑面积计算。

(4) 项目分批申报备案的,房地产开发企业应按最新备案通过的可售住房的销售价格和建筑面积重新计算确定项目销售均价,并调整土地增值税预征率。备案通过后的次月起按调整后的预征率执行。

(5) 房地产开发企业应当在项目的"销售方案"向房屋主管部门申报备案通过后的10日内,将房屋主管部门签发的《商品房销售方案备案证明》及"销售方案"报送主管税务机关。

(三) 江苏的预征率与预征办法

自2016年8月1日起,《江苏省地方税务局关于调整土地增值税预征率的公告》(苏地税规〔2016〕2号)规定,江苏省土地增值税预征率调整为:

（1）除下列（2）、（3）项规定的情形外，南京市、苏州市市区（含工业园区）普通住宅、非普通住宅、其他类型房产的预征率分别为2%、3%、4%；其他地区普通住宅、非普通住宅、其他类型房产的预征率均为2%。

（2）预计增值率大于100%且小于或等于200%的房地产开发项目，预征率为5%；预计增值率大于200%的房地产开发项目，预征率为8%。

（3）公共租赁住房、廉租住房、经济适用房、城市和国有工矿棚区改造安置住房等保障性住房，仍暂不预征。

自2014年1月1日至2016年7月31日，根据《江苏省地方税务局关于土地增值税预征率的公告》（苏地税规〔2013〕5号）的规定，江苏省普通住宅土地增值税按2%预征率预征。公共租赁住房、廉租住房、经济适用住房、城市和国有工矿棚区改造安置住房等保障性住房暂不实行预征。

自2013年7月1日至2016年7月31日，根据《江苏省地方税务局关于明确税款征收标准的公告》（苏地税规〔2013〕2号）第七条的规定，土地增值税预征率如表1-1所示。公共租赁住房、廉租住房、经济适用住房、城市和国有工矿棚区改造安置住房等保障性住房暂不实行预征。

表1-1　　江苏土地增值税预征率

所在区域	普通标准住宅以外的住宅预征率	非住宅类房产预征率
省辖市市区	3%	4%
县（含县级市）	2%	2%

（四）安徽的预征率及预征办法

根据《安徽省地方税务局关于进一步明确土地增值税预征率有关问题的通知》（皖地税函〔2007〕415号）和《安徽省地方税务局关于调整保障性住房土地增值税预征率的公告》（安徽省地方税务局公告2017年第9号）的规定，安徽省的土地增值税预征率为：

（1）普通标准住宅，预征率在1%以内。

（2）营业用房，预征率为1%～2%。

（3）别墅、高级公寓、度假村，预征率为1%～3%。

（4）保障性住房土地增值税预征率统一为0。

（5）其他类型房地产，预征率为0.5%～2%。

各市税务机关，应在规定的幅度标准范围内，根据当地实际情况，确定各类房地产土地增值税预征率。

（五）福建的预征率与预征办法

《国家税务总局福建省税务局关于土地增值税若干政策问题的公告》（国家税务总局福建省税务局公告2018年第21号）第二条“关于土地增值税预征率问题”规定：

（1）除保障性住房实行零预征率外，各地不同类型房地产预征率如下：

一是普通住房2%。

二是非普通住房，福州市4%，其他设区市3%。

三是非住房，福州市6%，其他设区市5%。其中非住房中的工业厂房2%。

房地产开发企业应当对适用不同预征率的不同类型房地产销售收入分别核算并申报预缴；对未分别核算预缴的，从高适用预征率预征土地增值税。

（2）对测算的土地增值税税负率明显偏高的房地产开发项目，可以实行单项预征率，即在房地产预售环节，依据房地产开发项目取地成本、销售价格、预计的开发成本及开发费用等情况，测算应纳土地增值税税额（考虑普通住房免税因素后），以测算的应纳税额除以预计的转让收入，计算出该项目土地增值税税负率水平；若测算的税负率水平，明显高于以预征率测算的预征税额计算出的项目整体预征率水平的，可以实行单项预征率预征。

单项预征率按照对该项目测算的土地增值税税负率水平合理确定，并依据税负变化情况适时调整。

确定单项预征率未超过6%（含）的，由县级税务机关领导班子集体审议确定；确定单项预征率超过6%的，报经设区市级税务机关领导班子集体审议确定。

各县级税务机关应将单项预征率的执行情况于年后15日内报告设区市级税务机关，各设区市级税务机关经汇总后在年后30日内报省局备案。

（六）厦门的土地增值税预征率

《国家税务总局厦门市税务局关于土地增值税预征和核定征收有关事项的公告》（国家税务总局厦门市税务局公告2018年第10号）第一条“关于土地增值税预征率”规定：

（1）对社会保障性住房不预征土地增值税。

（2）普通标准住宅2%。

（3）非普通标准住宅4%。

（4）商品工业厂房2%。

（5）除商品工业厂房以外的其他非住宅类型房地产6%。

（七）广西的土地增值税预征率

《国家税务总局广西壮族自治区税务局关于调整土地增值税预征率的公告》（国家税务总局广西壮族自治区税务局公告2018年第3号）规定：

（1）对房地产开发企业开发的保障性住房，暂不预征土地增值税。

（2）对房地产开发企业开发的普通住房，按1%的预征率预征土地增值税。

（3）对房地产开发企业开发的非普通住房，按2%～3%的预征率预征土地增值税。

（4）对房地产开发企业开发的商铺和其他房产，按3%～5%的预征率预征土地增值税。

各设区的市税务机关应根据当地的实际情况，在上述规定的预征率幅度内，确定各县（区、市）具体的预征率，并报广西壮族自治区税务局批准后执行。

（八）辽宁的土地增值税预征率

1. 预征土地增值税范围

根据《辽宁省土地增值税预征管理规定》[辽地税发〔2006〕86号印发，根据《国家税务总局辽宁省税务局关于发布修改部分税收规范性文件的公告》（国家税务总局辽宁省税务局公告2018年第3号）修改，下同]第二条的规定，从事房地产开发业务的纳税人（以下简称纳税人），在土地增值税未清算前，转让房地产取得的收入，预征土地增值税；对列入政府“经济适用住房”建设计划（包括“棚户区”改造项目）经政府及有关部门批准，并符合“经济适用住房”建设标准的建设项目，暂不预征土地增值税。

对房地产开发企业的预收房款（不含本规定第六条清算后的预收房款），预征土地增值税。

2. 土地增值税的预征率

根据《辽宁省土地增值税预征管理规定》第三条的规定，辽宁省土地增值税的预征率如下：

（1）住宅（不包括商务住宅）预征率为1%。

（2）商务住宅、非住宅地上建筑物及其附着物预征率为1.5%～3%，具体预征率由各市税务局在规定的幅度内确定，并报省税务局备案。

3. 未按规定期限预缴土地增值税加收滞纳金

根据《辽宁省土地增值税预征管理规定》第四条的规定，纳税人取得转让房地产收入和预收房款，应按规定期限向房地产所在地主管税务机关办理申报纳税。对未按规定期限预缴土地增值税的,从限定缴纳税款期限届满的次日起,按日加收滞纳金。

(九) 深圳的土地增值税预征率

根据《深圳市地方税务局关于调整我市土地增值税预征率的公告》(深地税告〔2010〕6 号)的规定,深圳市从 2010 年 8 月 1 日(征收期)开始调整土地增值税预征率,具体调整如下:

普通标准住宅按销售收入 2%预征,别墅为 4%,其他类型房产为 3%。

普通标准住宅执行标准按照《关于对我市土地增值税普通标准住宅执行标准进行调整的批复》(深府办函〔2006〕86 号)规定执行。

根据《关于对我市土地增值税普通标准住宅执行标准进行调整的批复》(深府办函〔2006〕86 号)的规定,从 2006 年 10 月 1 日起,对深圳市土地增值税"普通标准住宅"执行标准进行调整,具体为:住宅小区建筑容积率在 1.0 以上、单套住房套内建设面积 120 平方米以下或单套建筑面积 144 平方米以下、实际成交价格低于同级别土地上住房平均交易价格的 1.44 倍以下。

(十) 湖北的土地增值税预征率

自 2018 年 6 月 15 日起,《国家税务总局湖北省税务局关于我省土地增值税预征率和核定征收率有关事项的公告》(国家税务总局湖北省税务局公告 2018 年第 6 号)规定,湖北省的土地增值税预征率,按普通住房、非普通住房及其他类型房地产 3 种划分,分别为 1.5%、4%、6%。各市、州税务机关可在此基础上,根据当地房地产市场实际情况,对所辖县(市、区)非普通住宅、其他类型房地产两类预征率上下浮动 0.5%予以确定。

建造工业园区内的工业厂房车间预征土地增值税的,按照当地普通住宅预征率标准执行。

房地产开发项目中,对建造的政府廉租房、公共租赁住房等保障性住房,以及建造的限套型、限房价、限销售对象等"双限""三限"房屋,暂停预征土地增值税。

(十一) 甘肃的土地增值税预征率

根据《国家税务总局甘肃省税务局关于调整土地增值税预征率、核定征收率的公告》(国家税务总局甘肃省税务局公告 2018 年第 10 号,自 2018 年 7 月 1 日起执行,有效期为 5 年)的规定,从事房地产开发的纳税人转让房地产取得的收入,均应按规定的预征率预缴土地增值税。除保障性住房(各级人民政府或者指定经营单位回购的廉租住房、公共租赁住房,以及按照政策规定向特定对象销售的经济适用住房）暂不预征土地增值税外，其他房地产按以下预征率预征土地增值税：

（1）兰州市城关区、七里河区、西固区，兰州经济技术开发区，天水市秦州区、麦积区，嘉峪关市及其他地级市政府（不包括临夏州、甘南州）所在区的普通住宅为 2%，非普通住宅为 3%，其他类型房地产为 5%。

（2）临夏州、甘南州、兰州新区及不属于第（1）款的其他县（市、区）普通住宅为 1%，非普通住宅为 1.5%，其他类型房地产为 4%。

第四节　土地增值税改革与立法

一、改革与立法的必要性和可行性

1993 年 12 月 13 日，国务院公布了《中华人民共和国土地增值税暂行条例》（以下简称《土地增值税暂行条例》），自 1994 年 1 月 1 日起对转让国有土地使用权、地上建筑物及附着物的单位和个人征收土地增值税。根据《土地增值税暂行条例》授权，财政部于 1995 年 1 月印发了《中华人民共和国土地增值税暂行条例实施细则》。从实际执行情况来看，现行土地增值税税制要素基本合理，征管制度比较健全，为保持现行税制框架和税负水平总体不变，将《土地增值税暂行条例》上升为法律。同时，对不适应经济社会发展和改革要求的个别内容，进行适当调整。

土地增值税立法是贯彻落实税收法定原则的重要步骤，也是健全地方税体系改革的重要内容，有利于完善土地增值税制度，增强权威性和执法刚性，发挥土地增值税筹集财政收入、调节土地增值收益分配、促进房地产市场健康稳定发展的作用；有利于健全我国的房地产税收体系、推进国家治理体系和治理能力现代化。

按照党的十八届三中全会决定关于落实税收法定原则要求，以及健全地方税体系改革方案有关内容，财政部、税务总局联合起草了《中华人民共和国土地增值税法草案（征求意见稿）》（以下简称《征求意见稿》），并于 2019 年 7 月 16 日向社会公开征求意见。

二、征税范围

根据《土地增值税暂行条例》第二条的规定，转让国有土地使用权、地上的建筑物及其附着物(以下简称转让房地产)并取得收入的单位和个人,为土地增值税的纳税义务人(以下简称纳税人),应当依照该条例缴纳土地增值税。这与《征求意见稿》第一条的规定不同,差异比较如表 1-2 所示。

表 1-2　　征税范围

土地增值税法(征求意见稿)	土地增值税暂行条例	修改
第一条　在中华人民共和国境内转移房地产并取得收入的单位和个人,为土地增值税的纳税人,应当依照本法的规定缴纳土地增值税。	第二条　转让国有土地使用权、地上的建筑物及其附着物(以下简称转让房地产)并取得收入的单位和个人,为土地增值税的纳税义务人(以下简称纳税人),应当依照本条例缴纳土地增值税。	扩大纳税人的范围与征税范围
第二条　本法所称转移房地产,是指下列行为: (一)转让土地使用权、地上的建筑物及其附着物。 (二)出让集体土地使用权、地上的建筑物及其附着物,或以集体土地使用权、地上的建筑物及其附着物作价出资、入股。 土地承包经营权流转,不征收土地增值税。		

《土地增值税暂行条例》规定,转让国有土地使用权及地上建筑物、构筑物并取得收入的单位和个人应缴纳土地增值税。在此基础上,《征求意见稿》将出让、转让集体土地使用权、地上的建筑物及其附着物(以下简称集体房地产)纳入征税范围。同时,拟将取消目前对集体房地产征收的土地增值收益调节金。

调整征税范围的主要考虑是为了与土地制度改革相衔接。为贯彻落实十八届三中全会决定要求,2014 年,中共中央办公厅、国务院办公厅明确要求建立集体经营性建设用地(以下简称集建地)入市制度,并要求建立兼顾国家、集体、个人的土地增值收益分配机制,合理提高个人收益。2015 年以来,全国 33 个试点地区开展了农村土地征收、集建地入市、宅基地制度改革三项改革试点,允许集建地入市和转让,实行与国有建设用地同等入市、同权同价。目前,试点地区通过征收土地增值收益调节金的过渡办法,对土地增值收益进行调节。2019 年新修订的《土地管理法》删去了从事非农业建设必须使用国有土地或者征为国有的原集体土地的规定。为了建立土地增值收益分配机制,使税制与建立城乡统一建设用地市场的土地制度改革相衔接,《征求意见稿》将集体房地产纳入了征税范围,同时,拟取消土地增值收益调节金,使立法前后集体房地产负担总体稳定。

征税范围的比较,如图 1-1 所示。

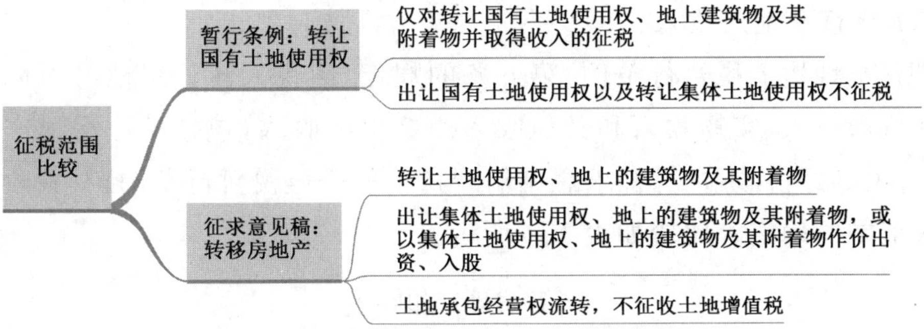

图 1-1　《土地增值税暂行条例》与《征求意见稿》征税范围的比较

三、税率

根据《土地增值税暂行条例》第七条的规定，土地增值税实行四级超率累进税率：

增值额未超过扣除项目金额 50%的部分，税率为 30%。

增值额超过扣除项目金额 50%、未超过扣除项目金额 100%的部分，税率为 40%。

增值额超过扣除项目金额 100%、未超过扣除项目金额 200%的部分，税率为 50%。

增值额超过扣除项目金额 200%的部分，税率为 60%。

《征求意见稿》延续了《土地增值税暂行条例》的规定，明确土地增值税仍实行四级超率累进税率，并以转移房地产所取得的增值额为计税依据。

四、计税依据

(一) 土地增值税的计税依据

土地增值税的计税依据为转让房地产取得的增值税额。增值额为纳税人转让房地产所取得的收入减除规定扣除项目金额后的余额。有关计税依据拟修订情况如表 1-3 所示。

表 1-3　　计税依据

土地增值税法(征求意见稿)	土地增值税暂行条例	修改
第三条　土地增值税按照纳税人转移房地产所取得的增值额和本法第八条规定的税率计算征收。	第三条　土地增值税按照纳税人转让房地产所取得的增值额和本条例第七条规定的税率计算征收。	“转让”改为“转移”
第四条　纳税人转移房地产所取得的收入减除本法第六条规定扣除项目金额后的余额，为增值额。	第四条　纳税人转让房地产所取得的收入减除本条例第六条规定扣除项目金额后的余额，为增值额。	

(二) 转移房地产收入

根据《土地增值税暂行条例》第五条的规定，纳税人转让房地产所取得的收入，包括货币收入、实物收入和其他收入。这里的收入，包括转让房地产的全部价款及有关的经济收益。《征求意见稿》与《土地增值税暂行条例》有关收入的分类、收入范围的确定等比较如表 1-4 所示。

表 1-4　　转移房地产的收入

土地增值税法(征求意见稿)	土地增值税暂行条例	修改情况
第五条　纳税人转移房地产所取得的收入，包括货币收入、非货币收入。	第五条　纳税人转让房地产所取得的收入，包括货币收入、实物收入和其他收入。	分类不同
第七条　本法规定的收入、扣除项目的具体范围、具体标准由国务院确定。	《暂行条例实施细则》第五条　(第二)项所称的收入，包括转让房地产的全部价款及有关的经济收益。	收入范围与具体标准由国务院确定

(三) 计算增值额的扣除项目

根据《土地增值税暂行条例》第六条的规定，计算增值额的扣除项目有：

(1) 取得土地使用权所支付的金额。

(2) 开发土地的成本、费用。

(3) 新建房及配套设施的成本、费用，或者旧房及建筑物的评估价格。

(4) 与转让房地产有关的税金。

(5) 财政部规定的其他扣除项目。

《征求意见稿》与《土地增值税暂行条例》有关计算增值额的扣除项目比较如表 1-5 所示。

表 1-5　　计算增值额的扣除项目

<table>
<tr><th>土地增值税法(征求意见稿)</th><th>土地增值税暂行条例</th><th>修改情况</th></tr>
<tr><td>第六条　计算增值额时准予扣除的项目为：
(一) 取得土地使用权所支付的金额；
(二) 开发土地的成本、费用；
(三) 新建房及配套设施的成本、费用或者旧房及建筑物的评估价格；
(四) 与转移房地产有关的税金；
(五) 国务院规定的其他扣除项目。</td><td>第六条　计算增值额的扣除项目：
(一) 取得土地使用权所支付的金额；
(二) 开发土地的成本、费用；
(三) 新建房及配套设施的成本、费用，或者旧房及建筑物的评估价格；
(四) 与转让房地产有关的税金；
(五) 财政部规定的其他扣除项目。</td><td rowspan="2">授权财政部规定的其他扣除项目调整为国务院规定</td></tr>
<tr><td>第十条　出让集体土地使用权、地上的建筑物及其附着物，或以集体土地使用权、地上的建筑物及其附着物作价出资、入股，扣除项目金额无法确定的，可按照转移房地产收入的一定比例征收土地增值税。具体征收办法由省、自治区、直辖市人民政府提出，报同级人民代表大会常务委员会决定。</td><td></td></tr>
</table>

《征求意见稿》将《土地增值税暂行条例》第六条第五项授权财政部规定的其他扣除项目调整为国务院规定的其他扣除项目。需要说明的是，考虑到集体、国有房地产的成本构成差异较大，且不同地区集建地入市方式、途径、形态、用途等差异也很大，成本构成和级差收益千差万别，再者集体房地产入市目前仍处于试点阶段，相关管理制度还在探索和逐步健全过程中，相关扣除项目难以做出统一规定。

五、税收优惠

《土地增值税暂行条例》第八条规定，有下列情形之一的，免征土地增值税：

（1）纳税人建造普通标准住宅出售，增值额未超过扣除项目金额20%的。

（2）因国家建设需要依法征收、收回的房地产。

《征求意见稿》与《土地增值税暂行条例》有关税收优惠比较如表1-6所示。

表1-6　　土地增值税优惠

<table>
<tr><th>土地增值税法（征求意见稿）</th><th>土地增值税暂行条例</th><th>比较</th></tr>
<tr><td>第十一条　下列情形，可减征或免征土地增值税：
（一）纳税人建造保障性住房出售，增值额未超过扣除项目金额20%的，免征土地增值税；
（二）因国家建设需要依法征收、收回的房地产，免征土地增值税；
（三）国务院可以根据国民经济和社会发展的需要规定其他减征或免征土地增值税情形，并报全国人民代表大会常务委员会备案。</td><td rowspan="2">第八条　有下列情形之一的，免征土地增值税：
（一）纳税人建造普通标准住宅出售，增值额未超过扣除项目金额20%的；
（二）因国家建设需要依法征收、收回的房地产。</td><td rowspan="2">重新表述相关优惠</td></tr>
<tr><td>第十二条　省、自治区、直辖市人民政府可以决定对下列情形减征或者免征土地增值税，并报同级人民代表大会常务委员会备案：
（一）纳税人建造普通标准住宅出售，增值额未超过扣除项目金额20%的；
（二）房地产市场较不发达、地价水平较低地区的纳税人出让集体土地使用权、地上的建筑物及其附着物，或以集体土地使用权、地上的建筑物及其附着物作价出资、入股的。</td></tr>
</table>

《征求意见稿》在延续《土地增值税暂行条例》优惠规定的基础上，对个别政策做了适当调整：

一是吸收了现行税收优惠政策中关于建造增值率低于20%的保障性住房免税的规定。根据《财政部　国家税务总局关于公共租赁住房税收优惠政策的公告》（财政部　税务总局公告2019年第61号）的规定，自2019年1月1日至2020年12月31日止，对企事业单位、社会团体以及其他组织转让旧房作为公租房房源，且增值额未超过扣除项目金额20%的，免征土地增值税。

二是增加授权国务院可规定减征或免征土地增值税的其他情形。主要考虑是国务院需要根据经济社会发展形势，相机决定一些阶段性、过渡性优惠政策，如企业改制重组土地增值税政策、房地产市场调控相关的土地增值税政策等。

三是将建造增值率低于20%的普通住宅免税的规定，调整为授权省级政府结合本地实际决定减征或是免征，以体现因地制宜、因城施策的房地产市场调控政策导向，落实地方政府主体责任。

四是增加授权省级人民政府对房地产市场较不发达、地价水平较低地区的集体房地产减征或免征土地增值税的规定。主要原因是出让集建地级差收益的地区差异巨大，为了建立兼顾国家、集体、个人土地收益分配机制，适当下放税政管理权限，有必要授权省级政府因地制宜制定集体房地产相关税收优惠政策。

六、纳税义务发生时间和申报纳税期限

《征求意见稿》增加了关于土地增值税纳税义务发生时间的规定，明确为房地产转移合同签订的当日。同时，为简化缴税程序、方便纳税人，《征求意见稿》调整了申报缴税期限。一是将《土地增值税暂行条例》中分开设置的纳税申报和缴纳税款两个时间期限合并为申报缴纳期限。二是将申报缴税期限由《土地增值税暂行条例》规定的房地产转移合同签订之日后7日内申报并在税务机关核定期限内缴税，调整为区分不同类型纳税人，规定不同的期限。对于从事房地产开发的纳税人，自纳税义务发生月份终了之日起15日内，申报预缴土地增值税；达到清算条件后90日内，申报清算土地增值税。对于其他纳税人，自纳税义务发生之日起30日内申报缴税。

七、征收管理模式

按照党中央、国务院关于深化放管服改革的有关要求，《征求意见稿》明确规定了房地产开发项目实行先预缴后清算的制度，并将现行税务机关根据纳税人提供的资料进行清算审核的做法，调整为从事房地产开发的纳税人应自行完成清算，结清应缴税款或向税务机关申请退税。

现行《土地增值税清算管理规程》(国税发〔2009〕91号印发)将土地增值税的清算条件分为可清算条件与应清算条件。根据《土地增值税清算管理规程》第九条的规定，纳税人符合下列条件之一的，应进行土地增值税的清算。

(1) 房地产开发项目全部竣工、完成销售的。

(2) 整体转让未竣工决算房地产开发项目的。

(3) 直接转让土地使用权的。

根据《土地增值税清算管理规程》第十条的规定,对符合以下条件之一的,主管税务机关可要求纳税人进行土地增值税清算。

(1) 已竣工验收的房地产开发项目,已转让的房地产建筑面积占整个项目可售建筑面积的比例在85%以上,或该比例虽未超过85%,但剩余的可售建筑面积已经出租或自用的。

(2) 取得销售(预售)许可证满3年仍未销售完毕的。

(3) 纳税人申请注销税务登记但未办理土地增值税清算手续的。

(4) 省(自治区、直辖市、计划单列市)税务机关规定的其他情况。

对上述所列第(3)项情形,应在办理注销登记前进行土地增值税清算。

而《征求意见稿》拟将现行的可清算条件与应清算条件合并为应清算条件。《征求意见稿》第十五条拟规定,房地产开发项目土地增值税实行先预缴后清算的办法。从事房地产开发的纳税人应当自纳税义务发生月份终了之日起15日内,向税务机关报送预缴土地增值税纳税申报表,预缴税款。

从事房地产开发的纳税人应当自达到以下房地产清算条件起90日内,向税务机关报送土地增值税纳税申报表,自行完成清算,结清应缴税款或向税务机关申请退税:

(1) 已竣工验收的房地产开发项目,已转让的房地产建筑面积占整个项目可售建筑面积的比例在85%以上,或该比例虽未超过85%,但剩余的可售建筑面积已经出租或自用的。

(2) 取得销售(预售)许可证满3年仍未销售完毕的。

(3) 整体转让未竣工决算房地产开发项目的。

(4) 直接转让土地使用权的。

(5) 纳税人申请注销税务登记但未办理土地增值税清算手续的。

(6) 国务院税务主管部门确定的其他情形。

八、土地增值税立法的影响

(一) 房地产企业税收风险显著增大

《土地增值税法(征求意见稿)》拟将现行的可清算条件与应清算条件合并为

应清算条件，从事房地产开发的纳税人应当自达到土地增值税清算条件之日起 90 日内，向税务机关报送土地增值税纳税申报表，自行完成清算，结清应缴税款或向税务机关申请退税。

取消可清算条件变为应清算，增加了房地产企业的申报主体责任；房地产企业纳税人应当自达到土地增值税清算条件之日起 90 日内自行完成清算，时间比较紧，因为需要整理项目、收入、成本、合同、发票及各种公共配套设施移交证明等资料，需要按照土地增值税法对会计收入、成本、费用进行调整。工程造价决算不能在 90 日内完成就会导致成本难以确定，发票难以取得，成本处于待定状态。

如果匆忙申报清算税款，将会增加申报风险，甚至承担滞纳金、罚款法律责任；如果延迟申报清算税款，则会增加不申报风险，承担滞纳金、罚款法律责任。因此要求纳税人在 90 日内完成申报清算是比较严格的。

（二）税务机关势必加强服务和事后监管

《土地增值税法（征求意见稿）》取消了现行的“先税后证”及“清算前置审核”征管模式，并对部分征管条款进行了细化和完善，对税收征管产生深远影响：

（1）《土地增值税法（征求意见稿）》要求税务机关加强土地增值税服务和管理：一是统一了申报缴纳期限，有利于提高税法遵从度和节约征管力量；二是有利于产权受让主体及时方便办理权属登记，保护产权人的权利实现；三是明确了相关部门在土地增值税征管上的协税义务，有利于各级税务机关推动协同控管，利用信息化手段逐步实现对土地市场、房地产销售价格、工程造价监测，定期发布指标指数，为纳税人遵从、税收征管和政府宏观决策提供支持。

（2）《土地增值税法（征求意见稿）》对税收征管提出了更高要求：一是征管对象扩大，要求优化纳税服务。《土地增值税法（征求意见稿）》将集体土地出让及转让建于其上的建筑物、构筑物及附属设施纳入征税范围，村集体或集体经济组织等入市主体将成为土地增值税的纳税人，因历史因素扣除成本费用难以确定，纳税人和税务部门都缺乏相关办税经验，需要税务机关进一步优化纳税服务，完善征管手段。二是征管模式改变，要求加强事中事后监管。《土地增值税法（征求意见稿）》取消了税务机关前置审核，降低了税收执法风险，改为纳税人自行清算申报，加大了纳税人申报风险，税务机关势必加强事中事后管理。

第二章　转让房地产收入

税收如母亲，经常被误解，但很少被遗忘。

——劳德·布兰威尔

土地增值税的计税依据是转让国有土地使用权、地上的建筑物及其附着物所取得的增值额。增值额为纳税人转让房地产所取得的收入减除规定扣除项目金额。因而，正确计算确定转让房地产所取得的收入，是计算土地增值额关键点之一。

第一节　转让房地产的收入

一、转让房地产所取得的收入

（一）转让房地产所取得的收入范围

《土地增值税暂行条例》第五条规定，纳税人转让房地产所取得的收入，包括货币收入、实物收入和其他收入。

《土地增值税暂行条例实施细则》第五条规定，《土地增值税暂行条例》第二条所称的收入，包括转让房地产的全部价款及有关的经济收益。

因而，纳税人转让房地产的土地增值税收入，是指转让国有土地使用权、地上的建筑物及其附着物并取得的全部价款及有关的经济收益，包括货币收入、实物收入和其他收入。对纳税人申报的转让房地产的收入，税务机关要进行核实，对隐瞒收入等情况要按评估价格确定其转让收入。

此外，关于纳税人转让加油站房地产有关土地增值税计税收入确认问题，《国家税务总局关于纳税人转让加油站房地产有关土地增值税计税收入确认问题的批复》（税总函〔2017〕513 号）明确规定："《成品油市场管理办法》（商务部令

2006年第23号)第三十六条规定：成品油经营批准证书不得伪造、涂改，不得买卖、出租、转借或者以任何其他形式转让；第二十九条规定：经营单位投资主体发生变化的，原经营单位应办理相应经营资格的注销手续，新经营单位应重新申办成品油经营资格。”因此，对依法不得转让的成品油零售特许经营权作价或评估作价不应从转让加油站整体资产的收入金额中扣除。

（二）转让房地产的有关经济利益的确认

根据《江苏省地方税务局关于土地增值税有关业务问题的公告》(苏地税规〔2012〕1号，以下简称苏地税规〔2012〕1号文件)第三条“关于房地产转让收入的确认”第(一)项的规定，纳税人因转让房地产收取的违约金、滞纳金、赔偿金、分期付款(延期付款)利息以及其他各种性质的经济收益，应当确认为房地产转让收入。因房地产购买方违约，导致房地产未能转让，转让方收取的该项违约金不作为与转让房地产有关的经济利益，不确认为房地产转让收入。

《土地增值税暂行条例实施细则》规定，转让房地产所取得的收入，包括转让房地产的全部价款及有关的经济收益。此处所称“有关的经济收益”根据苏地税规〔2012〕1号文件的规定，包括纳税人因转让房地产收取的违约金、滞纳金、赔偿金、分期付款(延期付款)利息以及其他各种性质的经济收益。

需要注意的是，确认“有关的经济收益”的前提是纳税人发生了转让房地产行为，即房地产交易完成。如果房地产交易未发生或者未完成(被撤销)，即使纳税人取得了“经济收益”，也应当属于与转让房地产无关的“经济收益”，不应确认为转让房地产所取得的收入。根据上述原则，苏地税规〔2012〕1号文件进一步明确：“因房地产购买方违约，导致房地产未能转让，转让方收取的该项违约金不作为与转让房地产的有关的经济利益，不确认为房地产转让收入。”

二、售后返租收入的确认

根据《江苏省地方税务局关于土地增值税有关业务问题的公告》(苏地税规〔2012〕1号)第三条“关于房地产转让收入的确认”第(二)项的规定，单位和个人转让房地产，同时要求购房者将所购房地产无偿或低价给转让方或者转让方的关联方使用一段时间，其实质是转让方获取与转让房地产有关的经济利益。对以此方式转让房地产的行为，应将转让房地产的全部价款及有关的经济收益确认为转让收入，依法计征土地增值税。如转让房地产价款以外的有关经济收益无法确认的，应判断其转让价格是否明显偏低。对转让价格明显偏低且无正当理由的，应采用评估或其他合理的方法确定其转让收入，依法计征土地增值税。

《江苏省地方税务局关于房地产开发公司销售返租有关营业税问题的批复》（苏地税函〔2008〕135 号）规定："房地产开发公司销售不动产，采取优惠方式要求购房者无偿或低价将不动产交给开发公司使用若干年。这一经营方式名义上是开发公司让利给购房者，实质上是优先取得了购房者的不动产的使用权，即其他经济利益。因此，对房地产开发公司以此方式销售不动产的行为，应按照《中华人民共和国营业税暂行条例实施细则》第十五条和《中华人民共和国税收征收管理法实施细则》第四十七条规定核定其营业额。"

苏地税规〔2012〕1 号文件首次明确了售后返租的土地增值税政策，其税务处理方法与营业税规定基本一致，使营业税与土地增值税在售后返租收入确认口径上保持一致。实践中，对于将房地产企业（或者其关联方）以无偿或者低价方式取得的"一定期限的使用权"确认为"与转让房地产有关的经济利益"，税企双方并不存在争议。但是在确定"一定期限的使用权"的具体价值时，税企双方容易产生分歧。主管税务机关可按"一定期限内房地产企业（或者其关联方）实际取得的使用收益（如对外转租取得的租金等）"来测算"一定期限的使用权"的具体价值，并据以征收土地增值税。如果在计算土地增值税时，"一定期限的使用权"的具体价值确实难以确认的，则应当按照苏地税规〔2012〕1 号文件以及相关税收政策规定，判断房地产转让价格是否明显偏低，对转让价格明显偏低且无正当理由的，应采用评估或其他合理的方法确定其转让收入。在判断房地产转让价格是否明显偏低时，可结合苏地税规〔2012〕1 号文件第三条第（三）项的规定进行判定。

三、外币收入的折算

（一）土地增值税外币收入的折算

根据《土地增值税暂行条例实施细则》第二十条的规定，土地增值税以人民币为计算单位。转让房地产所取得的收入为外国货币的，以取得收入当天或当月 1 日国家公布的市场汇价折合成人民币，据以计算应纳土地增值税税额。

（二）分期收款外币收入的折算

根据《财政部 国家税务总局关于土地增值税一些具体问题规定的通知》（财税字〔1995〕48 号）第十五条"关于分期收款的外币收入如何折合人民币的问题"的规定，对于以分期收款形式取得的外币收入，也应按实际收款日或收款当月1日国家公布的市场汇价折合人民币。

四、房地产转让价格明显偏低的收入确定

根据《土地增值税暂行条例》第九条的规定，纳税人有下列情形之一的，按照房地产评估价格计算征收：

(1) 隐瞒、虚报房地产成交价格的。

(2) 提供扣除项目金额不实的。

(3) 转让房地产的成交价格低于房地产评估价格，又无正当理由的。

根据《土地增值税暂行条例实施细则》第十四条的规定，转让房地产的成交价格低于房地产评估价格，又无正当理由的，是指纳税人申报的转让房地产的实际成交价格低于房地产评估机构评定的交易价，纳税人又不能提供凭据或无正当理由的行为。隐瞒、虚报房地产成交价格，应由评估机构参照同类房地产的市场交易价格进行评估。税务机关根据评估价格确定转让房地产的收入。转让房地产的成交价格低于房地产评估价格，又无正当理由的，由税务机关参照房地产评估价格确定转让房地产的收入。

根据《江苏省地方税务局关于土地增值税有关业务问题的公告》(苏地税规〔2012〕1号)第三条"关于房地产转让收入的确认"第(三)项的规定，对纳税人申报的房地产转让价格低于同期同类房地产平均销售价格10%的，税务机关可委托房地产评估机构对其评估。纳税人申报的房地产转让价格低于房地产评估机构评定的交易价，又无正当理由的，应按照房地产评估机构评定的价格确认转让收入。

对以下情形的房地产转让价格，即使明显偏低，可视为有正当理由：

(1) 法院判定或裁定的转让价格。

(2) 以公开拍卖方式转让房地产的价格。

(3) 政府物价部门确定的转让价格。

(4) 经主管税务机关认定的其他合理情形。

苏地税规〔2012〕1号文件在总结实践经验的基础上，对低于同期同类房地产平均销售价格10%的，税务机关可委托房地产评估机构对其评估，其价格变动幅度已作适当放宽，可操作性较强。

主管税务机关在计算"同期同类房地产平均销售价格"时，应当优先采集同一企业销售日当月同类房地产销售价格。如果不存在当月价格的，可采集同一

企业销售日前后3个月内的同类房地产销售价格。如果不存在前后3个月内的销售价格的，可采集相同或者近似地段其他企业销售日当月或者前后3个月内的同类房地产销售价格。

为了保障纳税人的合法权益，即使主管税务机关能够确定"纳税人申报的房地产转让价格低于同期同类房地产平均销售价格10%"，也不能直接根据同期同类房地产平均销售价格核定其转让价格，而应当委托有资质的房地产评估机构评定交易价，并考虑其是否存在正当理由。如果纳税人申报的房地产转让价格低于房地产评估机构评定的交易价，又无正当理由的，则应按照房地产评估机构评定的价格确认转让收入。

"正当理由"主要包括两方面因素：一是开发产品本身存瑕疵；二是市场供求关系发生变化。其他因素（如销售给关联方，销售给企业股东和管理人员的亲朋好友等）一般不得认定为存在正当理由。

"法院判定或裁定的转让价格""以公开拍卖方式转让房地产的价格"和"政府物价部门确定的转让价格"，一般都是在特定的市场供求关系等特殊条件下形成的价格，这些价格能够反映特殊条件下房地产的公允价值。因此，上述三类价格即使明显偏低，也应视为有正当理由。

第二节　视同销售房地产收入

一、土地增值税视同销售收入

（一）开发产品视同销售

《国家税务总局关于房地产开发企业土地增值税清算管理有关问题的通知》（国税发〔2006〕187号，以下简称国税发〔2006〕187号文件）第三条规定：

（1）房地产开发企业将开发产品用于职工福利、奖励、对外投资、分配给股东或投资人、抵偿债务、换取其他单位和个人的非货币性资产等，发生所有权转移时应视同销售房地产，其收入按下列方法和顺序确认：

第一，按本企业在同一地区、同一年度销售的同类房地产的平均价格确定。

第二，由主管税务机关参照当地当年、同类房地产的市场价格或评估价值确定。

（2）房地产开发企业将开发的部分房地产转为企业自用或用于出租等商业

用途时，如果产权未发生转移，不征收土地增值税，在税款清算时不列收入，不扣除相应的成本和费用。

（二）用开发产品安置回迁户视同销售

《国家税务总局关于土地增值税清算有关问题的通知》（国税函〔2010〕220号）第六条“关于拆迁安置土地增值税计算问题”规定：

（1）房地产企业用建造的本项目房地产安置回迁户的，安置用房视同销售处理，按《国家税务总局关于房地产开发企业土地增值税清算管理有关问题的通知》（国税发〔2006〕187号）第三条第（一）款规定确认收入，同时将此确认为房地产开发项目的拆迁补偿费。房地产开发企业支付给回迁户的补差价款，计入拆迁补偿费；回迁户支付给房地产开发企业的补差价款，应抵减本项目拆迁补偿费。

（2）开发企业采取异地安置，异地安置的房屋属于自行开发建造的，房屋价值按国税发〔2006〕187号文件第三条第（一）款的规定计算，计入本项目的拆迁补偿费；异地安置的房屋属于购入的，以实际支付的购房支出计入拆迁补偿费。

二、增值税视同销售

（一）增值税视同销售货物

根据《中华人民共和国增值税暂行条例》第四条的规定，单位或者个体工商户的下列行为，视同销售货物：

（1）将货物交付其他单位或者个人代销。

（2）销售代销货物。

（3）设有两个以上机构并实行统一核算的纳税人，将货物从一个机构移送其他机构用于销售，但相关机构设在同一县（市）的除外。

（4）将自产或者委托加工的货物用于非增值税应税项目。

（5）将自产、委托加工的货物用于集体福利或者个人消费。

（6）将自产、委托加工或者购进的货物作为投资，提供给其他单位或者个体工商户。

（7）将自产、委托加工或者购进的货物分配给股东或者投资者。

（8）将自产、委托加工或者购进的货物无偿赠送其他单位或者个人。

2016年5月1日全面营改增后，由于实现了增值税对货物和劳务的全覆盖，不再存在征收营业税的非增值税应税项目，因而“将自产或者委托加工的货物用于非增值税应税项目”需要视同销售货物的情形也就不再存在。即全面营改增后只剩7种视同销售货物行为。

(二) 视同发生应税行为

根据《营业税改征增值税试点实施办法》(财税〔2016〕36号印发)第十四条的规定,下列情形视同销售服务、无形资产或者不动产:

(1) 单位或者个体工商户向其他单位或者个人无偿提供服务,但用于公益事业或者以社会公众为对象的除外。

(2) 单位或者个人向其他单位或者个人无偿转让无形资产或者不动产,但用于公益事业或者以社会公众为对象的除外。

(3) 财政部和国家税务总局规定的其他情形。

然而,在2016年5月1日全面营改增以前,根据《中华人民共和国营业税暂行条例实施细则》第五条的规定,纳税人有下列情形之一的,视同发生应税行为:

(1) 单位或者个人将不动产或者土地使用权无偿赠送其他单位或者个人。

(2) 单位或者个人自己新建(以下简称自建)建筑物后销售,其所发生的自建行为。

(3) 财政部、国家税务总局规定的其他情形。

可见,与营业税视同发生应税行为相比,全面营改增后扩大了视同销售的范围,将无偿提供服务纳入了视同销售,不过视同销售服务的主体仅限定在单位与个体工商户,而不包括其他个人(自然人)。营改增前后视同发生应税行为的详细比较如表2-1所示。

表2-1　营改增前后视同发生应税行为比较

<table>
<tr><th colspan="2" rowspan="2">视同销售对象</th><th colspan="2">营业税视同发生应税行为</th><th colspan="3">营改增后视同销售服务、无形资产或不动产</th></tr>
<tr><th>主体</th><th>行为</th><th>主体</th><th>行为</th><th>除外规定</th></tr>
<tr><td colspan="2">不动产</td><td rowspan="2">单位或个人</td><td rowspan="2">将不动产或者土地使用权无偿赠送其他单位或者个人</td><td rowspan="3">单位或者个人</td><td rowspan="3">向其他单位或者个人无偿转让无形资产或者不动产</td><td rowspan="6">用于公益事业或者以社会公众为对象的除外</td></tr>
<tr><td rowspan="2">无形资产</td><td>土地使用权</td></tr>
<tr><td>其他无形资产</td><td colspan="2">×</td></tr>
<tr><td rowspan="2">服务</td><td>建筑服务</td><td>单位或个人</td><td>自己新建建筑物后销售,其所发生的自建行为</td><td>单位或个体工商户</td><td>向其他单位或者个人无偿提供服务</td></tr>
<tr><td>其他服务</td><td colspan="2">×</td><td>其他个人</td><td>×</td></tr>
</table>

注:×表示不需按照视同发生应税行为处理。

从税制设计和加强征管的角度看，将无偿提供服务、转让无形资产或者不动产与有偿提供服务、转让无形资产或者不动产同等对待，均纳入征税范围，既可以体现税收的公平性，也可以堵塞税收漏洞，防止纳税人利用无偿行为不征税的规定逃避税收。

《营业税改征增值税试点实施办法》（财税〔2016〕36 号印发）第十四条，将以公益活动为目的或者以社会公众为对象的无偿提供服务、无偿转让无形资产或者不动产，如根据国家指令无偿提供的航空运输服务、铁路运输服务，排除在视同销售范围之外，不征收增值税，主要是为了促进社会公益事业的发展。需要强调的是，这里不征增值税的以公益活动为目的或者以社会公众为对象的除外规定，仅适用于无偿提供服务、无偿转让无形资产或者不动产，不适用于货物。如企业面向社会公众的展会上无偿赠送的礼品，银行对办理业务的客户赠送的春联等，不适用以社会公众为对象的不需视同销售的规定，而应按照《增值税暂行条例实施细则》第四条规定的视同销售货物处理，缴纳增值税。

（三）视同销售的具体适用

1. 以不动产或无形资产投资入股征收增值税

《营业税改征增值税实施办法》中明确规定了销售不动产和无形资产的概念，即有偿转让不动产所有权和无形资产所有权或者使用权。有偿指取得货币、货物或者其他经济利益。这与《增值税暂行条例》规定的有偿概念完全相同。这个基本规定实际上就解决了以不动产或者无形资产投资入股是否征收增值税的问题。因为，投资入股一定有所有权的转移，同时取得股权就是取得了经济利益。所以，以不动产或者无形资产投资入股，需按销售处理，缴纳增值税。而且，任何一个股份制企业的股权价值都是明确的，征税的计税依据就是其取得的股权价值。

全面营改增后，对以不动产或者无形资产投资入股征收增值税之所以存在不同意见。这是由于：一方面，在营改增以前，《财政部　国家税务总局关于股权转让有关营业税问题的通知》（财税〔2002〕191 号）第一条规定，以无形资产、不动产投资入股，参与接受投资方利润分配，共同承担投资风险的行为，不征收营业税。另一方面，《财政部　国家税务总局关于全面推开营业税改征增值税试点的通知》（财税〔2016〕36 号）等营改增文件中也没有明确不动产和无形资产投资入股是否征收增值税。

根据《增值税暂行条例实施细则》第四条第（六）项的规定，将货物作为投资，提供给其他单位或者个体工商户，按视同销售货物处理，征收增值税。营改增后没有对不动产或者无形资产投资入股做同样的视同销售安排。这是由于，对增值税税制的认识，需要一个过程。原来的《增值税暂行条例》形成于 1993 年，现在看还存在一些需要修正的地方。老的增值税暂行条例对有偿转移货物所有权的“有偿”做出了原则性的规定，包括取得货币、货物或者其他经济利益。这里“有偿”的概念已经涵盖了货物投资入股征税问题，取得股权就是取得了经济利益。所以，在营改增实施办法中，以不动产或者无形资产投资入股的征税问题就没必要单独明确。故财税〔2016〕36 号等营改增文件取消了之前投资入股“视同销售”，回归到“销售”的本质。

2. 积分兑换礼品需按照视同销售征收增值税

在 2016 年 5 月 1 日全面营改增之前，《营业税改征增值税试点有关事项的规定》（财税〔2013〕106 号）曾规定，航空运输企业提供的旅客利用里程积分兑换的航空运输服务，不征收增值税。《财政部　国家税务总局关于将电信业纳入营业税改征增值税试点的通知》（财税〔2014〕43 号）第七条也规定，以积分兑换形式赠送的电信业服务，不征收增值税。

自 2016 年 5 月 1 日起，根据《财政部　国家税务总局关于全面推开营业税改征增值税试点的通知》（财税〔2016〕36 号）的规定，《财政部　国家税务总局关于将铁路运输和邮政业纳入营业税改征增值税试点的通知》（财税〔2013〕106 号）、《财政部　国家税务总局关于将电信业纳入营业税改征增值税试点的通知》（财税〔2014〕43 号）等，除另有规定的条款外，相应废止。

也就是说，航空运输企业提供的旅客利用里程积分兑换的航空运输服务和以积分兑换形式赠送的电信业服务，不征收增值税的这一规定，自 2016 年 5 月 1 日起已废止，需要按照规定征收增值税。类似的，如银行以积分兑换方式，未另行收取价款而无偿向顾客提供礼品、服务，应根据无偿赠送货物、视同发生应税行为相关规定缴纳增值税。

3. 保险公司承揽业务送礼品或服务视同销售

关于保险公司在承揽业务时送的洗车卡、油卡等是否视同销售的问题，各地执行口径不同。

如《河南省国税局营改增问题快速处理机制专期十二》问题四明确，保险公司销售保险时，附带赠送客户的促销品，如刀具、加油卡等货物的“赠”是有偿的，是以买保险为前提的，如果购买者没有买保险，不可能获得赠品，赠品的价格是包含在保费中的。因此,不应做视同销售处理。又如《河北省国家税务局关于全面推开营改增有关政策问题的解答(之五)》第十三条规定,保险公司销售保险时,附带赠送客户的促销品,如刀具、加油卡等货物,不按视同销售处理。

不过,《内蒙古自治区国家税务局全面推开营改增政策问题解答四》第十条、《湖北省国家税务局营改增政策执行口径第一辑》问题十九等规定,在承揽业务时送的洗车卡、油卡等,要视同销售处理。销售实现时间为洗车卡、油卡等消费卡实际赠送的当天。总局明确的销售货物时无偿赠送的服务,如销售空调同时免费安装所指的情形是指与销售货物密切相关的服务。视同销售的服务能够取得抵扣凭证且符合抵扣范围的,其进项税额可以抵扣。

笔者认为,上述承揽业务时赠送的洗车卡、油卡等行为,各地税务机关已明确执行口径的,按各地的规定进行税务处理。没有明确执行口径的地区,应根据《增值税暂行条例实施细则》第四条的规定,按视同销售货物处理,征收增值税。

三、企业所得税视同销售

(一)视同销售范围

1. 企业所得税视同销售范围

自 2008 年 1 月 1 日起,我国实行法人所得税制,企业所得税视同销售的新老政策差异较大。《企业所得税法实施条例》第二十五条规定,企业发生非货币性资产交换,以及将货物、财产、劳务用于捐赠、偿债、赞助、集资、广告、样品、职工福利和利润分配等用途的,应当视同销售货物、转让财产和提供劳务,但国务院财政、税务主管部门另有规定的除外。这是视同销售企业所得税处理的依据,该条规定终结了货物、财产、劳务用于在建工程、管理部门、非生产部门的企业所得税视同销售。按照该规定,应当视同销售货物、转让财产和提供劳务的特别情形主要包括以下两个方面。

第一,非货币性资产交换。根据企业会计准则,非货币性资产交换是指交易双方主要以存货、固定资产、无形资产和长期股权投资等非货币性资产进行的交换。该交换不涉及或只涉及少量的货币性资产(即补价)。根据企业会计准则,非货币性资产交换必须同时满足两个条件才能确认收入,一是该项交换具有商业实质,二是换入资产或者换出资产的公允价值能够可靠地计量。此种情况下,企业会计准则要求采用公允价值模式计量换入或者换出资产的价值,此时,资产转让的计税收入和换入资产计税基础的确定，税法与会计处理是一致的。除此以外的非货币性资产交换，企业会计准则采用成本模式计量，税法与会计存在差异。

第二，将货物、财产、劳务用于捐赠、偿债、赞助、集资、广告、样品、职工福利和利润分配等用途。在这些用途中，有些情况下可能是出于生产经营的需要，但是有些情况是企业意图规避税法，逃避纳税义务。为了保证国家的税收收入，税法规定上述行为均视同销售货物、转让财产和提供劳务。在这些行为过程中对货物、财产和劳务没有以货币进行计价，除另有规定外，应当按照公允价值确定其收入，计算应纳所得税额。

2. 内部处置资产不视同销售

《国家税务总局关于企业处置资产所得税处理问题的通知》(国税函〔2008〕828 号，以下简称为国税函〔2008〕828 号文件)规定，自 2008 年 1 月 1 日起，企业发生下列情形的处置资产，除将资产转移至境外以外，由于资产所有权属在形式和实质上均不发生改变，可作为内部处置资产，不视同销售确认收入，相关资产的计税基础延续计算。

(1) 将资产用于生产、制造、加工另一产品。

(2) 改变资产形状、结构或性能。

(3) 改变资产用途(如，自建商品房转为自用或经营)。

(4) 将资产在总机构及其分支机构之间转移。

(5) 上述两种或两种以上情形的混合。

(6) 其他不改变资产所有权属的用途。

此外，《国家税务总局关于确认企业所得税收入若干问题的通知》(国税函〔2008〕875 号)规定，企业以买一赠一等方式组合销售本企业商品的，不属于捐赠，应将总的销售收入金额按各项商品的公允价值的比例来分摊确认各项的销售收入。

3. 资产移送他人视同销售

企业所得税将资产处置行为分为内部处置和外部处置两类，对于内部处置，通常不视同销售确认所得，相关资产的计税基础持续计算；对于外部处置，应按企业所得税法规定视同销售，确认所得并纳税。

《国家税务总局关于确认企业所得税收入若干问题的通知》(国税函〔2008〕875 号)规定，企业以买一赠一等方式组合销售本企业商品的，不属于捐赠，应将总的销售收入金额按各项商品的公允价值的比例来分摊确认各项的销售收入。

企业将资产移送他人的下列情形，因资产所有权属已发生改变而不属于内部处置资产，应按规定视同销售确认收入。这些情形主要包括：

(1) 用于市场推广或销售。

(2) 用于交际应酬。

(3) 用于职工奖励或福利。

(4) 用于股息分配。

(5) 用于对外捐赠。

(6) 其他改变资产所有权属的用途。

与企业所得税暂行条例及其实施细则相比，企业所得税法及其实施条例有关视同销售税务处理的变化，主要表现在如下方面。

1) 扩大了视同销售的对象

企业所得税法首次明确了劳务的视同销售问题，将劳务与货物、财产一起均列为视同销售的对象，解决了以前由于政策不明确带来的争议。如果企业将劳务用于捐赠、赞助等项目，即向企业外部免费提供劳务时，会计即使不确认收入，也应当进行企业所得税纳税调整，同时调整对应项目会计成本与计税成本之间的差异。

2) 视同销售范围既有缩小也有扩大

原内资企业所得税是以独立经济核算的单位作为纳税人的，不具有法人地位但实行独立经济核算的分公司也要独立计算缴纳企业所得税。而新企业所得税法采用的是法人所得税模式，相应缩小了视同销售的范围，对于货物、财产在统一法人实体内部之间的转移，比如企业将货物、财产、劳务用于在建工程、管理部门、分公司等不再作为视同销售处理。视同销售范围的扩大主要表现在：根据内资企业所得税暂行条例，非自产产品用于广告、样品、职工福利等情形时，不需要视同销售；而根据企业所得税法的规定，应当视同销售处理。

此外，与企业所得税相比，土地增值税的视同销售比较简单。根据土地增值税相关规定，房地产开发企业将开发产品用于职工福利、奖励、对外投资、分配给股东或投资人、抵偿债务、换取其他单位和个人的非货币性资产等，发生所有权转移时应视同销售房地产；将开发的部分房地产转为企业自用或用于出租等商业用途时，如果产权未发生转移，不征收土地增值税，在税款清算时不列收入，不扣除相应的成本和费用。

4. 房地产企业视同销售

企业将开发产品用于捐赠、赞助、职工福利、奖励、对外投资、分配给股东或投资人、抵偿债务、换取其他企事业单位和个人的非货币性资产等行为，应视同销售，于开发产品所有权或使用权转移，或于实际取得利益权利时确认收入(或利润)的实现。确认收入(或利润)的方法和顺序为：

(1) 按本企业近期或本年度最近月份同类开发产品市场销售价格确定。

(2) 由主管税务机关参照当地同类开发产品市场公允价值确定。

(3) 按开发产品的成本利润率确定。开发产品的成本利润率不得低于15%，具体比例由主管税务机关确定。

(二) 视同销售金额

1. 资产视同销售金额的确定

2016年以前，企业发生按规定应作视同销售情形时，国税函〔2008〕828号文件第三条规定，属于企业自制资产的，应按企业同类资产同期对外销售价格确定销售收入；属于外购的资产的，可以按照购入时的价格确定销售收入。此外，需要说明的是，国税函〔2008〕828号文件不适用于劳务的视同销售。

《国家税务总局关于做好2009年度企业所得税汇算清缴工作的通知》[国税函〔2010〕148号，根据《国家税务总局关于发布〈中华人民共和国企业所得税年度纳税申报表(A类，2014年版)〉的公告》(国家税务总局公告2014年第63号)，自2015年1月1日起，国税函〔2010〕148号文件废止]进一步明确国税函〔2008〕828号文件第三条规定的，企业处置外购资产按购入时的价格确定销售收入，是指企业处置该项资产不是以销售为目的，而是具有替代职工福利等费用支出性质，且购买后一般在一个纳税年度内处置。

根据《国家税务总局关于发布〈企业所得税年度纳税申报表(A类，2014年版)〉的公告》[国家税务总局公告2014年第63号，自2017年12月29日起被《国家税务总局关于发布〈中华人民共和国企业所得税年度纳税申报表(A类，2017年版)〉的公告》(国家税务总局公告2017年第54号)废止]的规定，企业外购资产或服务不以销售为目的，用于替代职工福利费用支出，且购置后在一个纳税年度内处置的，可以按照购入价格确认视同销售收入。

2. 按公允价值确定视同销售收入金额

自2016年度起，根据《国家税务总局关于企业所得税有关问题的公告》(国家税务总局公告2016年第80号)第二条“企业移送资产所得税处理问题”的规定，企业发生国税函〔2008〕828 号文件第二条规定情形的，除另有规定外，应按照被移送资产的公允价值确定销售收入。

3. 公益捐赠股权按历史成本视同销售

《财政部 国家税务总局关于公益股权捐赠企业所得税政策问题的通知》(财税〔2016〕45 号，以下简称财税〔2016〕45 号文件。财税〔2016〕45 号文件自 2016 年 1 月 1 日起执行，发布前企业尚未进行税收处理的股权捐赠行为，符合财税〔2016〕45 号文件规定条件的可比照财税〔2016〕45 号文件执行，已经进行相关税收处理的不再进行税收调整)第一条的规定，企业向公益性社会团体实施的股权捐赠，应按规定视同转让股权，股权转让收入额以企业所捐赠股权取得时的历史成本确定。

上述所称的股权，是指企业持有的其他企业的股权、上市公司股票等。

财税〔2016〕45 号文件第二条规定，企业实施股权捐赠后，以其股权历史成本为依据确定捐赠额，并依此按照企业所得税法有关规定在所得税前予以扣除。公益性社会团体接受股权捐赠后，应按照捐赠企业提供的股权历史成本开具捐赠票据。

公益性社会团体，是指注册在中华人民共和国境内，以发展公益事业为宗旨，且不以营利为目的，并经确定为具有接受捐赠税前扣除资格的基金会、慈善组织等公益性社会团体。

股权捐赠行为，是指企业向中华人民共和国境内公益性社会团体实施的股权捐赠行为。企业向中华人民共和国境外的社会组织或团体实施的股权捐赠行为不适用本通知规定。

四、江苏大山房地产开发有限公司土地增值税清算案

江苏大山房地产开发有限公司与
江苏省宿迁地方税务局稽查局二审行政判决书

江苏省高级人民法院行政判决书〔2015〕苏行终字第 00508 号

【提示：土地增值税被戏称为“土地争执税”，是因为我国会计核算上没有《清算准则》，没有系统地进行明确规定清算业务的计量规则，所以无论是开发企业、税务机关、中介专家们对于“清算”业务的计量规则都没有搞明白，形成不同意见是正常的。虽然争执归争执，但是最终走上法庭的案子并不是太多，本判例为我们学习土地增值税提供了很好的素材。本案税企争论的焦点表现在 6 个方

面：1.稽查局作出清算处理决定是否超出了行政职权范围；2.地价款是否应扣除政府给予的奖励；3.可售面积如何确定，依据是什么；4.向非金融机构借款利息能否直接计入开发费用；5.以不动产对外投资计税价格如何确认；6.应收未收的款项是否应当确认为销售收入。】

上诉人（原审原告）江苏大山房地产开发有限公司，住所地江苏省宿迁市泗洪县经济开发区东区。

法定代表人殷荣富，该公司董事长。

委托代理人周炳泉，该公司工作人员。

委托代理人张崇练，泗洪县泗洲法律服务所法律工作者。

被上诉人（原审被告）江苏省宿迁地方税务局稽查局，住所地宿迁市宿城区发展大道78号地税大厦。

法定代表人曹方文，该局局长。

委托代理人黄昊，江苏省宿迁地方税务局工作人员。

委托代理人姜亚春，江苏宿兴律师事务所律师。

上诉人江苏大山房地产开发有限公司（以下简称大山公司）因诉江苏省宿迁地方税务局稽查局（以下简称宿迁地税稽查局）税务处理决定一案，不服江苏省宿迁市中级人民法院〔2014〕宿中行初字第00045号行政判决，向本院提起上诉。本院2015年7月27日立案受理后依法组成合议庭，并于2015年10月24日公开开庭审理了本案。上诉人大山公司的委托代理人周炳泉、张崇练，被上诉人宿迁地税稽查局副局长王筱祥作为行政机关负责人，以及委托代理人黄昊、姜亚春到庭参加了诉讼。本案现已审理终结。

一审法院经审理查明，大山公司于2007年4月成立，在泗洪县青阳镇以出让方式取得国有建设用地50.99亩，开发“泗洪第一街”房地产项目。该项目建筑面积114 936.73平方米，2008年12月取得预售许可证，截至2013年12月31日，对外销售27 237.97平方米，以房地产对外投资入股42 415.75平方米。2014年3月10日至6月10日宿迁地税稽查局对大山公司2010年1月1日至2013年12月31日期间的涉税情况进行了检查，认定大山公司在营业税、城市维护建设税、教育费附加、地方教育费附加、印花税、城镇土地使用税、房产税、个人所得税、土地增值税等9种税费申缴存在违法事实，并作出宿地税稽处〔2014〕60号税务处理决定书，要求大山公司补缴或者调整相关税款，其中应补缴土地增值税19 282 778.61元。对该处理决定中关于营业税、城市维护建设税、教育费附加、地方教育费附加、印花税、城镇土地使用税、房产税、个人所得税等8项处理结果，大山公司无异议，并按照要求履行了相关义务，但对处理决定中关于土地增值税清算认定的事实和处理结果有异议，向宿迁市地方税务局申请复议。2014年12月1日宿迁市地方税务局作出宿地税复决〔2014〕1号行政复议决定，维持了宿迁地税稽查局作出的土地增值税清算处理决定。大山公司不服，向法院提起诉讼，请求撤销宿地税稽处〔2014〕60号税务处理决定书中关于土地增值税(清算)的处理决定。

一审法院认为：

1. 关于在取得土地使用权支付金额时可否扣除政府奖励款问题。

江苏省地方税务局2012年8月20日制定的《关于土地增值税有关业务问题的公告》(苏地税规〔2012〕1号，以下简称《江苏地税1号公告》)规定，纳税人为取得土地使用权所支付的地价款，在计算土地增值税时，应以纳税人实际支付土地出让金，减去因受让该宗土地政府以各种形式支付给纳税人的经济利益后予以确认。本案中，大山公司从泗洪县财政局获得的1 600万元奖励是基于受让土地而取得的，因此宿迁地税稽查局在计算大山公司为取得土地使用权所支付的地价款时，从大山公司交付的土地出让金中扣减1 600万元，有事实和法律依据，并无不当。

2. 关于地下一层可售面积如何确定问题。

建设项目竣工规划验收合格证不是认定房屋产权面积的直接依据，而且本案中大山公司提供的验收合格证系复印件，字迹模糊，部分内容难以辨认，因此该材料不符合证据的形式要求，不能作为有效证据使用。泗洪县房地产管理处系房屋产权确认登记的法定机构，其出具的房屋登记信息能够证明泗洪第一街地下一层H01部分的面积为18 826.26平方米，所有权人为大山公司。大山公司称地下一层可办理产权面积为10 613.08平方米，其余属于不可办理产权的公共设施，与查明事实不符。大山公司称H01部分的房产证是临时性的，亦缺乏依据。

3. 关于向非金融机构借款利息能否直接计入开发费用问题。

根据《中华人民共和国土地增值税暂行条例实施细则》第七条第(三)项的规定，开发土地和新建房屋及配套设施的费用(以下简称房地产开发费用)，是指与房地产开发项目有关的销售费用、管理费用、财务费用。财务费用中的利息支出，凡能够按转让房地产项目计算分摊并提供金融机构证明的，允许据实扣除……凡不能按转让房地产项目计算分摊利息支出或不能提供金融机构证明的，房地产开发费用按《中华人民共和国土地增值税暂行条例实施细则》第七条第（一）、（二）项规定计算的金额之和的10%以内计算扣除。《国家税务总局关于土地增值税清算有关问题的通知》和《江苏地税1号公告》规定，财务费用中的利息支出，凡不能按转让房地产项目计算分摊利息支出或不能提供金融机构证明的，房地产开发费用按取得土地使用权所支付的金额与房地产开发成本金额之和的10%计算扣除。根据上述规定，向非金融机构借款的，房地产开发费用应当按照“取得土地使用权所支付的金额”与“房地产开发成本”两项金额之和的一定比例计算扣除。本案中，大山公司系向非金融机构借款，因此其支付的利息不能直接计入开发费用予以扣除。宿迁地税稽查局按照取得土地使用权所支付的金额与房地产开发成本之和的10%计算大山公司的房地产开发费用，符合法规规定，并无不当。

4. 关于大山公司以不动产对外投资计税价格确认问题。

《国家税务总局关于房地产开发企业土地增值税清算管理有关问题的通知》第三条规定：“非直接销售和自用房地产的收入确定：房地产开发企业将开发产品用于……对外投资等，发生所有权转移时应视同销售房地产。其收入按下列方法和顺序确认：1.按本企业在同一地区、同一年度销售的同类房地产的平均价格确定；2.由主管税务机关参照当地当年、同类房地产的市场价格或评估价值确定。”本案中，大山公司在同一地区、同一年度无同类房地产销售平均价格，当地当年也无同类房地产的市场价格，因此宿迁地税稽查局在清算时只能按评估价值确认收入。大山公司称应以协议价格确认收入，无法律依据。

5. 关于应收未收的款项是否应当确认为销售收入问题。

土地增值税计征的对象是土地增值部分，清算目的是确定土地的增值额。本案中，商品房买卖合同签订后，房屋已交付，虽然有部分购房款未实际收取，但不影响增值额的计算。相反，仅按照实际收取的部分购房款确认收入，则不能正确反映增值。而且《国家税务总局关于土地增值税清算有关问题的通知》也明确规定，土地增值税清算时，未开具发票或未全额开具发票的，以交易双方签订的销售合同所载的售房金额及其他收益确认收入。因此，宿迁地税稽查局按商品房买卖合同约定的售房价款全额确认收入，有法律依据，并无不当。综上，宿迁地税稽查局作出的宿地税稽处〔2014〕60号税务处理决定中关于土地增值税（清算）的处理决定事实清楚，适用法律、法规正确。大山公司要求撤销土地增值税清算处理决定，无事实和法律依据。一审法院根据《中华人民共和国行政诉讼法》第六十九条的规定，判决驳回大山公司的诉讼请求。

上诉人大山公司上诉称，一审认定事实不清，适用法律错误。(1)县政府奖励上诉人的1 600万元不涉及土地开发成本，一审法院认为其应从土地出让金中扣除，认定事实错误，适用法律不当；(2)认定上诉人地下一层可售面积18 826.25平方米不当，其可售面积应为10 613.08平方米；(3)向非金融机构借款利息39 514 117元调减不合情理；(4)将上诉人对外投资的不动产评估价作为销售价计税不当，上诉人以不动产对外投资计税价格没有明显偏低，不应以评估价进行清算；(5)将应收未收款368万元纳入征税错误。请求撤销本院一审判决，依法改判或发回重审，撤销被上诉人税务处理决定中关于土地增值税(清算)的处理决定。

被上诉人宿迁地税稽查局答辩称，一审判决有事实根据和法律依据。(1)政府奖励的1 600万元应当作为减少土地出让金的支出；(2)一审认定的地下一层可售面积正确，上诉人已经拿到了房产证并且进行了抵押；(3)因为是向非金融机构的借款，所以不能采用据实扣除法，而应采用综合扣除法；(4)企业以非货币资产对外进行投资，应以评估价来确认投资价格；(5)应收款应当作为销售收入进行纳税。请求本院驳回上诉，维持一审判决。

上诉人大山公司提起上诉后，一审法院已将各方当事人在一审中提交的证据材料随案移送本院。

本院庭审中，各方当事人对一审判决认定的本案案件事实的客观真实性均无异议，本院依法予以确认。

本院庭审中，双方当事人围绕被上诉人宿迁地税稽查局2014年8月7日作出的宿地税稽处〔2014〕60号税务处理决定的合法性，重点是被上诉人宿迁地税稽查局是否具有作出本案税务处理决定的法定职权，以及涉案的政府奖励是否调减取得土地使用权支付的地价款，地下一层可销售面积究竟是多少，向非金融机构借款利息如何计入开发费用，以不动产对外投资计税价格如何确认，应收未收的款项是否应当确认收入等六个方面的问题，进行了辩论。

上诉人大山公司认为，(1)对纳税人土地增值税清算业务是主管税务机关的职责，而非稽查局职责，因此被上诉人作出清算处理决定超出了行政职权范围。从湖北省地方税务局《关于进一步规范土地增值税征管工作的意见》(鄂地税发〔2013〕44号)可以看出在土地增值税清算工作中，税务部门、主管税务机关和稽查局的职责不一样，可作为本案的参考。土地增值税应当由税务局的征收部门而非稽查部门进行清算，处理也应由征收部门进行。(2)上诉人收到的1 600万元是项目建设的奖励而非购买土地的奖励，被上诉人依据《江苏地税1号公告》文件处理1 600万元财政补贴，适用法律错误。上诉人所支付的出让金应该作为支付土地所有权所支付的金额得到全额确认。(3)上诉人的地下一层可售面积应当按照竣工验收合格证上的范围予以确定。(4)上诉人在开发前因公司尚未成立而无法办理银行贷款，是以江苏天然园米面实业有限公司的名义向银行和泗洪县宏源公司进行借款，进行房地产项目进行开发的，此虽然不是直接向银行借款，但是已实际支出了相关的利息，在进行清算时，应当按照账面全部计入开发费用。(5)被上诉人通过价格评估机构对上诉人对外投资房产进行评估错误。上诉人的投资协议价格仅低于评估价格的6.05%，此偏差属于正常范围，不属于价格明显偏低，被上诉人评估时没有考虑特殊销售情形。(6)应收未收款只是债权，并不是实际收入，被上诉人不应当将此确认为销售收入。

被上诉人宿迁地税稽查局认为，(1)江苏省机构编制委员会办公室《关于印发江苏省宿迁地方税务局及所属县区局主要职责机构设置和人员编制规定的通知》(苏编办发〔2010〕30号，以下简称《江苏编办30号文》)第三条第一款第一项明确了被上诉人有监督、检查全市地税系统征管对象执行地方税收、法规、政策及制度情况，查处税收征收违法案件。上诉人没有依照规定的时间对土地增值税进行清算，未依法申报缴纳土地增值税，其行为本身已构成违法，被上诉人对上诉人的违法行为依法进行立案查处，符合法律规定，并无超越职权。上诉人认为主管税务机关不包含稽查局是错误的，稽查局也是税务主管机关。(2)泗洪县财政局情况说明和中共泗洪县委会议纪要足以证明，涉案的1 600万元是土地出让金的奖励，被上诉人对此进行调整，符合《江苏地税1号公告》的规定，不存在适用法律错误。(3)涉案的地下一层可销售面积应当按照房产证上的面积计算。且上诉人对上述房产已设立了抵押，因此是有价值的面积，也是可以销售的面积。(4)上诉人向非金融机构借款，只能按照金额之和的10%来进行综合扣除。(5)根据相关法律规定，对作为出资的非货币财产应当评估作价，核实财产，不得高于或低于作价。被上诉人用评估的方法来确认价格正确。

本院认为，《中华人民共和国税收征收管理法》(以下简称《税收征管法》)第十四条规定，本法所称税务机关是指各级税务局、税务分局、税务所和按照国务院规定设立的并向社会公告的税务机构。《中华人民共和国税收征收管理法实施细则》(以下简称《征管法实施细则》)第九条规定,税收征管法第十四条所称按照国务院规定设立的并向社会公告的税务机构,是指省以下税务局的稽查局。国家税务总局《税务稽查工作规程》(国税发〔2009〕157号)第二条规定,税务稽查由税务局稽查局依法实施。稽查局主要职责,是依法对纳税人、扣缴义务人和其他涉税当事人履行纳税义务、扣缴义务情况及涉税事项进行检查处理,以及围绕检查处理开展的其他相关工作。《江苏编办30号文》已经明确了被上诉人宿迁地税稽查局相应的工作职责,因此被上诉人宿迁地税稽查局具有作出本案被诉的税务处理决定的法定职权。上诉人大山公司二审中提供的湖北地方税务局《关于进一步规范土地增值税征管工作的若干意见》(鄂地税发〔2013〕44号)并未涉及税务机关职权划分问题,与本案没有关联性,依法不予采信。同时,被上诉人宿迁地税稽查局一审提供的《税务稽查立案审批表》《税务检查通知书》《税务事项通知书》《税务稽查报告》和相关税务文书送达回证等证明,被上诉人宿迁地税稽查局作出的税务处理决定,行政程序符合国家税务总局《税务稽查工作规程》的相关规定。

《江苏地税1号公告》系根据《中华人民共和国土地增值税暂行条例》及其实施细则和其他税收法律法规作出的规范性文件,其制定规则、程序等符合《税收规范性文件制定管理办法》(国家税务总局令第20号)的规定,本案在卷证据表明,上诉人大山公司取得的1 600万元奖励款,系泗洪县政府给上诉人的土地出让金奖励。根据《中华人民共和国土地增值税暂行条例》第六条第(一)项:计算增值额的扣除项目包括:“(一)取得土地使用权所支付的金额”以及《中华人民共和国土地增值税暂行条例实施细则》第七条:“取得土地所支付的金额,是指纳税人为取得土地使用权所支付的地价款和按国家统一法规缴纳的费用”的规定,《江苏地税1号公告》确定,“纳税人为取得土地使用权所支付的地价款,在计算土地增值税时,应以纳税人实际支付土地出让金(包括后期补缴的土地出让金),减去因受让该宗土地政府以各种形式支付给纳税人的经济利益后予以确认”并无不当。被上诉人宿迁地税稽查局在被诉的税务处理决定中,据此将1 600万元土地出让金奖励款,在计算土地增值税时从取得土地使用权所支付的地价款中予以扣减,符合上述法律法规和规范性文件的规定。

上诉人大山公司开发的泗洪第一街项目地下部分由H01和H02两部分构成。泗洪县房地产管理处有关H01的登记信息显示为:“所有权人:江苏大山房地产开发有限公司,证号:S025168,房号:H01,面积:18 826.26平方米,设计用途：商业，他项权证号：T029576，他项权人：中国农业发展银行丹阳市支行，权利价值：158 000 000 元”。因该房屋已拥有合法的所有权证，并设定了他项权利，故被上诉人宿迁地税稽查局在被诉的税务处理决定中认定上诉人大山公司地下一层可售面积为 18 826.26 平方米正确。

上诉人大山公司 2009 年至 2013 年支付泗洪宏源公有资产管理有限公司利息 2 608 617 元，支付苏中实业有限公司利息 36 905 500 元，两项合计 39 514 117 元，系向非金融机构借款利息，根据《中华人民共和国土地增值税暂行条例实施细则》第七条第（三）项：“开发土地和新建房及配套设施的费用（以下简称房地产开发费用），是指与房地产开发项目有关的销售费用、管理费用、财务费用。财务费用中的利息支出，凡能够按转让房地产项目计算分摊并提供金融机构证明的，允许据实扣除，但最高不能超过按商业银行同类同期贷款利率计算的金额，其他房地产开发费用，按本条（一）、（二）项规定计算的金额之和的 5％以内计算扣除。凡不能按转让房地产项目计算分摊利息支出或不能提供金融机构证明的，房地产开发费用按本条（一）、（二）项规定计算的金额之和的 10％以内计算扣除。”以及《国家税务总局关于土地增值税清算有关问题的通知》（国税函〔2010〕220 号）及《江苏地税 1 号公告》的规定，财务费用中的利息支出，凡能够按转让房地产项目计算分摊并提供金融机构证明的，允许据实扣除，但最高不能超过按商业银行同类同期贷款利率计算的金额。其他房地产开发费用，在按照“取得土地使用权所支付的金额”与“房地产开发成本”金额之和的 5％计算扣除；凡不能按转让房地产项目计算分摊利息支出或不能提供金融机构证明的，房地产开发费用在按“取得土地使用权所支付的金额”与“房地产开发成本”金额之和的 10％计算扣除。被上诉人宿迁地税稽查局在被诉的税务处理决定中将房地产开发费用按“取得土地使用权所支付的金额”与“房地产开发成本”金额之和的 10％计算扣除，符合上述法律规范的规定。这种计算扣除，并非上诉人所说的“调减”。

根据《中华人民共和国公司法》第二十七条的规定，“股东可以用货币出资，也可以用实物、知识产权、土地使用权等可以用货币估价并可以依法转让的非货币财产作价出资；但是，法律、行政法规规定不得作为出资的财产除外。对作为出资的非货币财产应当评估作价，核实财产，不得高估或者低估作价。法律、行政法规对评估作价有规定的，从其规定。”上诉人大山公司以不动产对外投资，应当评估作价。根据《国家税务总局关于房地产开发企业土地增值税清算管理有关问题的通知》（国税发〔2006〕187 号）第三条的规定，“非直接销售和自用房地产的收入确定：房地产开发企业将开发产品用于职工福利、奖励、对外投资、分配给股东或投资人、抵偿债务、换取其他单位和个人的非货币性资产等，发生所有权转移时应视同销售房地产，其收入按下列方法和顺序确认：1.按本企业在同一地区、同一年度销售的同类房地产的平均价格确定；2.由主管税务机关参照当地当年、同类房地产的市场价格或评估价值确定。”上诉人大山公司在同一地区、同一年度无同类房地产销售平均价格，当地当年也无同类房地产的市场价格，因此被上诉人宿迁地税稽查局按照上述规定的方法和顺序，评估价值确定收入正确。且根据《税收征管法》第三十六条规定，“企业或者外国企业在中国境内设立的从事生产、经营的机构、场所与其关联企业之间的业务往来，应当按照独立企业之间的业务往来收取或者支付价款、费用；不按照独立企业之间的业务往来收取或者支付价款、费用，而减少其应纳税的收入或者所得额的，税务机关有权进行合理调整。”《征管法实施条例》第五十四条规定，“纳税人与其关联企业之间的业务往来有下列情形之一的，税务机关可以调整其应纳税额：……（四）转让财产、提供财产使用权等业务往来，未按照独立企业之间业务往来作价或者收取、支付费用”的规定，被上诉人宿迁地税稽查局针对上诉人大山公司将不动产投资给自己的关联企业，依法进行合理调整也是合法、适当的。

关于应收未收的款项是否应当确认收入问题。上诉人大山公司称，其项目在销售中有几户购房户仅支付首付款后就未能履行合同，形成应收未收款项368万元，被上诉人应在清算过程中据实认定。经查，上诉人大山公司所述四套商铺，购销双方已签订了商品房买卖合同，合同约定付款方式为购买人支付首付款若干，余款通过银行按揭方式支付。购买人已支付首付款，上诉人大山公司开具了预收款发票，且房屋已交付。根据《中华人民共和国土地增值税暂行条例》第五条：“纳税人转让房地产所取得的收入，包括货币收入、实物收入和其他收入。”《中华人民共和国土地增值税暂行条例实施细则》第五条，“条例第二条所称的收入，包括转让房地产的全部价款及有关的经济收益。”的规定及《国家税务总局关于土地增值税清算有关问题的通知》（国税函〔2010〕220号）第一条关于土地增值税清算时收入确认的问题规定，土地增值税清算时，未开具发票或未全额开具发票的，以交易双方签订的销售合同所载的售房金额及其他收益确认收入。被上诉人宿迁地税稽查局在被诉的税务处理决定中按其合同约定的售房价款全额确认收入，符合上述规定。

综上，上诉人大山公司的上诉请求和理由，缺乏事实根据和法律依据，依法不予支持。一审判决认定事实清楚、适用法律正确、审判程序合法。依照《中华人民共和国行政诉讼法》第八十九条第一款第(一)项的规定,判决如下:

驳回上诉,维持原判。

二审案件受理费人民币50元,由上诉人江苏大山房地产开发有限公司承担。

本判决为终审判决。

审　判　长　史　笔
代理审判员　许傲雪
代理审判员　丁　钰
二〇一五年十月二十四日
书　记　员　谌　莹

第三节　营改增后应税收入的确认

一、营改增后土地增值税应税收入确认

(一) 土地增值税应税收入不含增值税

《财政部　国家税务总局关于营改增后契税　房产税　土地增值税　个人所得税计税依据问题的通知》(财税〔2016〕43号)第三条的规定,土地增值税纳税人转让房地产取得的收入为不含增值税收入。《中华人民共和国土地增值税暂行条例》等规定的土地增值税扣除项目涉及的增值税进项税额,允许在销项税额中计算抵扣的,不计入扣除项目,不允许在销项税额中计算抵扣的,可以计入扣除项目。

《国家税务总局关于营改增后土地增值税若干征管规定的公告》(国家税务总局公告2016年第70号)第一条"关于营改增后土地增值税应税收入确认问题"规定,营改增后,纳税人转让房地产的土地增值税应税收入不含增值税。适用增值税一般计税方法的纳税人,其转让房地产的土地增值税应税收入不含增值税销项税额;适用简易计税方法的纳税人,其转让房地产的土地增值税应税收入不含增值税应纳税额。

(二) 土地增值税预征的计征依据

为方便纳税人,简化土地增值税预征税款计算,房地产开发企业采取预收款方式销售自行开发的房地产项目的,可按照以下方法计算土地增值税预征计征

依据：

土地增值税预征的计征依据＝预收款－应预缴增值税税款

（三）土地增值税的应税收入

《国家税务总局关于营改增后土地增值税若干征管规定的公告》（国家税务总局公告2016年第70号）第四条“关于营改增前后土地增值税清算的计算问题”规定，房地产开发企业在营改增后进行房地产开发项目土地增值税清算时，按以下方法确定土地增值税应税收入金额：

$$\text{土地增值税应税收入}=\text{营改增前转让房地产取得的收入}+\text{营改增后转让房地产取得的不含增值税收入}$$

二、营改增后视同销售房地产应税收入确认

《国家税务总局关于营改增后土地增值税若干征管规定的公告》（国家税务总局公告2016年第70号）第二条“关于营改增后视同销售房地产的土地增值税应税收入确认问题”规定，纳税人将开发产品用于职工福利、奖励、对外投资、分配给股东或投资人、抵偿债务、换取其他单位和个人的非货币性资产等，发生所有权转移时应视同销售房地产，其收入应按照《国家税务总局关于房地产开发企业土地增值税清算管理有关问题的通知》（国税发〔2006〕187号）第三条规定执行。纳税人安置回迁户，其拆迁安置用房应税收入和扣除项目的确认，应按照《国家税务总局关于土地增值税清算有关问题的通知》（国税函〔2010〕220号）第六条规定执行，即收入按下列方法和顺序确认：

（1）按本企业在同一地区、同一年度销售的同类房地产的平均价格确定。

（2）由主管税务机关参照当地当年、同类房地产的市场价格或评估价值确定。

三、免征增值税的收入不扣减增值税额

根据《财政部 国家税务总局关于营改增后契税 房产税 土地增值税 个人所得税计税依据问题的通知》（财税〔2016〕43号）第五条的规定，免征增值税的，确定计税依据时，成交价格、租金收入、转让房地产取得的收入不扣减增值税额。

四、税务机关核定的计税价格不含增值税

根据《财政部 国家税务总局关于营改增后契税 房产税 土地增值税 个人

所得税计税依据问题的通知》(财税〔2016〕43 号)第六条的规定,在计征土地增值税、个人所得税、房产税等税种时,税务机关核定的计税价格或收入不含增值税。

第四节 销售额与企业所得税收入

一、销售不动产的销售额

(一) 销售不动产

根据《销售服务、无形资产、不动产注释》(财税〔2016〕36 号印发)第三条的规定,销售不动产,是指转让不动产所有权的业务活动。不动产,是指不能移动或者移动后会引起性质、形状改变的财产,包括建筑物、构筑物等。建筑物,包括住宅、商业营业用房、办公楼等可供居住、工作或者进行其他活动的建造物。构筑物,包括道路、桥梁、隧道、水坝等建造物。

不动产的分类与内容如表 2-2 所示。

表 2-2 不动产的分类

<table>
<tr><th></th><th>分类</th><th>内容</th><th>特点</th></tr>
<tr><td rowspan="9">不动产</td><td rowspan="4">建筑物</td><td>住宅</td><td rowspan="4">可供居住、工作或者进行其他活动的建造物</td></tr>
<tr><td>商业营业用房</td></tr>
<tr><td>办公楼</td></tr>
<tr><td>……</td></tr>
<tr><td rowspan="5">构筑物</td><td>道路</td><td></td></tr>
<tr><td>桥梁</td><td></td></tr>
<tr><td>隧道</td><td></td></tr>
<tr><td>水坝</td><td></td></tr>
<tr><td>……</td><td></td></tr>
</table>

转让建筑物有限产权或者永久使用权的,转让在建的建筑物或者构筑物所有权的,以及在转让建筑物或者构筑物时一并转让其所占土地的使用权的,按照销售不动产缴纳增值税。

房屋,即建筑物,包括住宅、商业用房、办公楼、厂房等。也就是说房屋,仅仅是建筑物,包括住宅、商业用房、办公楼、厂房等,比不动产的范围要小。住房,是指住宅、居民用房。不动产的概念大于房屋,房屋概念大于住房,《试点有关事项的规定》《试点过渡政策的规定》文件中,优惠政策多是针对“住房”的。

(二) 销售开发产品的销售额

1. 一般计税方法下销售开发产品销售额

根据《营业税改征增值税试点有关事项的规定》(财税〔2016〕36 号印发)第一条第(三)项第十点的规定,房地产开发企业中的一般纳税人销售其开发的房地产项目(选择简易计税方法的房地产老项目除外),以取得的全部价款和价外费用,扣除受让土地时向政府部门支付的土地价款后的余额为销售额。

根据《财政部 国家税务总局关于明确金融 房地产开发 教育辅助服务等增值税政策的通知》(财税〔2016〕140 号,以下简称财税〔2016〕140 号文件)第七条的规定,“向政府部门支付的土地价款”,包括土地受让人向政府部门支付的征地和拆迁补偿费用、土地前期开发费用和土地出让收益等。房地产开发企业中的一般纳税人销售其开发的房地产项目(选择简易计税方法的房地产老项目除外),在取得土地时向其他单位或个人支付的拆迁补偿费用也允许在计算销售额时扣除。纳税人按上述规定扣除拆迁补偿费用时,应提供拆迁协议、拆迁双方支付和取得拆迁补偿费用凭证等能够证明拆迁补偿费用真实性的材料。

根据财税〔2016〕140 号文件的第八条的规定,房地产开发企业(包括多个房地产开发企业组成的联合体)受让土地向政府部门支付土地价款后,设立项目公司对该受让土地进行开发,同时符合下列条件的,可由项目公司按规定扣除房地产开发企业向政府部门支付的土地价款。

(1) 房地产开发企业、项目公司、政府部门三方签订变更协议或补充合同,将土地受让人变更为项目公司。

(2) 政府部门出让土地的用途、规划等条件不变的情况下,签署变更协议或补充合同时,土地价款总额不变。

(3) 项目公司的全部股权由受让土地的房地产开发企业持有。

纳税人按照规定从全部价款和价外费用中扣除的价款,应当取得符合法律、行政法规和国家税务总局规定的有效凭证。否则,不得扣除。

上述凭证是指:

(1) 支付给境内单位或者个人的款项,以发票为合法有效凭证。

(2) 支付给境外单位或者个人的款项，以该单位或者个人的签收单据为合法有效凭证，税务机关对签收单据有疑义的，可以要求其提供境外公证机构的确认证明。

(3) 缴纳的税款，以完税凭证为合法有效凭证。

(4) 扣除的政府性基金、行政事业性收费或者向政府支付的土地价款，以省级以上(含省级)财政部门监(印)制的财政票据为合法有效凭证。

(5) 国家税务总局规定的其他凭证。

纳税人取得的上述凭证属于增值税扣税凭证的，其进项税额不得从销项税额中抵扣。

2. 销售开发产品的简易计税方法

根据《营业税改征增值税试点有关事项的规定》(财税〔2016〕36号印发)第一条第(八)项的规定，房地产开发企业中的一般纳税人，销售自行开发的房地产老项目，可以选择适用简易计税方法按照5%的征收率计税。

房地产开发企业中的小规模纳税人，销售自行开发的房地产项目，按照5%的征收率计税。

3. 采取预收款方式销售开发产品的预缴增值税

根据《营业税改征增值税试点有关事项的规定》(财税〔2016〕36号印发)第一条第(八)项第九点的规定，房地产开发企业采取预收款方式销售所开发的房地产项目，在收到预收款时按照3%的预征率预缴增值税。

(三) 销售取得的不动产的销售额

根据《营业税改征增值税试点有关事项的规定》第一条第(八)项的规定，一般纳税人销售其2016年4月30日前取得(不含自建)的不动产，可以选择适用简易计税方法，以取得的全部价款和价外费用减去该项不动产购置原价或者取得不动产时的作价后的余额为销售额，按照5%的征收率计算应纳税额。纳税人应按照上述计税方法在不动产所在地预缴税款后，向机构所在地主管税务机关进行纳税申报。

一般纳税人销售其2016年4月30日前自建的不动产，可以选择适用简易计税方法，以取得的全部价款和价外费用为销售额，按照5%的征收率计算应纳税额。纳税人应按照上述计税方法在不动产所在地预缴税款后，向机构所在地主管税务机关进行纳税申报。

一般纳税人销售其2016年5月1日后取得(不含自建)的不动产，应适用一般计税方法，以取得的全部价款和价外费用为销售额计算应纳税额。纳税人应以取得的全部价款和价外费用减去该项不动产购置原价或者取得不动产时的作价后的余额，按照5%的预征率在不动产所在地预缴税款后，向机构所在地主管税务机关进行纳税申报。

一般纳税人销售其2016年5月1日后自建的不动产，应适用一般计税方法，以取得的全部价款和价外费用为销售额计算应纳税额。纳税人应以取得的全部价款和价外费用，按照5%的预征率在不动产所在地预缴税款后，向机构所在地主管税务机关进行纳税申报。

小规模纳税人销售其取得（不含自建）的不动产（不含个体工商户销售购买的住房和其他个人销售不动产），应以取得的全部价款和价外费用减去该项不动产购置原价或者取得不动产时的作价后的余额为销售额，按照5%的征收率计算应纳税额。纳税人应按照上述计税方法在不动产所在地预缴税款后，向机构所在地主管税务机关进行纳税申报。

小规模纳税人销售其自建的不动产，应以取得的全部价款和价外费用为销售额，按照5%的征收率计算应纳税额。纳税人应按照上述计税方法在不动产所在地预缴税款后，向机构所在地主管税务机关进行纳税申报。

个体工商户销售购买的住房，应按照财税〔2016〕36号文件附件3《营业税改征增值税试点过渡政策的规定》第五条的规定，个人将购买不足2年的住房对外销售的，按照5%的征收率全额缴纳增值税；个人将购买2年以上（含2年）的住房对外销售的，免征增值税。上述政策适用于北京市、上海市、广州市和深圳市之外的地区。纳税人应按照上述计税方法在不动产所在地预缴税款后，向机构所在地主管税务机关进行纳税申报。

其他个人取得（不含自建）的不动产（不含其购买的住房），应以取得的全部价款和价外费用减去该项不动产购置原价或者取得不动产时的作价后的余额为销售额，按照5%的征收率计算应纳税额。需要说明的是，根据财税〔2016〕36号文件的规定，此项优惠政策适用购买2年以上（含2年）的非普通住房对外销售，且仅适用于北京市、上海市、广州市和深圳市。

二、销售土地使用权的销售额

（一）销售土地使用权与无形资产

根据《销售服务、无形资产、不动产注释》（财税〔2016〕36号文件印发）第二条的规定，销售无形资产，是指转让无形资产所有权或者使用权的业务活动。无形资产，是指不具实物形态，但能带来经济利益的资产，包括技术、商标、著作权、商誉、自然资源使用权和其他权益性无形资产。

技术，包括专利技术和非专利技术。自然资源使用权，包括土地使用权、海域使用权、探矿权、采矿权、取水权和其他自然资源使用权。

其他权益性无形资产，包括基础设施资产经营权、公共事业特许权、配额、经营权（包括特许经营权、连锁经营权、其他经营权）、经销权、分销权、代理权、会员权、席位权、网络游戏虚拟道具、域名、名称权、肖像权、冠名权、转会费等。

无形资产的范围如表 2-3 所示。

表 2-3　　销售无形资产的征税范围和适用税率表

	分类	内容	税率
无形资产	技术	专利技术和非专利技术	6%
	商标		
	著作权		
	商誉		
	自然资源使用权	土地使用权	9%
		海域使用权、探矿权、采矿权、取水权和其他自然资源使用权	6%
	其他权益性无形资产	基础设施资产经营权、公共事业特许权、配额	
		经营权（包括特许经营权、连锁经营权、其他经营权）	
		经销权、分销权、代理权、会员权、席位权、网络游戏虚拟道具	
		域名、名称权、肖像权、冠名权、转会费等	

（二）销售土地使用权的销售额

根据《财政部　国家税务总局关于进一步明确全面推开营改增试点有关劳务派遣服务、收费公路通行费抵扣等政策的通知》（财税〔2016〕47 号）第三条第（二）项的规定，纳税人以经营租赁方式将土地出租给他人使用，按照不动产经营租赁服务缴纳增值税。纳税人转让 2016 年 4 月 30 日前取得的土地使用权，可以选择适用简易计税方法，以取得的全部价款和价外费用减去取得该土地使用权的原价后的余额为销售额，按照 5%的征收率计算缴纳增值税。

三、企业所得税销售收入

为了加强从事房地产开发经营企业的企业所得税征收管理，规范从事房地产开发经营业务企业的纳税行为，国家税务总局制定了《房地产开发经营业务企业所得税处理办法》(国税发〔2009〕31号印发)，适用于中国境内从事房地产开发经营业务的企业(以下简称企业)。

(一) 开发产品销售收入的范围

开发产品销售收入的范围为销售开发产品过程中取得的全部价款，包括现金、现金等价物及其他经济利益。企业代有关部门、单位和企业收取的各种基金、费用和附加等，凡纳入开发产品价内或由企业开具发票的，应按规定全部确认为销售收入；未纳入开发产品价内并由企业之外的其他收取部门、单位开具发票的，可作为代收代缴款项进行管理。

企业将开发产品用于捐赠、赞助、职工福利、奖励、对外投资、分配给股东或投资人、抵偿债务、换取其他企事业单位和个人的非货币性资产等行为，应视同销售，于开发产品所有权或使用权转移，或于实际取得利益权利时确认收入(或利润)的实现。确认收入(或利润)的方法和顺序为：

(1) 按本企业近期或本年度最近月份同类开发产品市场销售价格确定。

(2) 由主管税务机关参照当地同类开发产品市场公允价值确定。

(3) 按开发产品的成本利润率确定。开发产品的成本利润率不得低于15%，具体比例由主管税务机关确定。

(二) 销售房地产收入的确定时间

《房地产开发经营业务企业所得税处理办法》第六条规定，企业通过正式签订《房地产销售合同》或《房地产预售合同》所取得的收入，应确认为销售收入的实现，具体按以下规定确认：

(1) 采取一次性全额收款方式销售开发产品的，应于实际收讫价款或取得索取价款凭据(权利)之日，确认收入的实现。

(2) 采取分期收款方式销售开发产品的，应按销售合同或协议约定的价款和付款日确认收入的实现。付款方提前付款的，在实际付款日确认收入的实现。

(3) 采取银行按揭方式销售开发产品的，应按销售合同或协议约定的价款确定收入额，其首付款应于实际收到日确认收入的实现，余款在银行按揭贷款办理转账之日确认收入的实现。

(4) 采取委托方式销售开发产品的，应按以下原则确认收入的实现：

第一，采取支付手续费方式委托销售开发产品的，应按销售合同或协议中约定的价款于收到受托方已销开发产品清单之日确认收入的实现。

第二，采取视同买断方式委托销售开发产品的，属于企业与购买方签订销售合同或协议，或企业、受托方、购买方三方共同签订销售合同或协议的，如果销售合同或协议中约定的价格高于买断价格，则应按销售合同或协议中约定的价格计算的价款于收到受托方已销开发产品清单之日确认收入的实现；如果属于前两种情况中销售合同或协议中约定的价格低于买断价格，以及属于受托方与购买方签订销售合同或协议的，则应按买断价格计算的价款于收到受托方已销开发产品清单之日确认收入的实现。

第三，采取基价（保底价）并实行超基价双方分成方式委托销售开发产品的，属于由企业与购买方签订销售合同或协议，或企业、受托方、购买方三方共同签订销售合同或协议的，如果销售合同或协议中约定的价格高于基价，则应按销售合同或协议中约定的价格计算的价款于收到受托方已销开发产品清单之日确认收入的实现，企业按规定支付受托方的分成额，不得直接从销售收入中减除；如果销售合同或协议约定的价格低于基价的，则应按基价计算的价款于收到受托方已销开发产品清单之日确认收入的实现。属于由受托方与购买方直接签订销售合同的，则应按基价加上按规定取得的分成额于收到受托方已销开发产品清单之日确认收入的实现。

第四，采取包销方式委托销售开发产品的，包销期内可根据包销合同的有关约定，参照上述第一至第三项规定确认收入的实现；包销期满后尚未出售的开发产品，企业应根据包销合同或协议约定的价款和付款方式确认收入的实现。

（三）销售未完工开发产品按计税毛利额计税

《房地产开发经营业务企业所得税处理办法》第九条规定，企业销售未完工开发产品取得的收入，应先按预计计税毛利率分季（或月）计算出预计毛利额，计入当期应纳税所得额。开发产品完工后，企业应及时结算其计税成本并计算此前销售收入的实际毛利额，同时将其实际毛利额与其对应的预计毛利额之间的差额，计入当年度企业本项目与其他项目合并计算的应纳税所得额。

在年度纳税申报时，企业须出具对该项开发产品实际毛利额与预计毛利额之间差异调整情况的报告以及税务机关需要的其他相关资料。

1. 计税毛利率的确定

根据《房地产开发经营业务企业所得税处理办法》第八条的规定，企业销售未完工开发产品的计税毛利率由各省、自治、直辖市税务局按下列规定进行确定：

（1）开发项目位于省、自治区、直辖市和计划单列市人民政府所在地城市城区和郊区的，不得低于15%。

（2）开发项目位于地及地级市城区及郊区的，不得低于10%。

（3）开发项目位于其他地区的，不得低于5%。

（4）属于经济适用房、限价房和危改房的，不得低于3%。

2. 开发产品已完工的界定

《房地产开发经营业务企业所得税处理办法》第三条的规定，企业房地产开发经营业务包括土地的开发、建造、销售住宅、商业用房以及其他建筑物、附着物、配套设施等开发产品。除土地开发之外，其他开发产品符合下列条件之一的，应视为已经完工：

（1）开发产品竣工证明材料已报房地产管理部门备案。

（2）开发产品已开始投入使用。

（3）开发产品已取得了初始产权证明。

《国家税务总局关于房地产开发企业开发产品完工条件确认问题的通知》（国税函〔2010〕201号）规定，房地产开发企业建造、开发的开发产品，无论工程质量是否通过验收合格，或是否办理完工（竣工）备案手续以及会计决算手续，当企业开始办理开发产品交付手续（包括入住手续）、或已开始实际投入使用时，为开发产品开始投入使用，应视为开发产品已经完工。房地产开发企业应按规定及时结算开发产品计税成本，并计算企业当年度应纳税所得额。

第三章　扣除项目

> 税收的合法性取决于其实质，而不是其名称。
>
> ——本杰明·N.卡多佐

根据《土地增值税暂行条例》第六条的规定，计算增值额的扣除项目包括：①取得土地使用权所支付的金额；②房地产开发的成本、费用；③与转让房地产有关的税金；④新建房及配套设施的成本、费用，或者旧房及建筑物的评估价格；⑤财政部规定的其他扣除项目。

第一节　取得土地使用权所支付的金额

一、取得土地使用权所支付金额的界定

根据《土地增值税暂行条例实施细则》第七条第(一)项的规定，取得土地使用权所支付的金额，是指纳税人为取得土地使用权所支付的地价款和按国家统一规定缴纳的有关费用。

(一) 取得土地使用权所支付的地价款

取得土地使用权所支付的金额，包括纳税人为取得土地使用权所支付的地价款和按国家统一规定缴纳的有关费用。其中为取得土地使用权所支付的地价款具体为：以出让方式取得土地使用权的，为支付的土地出让金；以行政划拨方式取得土地使用权的，为转让土地使用权时按规定补交的出让金；以转让方式取得土地使用权的，为支付的地价款。

(二) 按国家统一规定缴纳的有关费用

《国家税务总局关于土地增值税清算有关问题的通知》(国税函〔2010〕220号)第五条“房地产开发企业取得土地使用权时支付的契税的扣除问题”规定，房

地产开发企业为取得土地使用权所支付的契税，应视同“按国家统一规定缴纳的有关费用”，计入“取得土地使用权所支付的金额”中扣除。

（三）土地返还款的处理

1. 安徽土地返还款的处理

《安徽省土地增值税清算管理办法》第三十七条规定，取得土地使用权所支付的金额，是指纳税人为取得土地使用权所支付的地价款和按国家统一规定缴纳的有关费用。其中，取得土地使用权所支付的地价款是指纳税人依据有关土地转让、出让合同、协议及其补充协议以货币或者其他形式支付的款项。依据有关土地转让、出让合同、协议及其补充协议，政府或有关单位、部门以扶持、奖励、补助、改制或其他形式返还、支付、拨付给纳税人或其控股方、关联方的金额应从取得土地使用权所支付的金额中剔除。

2. 江苏土地返还款的处理

《江苏省地方税务局关于土地增值税有关业务问题的公告》（苏地税规〔2012〕1 号）第五条第（四）项“取得土地使用权所支付费用的扣除”规定，纳税人为取得土地使用权所支付的地价款，在计算土地增值税时，应以纳税人实际支付土地出让金（包括后期补缴的土地出让金），减去因受让该宗土地政府以各种形式支付给纳税人的经济利益后予以确认。

房地产开发企业支付的土地闲置费不得扣除。

二、改制重组后再转让土地使用权的处理

有关对改制重组过程中转让方符合优惠条件暂不征收土地增值税的，受让方承受国有土地使用权后再次转让土地使用权时如何征收土地增值税问题，自 2015 年 1 月 1 日至 2020 年 12 月 31 日，根据《财政部　国家税务总局关于企业改制重组有关土地增值税政策的通知》（财税〔2015〕5 号）和《财政部　税务总局关于继续实施企业改制重组有关土地增值税政策的通知》（财税〔2018〕57 号）第六条的规定，企业改制重组后再转让国有土地使用权并申报缴纳土地增值税时，应以改制前取得该宗国有土地使用权所支付的地价款和按国家统一规定缴纳的有关费用，作为该企业“取得土地使用权所支付的金额”扣除。企业在改制重组过程中经省级以上（含省级）国土管理部门批准，国家以国有土地使用权作价出资入股的，再转让该宗国有土地使用权并申报缴纳土地增值税时，应以该宗土地作价入股时省级以上（含省级）国土管理部门批准的评估价格，作为该企业“取得土

地使用权所支付的金额”扣除。办理纳税申报时，企业应提供该宗土地作价入股时省级以上(含省级)国土管理部门的批准文件和批准的评估价格，不能提供批准文件和批准的评估价格的，不得扣除。

第二节 房地产开发成本

根据《土地增值税暂行条例实施细则》第七条第(二)项的规定，开发土地和新建房及配套设施(以下简称房地产开发)的成本，是指纳税人房地产开发项目实际发生的成本(以下简称房地产开发成本)，包括土地征用及拆迁补偿费、前期工程费、建筑安装工程费、基础设施费、公共配套设施费、开发间接费用。这些成本允许按实际发生额扣除。

一、土地征用及拆迁补偿费

土地增值税中的土地征用及拆迁补偿费，包括土地征用费、耕地占用税、劳动力安置费及有关地上、地下附着物拆迁补偿的净支出、安置动迁用房支出等。

而在企业所得税处理时，根据《房地产开发经营业务企业所得税处理办法》(国税发〔2009〕31号)第二十七条的规定，土地征用费及拆迁补偿费指为取得土地开发使用权(或开发权)而发生的各项费用，主要包括土地买价或出让金、大市政配套费、契税、耕地占用税、土地使用费、土地闲置费、土地变更用途和超面积补交的地价及相关税费、拆迁补偿支出、安置及动迁支出、回迁房建造支出、农作物补偿费、危房补偿费等。

二、前期工程费

土地增值税中的前期工程费，包括规划、设计、项目可行性研究和水文、地质、勘察、测绘、“三通一平”等支出。

而在企业所得税处理时，根据《房地产开发经营业务企业所得税处理办法》(国税发〔2009〕31号)第二十七条的规定，前期工程费指项目开发前期发生的水文地质勘察、测绘、规划、设计、可行性研究、筹建、场地通平等前期费用。

三、建筑安装工程费

土地增值税中的建筑安装工程费，是指以出包方式支付给承包单位的建筑安装工程费，以自营方式发生的建筑安装工程费。

而在企业所得税处理时，根据《房地产开发经营业务企业所得税处理办法》(国税发〔2009〕31号)第二十七条的规定，建筑安装工程费指开发项目开发过程中发生的各项建筑安装费用，主要包括开发项目建筑工程费和开发项目安装工程费等。

四、基础设施费

土地增值税中的基础设施费，包括开发小区内道路、供水、供电、供气、排污、排洪、通讯、照明、环卫、绿化等工程发生的支出。

而在企业所得税处理时，根据《房地产开发经营业务企业所得税处理办法》(国税发〔2009〕31号)第二十七条的规定，基础设施建设费指开发项目在开发过程中所发生的各项基础设施支出，主要包括开发项目内道路、供水、供电、供气、排污、排洪、通讯、照明等社区管网工程费和环境卫生、园林绿化等园林环境工程费。

五、公共配套设施费

土地增值税中的公共配套设施费，包括不能有偿转让的开发小区内公共配套设施发生的支出。

而在企业所得税处理时，根据《房地产开发经营业务企业所得税处理办法》(国税发〔2009〕31号)第二十七条的规定，公共配套设施费指开发项目内发生的、独立的、非营利性的，且产权属于全体业主的，或无偿赠与地方政府、政府公用事业单位的公共配套设施支出。

六、开发间接费用

土地增值税中的开发间接费用，是指直接组织、管理开发项目发生的费用，包括工资、职工福利费、折旧费、修理费、办公费、水电费、劳动保护费、周转房摊销等。

而在企业所得税处理时，根据《房地产开发经营业务企业所得税处理办法》(国税发〔2009〕31号)第二十七条的规定，开发间接费指企业为直接组织和管理开发项目所发生的，且不能将其归属于特定成本对象的成本费用性支出，主要包括管理人员工资、职工福利费、折旧费、修理费、办公费、水电费、劳动保护费、工程管理费、周转房摊销以及项目营销设施建造费等。

【例 3-1】 下列有关房地产开发企业土地增值税扣除项目的说法中，正确的有(　　)。

A. 为取得土地使用权支付的契税，应计入取得土地使用权支付的金额进行扣除

B. 房地产开发费用中的销售费用应按照实际发生额进行扣除

C. 土地增值税清算时，企业财务处理时已经计入房地产开发成本的利息支出，应调整到财务费用中，按土地增值税相关规定扣除

D. 超过银行贷款期限支付的超期利息不允许扣除

【解析】 计算土地增值税时可以扣除的房地产开发费用，包括销售费用、管理费用和财务费用，按照比例计算扣除，而不是按照实际发生额扣除。因而，选项 B 错，该题应选 ACD。

七、核查成本项目情况　核定扣除建安成本

核查成本项目情况　核定扣除建安成本

——“海通大厦综合楼”项目土地增值税清算案例

(一) 开发公司基本情况

南京海天房地产发展有限责任公司成立于 2003 年 10 月，经济性质为私营有限责任公司，主要经营：房地产开发、销售；工程机械维修、租赁；物业管理服务。法定代表人：戴燕。注册资本 2 000 万元。经营地址在南京市江宁经济技术开发区将军路。

(二) 开发项目具体概况

海通大厦综合楼项目是 2003 年 12 月由南京吉兴工贸实业有限公司申请，经南京江宁经济技术开发区管理委员会批准立项的，该项目建筑面积约 30 000 平方米，占地面积约 6.9 亩，项目估算总投资 5 000 万元。2003 年 12 月取得建设用地规划许可证，2005 年 1 月取得建设工程规划许可证，9 月取得建设工程施工许可证，2005 年 8 月经南京江宁经济技术开发区管理委员会批准变更投资主体，由“南京吉兴工贸实业有限公司”变更为“南京海天房地产发展有限公司”。2005 年 10 月南京海天房地产发展有限公司与南京吉兴工贸实业有限公司签署国有土地使用权转让合同，并于当年开始施工。2006 年 3 月取得商品房预售许可证，共计 27 层 223 套，经南京富展置业投资顾问有限公司出具面积实测成果报告，

实测面积为40 283.75平方米，其中：可售面积36 842.30平方米，人防及车库不可售面积3 441.45平方米，截至2011年12月31日，实际已售面积26 637.59平方米，未售10 204.71平方米(1～4层)，销售比例为72.301 647 8%。该项目2007年8月竣工验收，2008年4月由南京天达工程造价事务所出具南京海通建设(集团)有限公司《关于海通大厦工程施工结算的审计报告》，其中：土建46 307 463.02元、桩基7 382 188.92元、室外场地1 962 853.61元、内装修及2～4层、25～27层电梯厅装修2 591 944.40元、卫生间装修7 506 268.73元、海通大厦外装饰幕墙39 981 687.40元、绿化1 704 122.21元、安装工程52 609 062.98元，合计160 045 591.27元。

(三) 清算审核流程

该项目截至2011年12月31日，已符合清算条件，税务机关于2012年年初下达了土地增值税清算通知书，企业也在规定时间内提供齐全资料，进行了自主申报，自主申报增值额为负数，已预缴土地增值税3 107 233.02元将全额退回。

税务机关安排了清算小组到企业进行了纳税评估，在评估过程中清算审核小组通过土地出让合同、土地使用权证、规划平面图，房屋户(室)面积对照表，发现中间的疑点，并通过现场勘察加以证实，掌握项目开发的实际情况，发现资料与资料之间存在的疑点。

对建筑安装费、前期费用、基础设施费等项目审核中，按照具体发包或收费项目审核，按发包项目收集合同、决算、发票，并统计造表进行比对分析，比对与账载金额是否一致，有无预提的情况；查明发票是否符合税收规定，有无取得不符合规定的建安发票；分析单位成本是否合理，有无重复列支材料成本等。上述基础工作为判断项目成本是否合理提供了充分的依据。

(四) 土地增值税清算审核情况

1. 收入审核

截至2011年12月31日，该项目共销售5～27层，计26 637.59平方米，其中：企业账面发生额为155 361 650.71元，经审核，发现合同已签，客户未付款139 600.72元，企业账上未确认为收入，应调增139 600.72元。

2. 扣除项目审核情况

(1) 取得土地使用权所支付的金额。

截至2011年12月31日，取得土地使用权企业账面列支的金额为1 923 194.05元，审核无误，予以确认。其中：转让土地使用权支付金额1 839 484.00元，已于

2011 年 8 月在税务机关开具发票。土地转让契税73 579.40 元,支付土地交易服务费 9 580.65 元,支付江宁国土局土地登记费 550 元。本次清算可扣除取得土地使用权所支付的金额 1 923 194.05×72.301 647 8%=1 390 500.99 (元)。

(2) 土地征用及拆迁补偿费。

截至 2011 年 12 月 31 日,土地征用及拆迁补偿费发生数为 0。

(3) 前期工程费。

截至 2011 年 12 月 31 日,该企业账面共发生前期工程费计 6 808 648.01 元,经审核,应予调减 1 301 293.16 元,审核确认的前期工程费为 5 507 354.85 元,审核调整事项如下:

① 列支未取得符合税法规定票据的费用 441 158.71 元,不符合税收规定,不允许扣除,应予调减。

② 列支测算费 40 000.00 元、咨询费 184 000.00 元、服务费 93 461.12 元、市容费 4 000.00 元、广告设计费 23 000.00 元、销售测绘费 43 986.50 元、审计费 64 000.00 元、代理及公证费 48 684.00 元、水箱卫生及消防检测费 38 093.00 元,合计费用 539 224.62 元,应在期间费用中列支,不符合税收规定,不允许扣除,应予调减。

③ 列支印花税金 11 504.00 元,不允许扣除,应予调减。

④ 列支噪音超标排污费 81 000.00 元,不允许扣除,应予调减。

⑤ 截至 2012 年 5 月 31 日仍未支付的桩基及测绘费 228 405.83 元,不允许扣除,应予调减。

本次清算可扣除的前期工程费(6 808 648.01－1 301 293.16)×72.301 647 8%=3 981 908.31(元)。

(4) 建筑安装工程费。

截至 2011 年 12 月 31 日,该企业账面共发生建筑安装工程费150 880 932.78 元,根据企业提供的资料显示单位建筑成本 3 745.45 元/平方米(150 880 932.78÷40 283.75)。经审核,应予调减 22 470 199.64 元,审核调整事项如下:

① 列支应在期间费用中列支的运费 2 246 739.78 元,不允许扣除,应予调减。

② 列支售楼处费用 98 027.00 元、劳务费 5 400.00 元、标牌楼发光字款 16 000.00 元、服务费 5 775.00 元,合计费用 125 202.00 元,应在期间费用中列支,不允许扣除,应予调减。

③ 列支竣工后发生的修补费用 2 800.00 元，不允许扣除，应予调减。

④ 重复列支甲供材 18 993 763.12 元，不允许扣除，应予调减。

⑤ 列支非本单位费用 1 101 694.74 元，不允许扣除，应予调减。

建安成本表如表 3-1 所示。

表 3-1　　建安成本表　　单位：元

序　　号	项　　目	金　　额
1	桩基工程	2 834 918.13
2	土建工程	42 558 661.75
3	机电安装工程	31 535 339.96
4	空调工程	2 821 440.02
5	智能化、火灾报警等	7 338 848.08
6	装饰工程	9 235 512.26
7	幕墙工程	35 250 654.33
8	绿化工程	1 502 479.49
9	电梯工程	4 356 349.04
10	其他	13 446 729.72

根据南京市建工局公布的高层商务楼的建筑安装成本(2005—2007 年)平均价 1 892.8 元/平方米(表 3-1 第 1～5 项)，而该项目的建安成本达到了 2 161.89 元/平方米。通过调查，审核小组发现建设方南京海通建设(集团)有限公司与项目开发商南京海天房地产发展有限公司为关联方，建筑安装成本的真实性不能有效确定，企业亦不能提供充分理由说明建筑成本偏高的合理性，经研究后决定按南京市建工局公布的高层商务楼的建筑安装成本平均价 1 892.8 元/平方米，核定该项目建筑安装成本＝1 892.8×40 283.75＝76 249 082(元)，应予调减 10 840 125.94 元，本次清算可扣除的建筑安装工程费为(150 880 932.78－22 470 199.64－10 840 125.94)×72.301 647 8%＝85 005 486.33(元)。

(5) 基础设施费。

截至 2011 年 12 月 31 日，该企业账面共发生基础设施费 14 517 616.55 元，经审核，应予调减 2 696 930.16 元，审核确认的基础设施费为 11 820 686.39 元。审核调整事项如下：

① 列支竣工后发生的费用 22 502.00 元，不允许扣除，应予调减。

② 重复列支甲供材 1 485 112.71 元，不允许扣除，应予调减。

③ 列支未取得符合税法规定票据的费用 1 189 315.45 元，不符合税收规定，不允许扣除，应予调减。

本次清算可扣除的基础设施费(14 517 616.55－2 696 930.16)×72.301 647 8%＝8 546 551.04(元)。

(6) 公共配套设施费。

截至 2011 年 12 月 31 日，该企业账面共发生公共配套设施费 7 906 093.56 元，经审核，应予调减 1 202 532.01 元，审核确认的公共配套设施费为 6 703 561.55 元，审核调整事项如下：

① 列支竣工后发生的费用 307 308.34 元，不允许扣除，应予调减。

② 列支非本单位费用 89 000.00 元，不允许扣除，应予调减。

③ 列支未取得符合税法规定票据的费用 739 678.67 元，不符合税收规定，不允许扣除，应予调减。

④ 列支应在期间费用中列支的费用 64 505.00 元，不符合税收规定，不允许扣除，应予调减。

⑤ 截至 2012 年 5 月 31 日仍未支付的机械车库款 2 040.00 元，不允许扣除，应予调减。

本次清算可扣除的公共配套设施费(7 906 093.56－1 202 532.01)×72.301 647 8%＝4 846 785.46(元)。

(7) 开发间接费用。

截至 2011 年 12 月 31 日，该企业账面共发生开发间接费用 3 326 104.72 元。经审核，应予调减 3 319 896.92 元，审核确认的开发间接费用为 6 207.80 元。审核调整事项如下：

① 列支广告费 1 240.00 元、劳务费 12 000.00 元、定额费 15 562.00 元、保洁服务费 2 500.00 元、停车场管理费 20 816.00 元、标牌制作费 80 000.00 元、审计费 230 000.00 元。上述费用合计 362 118.00 元，应计入房地产开发费用，不允许计入开发成本，应予调减。

② 列支应由施工方承担的水电费 961 269.47 元，不允许计入开发成本，应予调减。

③ 列支物业用品费用 111 244.00 元，不允许计入开发成本，应予调减。

④ 列支非本单位费用 2 497.99 元,不允许计入开发成本,应予调减。

⑤ 列支竣工后发生的费用 6 255.00 元,不允许扣除,应予调减。

⑥ 列支售楼处费用 17 920.00 元,不允许扣除,应予调减。

⑦ 列支挖掘机、推土机、起重机、破碎锤的折旧费 1 858 592.46 元,不允许扣除,应予调减。

本次清算可扣除的开发间接费用(3 326 104.72 − 3 319 896.92)×72.301 647 8%=4 488.34(元)。

本次清算合计可扣除房地产开发成本金额 102 385 219.49 元。

(8) 与转让房地产有关的税金。

该公司海通大厦综合楼项目累计实现房地产收入 155 361 650.71 元,实际缴纳营业税 768 082.53 元,城市维护建设税 388 404.13 元,教育费附加和地方教育附加310 723.29 元,合计 8 467 209.95 元,核实无误。

(9) 房地产开发费用。

"海通大厦综合楼"全部使用自有资金,没有利息支出,房地产开发费用可按"取得土地使用权所支付的金额"与"房地产开发成本"金额之和的 10%以内计算扣除。该公司为"海通大厦综合楼"项目发生的土地使用权所支付的金额和房地产开发成本之和为 103 775 720.48 元,剔除代收费用白蚁防治费 49 752.00 元不可加计扣除,可扣除的房地产开发费用为(103 775 720.48−35 971.52)×10%=10 373 974.90(元)。

(10) 财政部规定的其他扣除项目。

该公司为"海通大厦综合楼"项目发生的土地使用权所支付的金额和房地产开发成本之和为 103 775 720.48 元,剔除代收费用白蚁防治费 49 752.00 元不可加计扣除,可扣除的房地产开发费用为(103 775 720.48−35 971.52)×20%=20 747 949.8(元)。

3. 增值额及增值率

该公司"海通大厦综合楼"项目土地增值税清算转让房地产收入总额为155 501 251.43 元,扣除项目金额为 143 364 855.13 元,增值额为 12 136 396.30 元,增值率 8.46%。

4. 应纳税额的确认

该公司"海通大厦综合楼"项目土地增值税清算增值额为 12 136 396.30 元,增值率 8.46%。适用 30%的税率,应纳土地增值税 3 640 918.89 元。截至 2011

年12月31日，"海通大厦综合楼"项目实际已缴纳土地增值税3 107 233.02元，"海通大厦综合楼"项目应补土地增值税额533 685.87元。

土地增值税清算审核表如表3-2所示。

表3-2　　土地增值税清算审核表　　单位：元

项目名称		行　次	账面数	审核数
一、转让房地产收入总额　1=2+3		1	155 361 650.71	155 501 251.43
其中	货币收入	2	155 361 650.71	155 501 251.43
	实物收入及其他收入	3	0	0
二、扣除项目金额合计　4=5+6+13+16+20		4	249 456 776.52	143 364 855.13
1.取得土地使用权所支付的金额		5	1 923 194.05	1 390 500.99
2.房地产开发成本　6=7+8+9+10+11+12		6	183 453 395.62	102 385 219.49
其中	土地征用及拆迁补偿费	7	14 000.00	0
	前期工程费	8	6 808 648.01	3 981 908.31
	建筑安装工程费	9	150 880 932.78	85 005 486.33
	基础设施费	10	14 517 616.55	8 546 551.04
	公共配套设施费	11	7 906 093.56	4 846 785.46
	开发间接费用	12	3 326 104.72	4 488.34
3.房地产开发费用　13=14+15		13	18 537 658.97	10 373 974.90
其中	利息支出	14	0	0
	其他房地产开发费用	15	18 537 658.97	10 373 974.90
4.与转让房地产有关的税金　16=17+18+19		16	8 467 209.95	8 467 209.95
其中	营业税	17	7 768 082.53	7 768 082.53
	城市维护建设税	18	388 404.13	388 404.13
	教育费附加	19	310 723.29	310 723.29
5.财政部规定的其他扣除项目		20	37 075 317.93	20 747 949.80
三、增值额　21=1-4		21	-93 955 525.09	12 136 396.30
四、增值额与扣除项目金额之比(%)　22=21÷4		22	-37.66%	8.46%
五、适用税率(%)		23	30%	30%
六、速算扣除系数(%)		24	0%	0%
七、应缴土地增值税税额　25=21×23-4×24		25	0	3 640 918.89
八、已缴土地增值税税额(含预缴)		26	3 107 233.02	3 107 233.02
九、缓缴税额		27		
十、应补(退)土地增值税税额　28=25-26		28	-3 107 233.02	533 685.87

（五）清算管理建议

（1）税收管理员应加强自身的业务学习。熟练掌握税收政策的相关规定，特别要熟悉土地增值税政策法规和相关规范性文件的规定、熟悉土地增值税清算的流程、熟悉清算的方法，为有效开展土地增值税清算工作提供业务保障。

（2）要建立有效的联动机制，加强与土地、房产等相关部门的信息交换，随时掌握房地产企业的发展态势，有效监控各房地产企业的立项、开发和销售状况。

（3）在土地增值税清算过程中要坚持实事求是的原则，严格区分房地产开发成本和房地产开发费用的界限，防止纳税人虚增房地产开发成本和加计扣除费用，同时要深入了解房地产企业的项目开发情况和财务核算情况，能够合理地分摊各项成本费用。

（4）加强对房地产企业的税法宣传和纳税辅导，特别是对房地产业新政策及相关规定的宣传，便于纳税人更好地掌握各项政策法规，更好地履行纳税义务，切实降低房地产业的纳税风险。

八、企业所得税计税成本的核算

计税成本是指企业在开发、建造开发产品（包括固定资产，下同）过程中所发生的按照税收规定进行核算与计量的应归入某项成本对象的各项费用。根据《房地产开发经营业务企业所得税处理办法》（国税发〔2009〕31号）第三十五条的规定，开发产品完工以后，企业可在完工年度企业所得税汇算清缴前选择确定计税成本核算的终止日，不得滞后。凡已完工开发产品在完工年度未按规定结算计税成本，主管税务机关有权确定或核定其计税成本，据此进行纳税调整，并按《中华人民共和国税收征收管理法》的有关规定对其进行处理。

（一）计税成本对象的确定原则

《房地产开发经营业务企业所得税处理办法》（国税发〔2009〕31号）第二十六条规定，成本对象是指为归集和分配开发产品开发、建造过程中的各项耗费而确定的费用承担项目。计税成本对象的确定原则如下：

（1）可否销售原则。开发产品能够对外经营销售的，应作为独立的计税成本对象进行成本核算；不能对外经营销售的，可先作为过渡性成本对象进行归集，然后再将其相关成本摊入能够对外经营销售的成本对象。

（2）分类归集原则。对同一开发地点、竣工时间相近、产品结构类型没有明显差异的群体开发的项目，可作为一个成本对象进行核算。

(3) 功能区分原则。开发项目某组成部分相对独立,且具有不同使用功能时,可以作为独立的成本对象进行核算。

(4) 定价差异原则。开发产品因其产品类型或功能不同等而导致其预期售价存在较大差异的,应分别作为成本对象进行核算。

(5) 成本差异原则。开发产品因建筑上存在明显差异可能导致其建造成本出现较大差异的,要分别作为成本对象进行核算。

(6) 权益区分原则。开发项目属于受托代建的或多方合作开发的,应结合上述原则分别划分成本对象进行核算。

《国家税务总局关于房地产开发企业成本对象管理问题的公告》(国家税务总局公告 2014 年第 35 号)规定,房地产开发企业应依据计税成本对象确定原则确定已完工开发产品的成本对象,并就确定原则、依据,共同成本分配原则、方法,以及开发项目基本情况、开发计划等出具专项报告,在开发产品完工当年企业所得税年度纳税申报时,随同《企业所得税年度纳税申报表》一并报送主管税务机关。房地产开发企业将已确定的成本对象报送主管税务机关后,不得随意调整或相互混淆。如确需调整成本对象的,应就调整的原因、依据和调整前后成本变化情况等出具专项报告,在调整当年企业所得税年度纳税申报时报送主管税务机关。

房地产开发企业应建立健全成本对象管理制度,合理区分已完工成本对象、在建成本对象和未建成本对象,及时收集、整理、保存成本对象涉及的证据材料,以备税务机关检查。

主管税务机关应对房地产开发企业报送的成本对象确定专项报告做好归档工作,及时进行分析,加强后续管理。对资料不完整、不规范的,应及时通知房地产开发企业补齐、修正;对成本对象确定不合理或共同成本分配方法不合理的,主管税务机关有权进行合理调整;对成本对象确定情况异常的,主管税务机关应进行专项检查;对不如实出具专项报告或不出具专项报告的,应按《中华人民共和国税收征收管理法》的相关规定进行处理。

(二) 计税成本核算的一般程序

企业计税成本核算的一般程序如下:

(1) 对当期实际发生的各项支出,按其性质、经济用途及发生的地点、时间进行整理、归类,并将其区分为应计入成本对象的成本和应在当期税前扣除的期间费用。同时还应按规定对在有关预提费用和待摊费用进行计量与确认。

(2) 对应计入成本对象中的各项实际支出、预提费用、待摊费用等合理地划分为直接成本、间接成本和共同成本，并按规定将其合理地归集、分配至已完工成本对象、在建成本对象和未建成本对象。

(3) 对期前已完工成本对象应负担的成本费用按已销开发产品、未销开发产品和固定资产进行分配，其中应由已销开发产品负担的部分，在当期纳税申报时进行扣除，未销开发产品应负担的成本费用待其实际销售时再予扣除。

(4) 对本期已完工成本对象分类为开发产品和固定资产并对其计税成本进行结算。其中属于开发产品的，应按可售面积计算其单位工程成本，据此再计算已销开发产品计税成本和未销开发产品计税成本。对本期已销开发产品的计税成本，准予在当期扣除，未销开发产品计税成本待其实际销售时再予扣除。

(5) 对本期未完工和尚未建造的成本对象应当负担的成本费用，应按分别建立明细台账，待开发产品完工后再予结算。

(三) 共同成本和间接成本的分摊方法

《房地产开发经营业务企业所得税处理办法》(国税发〔2009〕31号)第二十九条规定，企业开发、建造的开发产品应按制造成本法进行计量与核算。其中，应计入开发产品成本中的费用属于直接成本和能够分清成本对象的间接成本，直接计入成本对象，共同成本和不能分清负担对象的间接成本，应按受益的原则和配比的原则分配至各成本对象，具体分配方法可按以下规定选择其一。

1. 占地面积法

占地面积法，指按已动工开发成本对象占地面积占开发用地总面积的比例进行分配。

(1) 一次性开发的，按某一成本对象占地面积占全部成本对象占地总面积的比例进行分配。

(2) 分期开发的，首先按本期全部成本对象占地面积占开发用地总面积的比例进行分配，然后再按某一成本对象占地面积占期内全部成本对象占地总面积的比例进行分配。

期内全部成本对象应负担的占地面积为期内开发用地占地面积减除应由各期成本对象共同负担的占地面积。

2. 建筑面积法

建筑面积法，指按已动工开发成本对象建筑面积占开发用地总建筑面积的比例进行分配。

(1) 一次性开发的,按某一成本对象建筑面积占全部成本对象建筑面积的比例进行分配。

(2) 分期开发的,首先按期内成本对象建筑面积占开发用地计划建筑面积的比例进行分配,然后再按某一成本对象建筑面积占期内成本对象总建筑面积的比例进行分配。

3. **直接成本法**

直接成本法,指按期内某一成本对象的直接开发成本占期内全部成本对象直接开发成本的比例进行分配。

4. **预算造价法**

预算造价法,指按期内某一成本对象预算造价占期内全部成本对象预算造价的比例进行分配。

《房地产开发经营业务企业所得税处理办法》(国税发〔2009〕31号)第三十条的规定,企业下列成本应按以下方法进行分配:

(1) 土地成本,一般按占地面积法进行分配。如果确需结合其他方法进行分配的,应商税务机关同意。

土地开发同时连接房地产开发的,属于一次性取得土地分期开发房地产的情况,其土地开发成本经商税务机关同意后可先按土地整体预算成本进行分配,待土地整体开发完毕再行调整。

(2) 单独作为过渡性成本对象核算的公共配套设施开发成本,应按建筑面积法进行分配。

(3) 借款费用属于不同成本对象共同负担的,按直接成本法或按预算造价法进行分配。

(4) 其他成本项目的分配法由企业自行确定。

(四) 以非货币交易方式取得土地使用权的成本的确定

《房地产开发经营业务企业所得税处理办法》(国税发〔2009〕31号)第三十一条规定,企业以非货币交易方式取得土地使用权的,应按下列规定确定其成本:

(1) 企业、单位以换取开发产品为目的,将土地使用权投资企业的,按下列规定进行处理:

第一,换取的开发产品如为该项土地开发、建造的,接受投资的企业在接受土地使用权时暂不确认其成本,待首次分出开发产品时,再按应分出开发产品(包括首次分出的和以后应分出的)的市场公允价值和土地使用权转移过程中应支付的相关税费计算确认该项土地使用权的成本。如涉及补价,土地使用权的取得成本还应加上应支付的补价款或减除应收到的补价款。

第二,换取的开发产品如为其他土地开发、建造的,接受投资的企业在投资交易发生时,按应付出开发产品市场公允价值和土地使用权转移过程中应支付的相关税费计算确认该项土地使用权的成本。如涉及补价,土地使用权的取得成本还应加上应支付的补价款或减除应收到的补价款。

(2) 企业、单位以股权的形式,将土地使用权投资企业的,接受投资的企业应在投资交易发生时,按该项土地使用权的市场公允价值和土地使用权转移过程中应支付的相关税费计算确认该项土地使用权的取得成本。如涉及补价,土地使用权的取得成本还应加上应支付的补价款或减除应收到的补价款。

(五) 停车场所的处理

《房地产开发经营业务企业所得税处理办法》(国税发〔2009〕31 号)第三十三条规定,企业单独建造的停车场所,应作为成本对象单独核算。利用地下基础设施形成的停车场所,作为公共配套设施进行处理。

(六) 税前扣除的合法凭据

《房地产开发经营业务企业所得税处理办法》(国税发〔2009〕31 号)第三十四条规定,企业在结算计税成本时其实际发生的支出应当取得但未取得合法凭据的,不得计入计税成本,待实际取得合法凭据时,再按规定计入计税成本。

第三节　房地产开发费用

《土地增值税暂行条例实施细则》第七条第(三)项规定,开发土地和新建房及配套设施的费用(以下简称房地产开发费用),是指与房地产开发项目有关的销售费用、管理费用、财务费用。

一、房地产开发费用的计算扣除

财务费用中的利息支出,是指凡能够按转让房地产项目计算分摊并提供金融机构证明的,允许据实扣除,但最高不能超过按商业银行同类同期贷款利率计算的金额。其他房地产开发费用,按“取得土地使用权所支付的金额”和“房地产开发成本”两项金额之和的 5%以内计算扣除。

凡不能按转让房地产项目计算分摊利息支出或不能提供金融机构证明的,

房地产开发费用按“取得土地使用权所支付的金额”和“房地产开发成本”两项金额之和的10%以内计算扣除。

上述计算扣除的具体比例，由各省、自治区、直辖市人民政府规定。

根据国家统一会计制度的规定，与房地产开发有关的费用直接计入当年损益，不按房地产项目进行归集或分摊。凡能够按转让房地产项目计算分摊并提供金融机构证明的，利息支出据实扣除，其他房地产开发费用按“取得土地使用权所支付的金额”及“房地产开发成本”之和的5%以内予以扣除。凡不能按转让房地产项目计算分摊利息支出或不能提供金融机构证明的，利息不单独扣除，三项期间费用的扣除按“取得土地使用权所支付的金额”及“房地产开发成本”的10%以内计算扣除。

二、房地产开发费用具体扣除方法

《国家税务总局关于土地增值税清算有关问题的通知》(国税函〔2010〕220号)第三条“房地产开发费用的扣除问题”规定：

(1) 财务费用中的利息支出，是指凡能够按转让房地产项目计算分摊并提供金融机构证明的，允许据实扣除，但最高不能超过按商业银行同类同期贷款利率计算的金额。其他房地产开发费用，在按照“取得土地使用权所支付的金额”与“房地产开发成本”金额之和的5%以内计算扣除。

(2) 凡不能按转让房地产项目计算分摊利息支出或不能提供金融机构证明的，房地产开发费用在按“取得土地使用权所支付的金额”与“房地产开发成本”金额之和的10%以内计算扣除。

全部使用自有资金，没有利息支出的，按照以上方法扣除。

上述具体适用的比例按省级人民政府此前规定的比例执行。

(3) 房地产开发企业既向金融机构借款，又有其他借款的，其房地产开发费用计算扣除时不能同时适用上述第(1)、(2)项两种办法。

(4) 土地增值税清算时，已经计入房地产开发成本的利息支出，应调整至财务费用中计算扣除。

三、计算扣除利息支出的注意事项

《财政部 国家税务总局关于土地增值税一些具体问题规定的通知》(财税字〔1995〕48号)第八条“关于扣除项目金额中的利息支出如何计算问题”规定：

(1) 利息的上浮幅度按国家的有关规定执行,超过上浮幅度的部分不允许扣除。

(2) 对于超过贷款期限的利息部分和加罚的利息不允许扣除。

【例 3-2】 甲房地产开发企业开发的A房地产项目取得土地使用权支付的出让金是1 000万元,房地产开发成本是6 000万元,向金融机构支付借款利息400万元,其中超过国家规定上浮幅度的金额是100万元。该省规定能够提供借款证明的,其他房地产开发费用按照5%计算扣除,不能够提供金融机构利息证明的开发费用按照9%计算扣除。假设该企业能够提供证明,能够扣除的房地产开发费用是(　　)万元。

A. 750　　B. 650　　C. 930　　D. 630

【解析】 根据《国家税务总局关于土地增值税清算有关问题的通知》(国税函〔2010〕220号)第三条的规定,财务费用中的利息支出,凡能够按转让房地产项目计算分摊并提供金融机构证明的,允许据实扣除,但最高不能超过按商业银行同类同期贷款利率计算的金额。其他房地产开发费用,在按照"取得土地使用权所支付的金额"与"房地产开发成本"金额之和的5%以内计算扣除。

根据《财政部　国家税务总局关于土地增值税一些具体问题规定的通知》(财税字〔1995〕48号)第八条的规定,利息的上浮幅度按国家的有关规定执行,超过上浮幅度的部分不允许扣除。

因而,该案例中允许扣除的房地产开发费用为:

(400－100)＋(1 000＋6 000)×5%＝650(万元),即选项B正确。

四、扣除比例的具体规定

(一) 江苏房地产开发费用计算扣除比例

根据《江苏省财政厅　江苏省国家税务局　江苏省地方税务局转发〈关于印发《中华人民共和国土地增值税暂行条例实施细则》的通知〉的通知》(苏地税发〔1995〕103号)第一条的规定,"房地产开发费用"是指与房地产开发项目有关的销售费用、管理费用、财务费用。凡财务费用中的利息支出能够按转让房地产项目计算分摊并提供金融机构证明的,允许据实扣除,但最高不能超过按商业银行同类同期贷款利率计算的金额,其他房地产开发费用按《土地增值税暂行条例实施细则》第七条(一)(取得土地使用权所支付的金额)、(二)(房地产开发成本)项规定计算的金额之和的5%计算扣除;凡不能按转让房地产项目计算分摊利息支出或不能提供金融机构证明的，房地产开发费用按《土地增值税暂行条例实施细则》第七条(一)(取得土地使用权所支付的金额)、(二)(房地产开发成本)项规定计算的金额之和的10%计算扣除。

(二) 安徽房地产开发费用计算扣除比例

根据《安徽省人民政府关于开征土地增值税几个有关问题的批复》(皖政秘〔1996〕80号)的规定，对财务费用中的利息支出，凡能够按转让房地产项目计算分摊并提供金融机构证明的，允许在按商业银行同类同期贷款利率计算的金额内，据实扣除；对其他开发费用(销售、管理费用等)按房地产开发成本和取得土地使用权所支付金额之和的5%计算扣除。对财务费用中的利息支出不能按转让房地产项目计算分摊或不能提供金融机构证明的，房地产开发费用统按房地产开发成本和取得土地使用权所支付金额之和的10%计算扣除。

《安徽省土地增值税清算管理办法》(安徽省地方税务局公告2017年第6号印发)第四十四条规定，财务费用中的利息支出按以下方法处理：

凡能够按转让房地产项目计算分摊并提供金融机构证明的，允许据实扣除，但最高不能超过按商业银行同类同期贷款利率计算的金额。其他房地产开发费用，在按照“取得土地使用权所支付的金额”与“房地产开发成本”金额之和的5%计算扣除。

凡不能按转让房地产项目计算分摊利息支出或不能提供金融机构证明的，房地产开发费用在按“取得土地使用权所支付的金额”与“房地产开发成本”金额之和的10%计算扣除。全部使用自有资金，没有利息支出的，按照本款扣除。

纳税人既向金融机构借款，又有其他借款的，其房地产开发费用计算扣除时不能同时适用上述所述两种办法。

纳税人据实列支利息支出的，应当提供贷款合同、利息结算单据以及发票。

纳税人向金融机构支付的咨询费等非利息性质的款项，不得作为利息支出扣除。

纳税人同时开发多个项目、分期开发项目或者同一项目中建造不同类型房地产需要分摊共同的成本费用的，其扣除项目中利息支出的计算方法应保持一致。

《安徽省土地增值税清算管理办法》所称金融机构，是指有关部门按照规定许可进行金融贷款业务的金融单位。《安徽省土地增值税清算管理办法》所称

“能够按转让房地产项目计算分摊”是指纳税人按照《企业会计准则》或《企业会计制度》的规定核算房地产开发项目应当予以资本化的利息。

“同类同期贷款利率”是指在贷款期限、贷款金额、贷款担保以及企业信誉等条件基本相同下，商业银行提供贷款的利率。

（三）上海房地产开发费用的具体扣除比例

《上海市地方税务局转发财政部〈印发《中华人民共和国土地增值税暂行条例实施细则》的通知〉及本市的补充规定》（沪地税地〔1995〕36 号）第一条“关于房地产开发费用扣除比例的确定”规定，财务费用中的利息支出，凡能够按转让房地产项目计算分摊并提供金融机构证明的，允许据实扣除，但最高不能超过按商业银行同类同期贷款利率计算金额。其他房地产开发费用，按《土地增值税暂行条例实施细则》第七条（一）、（二）项规定计算的金额之和的 5%计算扣除。

凡不能按转让房地产项目计算分摊利息支出或不能提供金融机构证明的，房地产开发费用按《土地增值税暂行条例实施细则》第七条（一）、（二）项规定计算的金额之和的 10%计算扣除。

【例 3-3】 下列项目，在计算房地产企业土地增值税增值额时可以扣除的项目有（　　）。

A. 取得土地使用权所支付的金额

B. 开发土地的成本、费用

C. 与转让房地产有关的税金

D. 财政部规定的其他扣除项目即加计扣除 20%

【解析】 根据《土地增值税暂行条例》第六条的规定，计算增值额的扣除项目包括：(1)取得土地使用权所支付的金额；(2)开发土地的成本、费用；(3)新建房及配套设施的成本、费用，或者旧房及建筑物的评估价格；(4)与转让房地产有关的税金；(5)财政部规定的其他扣除项目。

因而，本题的正确选项为 ABCD。

五、成本费用扣除的企业所得税处理

企业在进行成本、费用的核算与企业所得税扣除时，必须按规定区分期间费用和开发产品计税成本、已销开发产品计税成本与未销开发产品计税成本。

《房地产开发经营业务企业所得税处理办法》（国税发〔2009〕31 号印发）第十

三条规定，企业发生的期间费用、已销开发产品计税成本、营业税金及附加、土地增值税准予当期按规定扣除。

（一）已销开发产品的计税成本的确认

《房地产开发经营业务企业所得税处理办法》（国税发〔2009〕31号印发）第十四条规定，已销开发产品的计税成本，按当期已实现销售的可售面积和可售面积单位工程成本确认。可售面积单位工程成本和已销开发产品的计税成本按下列公式计算确定：

可售面积单位工程成本＝成本对象总成本÷成本对象总可售面积

已销开发产品的计税成本＝已实现销售的可售面积×可售面积单位工程成本

（二）维修费用的扣除

《房地产开发经营业务企业所得税处理办法》（国税发〔2009〕31号印发）第十五条规定，企业对尚未出售的已完工开发产品和按照有关法律、法规或合同规定对已售开发产品（包括共用部位、共用设施设备）进行日常维护、保养、修理等实际发生的维修费用，准予在当期据实扣除。

（三）维修基金的扣除

《房地产开发经营业务企业所得税处理办法》（国税发〔2009〕31号印发）第十六条规定，企业将已计入销售收入的共用部位、共用设施设备维修基金按规定移交给有关部门、单位的，应于移交时扣除。

（四）配套设施的税务处理

《房地产开发经营业务企业所得税处理办法》（国税发〔2009〕31号印发）第十七条规定，企业在开发区内建造的会所、物业管理场所、电站、热力站、水厂、文体场馆、幼儿园等配套设施，按以下规定进行处理：

（1）属于非营利性且产权属于全体业主的，或无偿赠与地方政府、公用事业单位的，可将其视为公共配套设施，其建造费用按公共配套设施费的有关规定进行处理。

（2）属于营利性的，或产权归企业所有的，或未明确产权归属的，或无偿赠与地方政府、公用事业单位以外其他单位的，应当单独核算其成本。除企业自用应按建造固定资产进行处理外，其他一律按建造开发产品进行处理。

企业在开发区内建造的邮电通讯、学校、医疗设施应单独核算成本，其中，由企业与国家有关业务管理部门、单位合资建设，完工后有偿移交的，国家有关业务管理部门、单位给予的经济补偿可直接抵扣该项目的建造成本，抵扣后的差额应调整当期应纳税所得额。

（五）按揭贷款提供担保的损失的扣除

《房地产开发经营业务企业所得税处理办法》（国税发〔2009〕31号印发）第十九条规定，企业采取银行按揭方式销售开发产品的，凡约定企业为购买方的按揭贷款提供担保的，其销售开发产品时向银行提供的保证金（担保金）不得从销售收入中减除，也不得作为费用在当期税前扣除，但实际发生损失时可据实扣除。

企业因国家无偿收回土地使用权而形成的损失，可作为财产损失按有关规定在税前扣除。

企业开发产品（以成本对象为计量单位）整体报废或毁损，其净损失按有关规定审核确认后准予在税前扣除。

（六）委托境外销售费用的扣除

《房地产开发经营业务企业所得税处理办法》（国税发〔2009〕31号印发）第二十条规定，企业委托境外机构销售开发产品的，其支付境外机构的销售费用（含佣金或手续费）不超过委托销售收入10%的部分，准予据实扣除。

（七）利息支出的扣除

《房地产开发经营业务企业所得税处理办法》（国税发〔2009〕31号印发）第二十一条规定，企业的利息支出按以下规定进行处理：

（1）企业为建造开发产品借入资金而发生的符合税收规定的借款费用，可按企业会计准则的规定进行归集和分配，其中属于财务费用性质的借款费用，可直接在税前扣除。

（2）企业集团或其成员企业统一向金融机构借款分摊集团内部其他成员企业使用的，借入方凡能出具从金融机构取得借款的证明文件，可以在使用借款的企业间合理地分摊利息费用，使用借款的企业分摊的合理利息准予在税前扣除。

（八）开发产品折旧的扣除

《房地产开发经营业务企业所得税处理办法》（国税发〔2009〕31号印发）第二十四条规定，企业开发产品转为自用的，其实际使用时间累计未超过12个月又销售的，不得在税前扣除折旧费用。

第四节　与转让房地产有关的税金

《土地增值税暂行条例实施细则》第七条第（五）项规定，与转让房地产有关的税金，是指在转让房地产时缴纳的营业税、城市维护建设税、印花税。因转让房地产缴纳的教育费附加，也可视同税金予以扣除。

一、增值税

（一）销售房地产的增值税

1. 销售不动产

销售不动产，是指转让不动产所有权的业务活动。不动产，是指不能移动或者移动后会引起性质、形状改变的财产，包括建筑物、构筑物等。

《销售服务、无形资产、不动产注释》（财税〔2016〕36号印发）规定，转让建筑物有限产权或者永久使用权的，转让在建的建筑物或者构筑物所有权的，以及在转让建筑物或者构筑物时一并转让其所占土地的使用权的，按照销售不动产缴纳增值税。

建筑物，包括住宅、商业营业用房、办公楼等可供居住、工作或者进行其他活动的建造物。构筑物，包括道路、桥梁、隧道、水坝等建造物。

房屋，即建筑物，包括住宅、商业用房、办公楼、厂房等。也就是说房屋，仅仅是建筑物，包括住宅、商业用房、办公楼、厂房等，比不动产的范围要小。住房，是指住宅、居民用房。不动产的概念大于房屋，房屋的概念大于住房，《试点有关事项的规定》《试点过渡政策的规定》文件中，优惠政策多是针对“住房”的。

2. 销售无形资产

销售无形资产，是指转让无形资产所有权或者使用权的业务活动。无形资产，是指不具实物形态，但能带来经济利益的资产，包括技术、商标、著作权、商誉、自然资源使用权和其他权益性无形资产。

技术，包括专利技术和非专利技术。

自然资源使用权，包括土地使用权、海域使用权、探矿权、采矿权、取水权和其他自然资源使用权。

其他权益性无形资产，包括基础设施资产经营权、公共事业特许权、配额、经营权（包括特许经营权、连锁经营权、其他经营权）、经销权、分销权、代理权、会员权、席位权、网络游戏虚拟道具、域名、名称权、肖像权、冠名权、转会费等。

3. 计税方法

《营业税改征增值税试点有关事项的规定》（财税〔2016〕36号印发）第一条第（八）项第七点规定，房地产开发企业中的一般纳税人，销售自行开发的房地产老项目，可以选择适用简易计税方法按照5%的征收率计税。

房地产老项目，是指：

(1)《建筑工程施工许可证》注明的合同开工日期在2016年4月30日前的房地产项目。

(2)《建筑工程施工许可证》未注明合同开工日期或者未取得《建筑工程施工许可证》但建筑工程承包合同注明的开工日期在2016年4月30日前的建筑工程项目。

根据财税〔2016〕47号文件第三条第(二)项的规定，纳税人转让2016年4月30日前取得的土地使用权，可以选择适用简易计税方法，以取得的全部价款和价外费用减去取得该土地使用权的原价后的余额为销售额，按照5%的征收率计算缴纳增值税。

4. 营改增后办理改革前转让住房过户的处理

根据《国家税务总局关于明确营改增试点若干征管问题的公告》(国家税务总局公告2016年第26号)第二条的规定，个人转让住房的，在2016年4月30日前已签订转让合同，2016年5月1日以后办理产权变更事项的，应缴纳增值税，不缴纳营业税。

上述所称个人包括个体工商户和其他个人。对于个人转让非住房，在2016年4月30日前已签订转让合同，2016年5月1日以后办理产权变更事项的，应根据营业税和增值税纳税义务发生时间来判断是缴纳增值税还是营业税。

(二) 销售自行开发的房地产项目增值税

自行开发，是指在依法取得土地使用权的土地上进行基础设施和房屋建设。

1. 征收率与预征税

房地产开发企业中的小规模纳税人，销售自行开发的房地产项目，按照5%的征收率计税。房地产开发企业中的一般纳税人，销售自行开发的房地产老项目，可以选择适用简易计税方法按照5%的征收率计税。

房地产开发企业采取预收款方式销售所开发的房地产项目，在收到预收款时按照3%的预征率预缴增值税。

2. 一般纳税人的税务处理

1) 计税方法的销售额

房地产开发企业中的一般纳税人销售其开发的房地产项目(选择简易计税方法的房地产老项目除外)，以取得的全部价款和价外费用，扣除受让土地时向政府部门支付的土地价款后的余额为销售额。

根据《房地产开发企业销售自行开发的房地产项目增值税征收管理暂行办法》(国家税务总局公告2016年第18号印发)第四条的规定,房地产开发企业中的一般纳税人(以下简称一般纳税人)销售自行开发的房地产项目,适用一般计税方法计税,按照取得的全部价款和价外费用,扣除当期销售房地产项目对应的土地价款后的余额计算销售额。销售额的计算公式如下:

销售额＝(全部价款和价外费用－当期允许扣除的土地价款)÷(1＋税率)

2) 允许扣除的土地价款

《财政部　国家税务总局关于明确金融　房地产开发　教育辅助服务等增值税政策的通知》(财税〔2016〕140号)第七条规定,“向政府部门支付的土地价款”,包括土地受让人向政府部门支付的征地和拆迁补偿费用、土地前期开发费用和土地出让收益等。一般纳税人销售其开发的房地产项目(选择简易计税方法的房地产老项目除外),在取得土地时向其他单位或个人支付的拆迁补偿费用也允许在计算销售额时扣除。纳税人按上述规定扣除拆迁补偿费用时,应提供拆迁协议、拆迁双方支付和取得拆迁补偿费用凭证等能够证明拆迁补偿费用真实性的材料。

《国家税务总局关于土地价款扣除时间等增值税征管问题的公告》(国家税务总局公告2016年第86号)第一条规定,房地产开发企业向政府部门支付的土地价款,以及向其他单位或个人支付的拆迁补偿费用,按照财税〔2016〕140号文件第七、八条规定,允许在计算销售额时扣除但未扣除的,从2016年12月份(税款所属期)起按照现行规定计算扣除。

《财政部　国家税务总局关于明确金融　房地产开发　教育辅助服务等增值税政策的通知》(财税〔2016〕140号)第八条的规定,房地产开发企业(包括多个房地产开发企业组成的联合体)受让土地向政府部门支付土地价款后,设立项目公司对该受让土地进行开发,同时符合下列条件的,可由项目公司按规定扣除房地产开发企业向政府部门支付的土地价款。

(1) 房地产开发企业、项目公司、政府部门三方签订变更协议或补充合同,将土地受让人变更为项目公司。

(2) 政府部门出让土地的用途、规划等条件不变的情况下,签署变更协议或补充合同时,土地价款总额不变。

(3) 项目公司的全部股权由受让土地的房地产开发企业持有。

当期允许扣除的土地价款按照以下公式计算：

$$\text{当期允许扣除的土地价款}=\left(\text{当期销售房地产项目建筑面积}\div\text{房地产项目可供销售建筑面积}\right)\times\text{支付的土地价款}$$

当期销售房地产项目建筑面积，是指当期进行纳税申报的增值税销售额对应的建筑面积。房地产项目可供销售建筑面积，是指房地产项目可以出售的总建筑面积，不包括销售房地产项目时未单独作价结算的配套公共设施的建筑面积。支付的土地价款，是指向政府、土地管理部门或受政府委托收取土地价款的单位直接支付的土地价款。

《国家税务总局关于土地价款扣除时间等增值税征管问题的公告》(国家税务总局公告 2016 年第 86 号)第五条规定，"当期销售房地产项目建筑面积""房地产项目可供销售建筑面积"，是指计容积率地上建筑面积，不包括地下车位建筑面积。

在计算销售额时从全部价款和价外费用中扣除土地价款，应当取得省级以上(含省级)财政部门监(印)制的财政票据。

一般纳税人应建立台账登记土地价款的扣除情况，扣除的土地价款不得超过纳税人实际支付的土地价款。

3) 简易计税方法计税的销售额

一般纳税人销售自行开发的房地产老项目，可以选择适用简易计税方法按照 5%的征收率计税。一经选择简易计税方法计税的，36 个月内不得变更为一般计税方法计税。

一般纳税人销售自行开发的房地产老项目适用简易计税方法计税的，以取得的全部价款和价外费用为销售额，不得扣除对应的土地价款。

4) 预缴税款

对于房地产开发项目，考虑到房地产企业的进销项取得的时间一般间隔较长，为保证纳税人税款均匀入库，避免房地产企业在整个房地产开发项目开发销售期间，前期取得售房款较多、支付工程款较少而导致前期交税多，后期取得售房款较少、支付工程款较多而导致后期进项留抵的情况发生，对房地产开发企业销售房地产项目采取预收款方式的，在收到预收款时预缴税款。

《营业税改征增值税试点有关事项的规定》(财税〔2016〕36 号印发)第一条第(八)项第九点规定，对房地产开发企业采取预收款方式销售所开发的房地产项目，在收到预收款时按照 3%的预征率预缴增值税。

根据《房地产开发企业销售自行开发的房地产项目增值税征收管理暂行办法》(国家税务总局公告2016年第18号)第十条的规定，一般纳税人采取预收款方式销售自行开发的房地产项目，应在收到预收款时按照3%的预征率预缴增值税。

应预缴税款按照以下公式计算：

应预缴税款＝预收款÷(1＋适用税率或征收率)×3%

一般纳税人应在取得预收款的次月纳税申报期向主管税务机关预缴税款。

5) 进项税额的抵扣

一般纳税人销售自行开发的房地产项目，兼有一般计税方法计税、简易计税方法计税、免征增值税的房地产项目而无法划分不得抵扣的进项税额的，应以《建筑工程施工许可证》注明的"建设规模"为依据进行划分。

$$\text{不得抵扣的进项税额}=\text{当期无法划分的全部进项税额}\times\left(\text{简易计税、免税房地产项目建设规模}\div\text{房地产项目总建设规模}\right)$$

3. 小规模纳税人的税务处理

房地产开发企业中的小规模纳税人，销售自行开发的房地产项目，按照5%的征收率计税。

房地产开发企业采取预收款方式销售所开发的房地产项目，在收到预收款时按照3%的预征率预缴增值税。

应预缴税款按照以下公式计算：

应预缴税款＝预收款÷(1＋5%)×3%

(三) 销售取得的不动产

这里所称的取得的不动产，包括以直接购买、接受捐赠、接受投资入股、自建以及抵债等各种形式取得的不动产。

1. 一般纳税人销售取得的不动产

1) 销售营改增前取得的不动产

一般纳税人销售其2016年4月30日前取得(不含自建)的不动产，可以选择适用简易计税方法，以取得的全部价款和价外费用减去该项不动产购置原价或者取得不动产时的作价后的余额为销售额，按照5%的征收率计算应纳税额。纳税人应按照上述计税方法在不动产所在地预缴税款后，向机构所在地主管税务机关进行纳税申报。

一般纳税人销售其 2016 年 4 月 30 日前自建的不动产，可以选择适用简易计税方法，以取得的全部价款和价外费用为销售额，按照 5%的征收率计算应纳税额。纳税人应按照上述计税方法在不动产所在地预缴税款后，向机构所在地主管税务机关进行纳税申报。

一般纳税人销售其 2016 年 4 月 30 日前取得(不含自建)的不动产，选择适用一般计税方法计税的，以取得的全部价款和价外费用为销售额计算应纳税额。纳税人应以取得的全部价款和价外费用扣除不动产购置原价或者取得不动产时的作价后的余额，按照 5%的预征率向不动产所在地主管税务机关预缴税款，向机构所在地主管税务机关申报纳税。

一般纳税人销售其 2016 年 4 月 30 日前自建的不动产，选择适用一般计税方法计税的，以取得的全部价款和价外费用为销售额计算应纳税额。纳税人应以取得的全部价款和价外费用，按照 5%的预征率向不动产所在地主管税务机关预缴税款，向机构所在地主管税务机关申报纳税。

一般纳税人销售营改增前取得的不动产计税方法如表 3-3 所示。

表 3-3　　一般纳税人销售营改增前取得的不动产

取得时间	计税方法	取得方式	销售额	应纳税额	预缴税款与申报纳税	备注
2016 年 4 月 30 日前	选择适用简易计税方法	非自建	以取得的全部价款和价外费用扣除不动产购置原价或者取得不动产时的作价后的余额为销售额	按照 5%的征收率计算应纳税额	按应纳税额向不动产所在地主管税务机关预缴税款	自建与非自建的销售额不同
					向机构所在地主管税务机关申报纳税	
		自建	以取得的全部价款和价外费用为销售额	按照 5%的征收率计算应纳税额	按应纳税额向不动产所在地主管税务机关预缴税款	
					向机构所在地主管税务机关申报纳税	
	适用一般计税方法	非自建	以取得的全部价款和价外费用为销售额计算应纳税额	按销售额和适用税率计算销项税额	以取得的全部价款和价外费用扣除不动产购置原价或者取得不动产时的作价后的余额，按照 5%的预征率向不动产所在地主管税务机关预缴税款	自建与非自建预缴税款依据不同
					向机构所在地主管税务机关申报纳税	
		自建	以取得的全部价款和价外费用为销售额计算应纳税额	按销售额和适用税率计算销项税额	以取得的全部价款和价外费用，按照 5%的预征率向不动产所在地主管税务机关预缴税款	
					向机构所在地主管税务机关申报纳税	

2）销售营改增后取得的不动产

一般纳税人销售其2016年5月1日后取得(不含自建)的不动产，应适用一般计税方法，以取得的全部价款和价外费用为销售额计算应纳税额。纳税人应以取得的全部价款和价外费用减去该项不动产购置原价或者取得不动产时的作价后的余额，按照5%的预征率在不动产所在地预缴税款后，向机构所在地主管税务机关进行纳税申报。

一般纳税人销售其2016年5月1日后自建的不动产，应适用一般计税方法，以取得的全部价款和价外费用为销售额计算应纳税额。纳税人应以取得的全部价款和价外费用，按照5%的预征率在不动产所在地预缴税款后，向机构所在地主管税务机关进行纳税申报。

3）销售额与预缴税款的确定

一般纳税人销售其2016年4月30日前取得的不动产(不含自建)，适用一般计税方法计税的，以取得的全部价款和价外费用为销售额计算应纳税额。上述纳税人应以取得的全部价款和价外费用减去该项不动产购置原价或者取得不动产时的作价后的余额，按照5%的预征率在不动产所在地预缴税款后，向机构所在地主管税务机关进行纳税申报。

一般纳税人销售房地产老项目，以及一般纳税人出租其2016年4月30日前取得的不动产，适用一般计税方法计税的，应以取得的全部价款和价外费用，按照3%的预征率在不动产所在地预缴税款后，向机构所在地主管税务机关进行纳税申报。

一般纳税人销售其2016年4月30日前自建的不动产，适用一般计税方法计税的，应以取得的全部价款和价外费用为销售额计算应纳税额。一般纳税人应以取得的全部价款和价外费用，按照5%的预征率在不动产所在地预缴税款后，向机构所在地主管税务机关进行纳税申报。

一般纳税人销售取得的非自建的不动产，选择适用简易计税方法的，以减去该项不动产购置原价或者作价后的余额为销售额；适用一般计税方法计税时不允许差额确认销售额。一般纳税人销售自建的不动产，均以取得的全部价款和价外费用为销售额。

一般纳税人销售取得的不动产适用简易计税方法的，预缴税款的计算依据与销售额相同，乘以预征率来计算。销售取得的不动产适用一般计税方法的，预缴税款的计算依据为减除不动产购置价或作价后的余额，乘以相应的预征率来计算。

一般纳税人销售营改增后取得的不动产计税方法如表 3-4 所示。

表 3-4　一般纳税人销售营改增后取得的不动产

<table>
<tr><th>取得时间</th><th>计税方法</th><th>取得方式</th><th>销售额</th><th>应纳税额</th><th>预缴税款与申报纳税</th><th>备注</th></tr>
<tr><td rowspan="4">2016 年 5 月 1 日后</td><td rowspan="4">适用一般计税方法</td><td rowspan="2">非自建</td><td rowspan="2">以取得的全部价款和价外费用为销售额计算应纳税额</td><td rowspan="2">按销售额和适用税率计算销项税额</td><td>以取得的全部价款和价外费用扣除不动产购置原价或者取得不动产时的作价后的余额，按照 5%的预征率向不动产所在地主管税务机关预缴税款</td><td rowspan="4"></td></tr>
<tr><td>向机构所在地主管税务机关申报纳税</td></tr>
<tr><td rowspan="2">自建</td><td rowspan="2">以取得的全部价款和价外费用为销售额</td><td rowspan="2">按销售额和适用税率计算销项税额，扣除进项税额后计算应纳税额</td><td>以取得的全部价款和价外费用，按照 5%的预征率向不动产所在地主管税务机关预缴税款</td></tr>
<tr><td>向机构所在地主管税务机关申报纳税</td></tr>
</table>

2. 小规模纳税人销售取得的不动产

1）销售非自建的不动产

小规模纳税人销售其取得（不含自建）的不动产（不含个体工商户销售购买的住房和其他个人销售不动产），应以取得的全部价款和价外费用减去该项不动产购置原价或者取得不动产时的作价后的余额为销售额，按照 5%的征收率计算应纳税额。小规模纳税人应按照上述计税方法在不动产所在地预缴税款后，向机构所在地主管税务机关进行纳税申报。

《纳税人转让不动产增值税征收管理暂行办法》第四条进一步明确规定，小规模纳税人转让其取得的不动产，除个人转让其购买的住房外，按照以下规定缴纳增值税：小规模纳税人转让其取得（不含自建）的不动产，以取得的全部价款和价外费用扣除不动产购置原价或者取得不动产时的作价后的余额为销售额，按照 5%的征收率计算应纳税额。

2）销售自建的不动产

小规模纳税人销售其自建的不动产，应以取得的全部价款和价外费用为销售额，按照 5%的征收率计算应纳税额。小规模纳税人应按照上述计税方法在不动产所在地预缴税款后，向机构所在地主管税务机关进行纳税申报。

小规模纳税人销售取得的不动产（不含个体工商户销售购买的住房和其他个人销售不动产）的计税方法如表3-5所示。

表3-5　小规模纳税人销售取得的不动产（不含个人销售购买的住房）

	计税方法	取得方式	销售额	应纳税额	预缴与申报纳税	备注
一般规定	适用简易计税方法	非自建	以取得的全部价款和价外费用扣除不动产购置原价或者取得不动产时的作价后的余额为销售额	按照销售额和5%的征收率计算应纳税额	除其他个人之外的小规模纳税人，应按应纳税额向不动产所在地主管税务机关预缴税款，向机构所在地主管税务机关申报纳税	自建与非自建的销售额不同
		自建	以取得的全部价款和价外费用为销售额	按照销售额和5%的征收率计算应纳税额	其他个人按照应纳税额向不动产所在地主管税务机关申报纳税	

3. 个人销售购买的住房

1）个人销售购买的住房优惠

（1）个人销售住房增值税优惠。

个人将购买不足2年的住房对外销售的，按照5%的征收率全额缴纳增值税；个人将购买2年以上（含2年）的住房对外销售的，免征增值税。上述政策适用于北京市、上海市、广州市和深圳市之外的地区。

个人将购买不足2年的住房对外销售的，按照5%的征收率全额缴纳增值税；个人将购买2年以上（含2年）的非普通住房对外销售的，以销售收入减去购买住房价款后的差额按照5%的征收率缴纳增值税；个人将购买2年以上（含2年）的普通住房对外销售的，免征增值税。上述政策仅适用于北京市、上海市、广州市和深圳市。

个人办理免税的具体程序、购买房屋的时间、开具发票、非购买形式取得住房行为及其他相关税收管理规定，按照《国务院办公厅转发建设部等部门关于做好稳定住房价格工作意见的通知》（国办发〔2005〕26号）、《国家税务总局 财政部 建设部关于加强房地产税收管理的通知》（国税发〔2005〕89号）和《国家税务总局关于房地产税收政策执行中几个具体问题的通知》（国税发〔2005〕172号）的有关规定执行。

个人因产权纠纷等原因未能及时获取房屋所有权证书的，根据《国家税务总局关于个人转让住房享受税收优惠政策判定购房时间问题的公告》(国家税务总局公告2017年第8号,自2017年4月1日起施行,此前尚未进行税收处理的,按本公告规定执行。)规定,个人转让住房,因产权纠纷等原因未能及时取得房屋所有权证书(包括不动产权证书,下同),对于人民法院、仲裁委员会出具的法律文书确认个人购买住房的,法律文书的生效日期视同房屋所有权证书的注明时间,据以确定纳税人是否享受税收优惠政策。

(2) 个体工商户销售购买的住房。

个体工商户销售购买的住房,应按照《营业税改征增值税试点过渡政策的规定》第五条的规定征免增值税。纳税人应按照上述计税方法在不动产所在地预缴税款后,向机构所在地主管税务机关进行纳税申报。

(3) 其他个人销售其非自建的非住房。

其他个人销售其取得(不含自建)的不动产(不含其购买的住房),应以取得的全部价款和价外费用减去该项不动产购置原价或者取得不动产时的作价后的余额为销售额,按照5%的征收率计算应纳税额。

其他个人销售自建自用住房和销售购买的住房,在《营业税改征增值税试点过渡政策的规定》里已经作出了相应的规定,因此这里将此两种情形排除掉。除了这两种情形以外的,采用差额征税的办法按5%征收率计税。

其他个人销售不动产,与单位和个体工商户销售不动产的纳税地点不同,单位和个体工商户纳税地点为不动产所在地,而其他个人则是向单位机构所在地纳税申报。

(4) 个人销售购买的住房应纳税款的计算。

个人销售其购买的住房,按照以下规定缴纳增值税:

个人销售其购买的住房,按照有关规定全额缴纳增值税的,以取得的全部价款和价外费用为销售额,按照5%的征收率计算应纳税额。

个人销售其购买的住房,按照有关规定差额缴纳增值税的,以取得的全部价款和价外费用扣除购买住房价款后的余额为销售额,按照5%的征收率计算应纳税额。

2) 转让取得的不动产应预缴税款的计算

根据《纳税人转让不动产增值税征收管理暂行办法》第六条的规定,其他个人以外的纳税人转让其取得的不动产,根据以下情形计算应向不动产所在地主管税务机关预缴的税款:

以转让不动产取得的全部价款和价外费用作为预缴税款计算依据的，计算公式为：

$$应预缴税款=全部价款和价外费用\div(1+5\%)\times5\%$$

以转让不动产取得的全部价款和价外费用扣除不动产购置原价或者取得不动产时的作价后的余额作为预缴税款计算依据的，计算公式为：

$$应预缴税款=\left(全部价款和价外费用-不动产购置原价或者取得不动产时的作价\right)\div(1+5\%)\times5\%$$

3）其他个人转让取得的不动产应纳税额的计算

《纳税人转让不动产增值税征收管理暂行办法》第七条规定，其他个人转让其取得的不动产，按照《纳税人转让不动产增值税征收管理暂行办法》第六条规定的计算方法计算应纳税额并向不动产所在地主管税务机关申报纳税。

以转让不动产取得的全部价款和价外费用作为应纳税款计算依据的，计算公式为：

$$应纳税款=全部价款和价外费用\div(1+5\%)\times5\%$$

以转让不动产取得的全部价款和价外费用扣除不动产购置原价或者取得不动产时的作价后的余额作为应纳税款计算依据的，计算公式为：

$$应纳税款=\left(全部价款和价外费用-不动产购置原价或者取得不动产时的作价\right)\div(1+5\%)\times5\%$$

自然人销售不动产不需要预缴税款。自然人全部属于小规模纳税人，小规模纳税人转让不动产的征收率为5%。因此，按照规定的计税方法，自然人转让不动产，直接以差额或者全额依照5%征收率计算应纳税额，在不动产所在地主管税务机关缴纳税款即可。

4. 差额纳税、预缴税款的扣除凭证

《纳税人转让不动产增值税征收管理暂行办法》第八条规定，纳税人按规定从取得的全部价款和价外费用中扣除不动产购置原价或者取得不动产时的作价的，应当取得符合法律、行政法规和国家税务总局规定的合法有效凭证。否则，不得扣除。

上述凭证是指：

（1）税务部门监制的发票。

（2）法院判决书、裁定书、调解书，以及仲裁裁决书、公证债权文书。

(3) 国家税务总局规定的其他凭证。

根据《国家税务总局关于纳税人转让不动产缴纳增值税差额扣除有关问题的公告》(国家税务总局公告2016年第73号)的规定,纳税人转让不动产,按照有关规定差额缴纳增值税的,如因丢失等原因无法提供取得不动产时的发票,可向税务机关提供其他能证明契税计税金额的完税凭证等资料,进行差额扣除。纳税人以契税计税金额进行差额扣除的,按照下列公式计算增值税应纳税额:

(1) 2016年4月30日及以前缴纳契税的:

$$\text{增值税应纳税额}=\left[\text{全部交易价格(含增值税)}-\text{契税计税金额(含营业税)}\right]\div(1+5\%)\times5\%$$

(2) 2016年5月1日及以后缴纳契税的:

$$\text{增值税应纳税额}=\left[\text{全部交易价格(含增值税)}\div(1+5\%)-\text{契税计税金额(不含增值税)}\right]\times5\%$$

纳税人同时保留取得不动产时的发票和其他能证明契税计税金额的完税凭证等资料的,应当凭发票进行差额扣除。

5. 已预缴税款的抵减

《纳税人转让不动产增值税征收管理暂行办法》第九条规定,纳税人转让其取得的不动产,向不动产所在地主管税务机关预缴的增值税税款,可以在当期增值税应纳税额中抵减,抵减不完的,结转下期继续抵减。

纳税人以预缴税款抵减应纳税额,应以完税凭证作为合法有效凭证。

个人转让其购买的住房计税办法如表3-6所示。

表3-6　个人转让其购买的住房

计税方法	缴税方法	销售额	应纳税额	预缴与申报纳税
适用简易计税方法	按规定全额缴纳增值税	以取得的全部价款和价外费用为销售额	按照销售额和5%的征收率计算应纳税额	个体工商户应按照应纳税额向住房所在地主管税务机关预缴税款,向机构所在地主管税务机关申报纳税;其他个人应按照应纳税额向住房所在地主管税务机关申报纳税
	按规定差额缴纳增值税	以取得的全部价款和价外费用扣除购买住房价款后的余额为销售额	按照销售额和5%的征收率计算应纳税额	

二、地方税费附加

(一) 城市维护建设税

城市维护建设税是国家对缴纳增值税、消费税的单位和个人就其缴纳的“增值税、消费税”税额为计税依据而征收的一种税。

凡缴纳增值税、消费税的单位和个人，都是城市维护建设税的纳税义务人（以下简称纳税人），都应当依照《中华人民共和国城市维护建设税暂行条例》的规定缴纳城市维护建设税。自2010年12月1日起，对外商投资企业、外国企业及外籍个人征收城市维护建设税和教育费附加。

经国家税务总局正式审核批准的当期免抵的增值税税额应纳入城市维护建设税和教育费附加的计征范围，分别按规定的税（费）率征收城市维护建设税和教育费附加。计算公式为：

$$\text{城市维护建设税的应纳税额}=\left(\text{实纳增值税税额}+\text{实纳消费税税额}\right)\times\text{适用税率}$$

城市维护建设税税率如下：

纳税人所在地在市区的，税率为7%；

纳税人所在地在县城、镇的，税率为5%；

纳税人所在地不在市区、县城或镇的，税率为1%。

市区、县城、镇的范围，应按行政区划作为划分标准，这里的镇是指建制镇。

《财政部　国家税务总局关于纳税人异地预缴增值税有关城市维护建设税和教育费附加政策问题的通知》（财税〔2016〕74号）规定，纳税人跨地区提供建筑服务、销售和出租不动产的，应在建筑服务发生地、不动产所在地预缴增值税时，以预缴增值税税额为计税依据，并按预缴增值税所在地的城市维护建设税适用税率和教育费附加征收率就地计算缴纳城市维护建设税和教育费附加。预缴增值税的纳税人在其机构所在地申报缴纳增值税时，以其实际缴纳的增值税税额为计税依据，并按机构所在地的城市维护建设税适用税率和教育费附加征收率就地计算缴纳城市维护建设税和教育费附加。

《财政部　国家税务总局关于实施小微企业普惠性税收减免政策的通知》（财税〔2019〕13号）规定，由省、自治区、直辖市人民政府根据本地区实际情况，以及宏观调控需要，确定对增值税小规模纳税人可以在50%的税额幅度内减征资源税、城市维护建设税、房产税、城镇土地使用税、印花税（不含证券交易印花税）、耕地占用税和教育费附加、地方教育附加。增值税小规模纳税人已依法享受资源税、城市维护建设税、房产税、城镇土地使用税、印花税、耕地占用税、教育费附加、地方教育附加其他优惠政策的，可叠加享受该通知上述规定的优惠政策。

(二) 教育费附加与地方教育附加

对转让房地产环节缴纳的地方教育附加如何扣除问题,截至本书出版时财政部、国家税务总局都没有统一明确规定。但江苏省、江西省等税务机关都了发文明确规定:

《江苏省地方税务局关于地方税有关业务问题的通知》(苏地税发〔1999〕87号)第三条第(三)项规定,在计征土地增值税时,对省政府开征的地方教育附加费,可比照教育费附加予以扣除。

《国家税务总局江西省税务局关于土地增值税若干征管问题的公告》(国家税务总局江西省税务局公告2018年第16号)第四条第(三)项规定,对房地产转让环节缴纳的地方教育附加,由于其计税依据为增值税,与教育费附加相同,在计算土地增值税时,允许视同税金进行扣除。

三、印花税的扣除

《财政部 国家税务总局关于土地增值税一些具体问题规定的通知》(财税字〔1995〕48号)第九条"关于计算增值额时扣除已缴纳印花税的问题"规定,《土地增值税暂行条例实施细则》规定允许扣除的印花税。印花税是指在转让房地产时缴纳的印花税。房地产开发企业按照《施工、房地产开发企业财务制度》的有关规定,其缴纳的印花税列入管理费用,已相应予以扣除。其他的土地增值税纳税义务人在计算土地增值税时允许扣除在转让时缴纳的印花税。

自2016年12月3日起,根据《增值税会计处理规定》(财会〔2016〕22号印发)的规定,全面试行营业税改征增值税后,"营业税金及附加"科目名称调整为"税金及附加"科目,该科目核算企业经营活动发生的消费税、城市维护建设税、资源税、教育费附加及房产税、土地使用税、车船税、印花税等相关税费;利润表中的"营业税金及附加"项目调整为"税金及附加"项目。因而,笔者认为土地增值税纳税义务人2016年12月以后转让房地产时缴纳的印花税,允许计入"与转让房地产有关的税金"项目在计算土地增值税时扣除。

《财政部 国家税务总局关于印花税若干政策的通知》(财税〔2006〕162号)规定,对土地使用权出让合同、土地使用权转让合同按产权转移书据征收印花税。对商品房销售合同按照产权转移书据征收印花税。

《财政部 国家税务总局关于对营业账簿减免印花税的通知》(财税〔2018〕50号)规定,自2018年5月1日起,对按0.5‰税率贴花的资金账簿减半征收印花税,对按件贴花5元的其他账簿免征印花税。

四、契税的扣除

(一)个人转让购入房地产已缴契税的扣除

《财政部 国家税务总局关于土地增值税一些具体问题规定的通知》(财税字〔1995〕48号)第十一条"关于已缴纳的契税可否在计税时扣除的问题"规定,对于个人购入房地产再转让的,其在购入时已缴纳的契税,在旧房及建筑物的评估价中已包括了此项因素,在计征土地增值税时,不另作为"与转让房地产有关的税金"予以扣除。

(二)转让旧房及建筑物已缴契税的扣除

《财政部 国家税务总局关于土地增值税若干问题的通知》(财税〔2006〕21号)第二条"关于转让旧房准予扣除项目的计算问题"第(一)项规定,纳税人转让旧房及建筑物,凡不能取得评估价格,但能提供购房发票的,经当地税务部门确认,《土地增值税暂行条例》第六条第(一)(取得土地使用权支付的金额)、(三)(旧房及建筑物的评估价)项规定的扣除项目的金额,可按发票所载金额并从购买年度起至转让年度止每年加计5%计算。对纳税人购房时缴纳的契税,凡能提供契税完税凭证的,准予作为"与转让房地产有关的税金"予以扣除,但不作为加计5%的基数。

(三)房地产开发企业为取得土地支付契税的扣除

《国家税务总局关于土地增值税清算有关问题的通知》(国税函〔2010〕220号)第五条"房地产开发企业取得土地使用权时支付的契税的扣除问题"规定,房地产开发企业为取得土地使用权所支付的契税,应视同"按国家统一规定缴纳的有关费用",计入"取得土地使用权所支付的金额"中扣除。

五、扣除项目涉及增值税进项税额的处理

《财政部 国家税务总局关于营改增后契税 房产税 土地增值税 个人所得税计税依据问题的通知》(财税〔2016〕43号)第三条规定,《土地增值税暂行条例》等规定的土地增值税扣除项目涉及的增值税进项税额,允许在销项税额中计算抵扣的,不计入扣除项目,不允许在销项税额中计算抵扣的,可以计入扣除项目。

六、营改增后与转让房地产有关的税金的扣除

《国家税务总局关于营改增后土地增值税若干征管规定的公告》(国家税务总局公告 2016 年第 70 号)第三条“关于与转让房地产有关的税金扣除问题”规定：

(1) 营改增后，计算土地增值税增值额的扣除项目中“与转让房地产有关的税金”不包括增值税。

(2) 营改增后，房地产开发企业实际缴纳的城市维护建设税、教育费附加，凡能够按清算项目准确计算的，允许据实扣除。凡不能按清算项目准确计算的，则按该清算项目预缴增值税时实际缴纳的城市维护建设税、教育费附加扣除。

其他转让房地产行为的城市维护建设税、教育费附加扣除比照上述规定执行。

《国家税务总局关于营改增后土地增值税若干征管规定的公告》(国家税务总局公告 2016 年第 70 号)第四条“关于营改增前后土地增值税清算的计算问题”规定，房地产开发企业在营改增后进行房地产开发项目土地增值税清算时，按以下方法确定与转让房地产有关的税金金额：

$$\begin{array}{c}\text{与转让房地}\\\text{产有关的税金}\end{array}=\begin{array}{c}\text{营改增前实际缴纳的营业税、}\\\text{城建税、教育费附加}\end{array}+\begin{array}{c}\text{营改增后允许扣除的}\\\text{城建税、教育费附加}\end{array}$$

第五节 旧房及建筑物的评估价与其他扣除项目

一、旧房及建筑物的评估价格

《土地增值税暂行条例实施细则》第七条第(四)项规定，旧房及建筑物的评估价格，是指在转让已使用的房屋及建筑物时，由政府批准设立的房地产评估机构评定的重置成本价乘以成新度折扣率后的价格。评估价格须经当地税务机关确认。

二、其他扣除项目

(一) 加计 20%扣除

《土地增值税暂行条例实施细则》第七条第(六)项的规定，对从事房地产开

发的纳税人可按“取得土地使用权所支付的金额”与“房地产开发成本”之和，加计20％扣除。

（二）代收费用

《财政部 国家税务总局关于土地增值税一些具体问题规定的通知》（财税字〔1995〕48号）第六条规定，对于县级及县级以上人民政府要求房地产开发企业在售房时代收的各项费用，如果代收费用是计入房价中向购买方一并收取的，可作为转让房地产所取得的收入计税；如果代收费用未计入房价中，而是在房价之外单独收取的，可以不作为转让房地产的收入。

对于代收费用作为转让收入计税的，在计算扣除项目金额时，可予以扣除，但不允许作为加计20％扣除的基数；对于代收费用未作为转让房地产的收入计税的，在计算增值额时不允许扣除代收费用。

（三）基础设施配套费与人防工程异地建设费

《江苏省地方税务局关于土地增值税有关业务问题的公告》（苏地税规〔2012〕1号）第五条第（五）项规定，市政公用基础设施配套费、人防工程异地建设费不得加计扣除，也不作为房地产开发费用扣除的计算基数。

第四章　税 收 优 惠

> 税收上的任何特权都是不公平的。
>
> ——伏尔泰

税收优惠是税制的基本要素。现行的土地增值税税收优惠项目主要包括：纳税人建造普通标准住宅出售增值率未超过20%的免征土地增值税；因国家建设需要依法征收、收回房地产免征土地增值税；转让旧房作为改造安置住房房源且增值额未超过扣除项目金额20%的免征土地增值税；个人转让住房的免增土地增值税等。

第一节　土地增值税优惠

一、建造普通标准住宅出售增值率未超过20%的免征

（一）建造普通标准住宅出售增值率未超过20%的免征土地增值税

《土地增值税暂行条例》第八条第（一）项规定，纳税人建造普通标准住宅出售，增值额未超过扣除项目金额20%的，免征土地增值税。

《土地增值税暂行条例实施细则》第十一条规定，纳税人建造普通标准住宅出售，增值额未超过《土地增值税暂行条例实施细则》第七条第（一）（取得土地使用权所支付的金额）、（二）（开发土地的成本、费用）、（三）（新建房及配套设施的成本、费用）、（五）（与转让房地产有关的税金）、（六）（加计20%扣除）项扣除项目金额之和20%的（含20%），免征土地增值税；增值额超过扣除项目金额之和20%的，应就其全部增值额按规定计税（包括未超过扣除项目金额20%的部分）。

这是考虑到我国人民居住条件仍然较差，对建造普通标准住宅而增值较低的予以免税，而对增值较高的就全部增值额征税，有利于控制普通标准住宅售

价，促进和保证其健康发展。

（二）普通标准住宅与普通住宅

《土地增值税暂行条例实施细则》第十一条规定，普通标准住宅是指按所在地一般民用住宅标准建造的居住用住宅。高级公寓、别墅、度假村等不属于普通标准住宅。普通标准住宅与其他住宅的具体划分界限由各省、自治区、直辖市人民政府规定。

自2006年3月2日起，根据《财政部 国家税务总局关于土地增值税若干问题的通知》（财税〔2006〕21号）第一条“关于纳税人建造普通标准住宅出售和居民个人转让普通住宅的征免税问题”规定，《土地增值税暂行条例》第八条中“普通标准住宅”和《财政部 国家税务总局关于调整房地产市场若干税收政策的通知》（财税字〔1999〕210号）第三条中“普通住宅”的认定，一律按各省、自治区、直辖市人民政府根据《国务院办公厅转发建设部等部门关于做好稳定住房价格工作意见的通知》（国办发〔2005〕26号，以下简称国办发〔2005〕26号文件）制定并对社会公布的“中小套型、中低价位普通住房”的标准执行。纳税人既建造普通住宅，又建造其他商品房的，应分别核算土地增值额。在本文件发布之日前已向房地产所在地地方税务机关提出免税申请，并经税务机关按各省、自治区、直辖市人民政府原来确定的普通标准住宅的标准审核确定，免征土地增值税的普通标准住宅，不做追溯调整。

《国务院办公厅转发建设部等部门关于做好稳定住房价格工作意见的通知》（国办发〔2005〕26号）第五条规定，对中小套型、中低价位普通住房给予优惠政策支持。享受优惠政策的住房原则上应同时满足以下条件：住宅小区建筑容积率在1.0以上、单套建筑面积在120平方米以下、实际成交价格低于同级别土地上住房平均交易价格1.2倍以下。各省、自治区、直辖市要根据实际情况，制定本地区享受优惠政策普通住房的具体标准。允许单套建筑面积和价格标准适当浮动，但向上浮动的比例不得超过上述标准的20%。

《财政部 国家税务总局关于土地增值税普通标准住宅有关政策的通知》（财税〔2006〕141号）规定，“普通标准住宅”的认定，可在各省、自治区、直辖市人民政府根据《国务院办公厅转发建设部等部门关于做好稳定住房价格工作意见的通知》（国办发〔2005〕26号）制定的“普通住房标准”的范围内从严掌握。

（三）普通标准住宅的认定

国办发〔2005〕26号文件将享受税收优惠的普通住宅的条件界定为：建筑容

积率在1.0以上、单套建筑面积在120平方米以下、实际成交价格低于同级别土地上住房平均交易价格1.2倍以下，并授权各省、自治区、直辖市对单套建筑面积和价格标准适当浮动，但向上浮动的比例不得超过上述标准的20%。在各省出台的普通标准住宅的认定条件上，存在争议较大的是面积标准和价格标准。

1. 面积标准

各省根据实际情况出台的单套建筑面积标准有120平方米、140平方米和144平方米。但单套建筑面积是以单栋楼为单位计算的每套平均面积还是每套房屋建筑面积为单位一直存在争议。例如，河北省曾出台文件[《河北省地方税务局转发国家税务总局关于土地增值税清算有关问题的通知》(冀地税函〔2010〕93号)]，以单栋楼为单位，平均单套建筑面积在140平方米(含140平方米)以下；而北京[《北京市地税局关于明确土地增值税征收管理若干问题的通知》(京地税地〔2003〕73号)]则是以每套房屋建筑面积计算。

根据《北京市地方税务局关于明确土地增值税有关问题的公告》(北京市地方税务局公告2013年第8号)第一条的规定，纳税人进行房地产开发项目土地增值税清算时，税务机关应按单套房屋销售时同级别土地上的普通住房标准对普通住宅进行审核确认。本公告施行前，纳税人房地产开发项目的清算鉴证报告已经税务机关受理的，土地增值税普通住宅的审核确认仍按原政策执行。

2. 价格标准

在各省规定的普通住宅条件中均有价格标准，但是由于很多城市的政府部门没有公布同级别土地上住房平均交易价格，导致在土地增值税清算过程中价格标准条件常形同虚设，甚至引发税企争议。例如合肥市房产局曾在2005年公布合肥市望江街地段普通住房可享受税收政策优惠的价格标准3 400元/平方米，该市某开发商2007年销售该地段房屋，销售均价约4 000元/平方米。税务局以2005年标准认定该开发产品不属于普通标准住宅，不应享受免税待遇，但企业提出由于合肥市房产局在2007年并未公布价格标准，所以应适用企业从网上自行收集整理的价格标准。该税企税款争议金额达2 000万元之多。

3. 公寓是否属于普通标准住宅

在我国，公寓大致可以分为三类：普通公寓、商务公寓、酒店式公寓。普通公寓的用地性质为住宅用地，使用权为70年，对该类公寓争议较少，一般认定为住宅，如符合普通标准住宅的认定条件，可以享受优惠待遇。实务中争议较大的是商务公寓和酒店式公寓。这两种公寓既可以用于办公又可以用于居住，在划分成本对象类型时，应认定为住宅还是非住宅呢？有的税务局依据商务公寓或酒店式公寓的用地性质进行区分，如果建在使用权为 40 年的商业用地上则认定为非住宅。但有的商务公寓或酒店式公寓的用地性质属于商住混合用地，使用权为 50 年，且产权类型登记为公寓。

(四) 普通住房的具体标准

1. 江苏普通住房标准

在 2006 年 3 月 1 日以前，《江苏省财政厅、江苏省国家税务局、江苏省地方税务局转发〈关于印发《中华人民共和国土地增值税暂行条例实施细则》的通知〉的通知》(苏地税发〔1995〕103 号)第二条规定，"普通标准住宅"，暂定为按当地政府部门规定和建筑标准建造，按商品房住宅价格管理的要求实行国家定价或限价，为安排住房困难户、解决中低档收入者住房而建造的经济适用房、微利房、解困解危房、拆迁安置住房、落实私改房等。高级公寓、别墅、度假村等不属于普通标准住宅。

自 2006 年 3 月 2 日起，根据《江苏省政府办公厅关于转发省建设厅等部门关于切实稳定住房价格促进房地产业健康发展意见的通知》(苏政办发〔2005〕55 号)的规定，享受优惠政策的住房原则上应同时满足以下条件：住宅小区建筑容积率在 1.0 以上、单套建筑面积在 120 平方米以下、实际成交价格在同级别土地住房平均交易价格 1.2 倍以内。单套建筑面积和价格标准可适当浮动，但向上浮动的比例不得超过上述标准的 20%。各市要根据实际情况，制定本地区享受优惠政策普通住房的具体标准，报省建设厅、财政厅、地税局备案。

2. 广东普通住房标准

《广东省地方税务局转发省政府办公厅关于确定土地增值税若干问题的复函的通知》(粤地税发〔1995〕102 号)规定，根据《中华人民共和国土地增值税暂行条例实施细则》有关规定，房地产开发费用计算扣除比例，以及普通标准住宅与其他住宅的具体划分界限由省人民政府规定。由于广东省各地情况差别较大，省人民政府同意将上述审定权下放到地级市人民政府，但不宜下放到县。各市在审定时，应从本地的实际出发，由地方税务部门牵头，会同财政、建设部门提出具体方案，报市人民政府决定。

3. 海南普通住宅标准

自 2008 年 11 月 19 日起，根据《海南省人民政府关于促进房地产业持续稳定健康发展的意见》(琼府〔2008〕74 号)第九条的规定,海南省享受税收优惠政策普通住房标准调整为:同时具备住宅小区容积率 1.0 以上,单套建筑面积 144 平方米以下(含 144 平方米)两个条件。

根据《海南省地方税务局关于普通住宅执行标准有关问题的通知》(琼地税发〔2009〕9 号)的规定,当地房产管理部门公布住房平均交易价格超过半年未更新的,税务机关在确定普通住宅标准时不考虑价格因素。当地房产管理部门按规定每半年定期公布住房平均交易价格的,其普通住房价格标准在具备住宅小区容积率 1.0 以上、单套建筑面积 144 平方米以下(含 144 平方米)两个条件的同时,再加上当地公布的价格标准。

二、因国家建设需要依法征收、收回或转让房地产优惠

(一) 因国家建设需要依法征收、收回房地产免征土地增值税

《土地增值税暂行条例》第八条第(二)项规定,因国家建设需要依法征收、收回的房地产,免征土地增值税。

根据《土地增值税暂行条例实施细则》第十一条规定,因国家建设需要依法征收、收回的房地产是指因城市实施规划、国家建设的需要而被政府批准征收的房产或收回的土地使用权,免征土地增值税。

(二) 城市实施规划、国家建设需要而搬迁自行转让房地产优惠

《土地增值税暂行条例实施细则》第十一条规定,因城市实施规划、国家建设的需要而搬迁,由纳税人自行转让原房地产的,免征土地增值税。

《财政部 国家税务总局关于土地增值税若干问题的通知》(财税〔2006〕21 号)第四条“关于因城市实施规划、国家建设需要而搬迁,纳税人自行转让房地产的征免税问题”的规定,因“城市实施规划”而搬迁,是指因旧城改造或因企业污染、扰民(指产生过量废气、废水、废渣和噪音,使城市居民生活受到一定危害),而由政府或政府有关主管部门根据已审批通过的城市规划确定进行搬迁的情况;因“国家建设的需要”而搬迁,是指因实施国务院、省级人民政府、国务院有关部委批准的建设项目而进行搬迁的情况。

三、个人销售住房暂免土地增值税

(一) 个人销售住房暂免优惠

自 2008 年 11 月 1 日起,根据《财政部 国家税务总局关于调整房地产交易

环节税收政策的通知》(财税〔2008〕137 号)第三条的规定，对个人销售住房暂免征收土地增值税。

(二) 个人转让自用住房优惠

《土地增值税暂行条例实施细则》第十二条规定，个人因工作调动或改善居住条件而转让原自用住房，凡居住满 5 年或 5 年以上的，免予征收土地增值税；居住满 3 年未满 5 年的，减半征收土地增值税；居住未满 3 年的，按规定计征土地增值税。

(三) 个人转让普通住宅优惠

自 1999 年 8 月 1 日至 2011 年 2 月 21 日，根据《财政部　国家税务总局关于调整房地产市场若干税收政策的通知》[财税字〔1999〕210 号，自 2011 年 2 月 21 日起已被《财政部关于公布废止和失效的财政规章和规范性文件目录(第十一批)的决定》(财政部令第 62 号)废止]第三条“关于土地增值税征免政策问题”的规定，对居民个人拥有的普通住宅，在其转让时暂免征收土地增值税。

(四) 个人互换住房免征优惠

《财政部　国家税务总局关于土地增值税一些具体问题规定的通知》(财税字〔1995〕48 号)第五条“关于个人互换住房的征免税问题”规定，对个人之间互换自有居住用房地产的，可以免征土地增值税。

对于单位之间的互换房地产应按规定征收土地增值税。《安徽省地方税务局关于明确房产税等有关税收政策问题的通知》(皖地税〔1999〕345 号)第四条“关于单位之间互换房地产未取得货币收入是否征收土地增值税问题”也已明确规定，单位之间互换房地产发生权属变更的，虽然未取得货币收入，但转让双方仍应按规定分别作价计征土地增值税。

四、转让旧房作为保障房、公共租赁住房增值率未超过 20%的优惠

(一) 转让旧房作为改造安置住房房源且增值率未超过 20%的免征

《财政部　国家税务总局关于棚户区改造有关税收政策的通知》(财税〔2013〕101 号)第二条规定，企事业单位、社会团体以及其他组织转让旧房作为改造安置住房房源且增值额未超过扣除项目金额 20%的，免征土地增值税。

(二) 转让旧房作为公共租赁住房房源且增值率未超过 20%的免征

自 2019 年 1 月 1 日至 2020 年 12 月 31 日，根据《财政部　国家税务总局关

于公共租赁住房税收优惠政策的公告》(财政部　国家税务总局公告2019年第61号)第四条的规定,对企事业单位、社会团体以及其他组织转让旧房作为公租房房源,且增值额未超过扣除项目金额20%的,免征土地增值税。

《财政部　国家税务总局关于公共租赁住房税收优惠政策的通知》(财税〔2015〕139号,自2016年1月1日至2018年12月31日执行,)第四条规定,对企事业单位、社会团体以及其他组织转让旧房作为公共租赁住房房源,且增值额未超过扣除项目金额20%的,免征土地增值税。

自2013年9月28日至2015年12月31日,根据《财政部　国家税务总局关于促进公共租赁住房发展有关税收优惠政策的通知》(财税〔2014〕52号,【已废止】)第四条的规定,对企事业单位、社会团体以及其他组织转让旧房作为公共租赁住房房源,且增值额未超过扣除项目金额20%的,免征土地增值税。

【例4-1】 下列关于土地增值税优惠政策的说法中,正确的是(　　)。

A. 建造普通住宅出售增值额超过扣除项目金额20%的,应就其超过部分的增值额征税

B. 企事业单位转让旧房作为公共租赁住房房源的,免征土地增值税

C. 居民个人转让住房需要缴纳土地增值税

D. 因国家建设需要而被政府征收的房产免征土地增值税

【解析】 《土地增值税暂行条例》第八条第(一)项规定,纳税人建造普通标准住宅出售,增值额未超过扣除项目金额20%的,免征土地增值税。对建造普通住宅出售增值额超过扣除项目金额20%的,应就其全部增值额按照规定征收土地增值税,而不是就其超过部分的增值额征税。因而,选项A错误。

《财政部　国家税务总局关于促进公共租赁住房发展有关税收优惠政策的通知》(财税〔2014〕52号,【已废止】)第四条规定,对企事业单位、社会团体以及其他组织转让旧房作为公共租赁住房房源,且增值额未超过扣除项目金额20%的,免征土地增值税,对增值额超过扣除项目金额20%的,不免征土地增值税。因而,选项B错误。

根据《财政部　国家税务总局关于调整房地产交易环节税收政策的通知》(财税〔2008〕137号)第三条的规定,自2008年11月1日起,对个人销售住房暂免征收土地增值税。因而,选项C错误。

《土地增值税暂行条例》第八条第(二)项规定,因国家建设需要依法征收、收回的房地产的,免征土地增值税。因而,选项D正确。

五、合作建房自用的免征土地增值税优惠

《财政部 国家税务总局关于土地增值税一些具体问题规定的通知》(财税字〔1995〕48号)第二条"关于合作建房的免征税问题"规定,对于一方出地,一方出资金,双方合作建房,建成后按比例分房自用的,暂免征收土地增值税;建成后转让的,应征收土地增值税。

六、受灾居民安居房转让免征土地增值税

《财政部 海关总署 国家税务总局关于支持芦山地震灾后恢复重建有关税收政策问题的通知》(财税〔2013〕58号)第三条第(一)项规定,对政府为芦山地震受灾居民组织建设的安居房建设用地,免征城镇土地使用税,转让时免征土地增值税。

《财政部 海关总署 国家税务总局关于支持鲁甸地震灾后恢复重建有关税收政策问题的通知》(财税〔2015〕27号)第三条第(一)项规定,对政府为鲁甸地震受灾居民组织建设的安居房建设用地,免征城镇土地使用税,转让时免征土地增值税。

上述所称安居房,按照国务院有关部门确定的标准执行。

七、亚运会组委会赛后出让资产免征土地增值税

《财政部 海关总署 国家税务总局关于第16届亚洲运动会等三项国际综合运动会税收政策的通知》(财税〔2009〕94号)第一条第(六)项规定,对组委会赛后出让资产取得的收入,免征应缴纳的营业税和土地增值税。

八、被撤销金融机构清偿债务免征土地增值税

《财政部 国家税务总局关于被撤销金融机构有关税收政策问题的通知》(财税〔2003〕141号)第二条第(四)项规定,对被撤销金融机构财产用来清偿债务时,免征被撤销金融机构转让货物、不动产、无形资产、有价证券、票据等应缴纳的增值税、营业税、城市维护建设税、教育费附加和土地增值税。

九、金融资产管理公司土地增值税优惠

《财政部 国家税务总局关于中国信达等4家金融资产管理公司税收政策问

题的通知》(财税〔2001〕10 号)规定,对资产公司转让房地产取得的收入,免征土地增值税。

《财政部　国家税务总局关于中国东方资产管理公司处置港澳国际(集团)有限公司有关资产税收政策问题的通知》(财税〔2003〕212 号,以下简称财税〔2003〕212 号文件)第二条第(四)项规定,对东方资产管理公司接收港澳国际(集团)有限公司的资产,包括货物、不动产、有价证券等,免征东方资产管理公司销售转让该货物、不动产、有价证券等资产以及利用该货物、不动产从事融资租赁业务应缴纳的增值税、营业税、城市维护建设税、教育费附加和土地增值税。

根据财税〔2003〕212 号文件第三条第(四)项的规定,对港澳国际(集团)内地公司的资产,包括货物、不动产、有价证券、股权、债权等,在清理和被处置时,免征港澳国际(集团)内地公司销售转让该货物、不动产、有价证券、股权、债权等资产应缴纳的增值税、营业税、城市维护建设税、教育费附加和土地增值税。

根据财税〔2003〕212 号文件第四条第(四)项的规定,对港澳国际(集团)香港公司在中国境内的资产,包括货物、不动产、有价证券、股权、债权等,在清理和被处置时,免征港澳国际(集团)香港公司销售转让该货物、不动产、有价证券、股权、债权等资产应缴纳的增值税、营业税、预提所得税和土地增值税。

根据《财政部　国家税务总局关于中国信达资产管理股份有限公司等 4 家金融资产管理公司有关税收政策问题的通知》(财税〔2013〕56 号)第一条的规定,中国信达资产管理股份有限公司、中国华融资产管理股份有限公司及其分支机构处置剩余政策性剥离不良资产比照执行《财政部　国家税务总局关于中国信达等 4 家金融资产管理公司税收政策问题的通知》(财税〔2001〕10 号)、《财政部　国家税务总局关于 4 家资产管理公司接收资本金项下的资产在办理过户时有关税收政策问题的通知》(财税〔2003〕21 号)、《国家税务总局关于中国信达等四家金融资产管理公司受让或出让上市公司股权免征证券(股票)交易印花税有关问题的通知》(国税发〔2002〕94 号)规定的税收优惠政策。中国长城资产管理公司和中国东方资产管理公司如经国务院批准改制后,继承其权利、义务的主体及其分支机构处置剩余政策性剥离不良资产比照执行前款所列规范性文件规定的税收优惠政策。

十、1994 年以前签订开发及转让合同的房地产优惠

(一) 1994 年以前签订开发及转让合同的土地增值税优惠

土地增值税暂行条例自 1994 年 1 月 1 日起执行,因而 1994 年 1 月 1 日以前

签订开发及转让合同的房地产的土地增值税优惠按《财政部关于对 1994 年 1 月 1 日前签订开发及转让合同的房地产征免土地增值税的通知》(财法字〔1995〕7 号,【已废止】)执行。

《财政部关于对 1994 年 1 月 1 日前签订开发及转让合同的房地产征免土地增值税的通知》(财法字〔1995〕7 号,【已废止】)规定:

(1) 1994 年 1 月 1 日以前已签订的房地产转让合同,不论其房地产在何时转让,均免征土地增值税。

(2) 1994 年 1 月 1 日以前已签订房地产开发合同或已立项,并已按规定投入资金进行开发,其在 1994 年 1 月 1 日以后五年内首次转让房地产的,免征土地增值税。签订合同日期以有偿受让土地合同签订之日为准。

对于个别由政府审批同意进行成片开发、周期较长的房地产项目,其房地产在上述规定五年免税期以后首次转让的,经所在地财政、税务部门审核,并报财政部、国家税务总局核准,可以适当延长免税期限。

(3) 在上述免税期限内再次转让房地产以及不符合上述规定的房地产转让,如超出合同范围的房地产或变更合同的,均应按规定征收土地增值税。

(二) 适用范围问题

《财政部 国家税务总局关于土地增值税一些具体问题规定的通知》(财税字〔1995〕48 号)第十七条规定,《财政部 国家税务总局关于对 1994 年 1 月 1 日前签订开发及转让合同的房地产征免土地增值税的通知》(财法字〔1995〕7 号)适用范围,仅限于房地产开发企业转让新建房地产,非房地产开发企业或房地产开发企业转让存量房地产的,不适用此规定。

《江苏省财政厅 江苏省国家税务局 江苏省地方税务局转发〈财政部 国家税务总局关于土地增值税一些具体问题规定的通知〉的通知》(苏地税发〔1995〕143 号)第二条规定,《财政部 国家税务总局关于土地增值税一些具体问题规定的通知》(财税字〔1995〕48 号)第十七条规定的"存量房",是指建成后尚未出售的房产,已经建成并投入使用的房产不属于存量房。

十一、对北京 2022 年冬奥组委赛后出让资产免征土地增值税

《财政部 国家税务总局 海关总署关于北京 2022 年冬奥会和冬残奥会税收政策的通知》(财税〔2017〕60 号)的规定,对北京 2022 年冬奥组委再销售所获捐赠物品和赛后出让资产取得收入,免征应缴纳的增值税、消费税和土地增

值税。

十二、对武汉军运会执行委员会赛后出让资产免征土地增值税

为支持举办 2019 年武汉第七届世界军人运动会(以下简称武汉军运会),根据《财政部　税务总局　海关总署关于第七届世界军人运动会税收政策的通知》(财税〔2018〕119 号)第一条第(五)项的规定,对武汉军运会执行委员会(简称执委会)赛后出让资产取得的收入,免征应缴纳的增值税、土地增值税。

十三、支持重组改制优惠

《财政部　国家税务总局关于中国邮政储蓄银行改制上市有关税收政策的通知》(财税〔2013〕53 号)第四条规定,对中国邮政集团公司与原中国邮政储蓄银行有限责任公司之间划转、变更土地、房屋等资产权属交易涉及的土地增值税予以免征[《财政部　国家税务总局关于土地增值税若干问题的通知》(财税〔2006〕21 号)第五条规定不予免征的情形除外]。

《财政部　国家税务总局关于中国邮政集团公司邮政速递物流业务重组改制有关税收问题的通知》(财税〔2011〕116 号)第二条规定,对因中国邮政集团公司邮政速递物流业务重组改制,中国邮政集团公司向中国邮政速递物流股份有限公司、各省邮政公司向各省邮政速递物流有限公司转移房地产产权应缴纳的土地增值税,予以免征。

第二节　税收优惠管理

一、减免税备案

符合土地增值税免税规定的单位和个人,须向房地产所在地税务机关提出免税申请,经税务机关备案后,免予征收土地增值税。

二、优惠管理措施

《江苏省地方税务局关于加强土地增值税征管工作的通知》(苏地税发〔2011〕53 号,自 2011 年 7 月 1 日起执行)第四条“加强税收优惠政策管理”规定,符合《中华人民共和国土地增值税暂行条例》第八条、《财政部　国家税务总局关

于廉租住房经济适用住房和住房租赁有关税收政策的通知》(财税〔2008〕24 号)第一条第(三)项、《财政部　国家税务总局关于城市和国有工矿棚户区改造项目有关税收优惠政策的通知》(财税〔2010〕42 号)第二条、《财政部　国家税务总局关于支持公共租赁住房建设和运营有关税收优惠政策的通知》(财税〔2010〕88 号)第四条规定免征土地增值税情形的,主管税务机关应进行核查,并形成核查报告,报省辖市地方税务局备案。

第五章　土地增值税预征与清算

征税的艺术，是尽可能多地拔取鹅毛，而让鹅的叫声最小。

——柯贝尔

2013年年底中央电视台连续三次报道开发商拖欠巨额土地增值税，言辞中夹杂着对国家税务总局征管不力的指责。一石激起千层浪，引发了人们对土地增值税的大讨论。在媒体的监督下，自2014年起，全国税务系统加大了土地增值税的征管力度。但由于土地增值税立法的先天不足，实务中土地增值税的清算争议最大、矛盾最为突出。

第一节　土地增值税的预征

一、预征土地增值税的依据及适用

《土地增值税暂行条例实施细则》第十六条规定，纳税人在项目全部竣工结算前转让房地产取得的收入，由于涉及成本确定或其他原因，而无法据以计算土地增值税的，可以预征土地增值税，待该项目全部竣工、办理结算后再进行清算，多退少补。具体办法由各省、自治区、直辖市地方税务局根据当地情况制定。

二、预售房地产收入的申报纳税

《财政部　国家税务总局关于土地增值税一些具体问题规定的通知》(财税字〔1995〕48号)第十四条“关于预售房地产所取得的收入是否申报纳税的问题”规定，根据《土地增值税暂行条例实施细则》的规定，对纳税人在项目全部竣工结算前转让房地产取得的收入可以预征土地增值税。具体办法由各省、自治区、直辖市地方税务局根据当地情况制定。因此，对纳税人预售房地产所取得的收入，当地税务机关规定预征土地增值税的，纳税人应当到主管税务机关办理纳税申报，并按规定比例预交，待办理决算后，多退少补。

三、土地增值税预征的计征依据

为方便纳税人，简化土地增值税预征税款计算，房地产开发企业采取预收款方式销售自行开发的房地产项目的，可按照以下方法计算土地增值税预征计征依据：

土地增值税预征的计征依据＝预收款－应预缴增值税税款

四、销售未完工开发产品预增增值税

根据《房地产开发企业销售自行开发的房地产项目增值税征收管理暂行办法》(国家税务总局公告2016年第18号印发)的规定，一般纳税人采取预收款方式销售自行开发的房地产项目，应在收到预收款时按照3％的预征率预缴增值税。

应预缴税款按照以下公式计算：

应预缴税款＝预收款÷(1＋适用税率或征收率)×3％

一般纳税人应在取得预收款的次月纳税申报期向主管税务机关预缴税款。

房地产开发企业中的小规模纳税人(以下简称小规模纳税人)采取预收款方式销售自行开发的房地产项目，应在收到预收款时按照3％的预征率预缴增值税。

应预缴税款按照以下公式计算：

应预缴税款＝预收款÷(1＋5％)×3％

小规模纳税人应在取得预收款的次月纳税申报期或主管税务机关核定的纳税期限向主管税务机关预缴税款。

五、销售未完工开发产品按预计毛利额计缴企业所得税

根据《房地产开发经营业务企业所得税处理办法》[国税发〔2009〕31号印发，依据国家税务总局关于修改部分税收规范性文件的公告(国家税务总局公告2018年第31号)修订]第九条的规定，企业销售未完工开发产品取得的收入，应先按预计计税毛利率分季(或月)计算出预计毛利额，计入当期应纳税所得额。

开发产品完工后，企业应及时结算其计税成本并计算此前销售收入的实际毛利额，同时将其实际毛利额与其对应的预计毛利额之间的差额，计入当年度企业本项目与其他项目合并计算的应纳税所得额。

《房地产开发经营业务企业所得税处理办法》[国税发〔2009〕31 号印发，依据国家税务总局关于修改部分税收规范性文件的公告(国家税务总局公告 2018 年第 31 号)修订]第八条规定，企业销售未完工开发产品的计税毛利率由各省、自治区、直辖市税务局按下列规定进行确定：

(1) 开发项目位于省、自治区、直辖市和计划单列市人民政府所在地城市城区和郊区的，不得低于 15%。

(2) 开发项目位于地及地级市城区及郊区的，不得低于 10%。

(3) 开发项目位于其他地区的，不得低于 5%。

(4) 属于经济适用房、限价房和危改房的，不得低于 3%。

【例 5-1】 A 省某市甲房地产开发公司，2017 年 2 月开工的 A 住宅小区项目，2017 年 10 月开始预售，当年第四季度收到的预售购房款 10 500 万元，公司选择简易计税方法缴纳增值税。

2018 年 10 月，该项目办理完工备案手续，当年会计将上年收取的预售购房款 10 500 万元全部结转为销售开发产品收入。

已知当地税务机关规定的土地增值税预征率为 2%，销售未完工产品预计毛利率为 15%。

要求：进行相关的财税处理，并填报企业所得税年度纳税申报表。

【解析】

2017 年收到预售购房款时账务处理如下(见表 5-1、表 5-2)：

借：银行存款　　105 000 000

　　贷：预收账款　　105 000 000

确认应预缴的增值税：

$$10\,500\div(1+5\%)\times 3\%=300(\text{万元})$$

借：应交税费——预交增值税　　3 000 000

　　贷：银行存款　　3 000 000

预交土地增值税＝(10 500－300)×2%＝204(万元)

应交城市维护建设税＝300×7%＝21(万元)

应交教育费附加＝300×3%＝9(万元)

应交地方教育附加＝300×2%＝6(万元)

借：应交税费——应交城市维护建设税　　210 000
　　　　——应交教育费附加　　90 000
　　　　——应交地方教育费附加　　60 000
　　　　——应交土地增值税　　2 040 000
　贷：银行存款　　2 400 000

表 5-1　　视同销售和房地产开发企业特定业务纳税调整明细表　　单位：万元

行次	项　　目	税收金额	纳税调整金额
		1	2
1	一、视同销售（营业）收入（2＋3＋4＋5＋6＋7＋8＋9＋10）		
…	…		
11	二、视同销售（营业）成本（12＋13＋…＋20）		
…	…		
21	三、房地产开发企业特定业务计算的纳税调整额（22－26）	1 260	1 260
22	（一）房地产企业销售未完工开发产品特定业务计算的纳税调整额（24－25）	1 260	1 260
23	1. 销售未完工产品的收入	10 000	*
24	2. 销售未完工产品预计毛利额	1 500	1 500
25	3. 实际发生的税金及附加、土地增值税	240	240
26	（二）房地产企业销售的未完工产品转完工产品特定业务计算的纳税调整额（28－29）	0	0
27	1. 销售未完工产品转完工产品确认的销售收入	0	*
28	2. 转回的销售未完工产品预计毛利额	0	0
29	3. 转回实际发生的税金及附加、土地增值税	0	0

表 5-2　　纳税调整项目明细表（简表）　　单位：万元

行次	项　　目	账载金额	税收金额	调增金额	调减金额
		1	2	3	4
1	一、收入类调整项目	*	*		
…	…				
12	二、扣除类调整项目	*	*		*
…	…				
31	三、资产类调整项目	*	*		
…	…				
36	四、特殊事项调整项目	*	*	1 260	

（续表）

行次	项　　目	账载金额	税收金额	调增金额	调减金额
		1	2	3	4
37	（一）企业重组（填写A105100）				
38	（二）政策性搬迁（填写A105110）	*	*		
39	（三）特殊行业准备金（填写A105120）				
40	（四）房地产开发企业特定业务计算的纳税调整额（填写A105010）	*	1 260	1 260	
41	（五）有限合伙企业法人合伙方应分得的应纳税所得额				
42	（六）其他	*	*		
43	五、特别纳税调整应税所得	*	*		
44	六、其他	*	*		
45	合计	*	*	1 260	

2018年预收购房款结转收入时账务处理如下（见表5-3、表5-4）：

借：预收账款　　105 000 000

　贷：主营业务收入　　100 000 000

　　应交税费——简易计税　　5 000 000

借：税金及附加　　600 000

　贷：应交税费——应交城市维护建设税　　350 000

　　——应交教育费附加　　150 000

　　——应交地方教育费附加　　100 000

借：应交税费——应交城市维护建设税　　140 000

　——应交教育费附加　　60 000

　——应交地方教育费附加　　40 000

　贷：银行存款　　240 000

表5-3　　视同销售和房地产开发企业特定业务纳税调整明细表　　单位：万元

行次	项　　目	税收金额	纳税调整金额
		1	2
1	一、视同销售（营业）收入（2＋3＋4＋5＋6＋7＋8＋9＋10）		
…	…		
11	二、视同销售（营业）成本（12＋13＋14＋15＋16＋17＋18＋19＋20）		
…	…		

（续表）

行次	项目	税收金额	纳税调整金额
		1	2
21	三、房地产开发企业特定业务计算的纳税调整额(22—26)	—1 260	—1 260
22	(一) 房地产企业销售未完工开发产品特定业务计算的纳税调整额(24—25)	0	0
23	1. 销售未完工产品的收入	0	*
24	2. 销售未完工产品预计毛利额	0	0
25	3. 实际发生的税金及附加、土地增值税	0	0
26	(二) 房地产企业销售的未完工产品转完工产品特定业务计算的纳税调整额(28—29)	1 260	1 260
27	1. 销售未完工产品转完工产品确认的销售收入	10 000	*
28	2. 转回的销售未完工产品预计毛利额	1 500	1 500
29	3. 转回实际发生的税金及附加、土地增值税	240	240

表 5-4　　纳税调整项目明细表(简表)　　单位：万元

行次	项目	账载金额	税收金额	调增金额	调减金额
		1	2	3	4
1	一、收入类调整项目	*	*		
…	…				
12	二、扣除类调整项目	*	*		
…	…				
31	三、资产类调整项目	*	*		
…	…				
36	四、特殊事项调整项目	*	*		1 260
37	(一) 企业重组(填写 A105100)				
38	(二) 政策性搬迁(填写 A105110)	*	*		
39	(三) 特殊行业准备金(填写 A105120)				
40	(四) 房地产开发企业特定业务计算的纳税调整额(填写 A105010)	*	—1 260		1 260
41	(五) 有限合伙企业法人合伙方应分得的应纳税所得额				
42	(六) 其他	*	*		
43	五、特别纳税调整应税所得	*	*		
44	六、其他	*	*		
45	合计	*	*		1 260

六、未按预征规定期限预缴税款加收滞纳金

（一）未按预征规定期限预缴税款加收滞纳金

《财政部　国家税务总局关于土地增值税若干问题的通知》（财税〔2006〕21号）第三条“关于土地增值税的预征和清算问题”规定，各地要进一步完善土地增值税预征办法，根据本地区房地产业增值水平和市场发展情况，区别普通住房、非普通住房和商用房等不同类型，科学合理地确定预征率，并适时调整。工程项目竣工结算后，应及时进行清算，多退少补。

对未按预征规定期限预缴税款的，应根据《税收征收管理法》及其实施细则的有关规定，从限定的缴纳税款期限届满的次日起，加收滞纳金。

（二）清算后应补缴的土地增值税加收滞纳金问题

《国家税务总局关于土地增值税清算有关问题的通知》（国税函〔2010〕220号）第八条“土地增值税清算后应补缴的土地增值税加收滞纳金问题”规定，纳税人按规定预缴土地增值税后，清算补缴的土地增值税，在主管税务机关规定的期限内补缴的，不加收滞纳金。逾期缴纳清算应补税款的，应按《税收征收管理法》的相关规定加收滞纳金。

七、土地增值税项目登记表及其填报

《国家税务总局关于印发〈土地增值税纳税申报表〉的通知》（国税发〔1995〕90号）第二条规定，从事房地产开发的纳税人，应在取得土地使用权并获得房地产开发项目开工许可后，根据税务机关确定的时间，向主管税务机关报送《土地增值税项目登记表》，并在每次转让（预售）房地产时，依次填报表中规定栏目的内容。

《江苏省国家税务局　江苏省地方税务局转发〈国家税务总局关于印发《土地增值税纳税申报表》的通知〉的通知》（苏地税发〔1995〕132号）第一条“纳税项目登记”规定，从事房地产开发与建设的纳税人应在取得土地使用权并获得房地产开发项目开工许可后30日内，向主管税务机关填报《土地增值税项目登记表》。房地产开发项目以房地产成本核算的最基本核算项目或核算对象登记，成本核算单位一经确定，在土地增值税未清算之前，不得变动。

《土地增值税项目登记表（从事房地产开发的纳税人适用）》适用于从事房地产开发与建设的纳税人，在立项后及每次转让时填报。凡从事新建房及配套设施开发的纳税人，均应在规定的期限内，据实向主管税务机关填报本表所列内

容，如表 5-5 所示。

表中栏目的内容如果没有，可以空置不填。纳税人在填报土地增值税项目登记表时，应同时向主管税务机关提交土地使用权受让合同、房地产转让合同等有关资料。

表 5-5　　　　土地增值税项目登记表

（从事房地产开发的纳税人适用）

纳税人识别号：　　　　纳税人名称：　　　　填表日期：　年　月　日

金额单位：元至角分　　　　面积单位：平方米

<table>
<tr><td>项目名称</td><td></td><td>项目地址</td><td></td><td>业　别</td><td></td></tr>
<tr><td>经济性质</td><td></td><td>主管部门</td><td colspan="3"></td></tr>
<tr><td>开户银行</td><td></td><td>银行账号</td><td></td><td></td><td></td></tr>
<tr><td>地　址</td><td></td><td>邮政编码</td><td></td><td>电　话</td><td></td></tr>
<tr><td colspan="3">土地使用权受让（行政划拨）合同号</td><td colspan="3">受让（行政划拨）时间</td></tr>
<tr><td colspan="3"></td><td colspan="3"></td></tr>
<tr><td colspan="3"></td><td colspan="3"></td></tr>
<tr><td>建设项目
起讫时间</td><td></td><td>总预算成本</td><td></td><td>单位预算成本</td><td></td></tr>
<tr><td>项目详细
坐落地点</td><td colspan="5"></td></tr>
<tr><td>开发土地总面积</td><td></td><td>开发建筑总面积</td><td></td><td>房地产转让
合同名称</td><td></td></tr>
<tr><td>转让次序</td><td>转让土地面积
（按次填写）</td><td colspan="2">转让建筑面积
（按次填写）</td><td colspan="2">转让合同签订日期
（按次填写）</td></tr>
<tr><td>第 1 次</td><td></td><td colspan="2"></td><td colspan="2"></td></tr>
<tr><td>第 2 次</td><td></td><td colspan="2"></td><td colspan="2"></td></tr>
<tr><td>……</td><td></td><td colspan="2"></td><td colspan="2"></td></tr>
<tr><td>备注</td><td colspan="5"></td></tr>
</table>

以下由纳税人填写：

<table>
<tr><td>纳税人声明</td><td colspan="5">此纳税申报表是根据《中华人民共和国土地增值税暂行条例》及其实施细则和国家有关税收规定填报的，是真实的、可靠的、完整的。</td></tr>
<tr><td>纳税人签章</td><td></td><td>代理人签章</td><td></td><td>代理人
身份证号</td><td></td></tr>
</table>

以下由税务机关填写：

<table>
<tr><td>受理人</td><td></td><td>受理日期</td><td>年　月　日</td><td>受理税务
机关签章</td><td></td></tr>
</table>

本表一式三份，送主管税务机关审核盖章后，两份由税务机关留存，一份退纳税人。

八、房地产开发企业预缴税款的申报

（一）预征土地增值税的申报

《土地增值税纳税申报表(一)(从事房地产开发的纳税人预征适用)》适用于从事房地产开发并转让的土地增值税纳税人，在每次转让时填报，也可按月或按各省、自治区、直辖市和计划单列市税务局规定的期限汇总填报。

凡从事新建房及配套设施开发的纳税人，均应在规定的期限内，据实向主管税务机关填报本表所列内容。

本表栏目的内容如果没有，可以空置不填。

纳税人在填报土地增值税预征申报表时，应同时向主管税务机关提交《土地增值税项目登记表》等有关资料。如表 5-6 所示。

表 5-6　　土地增值税纳税申报表(一)

（从事房地产开发的纳税人预征适用）

税款所属时间：　年　月　日至　年　月　日　　填表日期：　年　月　日

项目名称：　　项目编号：　　金额单位：元至角分　　面积单位：平方米

纳税人识别号□□□□□□□□□□□□□□□□□□□□

房产类型	房产类型子目	收入				预征率（%）	应纳税额	税款缴纳	
		应税收入	货币收入	实物收入及其他收入	视同销售收入			本期已缴税额	本期应缴税额计算
	1	2=3+4+5	3	4	5	6	7=2×6	8	9=7−8
普通住宅									
非普通住宅									
其他类型房地产									
合　计	—					—			

以下由纳税人填写：

纳税人声明	此纳税申报表是根据《中华人民共和国土地增值税暂行条例》及其实施细则和国家有关税收规定填报的，是真实的、可靠的、完整的。				
纳税人签章		代理人签章		代理人身份证号	

以下由税务机关填写：

受理人		受理日期	年 月 日	受理税务机关签章	

本表一式两份，一份纳税人留存，一份税务机关留存。

填表说明：

1. 项目编号是在进行房地产项目登记时，税务机关按照一定的规则赋予的编号，此编号会跟随项目的预征清算全过程。

2. 表第1列“房产类型子目”是主管税务机关规定的预征率类型，每一个子目唯一对应一个房产类型。

3. 表第3栏“货币收入”，按纳税人转让房地产开发项目所取得的货币形态的收入额（不含增值税）填写。

4. 表第4栏“实物收入及其他收入”，按纳税人转让房地产开发项目所取得的实物形态的收入和无形资产等其他形式的收入额（不含增值税）填写。

5. 表第5栏“视同销售收入”，纳税人将开发产品用于职工福利、奖励、对外投资、分配给股东或投资人、抵偿债务、换取其他单位和个人的非货币性资产等，发生所有权转移时应视同销售房地产，其收入不含增值税。

6. 本表一式两份，送主管税务机关审核盖章后，一份由税务机关留存，一份退纳税人。

（二）预缴申报期限

根据《国家税务总局福建省税务局关于土地增值税若干政策问题的公告》（国家税务总局福建省税务局公告2018年第21号）第一条“关于土地增值税预缴申报期限问题”的规定，房地产开发企业在办理土地增值税清算纳税申报前，对取得的房地产销售（预售）收入，实行按月预缴申报，并自月份终了之日起15日内申报预缴税款。

第二节　清算单位与清算条件

一、土地增值税的清算单位

土地增值税清算是纳税人应尽的法定义务。组织土地增值税清算工作是实现土地增值税调控功能的关键环节。

（一）土地增值税清算单位

1. 计算单位的确定原则

《土地增值税暂行条例实施细则》第八条规定，土地增值税以纳税人房地产成本核算的最基本的核算项目或核算对象为单位计算。

2. 土地增值税清算单位的确定方法

根据《国家税务总局关于房地产开发企业土地增值税清算管理有关问题的通知》(国税发〔2006〕187 号)第一条的规定,土地增值税以国家有关部门审批的房地产开发项目为单位进行清算,对于分期开发的项目,以分期项目为单位清算。开发项目中同时包含普通住宅和非普通住宅的,应分别计算增值额。

(二) 开发产品的分类

《土地增值税清算管理规程》(国税发〔2009〕91 号)规定:"清算审核时,应审核房地产开发项目是否以国家有关部门审批、备案的项目为单位进行清算;对于分期开发的项目,是否以分期项目为单位清算;对不同类型房地产是否分别计算增值额、增值率,缴纳土地增值税"。根据上述规定,同一清算单位存在不同类型的房地产时,应分别计算增值额。

实务中,同一清算单位内划分成几种成本对象,对土地增值税的计算影响巨大。例如,某楼盘清算单位内有普通标准住宅,其增值额是负 2 亿元;豪华别墅,其增值额是+1 亿元;商铺,其增值额是+1 亿元。如果将该清算单位内的开发产品划分为三种成本对象,则计算土地增值税的增值额为+2 亿元;如果将该清算单位内的开发产品划分为普通标准住宅和非普通标准住宅两个成本对象,则计算土地增值税的增值额为+2 亿元;如果将该清算单位内的开发产品划分为住宅和非住宅两个成本对象,则其土地增值税计算时的增值额为+1 亿元。

在 2016 年 7 月 7 日《国家税务总局关于修订土地增值税纳税申报表的通知》(税总函〔2016〕309 号)公布以前,对该开发产品成本对象划分问题国家税务总局没有明确的规定,各个省份的划分种类缺乏统一性。有的地方分为两类,如辽宁[《辽宁省地方税务局关于印发〈辽宁省房地产开发企业土地增值税清算管理办法〉的通知》(辽地税发〔2007〕102 号)]、宁夏[《宁夏回族自治区地方税务局关于印发〈宁夏回族自治区房地产开发企业土地增值税清算管理办法〉的通知》(宁地税发〔2007〕46 号)]、浙江[《浙江省地方税务局关于土地增值税若干政策问题的解答》]、西安[《关于明确土地增值税若干政策问题的通知》(西地税发〔2010〕235 号)]、安徽[《安徽省地方税务局关于土地增值税有关问题的批复》(皖地税函〔2012〕583 号)]、江西[《江西省地方税务局关于土地增值税清算若干问题的通知》(赣地税发〔2008〕76 号)]等;有的地方则划分为三类,如江苏[《江苏省地方税务局关于土地增值税有关业务问题的公告》(苏地税规〔2012〕1 号,关于土地增值税核算对象划分条的条款已被苏地税规〔2015〕8号废止)〕、重庆[《重庆市地方税务局转发〈财政部 国家税务总局关于土地增值税若干问题的通知〉的通知》(渝地税发〔2006〕143号)〕、河南[《河南省地方税务局关于调整土地增值税核定征收率有关问题的公告》(河南省地税局公告〔2011〕第10号)〕、广西[《广西壮族自治区地方税务局关于土地增值税清算工作若干问题的通知》(桂地税发〔2008〕96号)〕、福建[《福建省地方税务局关于印发〈福建省房地产开发企业土地增值税征收管理办法(试行)〉的通知》(闽地税发〔2005〕195号)〕、湖北[《湖北省地方税务局关于房地产开发企业土地增值税清算工作若干政策问题的通知》(鄂地税发〔2008〕211号)〕,自2018年6月15日起被《国家税务总局湖北省税务局关于公布现行有效和全文失效废止税收规范性文件目录的公告》(国家税务总局湖北省税务局公告2018年第5号)废止〕等;而宁波[《宁波市地方税务局关于宁波市土地增值税清算若干政策问题的补充通知》(甬地税二〔2010〕106号)〕则划分为四类。

在2016年7月7日《国家税务总局关于修订土地增值税纳税申报表的通知》(税总函〔2016〕309号)公布之后,开发产品统一划分为:普通住宅、非普通住宅和其他类型房地产三类。

(三)清算单位确定的争议

由于房地产开发企业开发周期长、销售房屋频繁,每次转让房屋均进行土地增值税纳税申报不具有可操作性,所以,财政部制定的《土地增值税暂行条例实施细则》第十六条开创了"预征+清算"制度。即"纳税人在项目全部竣工结算前转让房地产取得的收入,由于涉及成本确定或其他原因,而无法据以计算土地增值税的,可以预征土地增值税,待项目全部竣工、办理结算后再进行清算,多退少补。"由此可见,房地产开发企业土地增值税清算应该针对的是房地产开发项目。

《国家税务总局关于房地产开发企业土地增值税清算管理有关问题的通知》(国税发〔2006〕187号)规定:"土地增值税以国家有关部门审批的房地产开发项目为单位进行清算,对于分期开发的项目,以分期项目为单位清算。"由于财政部、国家税务总局尚未发文明确何为"分期开发的项目",因此在实务中引发了众多争议。在各省的土地增值税清算中,有的地方以"工程规划许可证"作为分期的标准,例如,辽宁[《辽宁省地方税务局关于明确土地增值税清算有关问题的通知》(辽地税函〔2012〕92号)〕、安徽[《安徽省地方税务局关于土地增值税有关问题的批复》(皖地税函〔2012〕583号),自2017年10月9日起被《关于发布〈安徽省土地增值税清算管理办法〉的公告》(安徽省地方税务局公告 2017 年第 6 号)废止]、宁波[《宁波市地方税务局关于进一步加强房地产开发项目土地增值税清算工作的通知》(甬地税二〔2009〕104 号)]、重庆[《重庆市地方税务局转发国家税务总局关于印发〈土地增值税清算管理规程〉的通知的通知》(渝地税发〔2010〕168 号,【已废止】)]、厦门[《厦门市地方税务局关于印发〈厦门市房地产开发企业土地增值税清算管理办法〉的通知》(厦地税发〔2010〕16 号),自 2015 年 5 月 1 日起被《厦门市地方税务局〈关于发布厦门市土地增值税清算管理办法〉的公告》(厦门市地方税务局公告 2015 年第 3 号)废止]、湖北[《湖北省地方税务局关于进一步规范土地增值税征管工作的若干意见》(鄂地税发〔2013〕44 号),自 2018 年 6 月 15 日起被《国家税务总局湖北省税务局关于公布现行有效和全文失效废止税收规范性文件目录的公告》(国家税务总局湖北省税务局公告 2018 年第 5 号)废止]、海南[《海南省地方税务局关于土地增值税清算有关问题的通知》(琼地税发〔2009〕187 号)];有的以"销售许可证"作为分期的标准,例如,深圳[《深圳市地方税务局关于土地增值税有关问题的通知》(深地税发〔2005〕609 号)];有的以税务局审核后的企业会计核算对象作为分期的标准,例如大连[《大连市地方税务局关于进一步加强土地增值税清算工作的通知》(大地税函〔2008〕188 号)];还有的并未发文明确。清算单位的不确定使得征纳风险增大。

(四)既建普通住宅又搞其他类型房地产开发的处理

《财政部 国家税务总局关于土地增值税一些具体问题规定的通知》(财税字〔1995〕48 号)第十三条"关于既建普通标准住宅又搞其他类型房地产开发的如何计税的问题"规定,对纳税人既建普通标准住宅又搞其他房地产开发的,应分别核算增值额。不分别核算增值额或不能准确核算增值额的,其建造的普通标准住宅不能适用《土地增值税暂行条例》第八条第(一)项(即纳税人建造普通标准住宅出售,增值额未超过扣除项目金额 20%的,免征土地增值税)的免税规定。

(五)普通住宅可否与非普通标准住宅合并计算

根据《土地增值税暂行条例》的规定,普通标准住宅的增值率未超过 20%,可享受免税待遇。在实务中,由于某些房地产开发项目中普通标准住宅是负增值,而非普通标准住宅是正增值,此时企业会提出放弃普通标准住宅的免税待遇,要求将两者合并计算增值额。现天津[《天津市地方税务局关于明确土地增值税清算若干问题的通知》(津地税地〔2011〕24 号)]和安徽[《安徽省地方税务局关于土地增值税有关问题的批复》(皖地税函〔2012〕583 号)]出台文件允许合并计算,而大多数省份不允许合并计算。不同房产类型是否应当强制分开清算是实务中税企争议的焦点之一。

1. 辽宁的具体规定

根据《辽宁省房地产开发企业土地增值税清算管理办法》[辽地税发〔2007〕102 号印发,根据《国家税务总局辽宁省税务局关于发布修改部分税收规范性文件的公告》(国家税务总局辽宁省税务局公告 2018 年第 3 号)修订]第三条的规定,对一个清算项目中既有普通标准住宅又有非普通标准住宅的,应分别核算增值额;未分别核算计算增值额的,按照普通标准住宅和非普通标准住宅的可售面积占清算项目可售面积的比例计算扣除项目金额后,分别按照普通标准住宅和非普通标准住宅的销售收入和计算的扣除项目金额计算增值额。

2. 安徽的具体规定

《安徽省土地增值税清算管理办法》(安徽省地方税务局公告 2017 年第 6 号印发)第五十二条规定,纳税人按照规定办理清算申报时,对同一开发项目或同一分期项目中既建有普通标准住宅又建有非普通标准住宅(其他类型房地产)的,如纳税人在清算报告中就其普通标准住宅申请免征土地增值税,应分别计算增值额、增值率以及应缴的土地增值税;如纳税人在清算报告提出放弃申请免征普通标准住宅土地增值税权利的,应以整个开发项目为对象,统一计算增值额、增值率以及应缴的土地增值税。

纳税人在清算申报时未明确是否就其普通标准住宅申请免征土地增值税的,主管税务机关应告知纳税人相关政策,并将清算报告退还纳税人,待纳税人明确后予以受理。

《安徽省地方税务局关于土地增值税有关问题的通知》(皖地税函〔2007〕311 号)进一步规定:

(1) 纳税人开发项目中同时包含普通住宅和非普通住宅,应依照《国家税务总局关于房地产开发企业土地增值税清算管理有关问题的通知》(国税发〔2006〕187 号)的要求,分别核算增值额。

在分别核算增值额时,可以采取按普通标准住宅可售建筑面积占整个项目可售总建筑面积的比例或其他合理的方法,计算确定扣除金额。

这里其他合理的方法是指按照土地增值税计算的原则和规定以及房地产开发企业实际计算并分摊开发成本、开发费用等扣除项目的方法。

(2) 纳税人开发项目中同时包含普通住宅和非普通住宅,不分别核算增值额或不能准确核算增值额的,依照《财政部 国家税务总局关于土地增值税一些具体问题规定的通知》(财税字〔1995〕第48号)规定,其建造的普通标准住宅不能适用条例第八条第(一)项的免税规定,此时,应以整个开发项目(包含普通住宅和非普通住宅)为基准,计算征收土地增值税。

(3) 纳税人开发项目中同时包含普通住宅和非普通住宅,应在清算申请中明确,是否分别核算增值额,主管税务机关应区分不同情况相应处理。

(六) 清算单位确定的具体方法

根据《土地增值税暂行条例实施细则》第八条和《国家税务总局关于房地产开发企业土地增值税清算管理有关问题的通知》(国税发〔2006〕187号)的规定,江西、江苏、安徽等地税务机关对清算单位的具体确定方法作出了规定。

1. 江西清算单位的具体规定

《国家税务总局江西省税务局关于土地增值税若干征管问题的公告》(国家税务总局江西省税务局公告2018年第16号)第一条"土地增值税清算单位的确定"规定,房地产开发项目的土地增值税清算单位应依据发展和改革委员会审批或核准的项目文件确定。

《国家税务总局江西省税务局关于土地增值税若干征管问题的公告》第二条"土地增值税清算的分类核算要求"规定,对房地产开发项目,应区分普通住宅、非普通住宅、其他类型房地产等三种产品类型分别核算其转让收入、扣除项目、增值额、增值率和土地增值税的应纳税额。

2. 江苏清算单位的具体确定方法

《江苏省地方税务局关于土地增值税若干问题的公告》(苏地税规〔2015〕8号)第一条"关于土地增值税清算单位问题"规定,土地增值税以国家有关部门审批、备案的项目为单位进行清算。对于国家有关部门批准分期开发的项目,以分期项目为单位进行清算。对开发周期较长,纳税人自行分期的开发项目,可将自行分期项目确定为清算单位,并报主管税务机关备案。

同一清算单位中包含普通住宅、非普通住宅、其他类型房产的,应分别计算收入、扣除项目金额、增值额、增值率和应纳税额。

3. 安徽清算单位的具体确定方法

《安徽省土地增值税清算管理办法》(安徽省地方税务局公告2017年第6号印发)规定,房地产开发项目是指经国家有关部门审批、备案的项目。对于分期开发的项目，以分期项目为单位清算。

上述国家有关部门是指发展改革部门，或者履行项目备案职能的经信委、计经委等部门。

上述分期开发的项目，是指规划部门下发的《建设工程规划许可证》中确认的项目。依据《建设工程规划许可证》难以确认分期开发项目的，纳税人应于取得《建设工程规划许可证》之日起30日内向主管税务机关报告，主管税务机关应依据《建设用地规划许可证》《建设工程规划许可证》以及相关《建筑工程施工许可证》《预售许可证》及预售资金回笼等情况，经调查核实、集体审议，综合认定分期开发项目。主管税务机关认定分期开发项目，应当于纳税人报送分期项目最后一个《预售许可证》之日起15日内书面告知纳税人。

房地产开发项目中，符合下列情形的，应当认定为同一分期开发项目：

(1) 取得多个《建设工程规划许可证》，只取得一个《建筑工程施工许可证》的。

(2) 取得多个《建设工程规划许可证》，且由若干个《建筑工程施工许可证》确定组织施工，经主管税务机关调查核实该多个《建设工程规划许可证》所确定的项目未利用本分期项目回笼资金开工建造的。

纳税人分期开发项目确认后，因有关事项发生变化，确需变更分期开发项目的，应于有关事项发生变化之日起15日内向主管税务机关报告，并报送有关证明材料，主管税务机关应于接到报告之日起15日内调查核实，并通过集体审议的方式确认是否变更分期开发项目。

主管税务机关应对纳税人分期开发项目实施跟踪管理，发现纳税人未按照确定的分期开发项目开发的，或发现确因有关事项导致分期开发项目的分期发生变化的，应及时开展调查核实，并经集体审议确认是否变更分期开发项目。

变更分期开发项目的，主管税务机关应于集体审议结果确定之日起7日内书面告知纳税人。

4. 福建关于清算单位的规定

《国家税务总局福建省税务局关于土地增值税若干政策问题的公告》(国家税务总局福建省税务局公告2018年第21号)第三条“关于土地增值税清算单位问题”规定，房地产开发企业应当自取得《建设工程规划许可证》的次月15日前，向主管税务机关申报备案《建设工程规划许可证》所载的建设项目名称等基础信息，并以申报备案的建设项目为单位进行土地增值税清算。

5. 广东清算单位的具体规定

《广东省税务局土地增值税清算管理规程(暂行)》第十三条规定,房地产开发项目应以国家有关部门审批、备案的项目为单位进行清算;对于分期开发的项目,原则上以规划建设部门的项目修建性详细规划批准文件确定分期开发的清算单位;同一个项目,既建造普通住宅,又建造其他商品房的,应分别计算增值额、增值率,分别清算土地增值税。

二、土地增值税的清算条件

(一) 应清算条件

根据《土地增值税清算管理规程》(国税发〔2009〕91号印发)第九条、《国家税务总局关于房地产开发企业土地增值税清算管理有关问题的通知》(国税发〔2006〕187号)第二条第(一)项的规定,符合下列情形之一的,纳税人应进行土地增值税的清算:

(1) 房地产开发项目全部竣工、完成销售的。

(2) 整体转让未竣工决算房地产开发项目的。

(3) 直接转让土地使用权的。

(二) 可清算条件

根据《土地增值税清算管理规程》(国税发〔2009〕91号印发)第十条、《国家税务总局关于房地产开发企业土地增值税清算管理有关问题的通知》(国税发〔2006〕187号)第二条第(二)项的规定,符合下列情形之一的,主管税务机关可要求纳税人进行土地增值税清算:

(1) 已竣工验收的房地产开发项目,已转让的房地产建筑面积占整个项目可售建筑面积的比例在85%以上,或该比例虽未超过85%,但剩余的可售建筑面积已经出租或自用的。

《财政部 国家税务总局关于土地增值税若干问题的通知》(财税〔2006〕21号)第三条"关于土地增值税的预征和清算问题"规定,对已竣工验收的房地产项目,凡转让的房地产的建筑面积占整个项目可售建筑面积的比例在85%以上的,税务机关可以要求纳税人按照转让房地产的收入与扣除项目金额配比的原则,对已转让的房地产进行土地增值税的清算。具体清算办法由各省、自治区、直辖市和计划单列市税务局规定。

(2) 取得销售(预售)许可证满3年仍未销售完毕的。

(3) 纳税人申请注销税务登记但未办理土地增值税清算手续的。

对此种情形,应在办理注销登记前进行土地增值税清算。

(4) 省税务机关规定的其他情况。

【例 5-2】 下列情形中,纳税人应当进行土地增值税清算的是(　　)。

A. 直接转让土地使用权的

B. 房地产开发项目尚未竣工但已销售面积为 50%的

C. 转让未竣工结算房地产开发项目 50%股权的

D. 取得销售(预售)许可证满 1 年仍未销售完毕的

【解析】 《土地增值税清算管理规程》(国税发〔2009〕91 号印发)第九条规定,符合下列情形之一的,纳税人应进行土地增值税的清算:

(1) 房地产开发项目全部竣工、完成销售的。

(2) 整体转让未竣工决算房地产开发项目的。

(3) 直接转让土地使用权的。

因而,选项 A 正确。

(三) 清算条件的具体规定

1. 安徽土地增值税清算条件

《安徽省土地增值税清算管理办法》(安徽省地方税务局公告 2017 年第 6 号印发)规定,纳税人符合下列条件之一的,应当进行土地增值税清算:

(1) 房地产开发项目全部竣工、完成销售(含视同销售)的。

(2) 整体转让未竣工决算房地产开发项目的。

(3) 直接转让土地使用权的。

(4) 纳税人申请注销税务登记,但其开发的房地产开发项目未办理土地增值税清算手续的,应在办理注销登记前进行土地增值税清算。

《安徽省土地增值税清算管理办法》(安徽省地方税务局公告 2017 年第 6 号印发)规定,符合以下条件之一的,主管税务机关可要求纳税人进行土地增值税清算:

(1) 已竣工验收的房地产开发项目,已转让(含视同销售)的房地产建筑面积占整个项目可售建筑面积的比例在 85%以上,或该比例虽未超过 85%,但剩余的可售建筑面积已经出租或自用的。

(2) 取得销售(预售)许可证满 3 年仍未销售完毕的。

这就是说,对"纳税人申请注销税务登记但未办理土地增值税清算手续的"这种情形,国家税务总局《土地增值税清算管理规程》将其作为可清算条件,而

《安徽省土地增值税清算管理办法》将其作为应清算条件。

2. 辽宁土地增值税清算条件

根据《辽宁省房地产开发企业土地增值税清算管理办法》[辽地税发〔2007〕102号印发，根据《国家税务总局辽宁省税务局关于发布修改部分税收规范性文件的公告》(国家税务总局辽宁省税务局公告2018年第3号)修改]第五条的规定，符合下列情况之一的，纳税人应到主管税务机关办理土地增值税清算手续：

(1) 全部竣工并销售完毕并按规定已预缴土地增值税的房地产开发项目；全部竣工并销售完毕未预缴土地增值税的，在补缴预缴土地增值税完毕后的房地产开发项目；根据辽宁省房屋建筑工程竣工验收备案的有关规定，以工程验收部门核发《辽宁省房屋建筑工程竣工验收备案书》之日，作为土地增值税清算项目竣工的时限。

(2) 整体转让未竣工的房地产开发项目。

(3) 直接转让土地使用权的项目。

根据《辽宁省房地产开发企业土地增值税清算管理办法》第六条的规定，符合下列情况之一的，主管税务机关可要求纳税人进行土地增值税清算：

(1) 纳税人开发的房地产开发项目已通过竣工验收，整个预(销)售的房地产开发建筑面积达到可销售总建筑面积的比例在85%(含)以上，或该比例虽未超过85%，但剩余的可售建筑面积已经出租或自用的。

(2) 取得销售(预售)许可证满3年仍未销售完毕的。

(3) 税务机关认定有可能造成税款流失、经县级(含县级)以上主管税务机关批准清算的开发项目。

(4) 纳税人申请注销税务登记的房地产开发项目。

3. 广东土地增值税清算条件

根据《广东省税务局土地增值税清算管理规程(暂行)》[广东省地方税务局公告2014年第3号印发，根据《国家税务总局广东省税务局关于公布税费规范性文件清理结果的公告》(国家税务总局广东省税务局公告2018年第1号)修订，下同]第六条的规定，纳税人符合下列条件之一的，应进行土地增值税清算。

(1) 房地产开发项目全部竣工、完成销售的。

(2) 整体转让未竣工决算房地产开发项目的。

(3) 直接转让土地使用权的。

(4) 申请注销税务登记但未办理土地增值税清算手续的。

《广东省税务局土地增值税清算管理规程(暂行)》第七条规定,对符合以下条件之一的,主管税务机关可要求纳税人进行土地增值税清算。

(1) 已竣工验收(备案)的房地产开发项目,已转让的房地产建筑面积占整个项目可售建筑面积的比例(以下简称“销售比例”)在85%以上,或该比例虽未超过85%,但剩余的可售建筑面积已经出租或自用的。

(2) 取得清算项目最后一份销售(预售)许可证满3年仍未销售完毕的。

(3) 主管税务机关有根据认为纳税人有逃避纳税义务行为,可能造成税款流失,经县以上税务局局长批准的。

(四) 完成销售和已转让的界定

《土地增值税清算管理规程》(国税发〔2009〕91号印发)第九条规定:“纳税人符合下列条件之一的,应进行土地增值税的清算。(一)房地产开发项目全部竣工、完成销售的;……”《土地增值税清算管理规程》第十条规定:“对符合以下条件之一的,主管税务机关可要求纳税人进行土地增值税清算。(一)已竣工验收的房地产开发项目,已转让的房地产建筑面积占整个项目可售建筑面积的比例在85%以上,或该比例虽未超过85%,但剩余的可售建筑面积已经出租或自用的;……”

何为“完成销售”和“已转让”? 国家税务总局的文件并没有明确规定。如某开发商开发楼盘中1号楼全部签订预售合同,但尚未交房,其是否属于“完成销售”或“已转让”? 再如已经签订预售合同且已经交房,但尚未办理产权证是否属于“完成销售”或“已转让”? 概念的不明晰,是税企就企业是否已达到清算条件而发生争议的重要原因。

1. 安徽竣工的判定条件

《安徽省土地增值税清算管理办法》第十九条规定,竣工,是指除土地开发外,其房地产开发项目符合下列条件之一:

(1) 房地产开发项目竣工证明材料已报房地产管理部门备案。

(2) 房地产开发项目已开始交付购买方。

(3) 房地产开发项目已取得了初始产权证明。

【例5-3】 纳税人符合下列(　　)条件的,应进行土地增值税的清算。

A. 房地产开发项目全部竣工、完成销售的

B. 整体转让未竣工决算房地产开发项目的

C. 直接转让国有土地使用权的

D. 取得销售(预售)许可证满3年仍未销售完毕的

【解析】 根据《土地增值税清算管理规程》(国税发〔2009〕91号)第九条、《国家税务总局关于房地产开发企业土地增值税清算管理有关问题的通知》(国税发〔2006〕187号)第二条第(一)项的规定,符合下列情形之一的,纳税人应进行土地增值税的清算:

(1) 房地产开发项目全部竣工、完成销售的。

(2) 整体转让未竣工决算房地产开发项目的。

(3) 直接转让土地使用权的。

对取得销售(预售)许可证满3年仍未销售完毕的属于可清算条件。

因而,本题的正确选项为ABC。

2. 辽宁的竣工标准

《辽宁省房地产开发企业土地增值税清算管理办法》[辽地税发〔2007〕102号印发,根据《国家税务总局辽宁省税务局关于发布修改部分税收规范性文件的公告》(国家税务总局辽宁省税务局公告2018年第3号)修订]第五条规定,根据辽宁省房屋建筑工程竣工验收备案的有关规定,以工程验收部门核发《辽宁省房屋建筑工程竣工验收备案书》之日,作为土地增值税清算项目竣工的时限。

3. 福建已转让的房地产建筑面积的确定

根据《国家税务总局福建省税务局关于土地增值税若干政策问题的公告》(国家税务总局福建省税务局公告2018年第21号)第四条规定,已竣工验收的房地产开发项目,已转让的房地产建筑面积占整个项目可售建筑面积的比例在85%以上的,主管税务机关可要求纳税人进行土地增值税清算。其中"已转让的房地产建筑面积"包括房地产开发企业将开发产品用于职工福利、奖励、对外投资、分配给股东或投资人、抵偿债务、换取其他单位和个人的非货币性资产等,发生所有权转移时应视同销售的房地产面积。

第三节 清算收入的确认

一、土地增值税清算时收入的确认

根据《国家税务总局关于土地增值税清算有关问题的通知》(国税函〔2010〕220号)第一条"关于土地增值税清算时收入确认的问题"的规定,土地增值税清算时，已全额开具商品房销售发票的，按照发票所载金额确认收入；未开具发票或未全额开具发票的，以交易双方签订的销售合同所载的售房金额及其他收益确认收入。销售合同所载商品房面积与有关部门实际测量面积不一致，在清算前已发生补、退房款的，应在计算土地增值税时予以调整。

二、视同销售房地产应税收入的确认

（一）视同销售房地产应税收入的确认

根据《国家税务总局关于营改增后土地增值税若干征管规定的公告》（国家税务总局公告2016年第70号）第二条“关于营改增后视同销售房地产的土地增值税应税收入确认问题”的规定，纳税人将开发产品用于职工福利、奖励、对外投资、分配给股东或投资人、抵偿债务、换取其他单位和个人的非货币性资产等，发生所有权转移时应视同销售房地产，其收入应按照《国家税务总局关于房地产开发企业土地增值税清算管理有关问题的通知》（国税发〔2006〕187号）第三条的规定执行。即视同销售收入按下列方法和顺序确认：

（1）按本企业在同一地区、同一年度销售的同类房地产的平均价格确定。

（2）由主管税务机关参照当地当年、同类房地产的市场价格或评估价值确定。

（二）安置回迁户视同销售收入的确认

纳税人安置回迁户，其拆迁安置用房应税收入和扣除项目的确认，应按照《国家税务总局关于土地增值税清算有关问题的通知》（国税函〔2010〕220号）第六条的规定执行。即：

（1）房地产企业用建造的本项目房地产安置回迁户的，安置用房视同销售处理，按《国家税务总局关于房地产开发企业土地增值税清算管理有关问题的通知》（国税发〔2006〕187号，以下简称为国税发〔2006〕187号文件）第三条第（一）款规定确认收入，同时将此确认为房地产开发项目的拆迁补偿费。房地产开发企业支付给回迁户的补差价款，计入拆迁补偿费；回迁户支付给房地产开发企业的补差价款，应抵减本项目拆迁补偿费。

（2）开发企业采取异地安置，异地安置的房屋属于自行开发建造的，房屋价值按国税发〔2006〕187号文件第三条第（一）款的规定计算，计入本项目的拆迁补偿费；异地安置的房屋属于购入的，以实际支付的购房支出计入拆迁补偿费。

三、变相销售地下车位是否确认清算收入

无产权车位可分为两种：一种是人防车位；一种是非人防无产权车位。实

务中开发商对无产权车位可能采取变相销售的方式，例如有的开发商与业主签订一次性转让车位使用权合同，或者是与业主签订车位租赁合同，租期为 20 年，20 年之后的使用权赠送等方式变相销售车位。对该种变相销售的地下车位取得的收入是否作为土地增值税清算的收入？由于财政部、国家税务总局没有明确的规定，实务中态度分成截然不同的两种，一种是实质重于形式，将无产权地下车位的变相销售收入确认为土地增值税清算收入，同时允许成本扣除，例如河南[《河南省地方税务局转发关于土地增值税清算有关问题的通知》(豫地税函〔2010〕202 号)]、湖北[《湖北省地方税务局关于印发〈湖北省房地产开发企业土地增值税清算管理办法〉的通知》(鄂地税发〔2008〕207 号)]、青岛[《青岛市地方税务局关于印发〈房地产开发项目土地增值税清算有关业务问题问答〉的通知》(青地税函〔2009〕47 号)]、天津[《天津市地方税务局关于明确土地增值税清算若干问题的通知》(津地税地〔2011〕24 号)]、浙江(《浙江省地方税务局关于土地增值税若干政策问题的解答》)、湖南[《湖南省地方税务局关于进一步规范土地增值税管理的公告》(湖南省地方税务局公告〔2014〕第 7 号)]；一种是形式重于实质，将无产权地下车位的变相销售收入不确认为土地增值税清算收入，同时不允许成本扣除，例如辽宁[《辽宁省地方税务局关于明确土地增值税清算有关问题的通知》(辽地税函〔2012〕92 号)]、新疆[《新疆维吾尔自治区地方税务局关于土地增值税若干政策问题的公告》(新疆维吾尔自治区地方税务局公告〔2014〕第 1 号)，自 2015 年 12 月 5 日起被《新疆维吾尔自治区地方税务局关于废止土地增值税若干政策问题公告的公告》(新疆维吾尔自治区地方税务局公告 2015 年第 5 号)废止]、北京[《北京市地税局〈关于明确土地增值税征收管理若干问题的通知〉》(京地税地〔2003〕73 号)]、西安[《西安市地方税务局关于明确土地增值税若干政策问题的通知》(西地税发〔2010〕235 号)]等。

第四节　扣除项目的确定

一、取得土地使用权所支付金额的扣除

(一) 取得土地使用权所支付金额的确定

1. 财政返还款的处理

地方政府为了招商引资常对区域内拿地的开发商给予一定的财政奖励，即

在开发商依法纳税后将地方留成部分按比例给予财政返还。另外，实务中也常常出现开发商拿地前政府已经承诺土地最低价格，在招拍挂拿地时超出政府承诺最低价格部分会以财政返还方式将开发商缴纳的土地出让金给予返还。对这些财政返还如何进行土地增值税处理呢？土地增值税清算时，由于土地成本和房地产开发成本不仅可以据实扣除，而且还可以加计20%扣除，所以房地产开发企业更希望政府的财政返还可以作为收入处理，不用冲减取得土地使用权成本。但有些税务局却要求企业冲减取得土地使用权成本，而不是作为收入。由此引发税企争议。

2. 江苏取得土地使用权所支付费用的扣除

根据《江苏省地方税务局关于土地增值税有关业务问题的公告》(苏地税规〔2012〕1号)第五条第(四)项“取得土地使用权所支付费用的扣除”的规定，纳税人为取得土地使用权所支付的地价款，在计算土地增值税时，应以纳税人实际支付土地出让金(包括后期补缴的土地出让金)，减去因受让该宗土地政府以各种形式支付给纳税人的经济利益后予以确认。

取得土地使用权支付的金额应为纳税人为取得土地使用权实际支付的金额，不包括政府以各种形式减免或者返还的金额。苏地税规〔2012〕1号文件的上述规定有效防止了纳税人虚增土地成本，堵住了土地增值税征管漏洞。

3. 土地闲置费不得扣除

《国家税务总局关于土地增值税清算有关问题的通知》(国税函〔2010〕220号)规定，房地产开发企业逾期开发缴纳的土地闲置费不得扣除。

(二) 土地成本的分摊方法

1. 成本分摊方法的选择

《国家税务总局关于房地产开发企业土地增值税清算管理有关问题的通知》(国税发〔2006〕187号)规定：“属于多个房地产项目共同的成本费用，应按清算项目可售建筑面积占多个项目可售总建筑面积的比例或其他合理的方法，计算确定清算项目的扣除金额。”《国家税务总局关于印发〈土地增值税清算管理规程〉的通知》(国税发〔2009〕91号)规定：“纳税人分期开发项目或者同时开发多个项目的，或者同一项目中建造不同类型房地产的，应按照受益对象，采用合理的分配方法，分摊共同的成本费用。”上述规定对土地增值税清算时公共成本费用的分摊方法给予了选择的空间，只要是合理的方法企业都可以采用。成本费用分摊方法有占地面积法、建筑面积法、层高系数法、预算成本法等。

但在实务中，基层税务局为了防止企业通过自由选择分摊方法操纵避税空间，常对企业成本费用分摊方法的选择给予限制。如某开发商采用占地面积法分摊土地成本，但税务局只允许用建筑面积法分摊，税企争议金额有5 000万元。现对成本费用分摊方法给予限制的地方有天津[《天津市地方税务局关于明确土地增值税清算若干问题的通知》(津地税地〔2011〕24号)]、宁波[《宁波市地方税务局关于进一步加强房地产开发项目土地增值税清算工作的通知》(甬地税二〔2009〕104号)]、青岛[《青岛市地方税务局关于印发〈青岛市地方税务局房地产开发项目土地增值税税款清算管理暂行办法〉的通知》(青地税发〔2008〕100号)]、江苏[《江苏省地方税务局关于土地增值税有关业务问题的公告》(苏地税规〔2012〕1号)]、海南[《海南省地方税务局关于明确土地增值税若干政策问题的通知》(琼地税函〔2007〕356号)]、浙江(《浙江省地方税务局关于土地增值税若干政策问题的解答》)、大连[《大连市地方税务局关于进一步加强土地增值税清算工作的通知》(大地税函〔2008〕188号)]等。有的地方规定同一清算单位内成本费用分摊只能采用建筑面积法，例如大连、浙江、海南；有的地方允许建安成本采取层高系数法分摊，例如福州[《福州市地方税务局关于房地产开发企业土地增值税若干政策问题的通知》(榕地税发〔2008〕108号)，自2018年6月15日起被《国家税务总局福州市税务局关于土地增值税若干政策问题的公告》(国家税务总局福州市税务局公告2018年第1号)废止]、湖南[《湖南省地方税务局关于进一步规范土地增值税管理的公告》(湖南省地方税务局公告〔2014〕第7号)]。各地规定不一而足、五花八门。

2. 江苏土地成本的分摊方法

自2016年3月1日起，《江苏省地方税务局关于土地增值税若干问题的公告》(苏地税规〔2015〕8号)第二条“关于土地成本分摊问题”规定，土地成本是指取得土地使用权所支付的金额。土地成本仅在能够办理权属登记手续的建筑物及其附着物之间进行分摊。在不同清算单位或同一清算单位不同类型房产之间分摊土地成本时，可直接归集的，应直接计入该清算单位或该类型房产的土地成本；不能直接归集的，可按建筑面积法计算分摊，也可按税务机关认可的其他合理方法计算分摊。

自2012年10月1日至2016年2月29日，根据《江苏省地方税务局关于土地增值税有关业务问题的公告》(苏地税规〔2012〕1号)第四条“同一开发项目不同类型房地产成本费用分摊”第(一)项的规定，同一开发项目中建设不同类型房地产的，按该类型房地产建筑面积占该项目总建筑面积的比例分摊取得土地使用权所支付的金额和土地征用及拆迁补偿费（简称“土地成本”）。但对占地相对独立的不同类型房地产，应按该类型房地产占地面积占该项目房地产总占地面积的比例计算分摊土地成本。

（三）分期分批开发转让房地产扣除项目的确定

根据《土地增值税暂行条例实施细则》第九条的规定，纳税人成片受让土地使用权后，分期分批开发、转让房地产的，其扣除项目金额的确定，可按转让土地使用权的面积占总面积的比例计算分摊，或按建筑面积计算分摊，也可按税务机关确认的其他方式计算分摊。

上述所称“总面积”，根据《国家税务总局关于广西土地增值税计算问题请示的批复》（国税函〔1999〕112 号）的规定，是指可转让土地使用权的土地总面积。在土地开发中，因道路、绿化等公共设施用地是不能转让的，这些不能有偿转让的公共配套设施的费用是计算增值额的扣除项目。因此，在计算转让土地的增值额时，按实际转让土地的面积占可转让土地总面积来计算分摊，即可转让土地面积为开发土地总面积减不能转让的公共设施用地面积后的剩余面积。

二、房地产开发成本的扣除

（一）销售已装修房屋装修费的扣除

1. 装修费的扣除原则

《国家税务总局关于房地产开发企业土地增值税清算管理有关问题的通知》（国税发〔2006〕187 号）第四条第（四）项规定，房地产开发企业销售已装修的房屋，其装修费用可以计入房地产开发成本。房地产开发企业的预提费用，除另有规定外，不得扣除。

2. 江苏装修费的扣除口径

根据《江苏省地方税务局关于土地增值税若干问题的公告》（苏地税规〔2015〕8 号）第五条“关于装修支出问题”的规定，自 2016 年 3 月 1 日起，房地产开发企业销售已装修的房屋，对以建筑物或构筑物为载体，移动后会引起性质、形状改变或者功能受损的装修支出，可作为开发成本予以扣除。对可移动的物品（如可移动的家用电器、家具、日用品、装饰用品等），不计收入也不允许扣除相关成本费用。

自 2012 年 10 月 1 日至 2016 年 2 月 29 日，根据《江苏省地方税务局关于土地增值税有关业务问题的公告》(苏地税规〔2012〕1号)第五条第(三)项“装修装饰费用的扣除”的规定，凡以建筑物或构筑物为载体，移动后会引起性质、形状改变或者功能受损的装修装饰物支出，可以作为开发成本计算扣除。上述之外的其他装修装饰费用支出，一律不得作为开发成本扣除。对房地产开发企业售楼处等营销设施的装修费用，应计入房地产开发费用。

根据《土地增值税暂行条例》及其实施细则的规定，土地增值税的征税对象包括转让国有土地使用权、地上建筑物(包括地上地下的各种建筑及各种附属设施)及其附着物(是指附着于该土地上的不能移动，一经移动即遭损坏的物品，如花、草、树木等)，即对转让“不动产”征税。移动后不会引起性质、形状改变或者功能受损的装修装饰物属于“动产”，因此不属于土地增值税的征税范围。属于“动产”的装修装饰物支出不得作为开发成本扣除，同时在确认转让房地产收入时，可减去属于“动产”的装修装饰物的合理买价。

售楼处等营销设施属于为销售房地产服务的设施，其装修的目的主要是改善销售环境和提升企业形象，而不是直接对外销售，因此苏地税规〔2012〕1号文件规定，对房地产开发企业售楼处等营销设施的装修费用，应作为房地产开发费用处理，不得计入开发成本。

3. 安徽装修费扣除办法

根据《安徽省土地增值税清算管理办法》第四十条的规定，纳税人销售已装修的房屋，其装修费用可以计入房地产开发成本。

纳税人销售已装修的房屋，其装修费用不包括房地产开发企业自行采购或委托装修公司购买的家用电器、家具所发生的支出，也不包括与房地产连接在一起、但可以拆除且拆除后无实质性损害的物品所发生的支出。

房地产开发企业销售精装修房时，如其销售收入包括销售家用电器、家具等取得的收入，应以总销售收入减去销售家用电器、家具等取得的收入作为房地产销售收入计算土地增值税。

(二) 未支付的质量保证金的扣除

1. 未支付的质量保证金的扣除

根据《国家税务总局关于土地增值税清算有关问题的通知》(国税函〔2010〕220号)第二条“房地产开发企业未支付的质量保证金，其扣除项目金额的确定问题”的规定，房地产开发企业在工程竣工验收后，根据合同约定，扣留建筑安装施工企业一定比例的工程款，作为开发项目的质量保证金，在计算土地增值税时，建筑安装施工企业就质量保证金对房地产开发企业开具发票的，按发票所载金额予以扣除；未开具发票的，扣留的质保金不得计算扣除。

2. 质保金增值税纳税义务发生时间

《国家税务总局关于在境外提供建筑服务等有关问题的公告》(国家税务总局公告 2016 年第 69 号)第四条规定，纳税人提供建筑服务，被工程发包方从应支付的工程款中扣押的质押金、保证金，未开具发票的，以纳税人实际收到质押金、保证金的当天为纳税义务发生时间。

相反，如果已开具发票的，开具发票时增值税纳税义务发生。

(三) 人防工程成本费用的扣除

《江苏省地方税务局关于土地增值税若干问题的公告》(苏地税规〔2015〕8 号)第三条“关于人防工程成本费用扣除问题”规定，依法配建并经验收合格的人防工程，允许扣除相关成本、费用。

(四) 相关费用、基金的扣除

自 2012 年 10 月 1 日起，《江苏省地方税务局关于土地增值税有关业务问题的公告》(苏地税规〔2012〕1 号)第五条“关于房地产开发成本、费用的扣除”第(五)项“相关费用、基金的扣除”规定以下内容。

1. 政府性基金和行政事业性收费的扣除

政府性基金和行政事业性收费按照以下原则处理：

(1) 企业建造房屋建筑物时特有的费用和基金，按其是否与开发建造活动相关的原则进行划分。凡与开发活动直接相关，且可直接计入或分配计入开发对象的，允许计入开发成本；反之，则应计入开发费用。对企业非建造房屋建筑物时特有的费用和基金，应计入开发费用。

(2) 允许计入开发成本的费用、基金，如果是在开发项目竣工验收之后发生的，则也应计入开发费用。

对于房地产企业缴纳的政府性基金和行政事业性收费的土地增值税处理。苏地税规〔2012〕1 号文件允许同时符合以下条件的政府性基金和行政事业性收费计入开发成本：

(1) 具备特有性，即政府性基金和行政事业性收费是开发房地产项目特有的，如新型墙体材料专项基金、散装水泥基金等。房地产行业以及其他行业普遍缴纳的基金费(如防洪保安资金、退役士兵安置保障金)不允许计入开发成本。

(2) 具备直接相关性，即政府性基金和行政事业性收费应当与开发活动直接相关。

(3) 发生时间在开发项目竣工验收之前。

需要说明的是,上述所称"在开发项目竣工验收之前"是指政府性基金和行政事业性收费的发生环节在竣工验收之前,而不是要求实际缴纳时间在竣工验收之前。

允许计入开发成本的政府性基金和行政事业性收费,在计算土地增值税时允许加计扣除,并作为计算房地产开发费用扣除限额的计算基数。

2. 教育费附加和地方教育附加的扣除

根据《土地增值税暂行条例实施细则》以及《江苏省地方税务局关于地方税有关业务问题的通知》(苏地税发〔1999〕87 号)的规定,纳税人缴纳的教育费附加和地方教育附加,在计算土地增值税时比照税金扣除。

(五) 甲供材的扣除问题

甲供材就是甲方供应材料,所谓"甲供材料"建筑工程,是指由基本建设单位提供原材料,施工单位仅提供建筑劳务的工程。这是土地增值税清算时税企争议的频发地带。例如甲开发商采购甲供材 60 万元,工程承包给乙建筑公司,工程款 40 万元。在 2016 年 5 月 1 日营改增以前,根据《营业税暂行条例》的规定,乙建筑公司虽然只收到 40 万元工程款,却需要将 60 万元甲供材计入营业额缴纳营业税。在实务中,可能会出现两种逃税现象:第一种,乙建筑公司只就 40 万元计算缴纳营业税,为甲公司开具 40 万元的建安发票,甲公司凭 60 万元材料的增值税发票和 40 万元的建安营业税发票入开发成本。该种情况下乙公司少交了营业税;第二种,乙公司就 100 万元全额缴纳营业税,为甲公司开具 100 万元建安发票。此时甲公司已经有 100 万元的建安发票,可能会在采购材料时不索要 60 万元材料的增值税发票,为材料供应商少交增值税提供了可能。由于以票控税的征管模式在甲供材领域出现了征管盲区,所以在实务中经常出现基层税务局要求房地产开发企业对甲供材缴纳营业税后,必须取得建安发票才能在土地增值税清算中扣除,由此引发税企争议。

2016 年 5 月 1 日起营改增后,甲供材的增值税发票通常开给甲方,乙方仅就提供的建筑业劳务缴纳增值税,向甲方开具增值税发票。

(六) 代收费用的处理

1. 代收费用的处理

根据《财政部 国家税务总局关于土地增值税一些具体问题规定的通知》

（财税字〔1995〕48 号）第六条“关于地方政府要求房地产开发企业代收的费用如何计征土地增值税的问题”的规定，对于县级及县级以上人民政府要求房地产开发企业在售房时代收的各项费用，如果代收费用是计入房价中向购买方一并收取的，可作为转让房地产所取得的收入计税；如果代收费用未计入房价中，而是在房价之外单独收取的，可以不作为转让房地产的收入。

对于代收费用作为转让收入计税的，在计算扣除项目金额时，可予以扣除，但不允许作为加计 20%扣除的基数；对于代收费用未作为转让房地产的收入计税的，在计算增值额时不允许扣除代收费用。

2. 市政公用基础设施配套费和人防工程异地建设费

房地产开发企业代收费用，应当按照《财政部　国家税务总局关于土地增值税一些具体问题规定的通知》（财税字〔1995〕48 号）第六条的规定进行处理。市政公用基础设施配套费、人防工程异地建设费不得加计扣除，也不作为房地产开发费用扣除的计算基数。

关于市政公用基础设施配套费和人防工程异地建设费，一些市县政府及其职能部门下发文件明确其为代收费用，也有一些地区并未下发文件明确。鉴于市政公用基础设施配套费和人防工程异地建设费金额较大且包含在房价之中，这两项费用与房地产项目的建造活动非直接相关，房地产企业缴纳上述两项费用，不会产生其他额外支出或发生额外劳务，因此，苏地税规〔2012〕1 号文件明确，市政公用基础设施配套费和人防工程异地建设费在计算土地增值税时允许扣除但不允许加计扣除，也不得作为计算房地产开发费用扣除限额的基数。

房地产企业的相关规费的列支渠道如表 5-7 所示。

表 5-7　　房地产开发企业规费归集参考表

序号	企业会计科目	项目	收费单位	税法规定
1	前期工程费	桩基检测费	工程检测评估公司	开发成本—建安工程费
2	前期工程费	勘探设计费	中介机构	开发成本—前期工程费
3	前期工程费	勘界费	国土局	开发成本—前期工程费
4	前期工程费	勘探费	中介机构	开发成本—前期工程费
5	前期工程费	施工图纸审查费	建设局	开发成本—前期工程费
6	前期工程费	建筑工程设计费	建筑设计院	开发成本—前期工程费
7	前期工程费	规划设计费	建筑设计院	开发成本—前期工程费
8	前期工程费	电力工程设计费	供电公司设计院	开发成本—前期工程费

（续表）

序号	企业会计科目	项目	收费单位	税法规定
9	前期工程费	规划放线费	规划设计院	开发成本—前期工程费
10	前期工程费	人防设计费	设计院	开发成本—前期工程费
11	前期工程费	城市技术规划服务费	建设局城建规划局	开发成本—前期工程费
12	前期工程费	规划测绘费	建设局城建规划局	开发成本—前期工程费
13	前期工程费	城市市政公用配套设施费	建设局	开发成本—前期工程费(代收)
14	土地征用费	征地费(出让金)	国土局	开发成本—土地征用费
15	土地征用费	土地登记费	国土局	开发成本—土地征用费
16	拆迁补偿费	拆迁管理费	拆迁办	开发成本—拆迁补偿费
17	建安工程费	工程监理费	中介机构	开发成本—开发间接费
18	前期工程费	防雷审查费	气象局	开发成本—前期工程费
19	前期工程费	工程质量监督费	建设局	期间费用
20	前期工程费	招标管理费	招投标办公室	期间费用
21	前期工程费	环境科学评估	环境科学研究所	期间费用
22	前期工程费	土地评估费	中介机构	期间费用
23	前期工程费	人防场地异地建设费	人防办	开发成本—公共基础设施费(代收)
24	前期工程费	施工图纸审核费	中介机构	期间费用
25	前期工程费	新型墙体材料专项基金	建设局	开发成本—前期工程费(代收)
26	前期工程费	白蚁防治费	建设局	期间费用
27	前期工程费	城建档案综合服务费	建设局城建档案馆	期间费用
28	前期工程费	城市道路挖掘费	建设局城管局	期间费用
29	前期工程费	城市道路占用费	建设局城管局	期间费用
30	前期工程费	渣土处理费	建设局城管局	期间费用
31	前期工程费	散装水泥专项资金	建设局	开发成本—建安工程费(代收)
32	开发间接费用	消防检测费	消防队	期间费用
33	开发间接费用	环境监测费	环保局	期间费用
34	开发间接费用	房产交易费	房管部门	期间费用
35	前期工程费	供电工程贴费		开发成本—前期工程费(代收)
36	公共基础设施费	煤气建设费		开发成本—公共基础设施费(代收)
37	公共基础设施费	消防设施建设费		开发成本—公共基础设施费(代收)
38	公共基础设施费	教育地方附加费		开发成本—公共基础设施费(代收)

（七）开发成本不实的核定

1. 房地产开发成本不实的核定

《国家税务总局关于房地产开发企业土地增值税清算管理有关问题的通知》（国税发〔2006〕187 号）第四条第（二）项规定，房地产开发企业办理土地增值税清算所附送的前期工程费、建筑安装工程费、基础设施费、开发间接费用的凭证或资料不符合清算要求或不实的，税务机关可参照当地建设工程造价管理部门公布的建安造价定额资料，结合房屋结构、用途、区位等因素，核定上述四项开发成本的单位面积金额标准，并据以计算扣除。具体核定方法由省税务机关确定。

2. “四项成本”不实如何核定征收

前期工程费、建筑安装工程费、基础设施费、开发间接费，在实务中一般被简称为“四项成本”。根据国税发〔2006〕187 号文件的规定，房地产开发企业办理土地增值税清算所附送的前期工程费、建筑安装工程费、基础设施费、开发间接费用的凭证或资料不符合清算要求或不实的，税务机关可参照当地建设工程造价管理部门公布的建安造价定额资料，结合房屋结构、用途、区位等因素，核定上述四项开发成本的单位面积金额标准，并据以计算扣除。具体核定方法由省税务机关确定。上述文件赋予各省税务局对“四项成本”不实以“核定”的权力，并将核定方法下放至各省税务机关确定。但何为“四项成本”不实呢？例如，北京地税局制定了四项开发成本的造价扣除标准（即《分类房产单位面积四项成本核定表》），并向社会公布。当房地产开发企业土地增值税清算时申报的四项成本扣除额明显高于该分类房产单位面积四项成本扣除金额标准，又无正当理由的，则依据公布的造价标准扣除。“明显高于”在实务中如何把握呢？“合理理由”如何把握？北京地税局是否有权力基于四项成本金额超标又无正当理由，就认定四项成本不实而启动核定征收？四项成本不实的认定应遵循何种标准和程序？

除北京外，大连[《大连市地方税务局关于进一步明确土地增值税若干问题的通知》（大地税函〔2007〕200 号）]、福州[《福州市国家税务局　福州市地方税务局　福州市物价局关于加强房地产开发企业建筑安装工程费预警值管理的通知》（榕地税〔2013〕19 号）]、青岛[《青岛市地方税务局关于印发〈青岛市地方税务局房地产开发项目土地增值税税款清算管理暂行办法〉的通知》（青地税发〔2008〕100 号印发）]、成都[《成都市地方税务局转发关于房地产开发企业土地增值税清算管理有关问题的通知》（成地税函〔2007〕30 号）]等多地均出台类似的四项成本不实核定征收的规定。

3. 江西开发成本的核定标准

根据《国家税务总局江西省税务局关于土地增值税若干征管问题的公告》(国家税务总局江西省税务局公告 2018 年第 16 号)第四条第(一)项“开发成本的核定标准”的规定,对纳税人申报房地产开发成本的凭证、资料不符合清算要求或不实的,各市、县、区税务局可参照当地建设工程造价管理部门公布的定额资料,结合房屋结构、用途、区位等因素,具体制定包括“前期工程费、建筑安装工程费、基础设施费、开发间接费用”在内的房地产开发成本参考标准,据以计算扣除。

4. 江苏房地产开发成本核定扣除方法

根据《江苏省地方税务局关于加强土地增值税征管工作的通知》(苏地税发〔2011〕53 号)的要求,主管税务机关参照当地建设工程造价管理部门公布的造价定额资料,结合房屋结构、用途、区位等因素,制定《房地产开发成本参考标准》。如果纳税人申报时所附送房地产开发成本凭证或资料不符合清算要求或不实的,可根据《房地产开发成本参考标准》核定开发成本的单位面积金额标准,并据以计算扣除。

根据《江苏省地方税务局关于土地增值税有关业务问题的公告》(苏地税规〔2012〕1 号)第五条第(一)项“房地产开发成本核定扣除”的规定,纳税人在办理土地增值税清算申报时所附送房地产开发成本凭证或资料不符合清算要求或不实的,税务机关可参照当地建设工程造价管理部门公布的造价定额资料,结合房屋结构、用途、区位等因素,核定开发成本的单位面积金额标准,并据以计算扣除。

5. 广东四项费用不实的核定方法

《广东省税务局土地增值税清算管理规程(暂行)》第二十二条规定,纳税人办理土地增值税清算所附送的前期工程费、建筑安装工程费、基础设施费、开发间接费用的凭证资料不符合清算要求或不实的,主管税务机关经报上一级税务机关核准后,按照当地扣除项目金额标准计算扣除。

凭证资料不符合清算要求或不实是指有下列情形之一的:

(1) 不能提供符合国家标准的建筑施工合同的;不能在规定期限内完整提供工程竣工、工程结算、工程监理等方面资料的;或未按国家有关规定、程序、手续进行工程结算的。

(2) 工程结算项目建安造价高于当地扣除项目金额标准且无正当理由的。

(3) 装饰装修、园林绿化工程由具有相应资质且账务健全的企业施工,但不能提供完整的工程施工图、竣工图、工程量清单、材料苗木清单,建安造价高于当地扣除项目金额标准且无正当理由的；装饰装修、园林绿化工程由无资质企业、个体工商户或个人施工，建安造价高于当地扣除项目金额标准且无正当理由的。

(4) 房地产开发企业与工程承包企业互为关联企业，建安造价高于当地扣除项目金额标准且无正当理由的。

(5) 大额工程款采取现金支付或支付资金流向异常的。

(八) 样板房与售楼部的建造装修费用

对样板房、售楼部的建造、装修费用如何扣除问题，国家税务总局没有明确规定。根据《安徽省土地增值税清算管理办法》第四十一条的规定，纳税人在房地产开发项目以外单独建造的样板房、售楼部，其建造费用、装修费用不得计入房地产开发成本。

(九) 相关收费项目的扣除

根据《安徽省土地增值税清算管理办法》第四十三条的规定，政府或有关部门直接向房地产开发企业收取的市政配套费、报批报建费、"四源"费、供电贴费、增容费等应由房地产开发企业缴纳、并在核算时计入房地产开发成本的收费项目，在计算土地增值税时，列入开发土地和新建房及配套设施的成本计算扣除项目金额。上述费用政府或有关部门收取后又返还的，返还的部分不得计入扣除项目金额。

(十) 贵州安顺银城房地产开发有限公司土地增值税清算案

贵州省安顺市中级人民法院行政判决书

〔2017〕黔04行终24号

上诉人(原审原告)贵州安顺银城房地产开发有限公司。

法定代表人成勇，总经理。

委托代理人常开祥，贵州圣丰律师事务所律师。

委托代理人王东山，贵州氧源律师事务所律师。

被上诉人(原审被告)安顺市平坝区地方税务局。

法定代表人鲍秀华，局长。

委托代理人李世民，安顺市平坝区地方税务局五分局局长。

委托代理人曹秉新，贵州黔平律师事务所律师。

被上诉人(原审被告)安顺市地方税务局。

法定代表人谭尚辉，局长。

上诉人贵州安顺银城房地产开发有限公司(以下简称银城公司)因税务其他

行政行为一案，不服安顺市西秀区人民法院(2016)黔0402行初72号行政判决，向本院提起上诉。本院依法组成合议庭，对本案进行了审理，现已审理终结。

原判认定：2016年1月5日，银城公司向安顺市平坝区地方税务局(以下简称平坝地税局)申报"紫金名门"房地产开发项目土地增值税清算，平坝地税局于2016年2月2日受理。银城公司向平坝地税局提交其委托贵州金桥税务师事务有限公司对"紫金名门"房地产项目土地增值税清算所作的《土地增值税汇算清缴鉴证报告》(以下简称《鉴证报告》)，该报告中对土地增值税清算扣除项目土地出让金及拆迁补偿费按项目所在地政府公布的土地级别和基准地价为权重进行分摊计算，鉴证结论为银城公司应缴纳土地增值税4 534 217.67元。2016年3月18日平坝地税局经审核后作出平地税通(2016)01号《税务事项通知书》，对《鉴证报告》中"土地出让金及拆迁补偿费按土地级别和基准地价为权重进行成本分摊计算"不予采纳，并根据《中华人民共和国土地增值税暂行条例实施细则》第九条的规定，决定在本次土地增值税清算审核中，对土地成本按建筑面积法进行分摊计算。同时，作出平地税清税(结)(2016)01号《土地增值税清算结论通知书》审核结论为银城公司"紫金名门"房地产开发项目应缴纳土地增值税6 165 280.46元。银城公司不服，向安顺市地方税务局提起行政复议，安顺市地方税务局于2016年8月12日作出行政复议决定，维持原行政行为。

原判认为，本案的争议焦点为：1.被告平坝地税局对原告银城公司"紫金名门"房地产开发项目进行土地增值税清算审核中，对于土地增值税清算扣除项目金额计算分摊方式的确认，适用《中华人民共和国土地增值税暂行条例实施细则》第九条的规定，对土地成本按建筑面积法进行分摊计算，是否正确；2.被告安顺市地方税务局的行政复议决定是否合法。

关于第一个争议焦点，根据《中华人民共和国税收征收管理法》第三条的规定，税收的开征、停征以及减税、免税、退税、补税，依照法律的规定执行；法律授权国务院规定的，依照国务院制定的行政法规的规定执行。任何机关、单位和个人不得违反法律、行政法规的规定，擅自作出税收开征、停征以及减税、免税、退税、补税和其他同税收法律、行政法规相抵触的决定。这一规定反映了税收法定原则的要求，税收征管中的全部涉税事项，应当以税收法律规范为依据。据此，本案土地增值税清算应依照税收法律、法规及土地增值税有关政策规定，计算房地产开发项目应缴纳的土地增值税税额。根据《中华人民共和国土地增值税暂行条例》的规定，土地增值税的征税对象是纳税人转让房地产所取得的增值额，增值额为转让房地产取得的收入减除扣除项目后的余额，应纳税款的具体计算方式为增值额乘以相应税率。据此，影响纳税人税额的因素包括纳税人取得的收入额、扣除金额及税率等。因此，上述影响最终应纳税额的各个因素的计算方法，属于税收要素，应以法律规定为客观标准。《中华人民共和国土地增值税暂行条例实施细则》第九条对土地增值税扣除项目的确定及计算方法作出了规定："纳税人成片受让土地使用权后，分期分批开发、转让房地产的，其扣除项目金额的确定，可按转让土地使用权的面积占总面积的比例计算分摊，或按建筑面积计算分摊，也可按税务机关确认的其他方式计算分摊。"税务机关有权依据上述规定确定计算分摊的方法，并据此计算应纳税额。本案中，被告平坝地税局作为原告银城公司"紫金名门"房地产开发项目的征税机关，依法审核原告申报土地增值税清算资料后，适用《中华人民共和国土地增值税暂行条例实施细则》第九条规定的按建筑面积计算分摊的方法，审定原告银城公司应缴纳土地增值税税额，符合税收法定原则和《中华人民共和国土地增值税暂行条例》规定"合理调节土地增值收益，维护国家利益"的要求及本案实际情况，适用法律正确。关于原告提出"紫金名门"房地产开发项目系整体开发并销售，不是分期分批开发、转让房地产，不应适用《中华人民共和国土地增值税暂行条例实施细则》第九条的规定，按建筑面积法计算分摊的方式确定原告的应纳税额，应依据《土地增值税清算管理规程》第二十一条第（五）项的规定，区分受益对象，合理分摊扣除项目金额的起诉理由，因《土地增值税清算管理规程》是依据《中华人民共和国土地增值税暂行条例》和《中华人民共和国土地增值税暂行条例实施细则》制定，《土地增值税清算管理规程》第二十一条规定税务机关在土地增值税清算工作中对扣除项目的审核要求，而非计算方法。《土地增值税清算管理规程》第二十一条第（五）项虽然规定"应按照受益对象，采用合理的分配方法，分摊共同的成本费用"，但并未明确合理的方法，故对于原告"紫金名门"房地产开发项目一次性整体开发的情形也应适用《中华人民共和国土地增值税暂行条例实施细则》第九条的规定。

关于第二个争议焦点，被告安顺市地方税务局在收到银城公司的行政复议申请后，依照法定程序进行审查，根据查明的事实，决定维持平坝地税局作出的行政行为。该行政复议决定认定事实清楚，适用法律正确，程序合法。

综上，被告平坝地税局作出的平地税通（2016）01 号《税务事项通知书》和平地税清税（结）（2016）01 号《土地增值税清算结论通知书》及被告安顺市地方税务局作出的安地税行复决字（2016）1 号行政复议决定认定事实清楚，证据确凿，符合法定程序，适用法律正确。原告银城公司的起诉理由不予支持，其诉讼请求依法应予驳回。依照《中华人民共和国行政诉讼法》第六十九条之规定，判决：驳回原告银城公司的诉讼请求。案件受理费50元，由原告银城公司负担。

判决书送达后，上诉人银城公司不服，上诉称：一、本案由安顺市西秀区人民法院进行审判属于管辖错误。作为共同被告之一的安顺市地方税务局的所在地为西秀区，故本案由安顺市西秀区人民法院审理违背了跨行政区域集中管辖行政案件制度所确定的地域管辖回避原则，属于管辖错误。二、本案一审存在重大程序违法。一是本案准许专家出庭对专门问题作出说明，不符合相关法律规定；二是本案原审被告申请专家出庭的时间不符合法律所规定的时限；三是出庭专家身份的公允性值得质疑。三、本案判决在适用税收法律上错误。一是本案严重违反行政诉讼举证规则；二是一审法院以税收法定原则作为判断行政行为合法性的依据，违反了司法裁判法律适用的基本规则；三是由于案件处理的过程复杂，使本案的裁判依据与案件的基本事实不符，实际上助长了原审被告滥用税收执法权的行为。基于上述事实及理由，请求二审法院依法撤销原判，支持上诉人的诉求。

被上诉人平坝地税局辩称：一、关于管辖权问题，被上诉人认为本案原审被告分别属于两个不同县区，平坝地税局是作出行政行为的原审被告，所在地为平坝区，本案由安顺市西秀区人民法院管辖，符合法律规定。二、关于专家出庭问题，被上诉人认为专家出庭有利于案件的审理，被上诉人依法申请专家出庭程序合法，于法有据。三、关于一审法院判决适用税收法律法规的问题，被上诉人认为银城公司的上诉理由没有事实和法律依据。四、关于税收法定原则适用问题，被上诉人认为一审判决不仅适用了“税收法定”原则对本案进行评判，同时也适用了相关法律进行分析，有理有据，上诉人的上诉理由不能成立。五、关于本案土地增值税是否核定征收问题，被上诉人认为对上诉人开发项目土地增值税实行预缴清算管理，多退少补，并非核定征收，不存在违法多预征大量税款的情形。请求二审法院依法驳回上诉。

被上诉人安顺市地方税务局辩称：一、上诉人银城公司一审起诉时选择安顺市西秀区人民法院管辖，符合法律规定。二、专家作为诉讼辅助人员出庭，对专门问题进行说明，程序合法，于法有据。三、上诉人上诉无理，一审法院审判程序合法，适用法律正确。四、上诉人未对一审法院针对的第二个争议焦点提出上诉，表示其已经服判。请求二审法院依法驳回上诉。

当事人一审提交的证据材料已随案移送本院。经审查,一审判决认证正确,本院予以确认。

本院经审理查明的案件事实与一审判决认定的事实一致,本院予以确认。

本院认为:依据《中华人民共和国土地增值税暂行条例实施细则》第九条的规定,纳税人成片受让土地使用权后,分期分批开发、转让房地产的,其扣除项目金额的确定,可按转让土地使用权的面积占总面积的比例计算分摊,或按建筑面积计算分摊,也可按税务机关确认的其他方式计算分摊。税务机关有权依据上述规定确定计算分摊的方法,并据此计算应纳税额。本案中,被上诉人平坝地税局作为法定征税机关,在依法审核上诉人申报土地增值税清算资料后,适用《中华人民共和国土地增值税暂行条例实施细则》第九条规定的按建筑面积计算分摊的方法,审定上诉人银城公司应缴纳土地增值税税额,符合法律规定。被上诉人安顺市地方税务局在收到上诉人的复议申请后,依法进行复议,并作出维持决定,适用法律正确,程序合法。

依据《中华人民共和国行政诉讼法》第十八条第一款、第二十一条的规定,经复议的案件,可以选择最初作出行政行为的行政机关所在地人民法院管辖,也可以选择复议机关所在地人民法院管辖。本案中,被诉行政行为是经复议的行为,原告选择安顺市西秀区人民法院管辖符合法律规定,故安顺市西秀区人民法院对本案具有管辖权。

依据《最高人民法院关于行政诉讼证据若干问题的规定》第四十八条第一款的规定,对被诉行政行为涉及的专门性问题,当事人可以向法庭申请由专业人员出庭进行说明,法庭也可以通知专业人员出庭说明。本案中,一审法院准许专家出庭对土地增值税征收问题进行专门说明,程序合法。

综上所述,原判认定事实清楚,适用法律正确,程序合法,处理并无不当,应予维持。上诉人的上诉理由不能成立,不予支持。据此,依照《中华人民共和国行政诉讼法》第八十九条第一款第(一)项的规定,判决如下:

驳回上诉,维持原判。

二审案件受理费50元,由上诉人贵州安顺银城房地产开发有限公司负担。

本判决为终审判决。

审判长　肖帮华

审判员　何劲松

审判员　洪　云

二〇一七年五月二十五日

书记员　汤晓燕(代)

评注：

安顺银城房地产开发有限公司依据《土地增值税清算管理规程》(国税发〔2009〕91号)第二十一条第(五)项有关"纳税人分期开发项目或者同时开发多个项目的,或者同一项目中建造不同类型房地产的,应按照受益对象,采用合理的分配方法,分摊共同的成本费用"的规定,对土地增值税清算扣除项目土地出让金及拆迁补偿费按项目所在地政府公布的土地等级和基准地价为权重进行分摊计算。税务机关认为因《土地增值税清算管理规程》是依据《中华人民共和国土地增值税暂行条例》和《中华人民共和国土地增值税暂行条例实施细则》制定,《土地增值税清算管理规程》第二十一条规定税务机关在土地增值税清算工作中对扣除项目的审核要求,而非计算方法。其中第(五)项虽然规定"应按照受益对象,采用合理的分配方法,分摊共同的成本费用",但并未明确什么是合理的方法,故对于原告"紫金名门"房地产开发项目一次性整体开发的情形也应适用《中华人民共和国土地增值税暂行条例实施细则》第九条的规定。税务机关强调两点,一是《土地增值税清算管理规程》第二十一条是对扣除项目的审核要求,而非计算方法;二是《土地增值税清算管理规程》第二十一条并未明确具体的合理方法。

根据《中华人民共和国土地增值税暂行条例实施细则》第九条的规定,"纳税人成片受让土地使用权后,分期分批开发、转让房地产的,其扣除项目金额的确定,可按转让土地使用权的面积占总面积的比例计算分摊,或按建筑面积计算分摊,也可按税务机关确认的其他方式计算分摊"。这里的"也可按税务机关确认的其他方式计算分摊"中关键词"税务机关""其他方式"是税法没有明确界定的,容易造成争议。如"税务机关"是否包括基层税务机关？在本案中是指"安顺市平坝区地方税务局"还是"安顺市地方税务局"？"其他方式"除了包括土地面积法、建筑面积法外,是否还包括本案中企业采用的"按项目所在地政府公布的土地级别和基准地价为权重进行分摊计算"？如果安顺市平坝区地方税务局认同了本案中企业采用的计算方法,有没有执法风险？依据《中华人民共和国土地增值税暂行条例实施细则》第二十二条"本细则由财政部解释,或者由国家税务总局解释"的规定,基层税务机关没有解释的权利。因此,案例中的基层税务机关不认同土地面积法或者建筑面积法以外的计算方法。也就是说,有些基层税务机关只在"土地面积法或者建筑面积法"中择其一而行之。

三、公共配套设施的处理

（一）公共设施的处理

《国家税务总局关于房地产开发企业土地增值税清算管理有关问题的通知》（国税发〔2006〕187号）第四条第（三）项规定，房地产开发企业开发建造的与清算项目配套的居委会和派出所用房、会所、停车场（库）、物业管理场所、变电站、热力站、水厂、文体场馆、学校、幼儿园、托儿所、医院、邮电通讯等公共设施，按以下原则处理：

（1）建成后产权属于全体业主所有的，其成本、费用可以扣除；

（2）建成后无偿移交给政府、公用事业单位用于非营利性社会公共事业的，其成本、费用可以扣除；

（3）建成后有偿转让的，应计算收入，并准予扣除成本、费用。

（二）人防车位面积是否可售问题

由于人防车位的法律权属尚存争议，所以在土地增值税清算时，人防车位的扣除成为税企最富争议的问题之一。土地增值税清算实务中对人防车位的争议主要存在于人防车位的面积是作为可售面积还是不可售面积。有的地方，例如北京[《北京市地税局关于明确土地增值税征收管理若干问题的通知》（京地税地〔2003〕73号）]、江苏[《江苏省地方税务局关于土地增值税有关业务问题的公告》（苏地税规〔2012〕1号），自2018年6月15日起，本法规第五条第（二）项被《国家税务总局江苏省税务局关于公布继续执行的税收规范性文件目录的公告》（国家税务总局江苏省税务局公告2018年第4号）废止]、青岛[《青岛市地方税务局关于印发〈房地产开发项目土地增值税清算业务指引〉的通知》（青地税函〔2013〕44号）]、湖南[《湖南省地方税务局关于进一步规范土地增值税管理的公告》（湖南省地方税务局公告〔2014〕第7号），根据湖南省地方税务局公告2015年第9号的规定，本法规第三条现已停止执行]等，要求企业提供证据证明人防车位是否已移交全体业主或者移交人防部门，如果未移交，则作为可售面积，如果移交则作为公共配套设施，计入不可售面积。有的地方则允许企业将人防车位直接处理为不可售面积。

（三）车库（车位、储藏室等）的扣除

1. 江西地下车库（位）的清算处理

根据《国家税务总局江西省税务局关于土地增值税若干征管问题的公告》

(国家税务总局江西省税务局公告2018年第16号)第五条“地下车库(位)的清算问题”的规定:

(1) 销售地下车库(位)取得的收入,不论开具何种票据,均计入“其他类型房地产”的转让收入。

(2) 对利用地下人防设施改造成地下车库(位)的,其成本费用归集到公共配套设施费中一次性扣除。

(3) 对单独建造地下车库(位)的,其建造过程中发生的成本费用参照《国家税务总局江西省税务局关于土地增值税若干征管问题的公告》第三条确定的原则进行归集和分摊。已售地下车库(位)面积为已售出的每个车位面积的总和。

2. 江苏车库(车位、储藏室等)的处理

根据《江苏省地方税务局关于土地增值税若干问题的公告》(苏地税规〔2015〕8号)第四条“关于车库(车位、储藏室等)问题”的规定:

(1) 能够办理权属登记手续的车库(车位、储藏室等)单独转让时,房地产开发企业应按“其他类型房产”确认收入并计算成本费用。

(2) 不能办理权属登记手续的车库(车位、储藏室等),按照《国家税务总局关于房地产开发企业土地增值税清算管理有关问题的通知》(国税发〔2006〕187号)第四条第(三)项的规定执行。

国税发〔2006〕187号文件第四条第(三)项规定,房地产开发企业开发建造的与清算项目配套的居委会和派出所用房、会所、停车场(库)、物业管理场所、变电站、热力站、水厂、文体场馆、学校、幼儿园、托儿所、医院、邮电通讯等公共设施,按以下原则处理:

(1) 建成后产权属于全体业主所有的,其成本、费用可以扣除。

(2) 建成后无偿移交给政府、公用事业单位用于非营利性社会公共事业的,其成本、费用可以扣除。

(3) 建成后有偿转让的,应计算收入,并准予扣除成本、费用。

(四) 公共配套设施成本费用扣除的具体规定

1. 江苏公共配套设施成本费用扣除的具体规定

自2012年10月1日至2016年2月29日,根据《江苏省地方税务局关于土地增值税有关业务问题的公告》(苏地税规〔2012〕1号)第五条“关于房地产开发成本、费用的扣除”第(二)项“公共配套设施成本费用的扣除”的规定,房地产开发企业建造的各项公共配套设施,建成后移交给全体业主或无偿移交给政府、公共事业单位用于非营利性社会公共事业的，准予扣除相关成本、费用；未移交的，不得扣除相关成本、费用；项目规划范围之外的，其开发成本、费用一律不予扣除；人防工程的使用权和收益权未无偿移交给全体业主的，其相关成本、费用不予扣除。

根据国税发〔2006〕187号文件的规定，公共配套设施建成后，产权不属于全体业主，也未无偿移交给政府、公用事业单位用于非营利性社会公共事业，也未有偿转让的，建造公共配套设施发生的成本、费用在计算土地增值税时不得扣除。如果纳税人存在不得扣除的公共配套设施费，但未将公共配套设施作为独立的开发产品核算归集成本、费用，那么在计算土地增值税时将无法确定不得扣除的金额。因此，对于不可售的公共配套设施（可售的公共配套设施按非住宅处理），应当作为独立开发产品核算归集成本、费用。

对项目规划范围之外的开发成本（例如对小区周边绿化、道路进行整治发生的成本费用），在计算土地增值税时一律不予扣除。人防工程的使用权和收益权无偿移交给全体业主的证明材料，应当包括房地产企业在当地主要媒体上的移交公告。

2. 安徽对公共配套设施扣除的具体规定

《安徽省土地增值税清算管理办法》第三十九条规定，纳税人开发建造的与清算项目配套的居委会和派出所用房、会所、停车场（库）、物业管理场所、变电站、热力站、水厂、文体场馆、学校、幼儿园、托儿所、医院、邮电通讯设施等，建成后产权属于全体业主所有的，其成本、费用可以扣除；建成后无偿移交给政府、公用事业单位用于非营利性社会公共事业的，在提供政府、公用事业单位书面证明后，其成本、费用可以扣除；建成后有偿转让的，应计算收入，并准予扣除成本、费用。

符合下列情况之一的，可以确认为建成后产权属于全体业主所有：

（1）商品房销售合同、协议或合同性质凭证中注明有关公共配套设施归业主共有，且房屋登记机构在房屋登记簿中对属业主共有的物业服务用房等配套建筑予以记载的。

（2）商品房销售合同、协议或合同性质凭证中未注明有关公共配套设施归业主共有，但通过其他方式向物业买受人提供书面公示材料注明有关公共配套设施归业主共有，且房屋登记机构在房屋登记簿中对属业主共有的物业服务用房等配套建筑予以记载的。

(3) 商品房销售合同、协议或合同性质凭证中注明有关公共配套设施归业主共有,或通过其他方式向物业买受人提供书面公示材料注明有关公共配套设施归业主共有,但因客观原因房屋登记机构未在房屋登记簿中对属业主共有的物业服务用房等配套建筑予以记载,主管税务机关应当调查取证予以确认。

(4) 法院判决书、裁定书、调解书以及仲裁裁决书确定属于全体业主共有的。

3. 江西公共配套设施费的处理

《国家税务总局江西省税务局关于土地增值税若干征管问题的公告》(国家税务总局江西省税务局公告 2018 年第 16 号)第四条第(二)项“公共配套设施费的处理”规定:

(1) 纳税人向建设部门缴纳市政配套设施费并取得相应专用收据的,作为公共配套设施费计算扣除。

(2) 对纳税人将公共配套设施转为自用或用于出租等商业用途的,不得作为公共配套设施费扣除。

(3) 对于按照规定应移交而未移交的公共配套设施,属于政府、公用事业单位的原因不能及时接收的,经有关单位出具证明或由纳税人进行权属公告并出具承诺书,经清算领导小组合议确定后,其成本、费用可以扣除;产权属于全体业主所有的公共配套设施,凡清算时能够出具向全体业主移交公告且明确收益权归属全体业主的,其成本、费用可以扣除。

四、拆迁安置的土地增值税处理

(一) 用建造的本项目房地产安置回迁户

《国家税务总局关于土地增值税清算有关问题的通知》(国税函〔2010〕220 号)第六条“关于拆迁安置土地增值税计算问题”规定,房地产企业用建造的本项目房地产安置回迁户的,安置用房视同销售处理,按《国家税务总局关于房地产开发企业土地增值税清算管理有关问题的通知》(国税发〔2006〕187 号)第三条第(一)款规定的如下方法确认收入,同时将此确认为房地产开发项目的拆迁补偿费。房地产开发企业支付给回迁户的补差价款,计入拆迁补偿费;回迁户支付给房地产开发企业的补差价款,应抵减本项目拆迁补偿费。确认收入的方法和顺序为:

(1) 按本企业在同一地区、同一年度销售的同类房地产的平均价格确定。

（2）由主管税务机关参照当地当年、同类房地产的市场价格或评估价值确定。

（二）异地实物安置的处理

根据国税函〔2010〕220号文件第六条第（二）项的规定，开发企业采取异地安置，异地安置的房屋属于自行开发建造的，房屋价值按国税发〔2006〕187号第三条第（一）项的规定计算，计入本项目的拆迁补偿费。即按下列方法和顺序确认拆迁房屋价值并计入本项目拆迁补偿费：

（1）按本企业在同一地区、同一年度销售的同类房地产的平均价格确定。

（2）由主管税务机关参照当地当年、同类房地产的市场价格或评估价值确定。

异地安置的房屋属于购入的，以实际支付的购房支出计入拆迁补偿费。

（三）货币安置拆迁的处理

根据国税函〔2010〕220号文件第六条第（三）项的规定，货币安置拆迁的，房地产开发企业凭合法有效凭据计入拆迁补偿费。

五、计算增值额时不得扣除的项目

（一）预提费用的扣除

1. 土地增值税的处理

《国家税务总局关于房地产开发企业土地增值税清算管理有关问题的通知》（国税发〔2006〕187号）第四条规定，房地产开发企业的预提费用，除另有规定外，不得扣除。

2. 企业所得税处理

根据《国家税务总局关于印发〈房地产开发经营业务企业所得税处理办法〉的通知》（国税发〔2009〕31号）第三十二条的规定，除以下几项预提（应付）费用外，计税成本均应为实际发生的成本。

（1）出包工程未最终办理结算而未取得全额发票的，在证明资料充分的前提下，其发票不足金额可以预提，但最高不得超过合同总金额的10%。

（2）公共配套设施尚未建造或尚未完工的，可按预算造价合理预提建造费用。此类公共配套设施必须符合已在售房合同、协议或广告、模型中明确承诺建造且不可撤销，或按照法律法规规定必须配套建造的条件。

（3）应向政府上交但尚未上交的报批报建费用、物业完善费用可以按规定预提。物业完善费用是指按规定应由企业承担的物业管理基金、公建维修基金或其他专项基金。

（二）土地闲置费不得扣除

《国家税务总局关于土地增值税清算有关问题的通知》（国税函〔2010〕220号）第四条“房地产企业逾期开发缴纳的土地闲置费的扣除问题”规定，房地产开发企业逾期开发缴纳的土地闲置费不得扣除。

而根据《房地产开发经营业务企业所得税处理办法》（国税发〔2009〕31号印发）第二十七条的规定，企业所得税中开发产品计税成本支出的内容包括土地征用费及拆迁补偿费。土地征用费及拆迁补偿费，是指为取得土地开发使用权（或开发权）而发生的各项费用，主要包括土地买价或出让金、大市政配套费、契税、耕地占用税、土地使用费、土地闲置费、土地变更用途和超面积补交的地价及相关税费、拆迁补偿支出、安置及动迁支出、回迁房建造支出、农作物补偿费、危房补偿费等。也就是说土地闲置费在企业所得税处理时，可以计入开发产品计税成本中的土地征用费及拆迁补偿费项目，从而在企业所得税前扣除。

（三）红线外支出的扣除

“红线外支出”是指在房地产开发企业项目建设用地边界外，即国家有关部门审批的项目规划外承建设施发生支出。房地产开发企业发生红线外支出可能有两种情况：一种是红线外为政府建设公共设施或其他工程是招拍挂拿地时的附带条件，该种情况下，红线外支出相当于土地成本的一部分；另一种是开发商为了提升红线内楼盘的品质，在红线外自行建造建筑物或基础设施。

实务中各地对“红线外支出”的处理五花八门，例如江苏[《江苏省地方税务局关于土地增值税有关业务问题的公告》（苏地税规〔2012〕1号）]曾规定：“项目规划范围之外的，其开发成本、费用一律不予扣除”。而湖北[《湖北省地方税务局关于进一步规范土地增值税征管工作的若干意见》（鄂地税发〔2013〕44号）]则区分红线外支出是否与项目存在直接关联，如果存在计入成本；如果不能提供证据证明存在直接联系，如开发商为了提升环境品质，则不得计入本项目扣除金额。

自2012年10月1日至2016年2月29日，根据《江苏省地方税务局关于土地增值税有关业务问题的公告》（苏地税规〔2012〕1号）第五条“关于房地产开发成本、费用的扣除”第（二）项“公共配套设施成本费用的扣除”的规定，房地产开发企业建造的各项公共配套设施，建成后移交给全体业主或无偿移交给政府、公共事业单位用于非营利性社会公共事业的，准予扣除相关成本、费用；未移交的，不得扣除相关成本、费用；项目规划范围之外的，其开发成本、费用一律不予扣除；人防工程的使用权和收益权未无偿移交给全体业主的，其相关成本、费用不予扣除。

六、扣除项目的合法有效凭证

（一）扣除项目应取得合法有效凭证

根据《国家税务总局关于房地产开发企业土地增值税清算管理有关问题的通知》（国税发〔2006〕187 号）第四条第（一）项的规定，房地产开发企业办理土地增值税清算时计算与清算项目有关的扣除项目金额，应根据土地增值税暂行条例第六条及其实施细则第七条的规定执行。除另有规定外，扣除取得土地使用权所支付的金额、房地产开发成本、费用及与转让房地产有关税金，须提供合法有效凭证；不能提供合法有效凭证的，不予扣除。

（二）建筑安装工程费支出的发票确认

根据《国家税务总局关于全面推开营业税改征增值税试点有关税收征收管理事项的公告》（国家税务总局公告 2016 年第 23 号）第四条“增值税发票开具”第（三）项的规定，提供建筑服务，纳税人自行开具或者税务机关代开增值税发票时，应在发票的备注栏注明建筑服务发生地县（市、区）名称及项目名称。

根据《国家税务总局关于营改增后土地增值税若干征管规定的公告》（国家税务总局公告 2016 年第 70 号）第五条“关于营改增后建筑安装工程费支出的发票确认问题”的规定，营改增后，土地增值税纳税人接受建筑安装服务取得的增值税发票，应按照《国家税务总局关于全面推开营业税改征增值税试点有关税收征收管理事项的公告》（国家税务总局公告 2016 年第 23 号）的规定，在发票的备注栏注明建筑服务发生地县（市、区）名称及项目名称，否则不得计入土地增值税扣除项目金额。

（三）提供凭证并据以计算扣除的截止时间

截至本书出版时，没有查到国务院财政、税务总管部门对提供合法有效凭证并据以计算扣除项目的截止时间的全国统一规定。江西等地对此问题进行了明确。

根据《国家税务总局江西省税务局关于土地增值税若干征管问题的公告》（国家税务总局江西省税务局公告 2018 年第 16 号）第四条第（四）项的规定，在土地增值税清算中,原则上以满足应进行清算的条件或者接到主管税务机关要求清算通知书之日起90天内,为提供合法有效凭证并据以计算扣除项目的截止时间。

七、扣除项目的归集与分摊

(一)多项目共同成本费用的分摊扣除原则

根据《国家税务总局关于房地产开发企业土地增值税清算管理有关问题的通知》(国税发〔2006〕187号)第四条第(五)项的规定,属于多个房地产项目共同的成本费用,应按清算项目可售建筑面积占多个项目可售总建筑面积的比例或其他合理的方法,计算确定清算项目的扣除金额。

(二)扣除项目归集与分摊的具体规定

1. 成本费用分摊方法

在不同清算单位或同一清算单位不同类型房产之间分摊共同的成本费用时,可直接归集的,应直接计入该清算单位或该类型房地产的土地成本;不能直接归集的,应当按照受益对象,采用合理的分配方法,分摊共同的成本和费用。常用分摊方法有:

(1)建筑面积法,即按房地产建筑面积占总建筑面积的比例计算分摊。

(2)占地面积法,即按照转让房地产土地使用权面积占总占地面积的比例计算分摊。

(3)基准地价系数法,即按照土地管理部门不同用途土地的基准地价的比例计算分摊。

(4)主管税务机关认可的其他合理方法。

2. 江西扣除项目归集与分摊的具体方法

根据《国家税务总局江西省税务局关于土地增值税若干征管问题的公告》(国家税务总局江西省税务局公告2018年第16号)第三条"土地增值税清算的归集分摊原则"的规定:

(1)多个清算单位之间,扣除项目金额能按不同清算单位直接归集的,先直接归集;不能直接归集的部分,再按各清算单位的建筑面积分摊。

(2)同一清算单位内部,扣除项目金额能按不同受益对象直接归集的,先直接归集;不能直接归集的部分,再按受益对象的建筑面积分摊。

(3)对同一清算单位内部存在不同类型房地产或已售、未售区分的情形,扣除项目金额能按不同受益对象直接归集的，先直接归集；不能直接归集的部分，第一步在已售与未售之间按建筑面积分摊，第二步在普通住宅、非普通住宅和其他类型房地产之间按建筑面积分摊。

3. 江苏的具体分摊方法

1）土地成本的分摊

自2016年3月1日起，《江苏省地方税务局关于土地增值税若干问题的公告》(苏地税规〔2015〕8号)第二条“关于土地成本分摊问题”规定，土地成本是指取得土地使用权所支付的金额。土地成本仅在能够办理权属登记手续的建筑物及其附着物之间进行分摊。在不同清算单位或同一清算单位不同类型房产之间分摊土地成本时，可直接归集的，应直接计入该清算单位或该类型房产的土地成本；不能直接归集的，可按建筑面积法计算分摊，也可按税务机关认可的其他合理方法计算分摊。

自2012年10月1日至2016年2月29日，根据《江苏省地方税务局关于土地增值税有关业务问题的公告》(苏地税规〔2012〕1号)第四条“同一开发项目不同类型房地产成本费用分摊”第(一)项的规定，同一开发项目中建设不同类型房地产的，按该类型房地产建筑面积占该项目总建筑面积的比例分摊取得土地使用权所支付的金额和土地征用及拆迁补偿费(以下简称“土地成本”)。但对占地相对独立的不同类型房地产，应按该类型房地产占地面积占该项目房地产总占地面积的比例计算分摊土地成本。

因为在计算土地增值税时，应当区分不同类型房地产分别计算增值额、增值率，缴纳土地增值税，所以就产生了成本费用(扣除项目)在不同类型房地产之间的分摊问题。

根据苏地税规〔2012〕1号文件的规定，在分摊土地成本时应当分两步进行：

第一步，先将占地相对独立(一般是指有道路、围墙等分隔)的不同类型房地产，按该类型房地产实际占地面积占该项目房地产总占地面积的比例计算分摊土地成本。

第二步，对于剩余混建的不同类型房地产，应当首先确定混建房屋占地的总土地成本，然后根据混建房屋中某一类型房地产建筑面积占该项目混建总建筑面积的比例分摊土地成本。而苏地税规〔2015〕8号文件取消了对分摊方法的限制。

2）开发成本的分摊

根据《江苏省地方税务局关于土地增值税有关业务问题的公告》(苏地税规

〔2012〕1 号)第四条"同一开发项目不同类型房地产成本费用分摊"第(二)项的规定,同一开发项目中建设的不同类型房地产发生的建筑安装工程费,前期工程费、基础设施费、公共配套设施费、开发间接费用,按规定的核算对象分别归集。如不能按不同类型房地产分别归集的,应按照不同类型房地产的建筑面积占该项目总建筑面积比例分摊。

纳税人发生的开发成本应当归集至不同类型房地产。如果纳税人只存在一种类型房地产,或者在会计核算时,能够根据不同类型房地产确定成本对象,并准确归集开发成本,那么不同类型房地产的开发成本就可直接确定。如果纳税人存在两种以上类型的房地产,并且未能根据不同类型房地产归集开发成本的,则应当按照不同类型房地产的建筑面积占该项目总建筑面积比例计算分摊开发成本。如果某一类型房地产存在区别于其他类型房地产的特定成本(例如某一类型房地产发生了装修成本)的,此类特定成本应单独归集并准确核算,并将此类特定成本直接归集至该类型房地产。

3) 利息支出和开发费用的分摊

根据《江苏省地方税务局关于土地增值税有关业务问题的公告》(苏地税规〔2012〕1 号)第四条"同一开发项目不同类型房地产成本费用分摊"第(三)项的规定,同一开发项目中建设的不同类型房地产应分摊的利息支出,凡能够按不同类型房地产计算分摊并提供金融机构证明的,允许据实计算扣除,但最高不能超过按商业银行同类同期贷款利率计算的金额。利息支出以外的其他房地产开发费用,按苏地税规〔2012〕1 号文件第四条第(一)、(二)项规定计算分摊的金额之和的 5%计算扣除。

凡不能按转让房地产项目不同类型房地产计算分摊利息支出或不能提供金融机构证明的,房地产开发费用按苏地税规〔2012〕1 号文件第四条第(一)、(二)项规定计算分摊的金额之和的 10%计算扣除。

在计算土地增值税时,据实扣除利息支出需要同时符合以下四个条件:

(1) 如果纳税人存在非房地产经营项目,应当能够将利息在房地产项目和非房地产项目之间准确划分。

(2) 利息支出能够在不同清算单位之间准确归集。

(3) 利息支出能够按不同类型房地产计算分摊。

(4) 能够提供金融机构证明(纳税人支付的委托贷款利息支出属于不能提供金融机构证明的利息支出)。

允许据实计算扣除的利息最高不能超过按商业银行同类同期贷款利率计算的金额。利息支出不能同时符合上述四个条件的，房地产开发费用一律按照取得土地使用权支付的金额与房地产开发成本之和的10%以内计算扣除，不必考虑纳税人的实际发生额。

4. 福建同一清算单位不同类型间扣除项目的分摊方法

根据《国家税务总局福建省税务局关于土地增值税若干政策问题的公告》（国家税务总局福建省税务局公告2018年第21号）第五条“关于同一清算单位不同类型间扣除项目金额的分摊问题”的规定，同一清算单位中包含普通住房、非普通住房和非住房不同类型房地产的，其扣除项目金额在不同类型房地产间，原则上按可售面积计算分摊，也可按税务机关确认的其他合理方式计算分摊。其他合理方式由各设区市、平潭实验区税务机关明确。

八、深入剖析成本结构　加强税前扣除审核

深入剖析成本结构　加强税前扣除审核

——A项目土地增值税清算案例

（一）项目基本案情

1. 纳税人基本情况

南京*****开发有限责任公司于1992年12月经南京市工商行政管理局注册成立，是国有控股的企业。经营范围：市政道路、桥梁、给排水与工程建筑施工；房地产开发、商品房销售、租赁及售后服务；工程项目咨询管理服务；装饰工程施工；物业管理；机电设备、建筑材料（不含油漆）销售。

2. 案件来源

南京*****开发有限责任公司开发的A项目，房屋类型包括独栋别墅、联排别墅、公寓。清算审核中，税务审核人员采用以案头审核为主，实地核查为辅，严格依据《中华人民共和国土地增值税暂行条例》及其实施细则、《国家税务总局关于房地产开发企业土地增值税清算管理有关问题的通知》（国税发〔2006〕187号）以及《国家税务总局关于印发〈土地增值税清算管理规程〉的通知》（国税发〔2009〕91号）的规定，对清算项目实施了包括项目实地核查、抽查会计凭证、查阅相关合同等土地增值税清算审核程序，重点审核了土地增值税纳税清算申报表及其与附表之间的逻辑关系、各表项目之间数据的一致性、计算准确性。在实地核查中，发现该项目由于开发跨度长，缺少部分基础资料，如规划许可证资料

已丢失,一些票据不是很规范,同一项目有三种房屋类型等。

3. 项目情况

A项目位于南京市江宁区百家湖,于2005年11月16日取得南京江宁经济技术开发区管理委员会签发的《关于南京＊＊＊＊＊开发有限责任公司A项目立项的批复》(宁经管委发〔2005〕272号),批复的建设内容及建设规模为:独立式别墅25幢、联排式别墅5幢,总建筑面积约11 571平方米。

该项目用地面积为69 012.90平方米,规划设计总建筑面积为37 173.14平方米。项目于2004年11月3日取得南京市人民政府签发的《中华人民共和国土地使用证》[证号:宁江国用(2004)第10844号]。公司于2001年8月至2009年2月间取得南京市江宁区规划局、南京市江宁区建设局签发的《中华人民共和国建设工程规划许可证》[证号分别为:宁建字(2001)第204号、宁建字(2002)第007号、江宁建字(2005)第675号、江宁建字(2005)第914号、江宁建字(2006)第126号、江宁建字(2006)第243号、建字第32011520098 1031号]。公司于2005—2006年取得南京市江宁区建筑工程局签发的《中华人民共和国建筑工程施工许可证》[证号分别为:江宁建许字(2005)第150号、江宁建许字(2006)第014号、江宁建许字(2006)第109号]。该项目分别于2007年3月28日、2010年2月26日取得竣工结算备案表。

经南京市江宁区房产管理所、南京富展置业投资顾问有限公司测绘,A项目建筑面积34 338.66平方米,其中独立式别墅35幢,建筑面积为10 391.75平方米;联排式别墅7幢,建筑面积为6 288.33平方米;公寓8幢,建筑面积为17 658.58平方米(其中:物业用房面积459.75平方米、监控室面积17.95平方米)。

该项目可售面积为33 860.96平方米,不可售面积为477.70平方米(其中:物业用房面积459.75平方米、监控室面积17.95平方米)。

(二) 项目自行清算申报情况

1. 销售情况

公司于2005年8月至2009年4月间取得南京市江宁区房产管理局签发的《商品房预售许可证》[证号分别为:江宁房预销字(2005)1102号、江宁房预销字(2005)2077号、江宁房预销字(2006)1056号、江宁房预销字(2007)2016号、宁房销第200700507号],批准项目销售。

截至2012年5月31日,8幢公寓17 180.88平方米、7幢联排式别墅6 288.33

平方米和33幢独立式别墅9 528.98平方米已销售，即总计已售面积32 998.19平方米。2幢独立式别墅862.77平方米未售，已售面积占可售面积的比例为97.45％，达到可清算条件。

2. 税款申报缴纳情况

截至清算日，转让房地产收入总额243 155 426.06元。扣除项目金额合计222 291 591.44元，其中取得土地使用权支付金额30 155 135.06元，房地产开发成本130 465 389.34元，房地产开发费用16 043 584.72元，与转让房地产有关的税金13 540 312.89元，财政部规定的其他扣除项目32 087 169.43元。该转让项目的增值额20 863 834.62元，增值率9.39％，应缴土地增值税税额6 259 150.39元，已缴土地增值税税额5 611 903.55元，应补土地增值税税额为647 246.84元，税负率2.57％。

(三) 项目清算审核情况

1. 销售情况

审核小组根据房产部门的房屋面积测绘表及商品房销售合同、发票开具情况及账面收入，通过实地核查，该清算项目已售8幢公寓17 180.88平方米、7幢联排式别墅6 288.33平方米和33幢独立式别墅9 528.98平方米，2幢独立式别墅862.77平方米未售。8栋公寓中03幢401室售价明显高于均价，各独立别墅销售价格不一致，且相差较大。通过实地核查，因每幢独立别墅认购的时间不一致，而合同签订时间滞后，再加上独立别墅因坐落方向、周边环境等不可比因素，造成少部分独立别墅售价明显偏低。03幢401室售价明显高于均价，是因为该房屋是精装修房，装修成本也进入开发成本。审核确认的转让房地产收入为243 155 426.06元。

2. 扣除项目及其金额

(1) 取得土地使用权支付的金额。

公司自行申报本项目取得土地使用权所支付的金额为30 943 570.60元，按项目总可售建筑面积33 860.96平方米分摊，已售建筑面积32 998.19平方米应分摊扣除30 155 135.06元，经审核，该单位无地下车库，用地取得国土部门的合法票据，相应现金流也发生，确认允许扣除的取得土地使用权所支付的金额为30 155 135.06元。

(2) 房地产开发成本。

① 土地征用及拆迁补偿：公司自行申报本项目确认的土地征用及拆迁补偿

费 2 208 055.77 元，按项目总可售建筑面积 33 860.96 平方米分摊，已售建筑面积 32 998.19 平方米应分摊扣除 2 151 794.98 元，经审核，企业自行申报时已对不合规的票据及应进期间费用的项目进行调整，无其他调整事项，确认允许扣除的取得土地征用及拆迁补偿费的金额为 2 151 794.98 元。

② 前期工程费：公司自行申报的前期工程费 5 084 186.10 元，按项目总可售建筑面积 33 860.96 平方米分摊，已售建筑面积 32 998.19 平方米应分摊扣除 4 954 642.13 元。经审核，企业自行申报时已对不合规的票据及应进期间费用的项目进行调整，但应由施工承担的噪声排污费 130 000.00 元没有调整，调整后为 4 954 186.10 元，按总可售建筑面积 33 860.96 平方米分摊，已售建筑面积32 998.19 平方米应分摊扣除 4 827 954.50 元。

③ 建筑安装工程费：公司自行申报的建筑安装工程费 94 580 820.84 元，按项目总可售建筑面积 33 860.96 平方米分摊，已售建筑面积 32 998.19 平方米应分摊扣除 92 170 921.81 元。该项目单位建安成本 2 754.00 元/平方米，从纳税人提供的施工合同、工程决算表、开具的发票及银行的往来账比对分析，不存在虚开建筑安装发票，经实地核查，该项目主要是木质结构且采用防腐保温的高端技术产品，建安成本偏高，但在审核中，因该项目开发时间跨度长，发现不合规的发票 2 795 177.50 元及竣工后改造款 800.00 元，合计 2 795 977.50 元应予调减，调整后为 4 954 186.10 元，按总可售建筑面积 33 860.96 平方米分摊，已售建筑面积 32 998.19 平方米应分摊扣除 89 446 185.21 元。

④ 基础设施费：公司自行申报的基础设施费 30 539 245.79 元，按项目总可售建筑面积 33 860.96 平方米分摊，已售建筑面积 32 998.19 平方米应分摊扣除 29 761 112.36 元。经审核，主要绿化工程发票不规范，发票金额 243 509.25 元，还有应进期间费用的煤气集资费 190 000.00 元，以上合计 433 509.25 元应予调减，按总可售建筑面积 33 860.96 平方米分摊，已售建筑面积 32 998.19 平方米应分摊扣除 29 338 648.83 元。

⑤ 公共配套设施费：公司自行申报本项目确认的公共配套设施费 925 046.36 元，按项目总可售建筑面积 33 860.96 平方米分摊，已售建筑面积 32 998.19 平方米应分摊扣除 901 476.38 元。经审核，企业自行申报时已对不合规的票据及应进期间费用的项目进行调整，无其他调整事项，允许扣除的取得公共配套设施费的金额为 901 476.38 元。

⑥ 开发间接费：公司自行申报的开发间接费用 539 179.87 元，按项目总可

售建筑面积 33 860.96 平方米分摊，已售建筑面积 32 998.19 平方米应分摊扣除 525 441.68 元。经审核，企业在申报时，企业账面数为 6 850 030.13 元，企业申报时已将列支的利息费、其他不合规发票及应进入期间费用的成本都进行调整，但竣工决算后发生的间接费用及超标准列支的福利费 11 441.64 元应予调减，调整后按总可售建筑面积 33 860.96 平方米分摊，已售建筑面积 32 998.19 平方米应分摊扣除 514 291.57 元。

允许扣除的房地产开发成本合计 127 180 351.47 元。

(3) 房地产开发费用。

本项目发生的借款利息支出包含向非金融机构的借款，不能提供金融机构证明，因此，房地产开发费用按取得土地使用权所支付的金额和房地产开发成本之和的扣除代收费用后的余额 10%计算扣除。经审核，本项目开发成本中列支的代收费用为 189 505.8 元为白蚁防治费，按项目总可售建筑面积 33 860.96 平方米分摊，已售建筑面积 32 998.19 平方米应分摊扣除 184 677.23 元。即房地产开发费用为(30 155 135.06＋127 180 351.47－184 677.23)×10%＝15 715 080.93(元)。

(4) 与转让房地产有关的税金。

在审核时，发现营业税计税依据与销售收入配比，营业税与城市维护建设税及教育费附加计税依据不一致，经查阅相关资料，该单位营业税多申报缴纳，为开发该项目，在项目所在地成立项目分公司，项目位于江宁区百家湖，2010 年 5 月份之前该区城市维护建设税的税率为 5%，而本单位的城建税的税率为 7%，该项目在 2009 年 5 月除两栋独立别墅，其他均售空。经确认，允许扣除的与转让房地产有关的税金为可扣除的转让房地产有关税金为13 467 129.75 元，其中，营业税 12 157 771.30 元，城建税 823 047.60 元，教育费附加 486 310.85 元。

(5) 财政部确定的其他扣除项目。

企业系从事房地产开发的纳税人，并且代收费用是计入房价中向购买方一并收取，因此按取得土地使用权所支付的金额和房地产开发成本之和扣除代收费用后的余额的 20%计算加计扣除额扣除。经审核，本项目开发成本中列支的代收费用 189 505.8 元为白蚁防治费，按项目总可售建筑面积 33 860.96 平方米分摊，已售建筑面积 32 998.19 平方米应分摊扣除 184 677.23 元。扣除代收费用后的加计扣除数为(30 155 135.06＋127 180 351.47－184 677.23)×20%＝31 430 161.86 (元)。

以上各项扣除项目合计为217 947 859.07元。

增值额：243 155 426.06－217 947 859.07＝25 207 566.99(元)；

增值额与扣除项目金额之比：25 207 566.99÷217 947 859.07＝11.57％；

适用税率30％，应缴土地增值税：25 207 566.99×30％＝7 562 270.10(元)；

已预缴土地增值税：6 259 150.39元；

应补缴土地增值税：7 562 270.10－6 259 150.39＝1 303 119.71(元)。

(四) 清算管理建议

1. 充分利用征管信息，切实做好案前准备

清算人员利用税收征管信息系统房地产管理平台和一户式资料，掌握案情相关信息，了解纳税人有关资料，并对纳税人报送的清算资料进行数据、逻辑审核，重点审核项目归集的一致性和计算的准确性。同时从房地产开发的立项、施工、销售等具体情况进行了解，并要求企业提供相关批文、规划、施工、销售许可及合同、图纸等有关资料，掌握房地产开发、销售初步的情况，预先剖析出清算过程中的问题疑点。

2. 坚持案头审核和实地察看相结合

坚持案头审核和实地察看相结合，以各单项成本占总成本的比例结构为切入点，对比例较高的，重点关注，实地核查。如本项目建筑安装成本偏高，税务人员对独栋别墅、联排别墅的木质结构及采用防腐保温高端技术产品的成本结构特点进行了重点核查和分析。

3. 重点加强发票的甄别和审核

目前开具假发票的现象较多，纳税人往往不能辨别真假，特别是建筑业发票金额较大，一些较大的项目建筑业发票甚至有几千份。增加本地发票查询途径，开发发票批量查询功能，提高对本地发票的查询效率，既对综合税收管理有客观必要性，又对较大规模项目的土地增值税清算支撑具有明显作用。

4. 实行项目管理闭环运行

房地产企业申报缴纳的营业税和预缴的土地增值税税款的应按项目进行申报，实行项目登记、项目申报管理和项目税金核算的闭环运行，不但能让税务机关加强日常征管和监控，而且还能提高清算评估效率和准确率。特别是对于项目较多且多个项目同时进行开发的情况，封闭循环的项目式管理和税金申报管理，有利于及时、准确开展项目的日常管理和清算管理。

第六章　应纳税额的计算

> 税收是国家的主要支柱。
>
> ——西塞罗

应纳土地增值税税额等于转让房地产取得的增值额乘以适用税率，并分为转让开发产品应纳税额的计算、转让土地使用权应纳税额的计算、转让旧房应纳税额的计算以及土地增值税的核定征收。

第一节　转让开发产品应纳税额的计算

一、转让开发产品的扣除项目

对取得土地使用权后进行房地产开发建造的，在计算其增值额时，允许扣除取得土地使用权时支付的地价款和有关费用、开发土地和新建房及配套设施的成本和规定的费用、转让房地产有关的税金，并允许加计20%扣除。这可以使从事房地产开发的纳税人有一个基本的投资回报，以调动从事正常房地产开发企业的积极性。转让开发产品的扣除项目包括：

(1) 取得土地使用权时支付的地价款和有关费用。

(2) 房地产开发成本。

(3) 房地产开发费用。

(4) 与转让房地产有关的税金。

(5) 加计20%扣除。

二、营改增后土地增值税清算的计算

根据《国家税务总局关于营改增后土地增值税若干征管规定的公告》(国家

税务总局公告2016年第70号)第四条"关于营改增前后土地增值税清算的计算问题"的规定,房地产开发企业在营改增后进行房地产开发项目土地增值税清算时,按以下方法确定相关金额。

(一) 土地增值税应税收入的确认

土地增值税应税收入 = 营改增前转让房地产取得的收入 + 营改增后转让房地产取得的不含增值税收入

(二) 与转让房地产有关的税金的确定

与转让房地产有关的税金 = 营改增前实际缴纳的营业税、城建税、教育费附加 + 营改增后允许扣除的城建税、教育费附加

三、应纳土地增值税税额计算

(一) 土地增值税计算方法

应纳土地增值税税额等于增值额乘以适用税率。如果增值额超过扣除项目金额50%以上,在计算增值额时,需要分别用各级增值额乘以适用税率,得出各级税额,然后再将各级税额相加,得出总税额。

根据《土地增值税暂行条例实施细则》第十条的规定,计算土地增值税税额,可按增值额乘以适用的税率减去扣除项目金额乘以速算扣除系数的简便方法计算,具体公式如下:

(1) 增值额未超过扣除项目金额50%:

土地增值税税额=增值额×30%

(2) 增值额超过扣除项目金额50%,未超过100%的:

土地增值税税额=增值额×40%-扣除项目金额×5%

(3) 增值额超过扣除项目金额100%,未超过200%的:

土地增值税税额=增值额×50%-扣除项目金额×15%

(4) 增值额超过扣除项目金额200%:

土地增值税税额=增值额×60%-扣除项目金额×35%

公式中的5%,15%,35%为速算扣除系数。

(二) 营改增之前转让房地产案例分析

【例6-1】 甲市A房地产开发公司2016年1月转让位于市区的一幢写字

楼取得收入1 000万元。已知该公司为取得土地使用权所支付的金额为50万元(含承受土地缴纳的契税2万元),房地产开发成本为200万元,除借款利息外的房地产开发费用为40万元,该公司没有按房地产项目计算分摊银行借款利息,该项目所在省政府规定计征土地增值税时房地产开发费用扣除比例按10%计算。

要求:

(1) 计算转让写字楼应缴纳的相关税金及附加。

(2) 计算与转让房地产有关的税金。

(3) 计算土地增值税增值额时允许扣除的税金及附加。

(4) 计算该公司应缴纳的土地增值税。

【解析】 (1)转让房地产的收入:1 000万元。

(2) 转让房地产应缴纳的营业税金及附加:

应交营业税:1 000×5%=50(万元);

应交城市维护建设税:50×7%=3.5(万元);

应交教育费附加:50×3%=1.5(万元);

应交地方教育附加:50×2%=1(万元);

应交印花税:1 000×0.05%=0.5(万元);

应交与转让房地产有关的税金及附加:50+3.5+1.5+1=56(万元)。

(3) 扣除项目金额:

① 取得土地使用权所支付的金额:50万元;

② 房地产开发成本:200万元;

③ 房地产开发费用:(200+50)×10%=25(万元);

④ 与转让房地产有关的税金:50+3.5+1.5+1=56(万元);

⑤ 加计扣除20%:(50+200)×20%=50(万元);

扣除项目金额=50+200+25+56+50=381(万元)。

(4) 增值额的计算:

增值额=1 000-381=619(万元)。

(5) 增值率的计算:

增值率=619÷381×100%=162.47%,适用税率为50%,速算扣除系数为15%。

(6) 应纳土地增值税税额:

应纳税额＝619×50％－381×15％＝309.5－57.15＝252.35(万元)；

或，应纳税额＝381×50％×30％＋381×50％×40％＋(619－381)×50％＝57.15＋76.2＋119＝252.35(万元)。

（三）营改增后转让房地产案例分析

【例 6-2】 B 房地产开发公司 2019 年 8 月转让位于市区的一幢写字楼取得价款 1 050 万元。已知该公司为取得土地使用权所支付的金额为 50 万元(含承受土地缴纳的契税 2 万元)，房地产开发成本为 200 万元，除借款利息外的房地产开发费用为 40 万元，该公司没有按房地产项目计算分摊银行借款利息，该项目所在省政府规定计征土地增值税时房地产开发费用扣除比例按 10％计算。

已知施工合同约定的开工日期为 2016 年 4 月，该公司选择适用简易计税方法计算缴纳增值税。

要求：

(1) 计算转让写字楼应缴纳的相关税金及附加。

(2) 计算与转让房地产有关的税金。

(3) 计算土地增值税增值额时允许扣除的税金及附加。

(4) 计算该公司应缴纳的土地增值税。

【解析】 (1)转让房地产的收入(销售额)：1 050÷(1＋5％)＝1 000(万元)。

(2) 转让房地产应缴纳的增值税及附加：

应交增值税：1 000×5％＝50(万元)；

应交城市维护建设税：50×7％＝3.5(万元)；

应交教育费附加：50×3％＝1.5(万元)；

应交地方教育附加：50×2％＝1(万元)；

应交印花税：1 000×0.05％＝0.5(万元)；

应交与转让房地产有关的税金：3.5＋1.5＋1＝6(万元)。

(3) 扣除项目金额：

① 取得土地使用权所支付的金额：50 万元；

② 房地产开发成本：200 万元；

③ 房地产开发费用：(200＋50)×10％＝25(万元)；

④ 与转让房地产有关的税金：3.5＋1.5＋1＝6(万元)；

⑤ 加计扣除 20％：(50＋200)×20％＝50(万元)；

扣除项目金额＝50＋200＋25＋6＋50＝331(万元)。

（4）增值额的计算：

增值额＝1 000－331＝669(万元)。

（5）增值率的计算：

增值率＝669÷331×100％＝202.11％，适用税率为60％，速算扣除系数为35％。

（6）应纳土地增值税税额：

应纳税额＝669×60％－331×35％＝401.4－115.85＝285.55(万元)。

（四）扣除项目确定案例分析

【例6-3】 2019年10月18日，乙市龙云房地产开发公司通过法院司法拍卖方式受让月成房地产开发有限公司土地使用权及在建工程C1＃楼，C2＃楼，C6＃楼(契税号码0407＊＊＊＊1)，拍卖成交确认书显示的成交价为32 695.415万元。《某市中级人民法院执行裁定书》法律文书说明该项目竞买条件具体构成如下：

（1）履行对拆迁户的拆迁、安置义务，折合价款28 277.172万元作为担保金交至法院账户，待对拆迁户安置完成后，竞买人可要求返还相应款项。

（2）竞买人需承担未来建设期间的过渡费(暂按3年计算，过渡费预计2 618.672万元)。

（3）不论法律文书确定的优先数额是多少，竞买人均需按1 799.571万元支付竞买款(甲建设集团有限公司对拟拍卖标的主张建设工程优先权1 799.571万元，实际数额以生效判决为准)。

税务机关提供的纳税资料显示(契税号码0407＊＊＊0)：月成房地产开发有限公司按销售额311 384 904.76元(成交价不含税)缴纳增值税及附加17 437 554.67元，按成交价326 954 150.00元缴纳印花税163 477.10元，税务机关采纳祥瑞税务师事务所有限公司出具的《土地增值税清算辅助审核报告》(土增辅字〔2016〕4号)的意见，征收土地增值税5 085 164.10元。

纳税资料及《土地增值税清算辅助审核报告》(土增辅字〔2016〕4号)显示月成房地产开发有限公司转让土地使用权及在建项目取得收入26 954 150.00元；取得土地使用权支付的出让金为1 510 160.00元。扣除项目金额为：310 003 603.00元，在计算土地增值税扣除项目时，按土地评估价191 182 700.00元扣除；另外，开发成本扣除项目中扣除未发生的过渡费26 186 720.00元。在计算土地增值税增值额时多扣除土地成本和过渡费。

要求：分析说明案例中存在的主要涉税问题。

【解析】 根据《土地增值税暂行条例》第六条和《土地增值税暂行条例实施细则》(财法字〔1995〕6号)第七条的规定,计算增值额时的扣除项目为：

(1) 取得土地使用权所支付的金额。

(2) 开发土地的成本、费用。

(3) 新建房及配套设施的成本、费用,或者旧房及建筑物的评估价格。

(4) 与转让房地产有关的税金。

(5) 财政部规定的其他扣除项目。

因而,计算土地增值税增值额的扣除项目“取得土地使用权所支付的金额”应为取得土地使用权时支付的价款金额,而不是土地的评估价。案例中,按土地评估价扣除不符合土地增值税暂行条例及其实施细则的规定。

此外,在计算增值额时的扣除项目除另有规定外,为实际发生额,对预提费用通常不得作为扣除项目扣除,案例中计算增值额时扣除预提费用性质的“过渡费”,不符合土地增值税暂行条例及其实施细则的相关规定。

(五) 土地增值税计算案例分析

【例6-4】 2019年9月,位于江苏C市市区的该甲房地产开发公司对其开发建设竣工的写字楼项目进行土地增值税清算。有关情况如下：

(1) 2009年2月,取得该项目土地使用权时支付土地出让价款5 000万元,甲公司按规定缴纳了受让土地使用权的契税。根据当地政府的招商引资政策规定,2009年8月,收到财政部门按土地出让金的20%拨付的财政奖励款1 000万元。后因逾期开发缴纳土地闲置费500万元。

(2) 该项目的房地产开发成本10 000万元,其中：支付装修费用1 000万元;支付建筑安装工程费5 100万元,取得的增值税专用发票上注明的增值税税额为100万元。

(3) 该项目共发生房地产开发费用450万元,其中支付非金融企业利息200万元。

(4) 该项目可售建筑面积20 000平方米,2018年6月至2019年8月底已售18 000平方米,取得含增值税收入31 500万元,剩余的2 000平方米企业自用。已按规定预征土地增值税612万元。

(5) 其他相关资料：假设根据相关税收规定,该公司选择简易计税办法计算转让写字楼增值税;当地承受土地使用权适用的契税税率为4%;当地政府规定计算土地增值税时房地产开发费用计算扣除比例为国家规定的最高比例。

要求：根据上述资料计算写字楼项目清算应补缴的土地增值税等相关税收。

【解析】 (1)转让房地产收入：31 500÷(1+5%)=30 000(万元)。

(2) 转让房地产相关税收金额：

应交增值税：30 000×5%=1 500(万元)；

应交城市维护建设税：1 500×7%=105(万元)；

应交教育费附加：1 500×3%=45(万元)；

应交教育地方附加：1 500×2%=30(万元)；

应交印花税：31 500×0.05%=15.75(万元)。

(3) 扣除项目：

假设按建筑面积法分析相关成本费用。

取得土地使用权支付的金额：

[(5 000-1 000)+5 000×4%]×18 000÷20 000=4 200×18 000÷20 000=3 780(万元)；

房地产开发成本：10 000×18 000÷20 000=9 000(万元)；

房地产开发费用：(3 780+9 000)×10%=1 278(万元)；

与转让房地产相关的税金：105+45+30=180(万元)；

加计扣除：(3 780+9 000)×20%=2 556(万元)；

扣除项目小计：3 780+9 000+1 278+180+2 556=16 794(万元)。

(4) 增值额：30 000-16 794=13 206(万元)。

(5) 增值率：13 206÷16 794×100%=78.64%。

(6) 应纳土地增值税：13 206×40%-16 794×5%=5 282.4-839.7=4 442.7(万元)。

清算应补缴土地增值税：4 442.7-612=3 830.7(万元)。

(六) 房地产开发项目土地增值税计算案例分析

【例 6-5】 2019 年 6 月，A 市税务局拟对辖区内甲房地产开发公司开发的房地产项目进行土地增值税清算。该房地产开发公司提供该房地产开发项目的资料如下：

(1) 2016 年 1 月，以 8 000 万元拍得用于该房地产开发项目的一宗土地，并缴纳契税；因闲置 1 年，支付土地闲置费 400 万元。

(2) 2016年4月，开始动工建设，发生开发成本5 000万元；银行贷款凭证显示利息支出1 000万元。

(3) 2019年3月，项目已销售可售建筑面积的80%，共计取得不含增值税收入20 000万元；可售建筑面积的20%按市场价5 000万元投资入股某酒店，约定共担风险、共享收益。

(4) 公司应按3%的预征率预缴土地增值税。该公司销售该房地产项目选择适用简易计税方法计算缴纳增值税。并聘请税务中介机构对该项目土地增值税进行审核鉴证。税务中介机构提供了鉴证报告。

(其他相关资料：当地适用的契税税率为5%，所在省级政府规定其他开发费用的扣除比例为5%)

要求：根据上述资料回答问题。

(1) 简要说明税务机关要求该公司进行土地增值税清算的理由。

(2) 计算该公司销售未完工开发产品时应预缴的增值税金额。

(3) 该公司应预缴的土地增值税。

(4) 计算该公司清算土地增值税时允许扣除的支付的土地使用权金额。

(5) 计算该公司清算土地增值税时允许扣除的税金及附加。

(6) 计算该公司清算土地增值税时应补(退)的土地增值税金额。

(7) 税务机关能否对清算补缴的土地增值税加收滞纳金，简要说明理由。

(8) 简要说明税务机关对税务中介出具的鉴证报告，在什么条件下可以采集。

【解析】 (1)甲房地产开发公司直接销售可售建筑面积已达到80%，剩余20%部分对外投资，视同销售房地产。已完成全部销售，应进行土地增值税清算。

(2) 公司销售未完工开发产品时应预缴的增值税：20 000×3%=600(万元)。

(3) 公司应预缴的土地增值税：[20 000×(1+5%)−600]×3%=612(万元)。

(4) 公司清算土地增值税时允许扣除的支付的土地使用权金额：8 000×(1+5%)=8 400(万元)。

(5) 清算土地增值税时允许扣除的税金及附加：

销售不动产应缴的增值税为：(20 000+5 000)×5%=1 250(万元)；

应交城市维护建设税：1 250×7%=87.5(万元)；

应交教育费附加：1 250×3%＝37.5(万元)；

应交教育地方附加：1 250×2%＝25(万元)；

应交印花税：25 000×0.05%＝12.5(万元)；

清算土地增值税时允许扣除的税金及附加：87.5＋37.5＋25＋12.5＝162.5(万元)。

(6) 计算该公司清算土地增值税时应补(退)的金额：

销售房地产收入：20 000＋5 000＝25 000(万元)；

扣除项目金额：8 400＋5 000＋1 000＋(8 400＋5 000)×5%＋162.5＋(8 400＋5 000)×20%＝8 400＋5 000＋1 000＋670＋162.5＋2 680＝17 912.5(万元)；

增值额：25 000－17 912.5＝7 087.5(万元)；

增值率：7 087.5÷17 912.5＝39.57%；

应纳土地增值税：7 087.5×30%＝2 126.25(万元)；

应补交土地增值税：2 126.25－612＝1 514.25(万元)。

(7) 税务机关能否对清算补缴的土地增值税加收滞纳金的问题。

纳税人按规定预交土地增值税后，清算补缴的土地增值税，在主管税务机关规定的期限内补缴的，不加收滞纳金。

(8) 税务中介机构按照税务机关规定的格式和要求对审核鉴证情况出具的鉴证报告，税务机关可以采信。

四、清算税款的纳税申报

《土地增值税纳税申报表》是纳税人履行土地增值税纳税义务时以规范格式向税务机关申报纳税的书面报告，也是税务机关审核纳税人税款缴纳情况的重要依据。因此，纳税人必须按照税法的有关规定和报表中的填报要求，向房地产所在地主管税务机关如实申报转让房地产所取得的收入、扣除项目金额以及应纳土地增值税税额，并按期缴纳税款。

现行使用的2016年版“土地增值税纳税申报表单”修订内容主要表现在：

(1) 根据《财政部　国家税务总局关于土地增值税一些具体问题规定的通知》(财税字〔1995〕48号)的规定，在《土地增值税纳税申报表(二)(从事房地产开发的纳税人清算适用)》和《土地增值税纳税申报表(五)》中增加“代收费用”栏次。

(2) 根据《国家税务总局关于房地产开发企业土地增值税清算管理有关问题的通知》(国税发〔2006〕187 号)和《国家税务总局关于印发〈土地增值税清算管理规程〉的通知》(国税发〔2009〕91 号)的规定，调整收入项目名称，在《土地增值税纳税申报表(一)》中增加“视同销售收入”数据列，在《土地增值税纳税申报表(二)》《土地增值税纳税申报表(四)》《土地增值税纳税申报表(五)》和《土地增值税纳税申报表(六)》中调整转让收入栏次，增加“视同销售收入”指标。

《土地增值税纳税申报表(二)(从事房地产开发的纳税人清算适用)》适用从事房地产开发并转让的土地增值税纳税人。如表 6-1 所示。

表 6-1　　土地增值税纳税申报表(二)

(从事房地产开发的纳税人清算适用)

税款所属时间：　年　月　日至　年　月　日　　　　填表日期：　年　月　日

金额单位：元至角分　　　　面积单位：平方米

纳税人识别号□□□□□□□□□□□□□□□□□□□□□

纳税人名称		项目名称		项目编号		项目地址	
所属行业		登记注册类型		纳税人地址		邮政编码	
开户银行		银行账号		主管部门		电　话	

总可售面积				自用和出租面积			
已售面积		其中：普通住宅已售面积		其中：非普通住宅已售面积		其中：其他类型房地产已售面积	

项　目		行次	金额：普通住宅	金额：非普通住宅	金额：其他类型房地产	金额：合计
一、转让房地产收入总额 1＝2＋3＋4		1				
其中	货币收入	2				
	实物收入及其他收入	3				
	视同销售收入	4				
二、扣除项目金额合计　5＝6＋7＋14＋17＋21＋22		5				
1. 取得土地使用权所支付的金额		6				
2. 房地产开发成本　7＝8＋9＋10＋11＋12＋13		7				
其中	土地征用及拆迁补偿费	8				
	前期工程费	9				
	建筑安装工程费	10				
	基础设施费	11				
	公共配套设施费	12				
	开发间接费用	13				

（续表）

项目			行次	金额			
				普通住宅	非普通住宅	其他类型房地产	合计
3. 房地产开发费用　14＝15＋16			14				
其中	利息支出		15				
	其他房地产开发费用		16				
4. 与转让房地产有关的税金等　17＝18＋19＋20			17				
其中	营业税		18				
	城市维护建设税		19				
	教育费附加		20				
5. 财政部规定的其他扣除项目			21				
6. 代收费用			22				
三、增值额　23＝1－5			23				
四、增值额与扣除项目金额之比（%）　24＝23÷5			24				
五、适用税率（%）			25				
六、速算扣除系数（%）			26				
七、应缴土地增值税税额　27＝23×25－5×26			27				
八、减免税额　28＝30＋32＋34			28				
其中	减免税（1）	减免性质代码（1）	29				
		减免税额（1）	30				
	减免税（2）	减免性质代码（2）	31				
		减免税额（2）	32				
	减免税（3）	减免性质代码（3）	33				
		减免税额（3）	34				
九、已缴土地增值税税额			35				
十、应补（退）土地增值税税额　36＝27－28－35			36				

以下由纳税人填写：

纳税人声明	此纳税申报表是根据《中华人民共和国土地增值税暂行条例》及其实施细则和国家有关税收规定填报的，是真实的、可靠的、完整的				
纳税人签章		代理人签章		代理人身份证号	

以下由税务机关填写：

受理人		受理日期	年　月　日	受理税务机关签章	

本表一式两份，一份纳税人留存，一份税务机关留存。

填表说明：

一、适用范围

土地增值税纳税申报表(二),适用从事房地产开发并转让的土地增值税纳税人。

二、土地增值税纳税申报表

(一) 表头项目

1. 税款所属期是项目预征开始的时间,截止日期是税务机关规定(通知)申报期限的最后一日(应清算项目达到清算条件起 90 天的最后一日/可清算项目税务机关通知书送达起 90 天的最后一日)。

2. 纳税人识别号:填写税务机关为纳税人确定的识别号。

3. 项目名称:填写纳税人所开发并转让的房地产开发项目全称。

4. 项目编号:是在进行房地产项目登记时,税务机关按照一定的规则赋予的编号,此编号会跟随项目的预征清算全过程。

5. 所属行业:根据《国民经济行业分类》(GB/T 4754—2011)填写。该项可由系统根据纳税人识别号自动带出,无须纳税人填写。

6. 登记注册类型:单位,根据税务登记证或组织机构代码证中登记的注册类型填写;纳税人是企业的,根据国家统计局《关于划分企业登记注册类型的规定》填写。该项可由系统根据纳税人识别号自动带出,无须纳税人填写。

7. 主管部门:按纳税人隶属的管理部门或总机构填写。外商投资企业不填。

8. 开户银行:填写纳税人开设银行账户的银行名称;如果纳税人在多个银行开户的,填写其主要经营账户的银行名称。

9. 银行账号:填写纳税人开设的银行账户的号码;如果纳税人拥有多个银行账户的,填写其主要经营账户的号码。

(二) 表中项目

1. 表第 1 栏"转让房地产收入总额",按纳税人在转让房地产开发项目所取得的全部收入额(不含增值税)填写。

2. 表第 2 栏"货币收入",按纳税人转让房地产开发项目所取得的货币形态的收入额(不含增值税)填写。

3. 表第 3 栏"实物收入及其他收入",按纳税人转让房地产开发项目所取得的实物形态的收入和无形资产等其他形式的收入额(不含增值税)填写。

4. 表第 4 栏"视同销售收入",纳税人将开发产品用于职工福利、奖励、对外投资、分配给股东或投资人、抵偿债务、换取其他单位和个人的非货币性资产等,发生所有权转移时应视同销售房地产,其收入不含增值税。

5. 表第 6 栏"取得土地使用权所支付的金额",按纳税人为取得该房地产开发项目所需要的土地使用权而实际支付(补交)的土地出让金(地价款)及按国家统一规定缴纳的有关费用的数额填写。

6. 表第 8 栏至表第 13 栏，应根据《中华人民共和国土地增值税暂行条例实施细则》(财法字〔1995〕6 号，以下简称《细则》)规定的从事房地产开发所实际发生的各项开发成本的具体数额填写。

7. 表第 15 栏“利息支出”，按纳税人进行房地产开发实际发生的利息支出中符合《细则》第七条(三)规定的数额填写。如果不单独计算利息支出的，则本栏数额填写为“0”。

8. 表第 16 栏“其他房地产开发费用”，应根据《细则》第七条(三)的规定填写。

9. 表第 18 栏至表第 20 栏，按纳税人转让房地产时所实际缴纳的税金数额(不包括增值税)填写。

10. 表第 21 栏“财政部规定的其他扣除项目”，是指根据《中华人民共和国土地增值税暂行条例》(国务院令第 138 号，以下简称《条例》)和《细则》等有关规定所确定的财政部规定的扣除项目的合计数。

11. 表第 22 栏“代收费用”，应根据《财政部 国家税务总局关于土地增值税一些具体问题》(财税字〔1995〕48 号)规定“对于县级及县级以上人民政府要求房地产开发企业在售房时代收的各项费用，如果代收费用是计入房价中向购买方一并收取的，可作为转让房地产所取得的收入计税；如果代收费用未计入房价中，而是在房价之外单独收取的，可以不作为转让房地产的收入。对于代收费用作为转让收入计税的，在计算扣除项目金额时，可予以扣除，但不允许作为加计 20%扣除的基数；对于代收费用未作为转让房地产的收入计税的，在计算增值额时不允许扣除代收费用”填写。

12. 表第 25 栏“适用税率”，应根据《条例》规定的四级超率累进税率，按所适用的最高一级税率填写。

13. 表第 26 栏“速算扣除系数”，应根据《细则》第十条的规定找出相关速算扣除系数来填写。

14. 表第 29、31、33 栏“减免性质代码”：按照税务机关最新制发的减免税政策代码表中最细项减免性质代码填报。表第 30、32、34 栏“减免税额”填写相应“减免性质代码”对应的减免税金额，纳税人同时享受多个减免税政策应分别填写，不享受减免税的，不填写此项。

15. 表第 35 栏“已缴土地增值税税额”，按纳税人已经缴纳的土地增值税的数额填写。

16. 表中每栏按照“普通住宅、非普通住宅、其他类型房地产”分别填写。

五、整体转让在建工程应纳税款的申报

《土地增值税纳税申报表(六)(纳税人整体转让在建工程适用)》适用于从事房地产开发与建设的纳税人，及非从事房地产开发的纳税人，在整体转让在建工

程时填报，数据应填列至其他类型房地产类型中。如表 6-2 所示。

表 6-2　　　　土地增值税纳税申报表(六)

(纳税人整体转让在建工程适用)

税款所属时间：　年　月　日至　年　月　日　　　　填表日期：　年　月　日

金额单位：元至角分　　　　面积单位：平方米

纳税人识别号□□□□□□□□□□□□□□□□□□□□

纳税人名称		项目名称		项目编号		项目地址	
所属行业		登记注册类型		纳税人地址		邮政编码	
开户银行		银行账号		主管部门		电　话	

项目		行次	金额
一、转让房地产收入总额　1=2+3+4		1	
其中	货币收入	2	
	实物收入及其他收入	3	
	视同销售收入	4	
二、扣除项目金额合计　5=6+7+14+17+21		5	
1. 取得土地使用权所支付的金额		6	
2. 房地产开发成本　7=8+9+10+11+12+13		7	
其中	土地征用及拆迁补偿费	8	
	前期工程费	9	
	建筑安装工程费	10	
	基础设施费	11	
	公共配套设施费	12	
	开发间接费用	13	
3. 房地产开发费用　14=15+16		14	
其中	利息支出	15	
	其他房地产开发费用	16	
4. 与转让房地产有关的税金等　17=18+19+20		17	
其中	营业税	18	
	城市维护建设税	19	
	教育费附加	20	
5. 财政部规定的其他扣除项目		21	
三、增值额　22=1-5		22	
四、增值额与扣除项目金额之比(%)　23=22÷5		23	
五、适用税率(核定征收率)(%)		24	
六、速算扣除系数(%)		25	

（续表）

项目	行次	金额
七、应缴土地增值税税额 26＝22×24－5×25	26	
八、减免税额(减免性质代码：______________)	27	
九、已缴土地增值税税额	28	
十、应补(退)土地增值税税额 29＝26－27－28	29	

以下由纳税人填写：

纳税人声明	此纳税申报表是根据《中华人民共和国土地增值税暂行条例》及其实施细则和国家有关税收规定填报的，是真实的、可靠的、完整的。				
纳税人签章		代理人签章		代理人身份证号	

以下由税务机关填写：

受理人		受理日期	年 月 日	受理税务机关签章	

填表说明：

一、适用范围

土地增值税纳税申报表(六)，适用于从事房地产开发与建设的纳税人，及非从事房地产开发的纳税人，在整体转让在建工程时填报，数据应填列至其他类型房地产类型中。

二、土地增值税纳税申报表

(一) 表头项目

1. 纳税人识别号：填写税务机关为纳税人确定的识别号。

2. 项目名称：填写纳税人所开发并转让的房地产开发项目全称。

3. 项目编号：是在进行房地产项目登记时，税务机关按照一定的规则赋予的编号，此编号会跟随项目的预征清算全过程。

4. 所属行业：根据《国民经济行业分类》(GB/T 4754—2011)填写。该项可由系统根据纳税人识别号自动带出，无须纳税人填写。

5. 登记注册类型：单位，根据税务登记证或组织机构代码证中登记的注册类型填写；纳税人是企业的，根据国家统计局《关于划分企业登记注册类型的规定》填写。该项可由系统根据纳税人识别号自动带出，无须纳税人填写。

6. 主管部门：按纳税人隶属的管理部门或总机构填写。外商投资企业不填。

7. 开户银行：填写纳税人开设银行账户的银行名称；如果纳税人在多个银行开户的，填写其主要经营账户的银行名称。

8. 银行账号：填写纳税人开设的银行账户的号码；如果纳税人拥有多个银行账户的，填写其主要经营账户的号码。

(二) 表中项目

1. 表第1栏“转让房地产收入总额”，按纳税人在转让房地产开发项目所取得的全部收入额(不含增值税)填写。

2. 表第2栏“货币收入”，按纳税人转让房地产开发项目所取得的货币形态的收入额(不含增值税)填写。

3. 表第3栏“实物收入及其他收入”，按纳税人转让房地产开发项目所取得的实物形态的收入和无形资产等其他形式的收入额(不含增值税)填写。

4. 表第4栏“视同销售收入”，纳税人将开发产品用于职工福利、奖励、对外投资、分配给股东或投资人、抵偿债务、换取其他单位和个人的非货币性资产等，发生所有权转移时应视同销售房地产，其收入不含增值税。

5. 表第6栏“取得土地使用权所支付的金额”，按纳税人为取得该房地产开发项目所需要的土地使用权而实际支付(补交)的土地出让金(地价款)及按国家统一规定缴纳的有关费用的数额填写。

6. 表第8栏至表第13栏，应根据《中华人民共和国土地增值税暂行条例实施细则》(财法字〔1995〕6号，以下简称《细则》)规定的从事房地产开发所实际发生的各项开发成本的具体数额填写。

7. 表第15栏“利息支出”，按纳税人进行房地产开发实际发生的利息支出中符合《细则》第七条(三)规定的数额填写。如果不单独计算利息支出的，则本栏数额填写为“0”。

8. 表第16栏“其他房地产开发费用”，应根据《细则》第七条(三)的规定填写。

9. 表第18栏至表第20栏，按纳税人转让房地产时所实际缴纳的税金数额(不包括增值税)填写。

10. 表第21栏“财政部规定的其他扣除项目”，是指根据《中华人民共和国土地增值税暂行条例》(国务院令第138号，以下简称《条例》)和《细则》等有关规定所确定的财政部规定的扣除项目的合计数。

11. 表第24栏“适用税率”，应根据《条例》规定的四级超率累进税率，按所适用的最高一级税率填写。

12. 表第25栏“速算扣除系数”，应根据《细则》第十条的规定找出相关速算扣除系数来填写。

13. 表第27栏“减免性质代码”：按照税务机关最新制发的减免税政策代码表中的最细项减免性质代码填报。

14. 表第28栏“已缴土地增值税税额”，按纳税人已经缴纳的土地增值税的数额填写。

15. 数据应填列至其他类型房地产类型中。

六、销售开发产品的增值税处理

房地产开发企业销售自行开发的房地产项目，适用《房地产开发企业销售自行开发的房地产项目增值税征收管理暂行办法》(国家税务总局公告 2016 年第 18 号印发，自 2016 年 5 月 1 日起施行)。根据《房地产开发企业销售自行开发的房地产项目增值税征收管理暂行办法》第三条的规定，房地产开发企业以接盘等形式购入未完工的房地产项目继续开发后，以自己的名义立项销售的，属于该办法规定的销售自行开发的房地产项目。自行开发，是指在依法取得土地使用权的土地上进行基础设施和房屋建设。

(一) 征收率与预征率

1. 销售开发产品的征收率

《营业税改征增值税试点有关事项的规定》第一条第(八)项第八点规定，房地产开发企业中的小规模纳税人，销售自行开发的房地产项目，按照 5%的征收率计税。

房地产开发企业如果是小规模纳税人，销售自行开发的房地产项目，不区分新老项目，按照增值税小规模纳税人征收原理征收，征收率和原营业税税率一致，为 5%。

2. 采取预收款方式销售开发产品的预征率

《营业税改征增值税试点有关事项的规定》第一条第(八)项第九点规定，房地产开发企业采取预收款方式销售所开发的房地产项目，在收到预收款时按照 3%的预征率预缴增值税。

原营业税下，房地产开发企业收到预收款时即确认为纳税义务发生。按照增值税原理，房地产开发企业收到的预收性质的款项，不需要确认纳税义务发生，但是考虑到房地产企业的项目，收入和支出期间极不匹配，为平衡税款入库时间，本条规定房地产开发企业在收到预收款时，需要按照 3%的预征率先预缴增值税。

(二) 一般纳税人的处理

1. 销售额

《营业税改征增值税试点有关事项的规定》第一条第(三)项第十点规定，房地产开发企业中的一般纳税人销售其开发的房地产项目(选择简易计税方法的房地产老项目除外)，以取得的全部价款和价外费用，扣除受让土地时向政府部门支付的土地价款后的余额为销售额。

为保证营改增改革的平稳过渡，该条款规定，对于适用一般计税方法缴纳增值税的房地产项目(包括房地产新项目和适用一般计税方法的老项目)，在确定销售额时可以扣除支付给政府部门的土地价款。具体扣除的计算方法和要求参考《国家税务总局关于发布〈房地产开发企业销售自行开发的房地产项目增值税征收管理暂行办法〉的公告》(国家税务总局公告 2016 年第 18 号)。

该规定不适用于适用简易计税方法计税的房地产项目，即一般纳税人销售房地产老项目选择适用简易计税方法的，以及小规模纳税人销售房地产项目，在确定销售额时，均不得扣除支付给政府部门的土地价款。

1）一般计税方法计税的销售额

《房地产开发企业销售自行开发的房地产项目增值税征收管理暂行办法》第四条规定，房地产开发企业中的一般纳税人(以下简称一般纳税人)销售自行开发的房地产项目，适用一般计税方法计税，按照取得的全部价款和价外费用，扣除当期销售房地产项目对应的土地价款后的余额计算销售额。销售额的计算公式如下：

$$销售额=(全部价款和价外费用-当期允许扣除的土地价款)\div(1+11\%)$$

(1) 当期允许扣除的土地价款。

《国家税务总局关于发布〈房地产开发企业销售自行开发的房地产项目增值税征收管理暂行办法〉的公告》(国家税务总局公告 2016 年第 18 号)第五条规定，当期允许扣除的土地价款按照以下公式计算：

$$\begin{matrix}当期允许扣除\\的土地价款\end{matrix}=\left(\begin{matrix}当期销售房地产\\项目建筑面积\end{matrix}\div\begin{matrix}房地产项目可供\\销售建筑面积\end{matrix}\right)\times\begin{matrix}支付的\\土地价款\end{matrix}$$

当期销售房地产项目建筑面积，是指当期进行纳税申报的增值税销售额对应的建筑面积。

房地产项目可供销售建筑面积，是指房地产项目可以出售的总建筑面积，不包括销售房地产项目时未单独作价结算的配套公共设施的建筑面积。

支付的土地价款，是指向政府、土地管理部门或受政府委托收取土地价款的单位直接支付的土地价款。

(2) 扣除土地价款的凭证。

《国家税务总局关于发布〈房地产开发企业销售自行开发的房地产项目增值税征收管理暂行办法〉的公告》(国家税务总局公告 2016 年第 18 号)第六条规

定，在计算销售额时从全部价款和价外费用中扣除土地价款，应当取得省级以上(含省级)财政部门监(印)制的财政票据。

(3) 扣除土地价款的台账。

《国家税务总局关于发布〈房地产开发企业销售自行开发的房地产项目增值税征收管理暂行办法〉的公告》(国家税务总局公告 2016 年第 18 号)第七条规定，一般纳税人应建立台账登记土地价款的扣除情况，扣除的土地价款不得超过纳税人实际支付的土地价款。

2) 简易计税方法计税的销售额

《营业税改征增值税试点有关事项的规定》第一条第(八)项第七点规定，房地产开发企业中的一般纳税人，销售自行开发的房地产老项目，可以选择适用简易计税方法按照 5%的征收率计税。

房地产开发企业如果是一般纳税人销售老项目，因为涉及部分成本的支出是在缴纳营业税时完成的而无法抵扣进项税额，因此给予了简易计税的选择权。同时明确，征收率和原营业税税率一致，为 5%。

《国家税务总局关于发布〈房地产开发企业销售自行开发的房地产项目增值税征收管理暂行办法〉的公告》(国家税务总局公告 2016 年第 18 号)第八条规定，一般纳税人销售自行开发的房地产老项目，可以选择适用简易计税方法按照 5%的征收率计税。一经选择简易计税方法计税的，36 个月内不得变更为一般计税方法计税。

根据《国家税务总局关于发布〈房地产开发企业销售自行开发的房地产项目增值税征收管理暂行办法〉的公告》(国家税务总局公告 2016 年第 18 号)第八条的规定，房地产老项目是指：

(1)《建筑工程施工许可证》注明的合同开工日期在 2016 年 4 月 30 日前的房地产项目。

(2)《建筑工程施工许可证》未注明合同开工日期或者未取得《建筑工程施工许可证》但建筑工程承包合同注明的开工日期在 2016 年 4 月 30 日前的建筑工程项目。

《国家税务总局关于发布〈房地产开发企业销售自行开发的房地产项目增值税征收管理暂行办法〉的公告》(国家税务总局公告 2016 年第 18 号)第九条规定，一般纳税人销售自行开发的房地产老项目适用简易计税方法计税的，以取得的全部价款和价外费用为销售额，不得扣除对应的土地价款。

2. **预缴税款**

对于房地产开发项目，考虑到房地产企业的进销项取得的时间一般间隔较长，为保证纳税人税款均匀入库，避免房地产企业在整个房地产开发项目开发销售期间，因前期取得售房款较多、支付工程款较少而导致前期交税多，后期取得售房款较少、支付工程款较多而导致后期进项留抵的情况发生，对房地产开发企业销售房地产项目采取预收款方式的，在收到预收款时预缴税款。

因而，《营业税改征增值税试点有关事项的规定》第一条第（八）项第九点规定，房地产开发企业采取预收款方式销售所开发的房地产项目，在收到预收款时按照3%的预征率预缴增值税。

《国家税务总局关于发布〈房地产开发企业销售自行开发的房地产项目增值税征收管理暂行办法〉的公告》（国家税务总局公告2016年第18号）第十条规定，一般纳税人采取预收款方式销售自行开发的房地产项目，应在收到预收款时按照3%的预征率预缴增值税。

1）应预缴税款的计算

《国家税务总局关于发布〈房地产开发企业销售自行开发的房地产项目增值税征收管理暂行办法〉的公告》（国家税务总局公告2016年第18号）第十一条规定，应预缴税款按照以下公式计算：

应预缴税款＝预收款÷（1＋适用税率或征收率）×3%

适用一般计税方法计税的，按照适用税率计算；适用简易计税方法计税的，按照5%的征收率计算。

2）税款预缴

《国家税务总局关于发布〈房地产开发企业销售自行开发的房地产项目增值税征收管理暂行办法〉的公告》（国家税务总局公告2016年第18号）第十二条规定，一般纳税人应在取得预收款的次月纳税申报期向主管税务机关预缴税款。

3. **进项税额**

《国家税务总局关于发布〈房地产开发企业销售自行开发的房地产项目增值税征收管理暂行办法〉的公告》（国家税务总局公告2016年第18号）第十三条规定，一般纳税人销售自行开发的房地产项目，兼有一般计税方法计税、简易计税方法计税、免征增值税的房地产项目而无法划分不得抵扣的进项税额的，应以《建筑工程施工许可证》注明的“建设规模”为依据进行划分。计算公式如下：

$$\text{不得抵扣的进项税额} = \text{当期无法划分的全部进项税额} \times \left(\text{简易计税、免税房地产项目建设规模} \div \text{房地产项目总建设规模}\right)$$

4. 纳税申报

1）一般计税方法的申报

《国家税务总局关于发布〈房地产开发企业销售自行开发的房地产项目增值税征收管理暂行办法〉的公告》（国家税务总局公告 2016 年第 18 号）第十四条规定，一般纳税人销售自行开发的房地产项目适用一般计税方法计税的，应按照《营业税改征增值税试点实施办法》（财税〔2016〕36 号文件印发，以下简称《试点实施办法》）第四十五条规定的纳税义务发生时间，以当期销售额和 9％的适用税率计算当期应纳税额，抵减已预缴税款后，向主管税务机关申报纳税。未抵减完的预缴税款可以结转下期继续抵减。

《国家税务总局关于发布〈房地产开发企业销售自行开发的房地产项目增值税征收管理暂行办法〉的公告》（国家税务总局公告 2016 年第 18 号）第二十七条规定，房地产开发企业以预缴税款抵减应纳税额，应以完税凭证作为合法有效凭证。

2）简易计税方法的申报

《国家税务总局关于发布〈房地产开发企业销售自行开发的房地产项目增值税征收管理暂行办法〉的公告》（国家税务总局公告 2016 年第 18 号）第十五条规定，一般纳税人销售自行开发的房地产项目适用简易计税方法计税的，应按照《试点实施办法》第四十五条规定的纳税义务发生时间，以当期销售额和 5％的征收率计算当期应纳税额，抵减已预缴税款后，向主管税务机关申报纳税。未抵减完的预缴税款可以结转下期继续抵减。

5. 发票开具

1）一般纳税人自行开具增值税发票

《国家税务总局关于发布〈房地产开发企业销售自行开发的房地产项目增值税征收管理暂行办法〉的公告》（国家税务总局公告 2016 年第 18 号）第十六条规定，一般纳税人销售自行开发的房地产项目，自行开具增值税发票。

2）营改增前已收取预收款发票的开具

《国家税务总局关于发布〈房地产开发企业销售自行开发的房地产项目增值税征收管理暂行办法〉的公告》（国家税务总局公告 2016 年第 18 号）第十七条规定，一般纳税人销售自行开发的房地产项目，其 2016 年 4 月 30 日前收取并已向主管税务机关申报缴纳营业税的预收款，未开具营业税发票的，可以开具增值税普通发票,不得开具增值税专用发票。

3）不得向自然人开具专用发票

《国家税务总局关于发布〈房地产开发企业销售自行开发的房地产项目增值税征收管理暂行办法〉的公告》(国家税务总局公告 2016 年第 18 号)第十八条规定,一般纳税人向其他个人销售自行开发的房地产项目,不得开具增值税专用发票。

(三) 小规模纳税人的处理

1. 计税方法

《营业税改征增值税试点有关事项的规定》第一条第(八)项第八点规定,房地产开发企业中的小规模纳税人,销售自行开发的房地产项目,按照 5%的征收率计税。

房地产开发企业如果是小规模纳税人,销售自行开发的房地产项目,不区分新老项目,按照增值税小规模纳税人征收原理征收,征收率和原营业税税率一致,为 5%。

2. 预缴税款

《营业税改征增值税试点有关事项的规定》第一条第(八)项第九点规定,房地产开发企业采取预收款方式销售所开发的房地产项目,在收到预收款时按照 3%的预征率预缴增值税。

这是关于预收款的规定。原营业税制下,房地产开发企业收到预收款时即确认为纳税义务发生。按照增值税原理,房地产开发企业收到的预收性质的款项,不需要确认纳税义务发生,但是考虑到房地产企业的项目,收入和支出期间极不匹配,为平衡税款入库时间,本条规定房地产开发企业在收到预收款时,需要按照 3%的预征率先预缴增值税。按照纳税义务发生时间确认纳税义务并预缴税款,已预缴的税款可以抵减应纳税额。

《国家税务总局关于发布〈房地产开发企业销售自行开发的房地产项目增值税征收管理暂行办法〉的公告》(国家税务总局公告 2016 年第 18 号)第十九条规定,房地产开发企业中的小规模纳税人(以下简称小规模纳税人)采取预收款方式销售自行开发的房地产项目,应在收到预收款时按照 3%的预征率预缴增值税。

1）预缴税款的计算

《国家税务总局关于发布〈房地产开发企业销售自行开发的房地产项目增值

税征收管理暂行办法〉的公告》(国家税务总局公告2016年第18号)第二十条规定,应预缴税款按照以下公式计算:

$$应预缴税款=预收款\div(1+5\%)\times 3\%$$

2）税款预缴

《国家税务总局关于发布〈房地产开发企业销售自行开发的房地产项目增值税征收管理暂行办法〉的公告》(国家税务总局公告2016年第18号)第二十一条规定,小规模纳税人应在取得预收款的次月纳税申报期或主管税务机关核定的纳税期限向主管税务机关预缴税款。

3．纳税申报

《国家税务总局关于发布〈房地产开发企业销售自行开发的房地产项目增值税征收管理暂行办法〉的公告》(国家税务总局公告2016年第18号)第二十二条规定,小规模纳税人销售自行开发的房地产项目,应按照《试点实施办法》第四十五条规定的纳税义务发生时间,以当期销售额和5%的征收率计算当期应纳税额,抵减已预缴税款后,向主管税务机关申报纳税。未抵减完的预缴税款可以结转下期继续抵减。

《国家税务总局关于发布〈房地产开发企业销售自行开发的房地产项目增值税征收管理暂行办法〉的公告》(国家税务总局公告2016年第18号)第二十七条规定,房地产开发企业以预缴税款抵减应纳税额,应以完税凭证作为合法有效凭证。

4．发票开具

1）发票开具

《国家税务总局关于发布〈房地产开发企业销售自行开发的房地产项目增值税征收管理暂行办法〉的公告》(国家税务总局公告2016年第18号)第二十三条规定,小规模纳税人销售自行开发的房地产项目,自行开具增值税普通发票。购买方需要增值税专用发票的,小规模纳税人向主管税务机关申请代开。

《国家税务总局关于发布〈房地产开发企业销售自行开发的房地产项目增值税征收管理暂行办法〉的公告》(国家税务总局公告2016年第18号)第二十五条规定,小规模纳税人向其他个人销售自行开发的房地产项目,不得申请代开增值税专用发票。

2）营改增前已收款发票的开具

《国家税务总局关于发布〈房地产开发企业销售自行开发的房地产项目增值

税征收管理暂行办法〉的公告》(国家税务总局公告2016年第18号)第二十四条规定,小规模纳税人销售自行开发的房地产项目,其2016年4月30日前收取并已向主管税务机关申报缴纳营业税的预收款,未开具营业税发票的,可以开具增值税普通发票,不得申请代开增值税专用发票。

第二节 转让土地使用权应纳税额的计算

一、未进行开发即转让土地使用权

(一)未进行开发即转让土地使用权的扣除项目

对取得土地使用权后,未进行开发即转让土地使用权的,计算其增值额时,只允许扣除取得土地使用权时支付的地价款,缴纳的有关费用,以及在转让环节缴纳的税金。这样规定,其目的主要是抑制"炒"买"炒"卖地皮的行为。即取得土地使用权后,未进行开发即转让土地使用权的可以扣除的项目为:

(1)取得土地使用权时支付的地价款、缴纳的有关费用。

(2)在转让环节缴纳的税金。

(二)应纳税额的计算案例分析

【例6-6】 江苏甲房地产开发公司2010年10月在某地级市取得国有土地使用权100亩,土地出让价款50万元/亩,共计支付土地出让金5 000万元,另缴纳契税100万元,缴纳印花税2.5万元。后因资金紧张等原因没有及时开发建设。

2019年6月,甲房地产开发公司将该宗地块以575万元/亩的含税价格转让给乙房地产公司,取得价款57 500万元。土地价款及相关税费都已取得合法有效凭据,甲房地产开发公司选择适用简易计税方法计算缴纳转让土地使用权的增值税。

2010年以来,甲公司共计支付贷款利息3 000万元。

要求:计算甲房地产开发公司转让上述土地使用权需要缴纳的土地增值税等相关税费。

【解析】 1.转让土地使用权应缴纳的相关税费:

根据《财政部 国家税务总局关于进一步明确全面推开营改增试点有关劳务派遣服务、收费公路通行费抵扣等政策的通知》(财税〔2016〕47号)第三条第

(二)项的规定，纳税人转让2016年4月30日前取得的土地使用权，可以选择适用简易计税方法，以取得的全部价款和价外费用减去取得该土地使用权的原价后的余额为销售额，按照5%的征收率计算缴纳增值税。

因而，计算增值税的销售额为：(57 500－5 000)÷(1＋5%)＝50 000(万元)；

转让土地使用权应缴纳的增值税：50 000×5%＝2 500(万元)；

应交城市维护建设税：2 500×7%＝175(万元)；

应交教育费附加：2 500×3%＝75(万元)；

应交地方教育附加：2 500×2%＝50(万元)；

应交产权转移书据印花税：57 500×0.05%＝28.75(万元)。

2. 转让土地使用权取得的收入：57 500－2 500＝55 000(万元)。

3. 扣除项目金额：

(1) 取得土地使用权所支付的金额：5 000＋100＝5 100(万元)。

(2) 可扣除的与转让房地产相关的税金及附加：

175＋75＋50＋28.75＝328.75(万元)；

扣除项目合计：5 100＋328.75＝5 428.75(万元)。

4. 增值额：55 000－5 428.75＝49 571.25(万元)。

5. 增值率：49 571.25÷5 428.75＝913.12%，适用税率为60%，速算扣除系数为35%；

6. 应纳土地增值税：

49 571.25×60%－5 428.75×35%＝29 742.75－1 900.06＝27 842.69(万元)。

二、将生地变为熟地后转让

(一) 将生地变为熟地转让的扣除项目

对取得土地使用权后投入资金，将生地变为熟地转让的，计算其增值额时，允许扣除取得土地使用权时支付的地价款、缴纳的有关费用和开发土地所需成本再加计开发成本的20%以及在转让环节缴纳的税金。这样规定，是鼓励投资者将更多的资金投向房地产开发。即取得土地使用权后投入资金将生地变为熟地转让的，可以扣除的项目包括如下四项：

(1) 取得土地使用权时支付的地价款、缴纳的有关费用。

（2）开发土地所需成本。

（3）在转让环节缴纳的税金。

（4）加计开发成本的20%。

（二）转让熟地应纳税额的计算案例分析

【例6-7】 乙房地产开发公司2010年10月在某地级市取得国有土地使用权100亩，土地出让价款50万元/亩，共计支付土地出让金5 000万元，另缴纳契税100万元，缴纳印花税2.5万元。后投入资金10 000万元，进行“三通一平”等土地前期开发，将“生地”变为“熟地”。受金融危机和国家房地产市场调控的影响，甲公司无力再筹资金进行房地产开发。

2019年6月，乙房地产开发公司将该宗地块以525万元/亩的价格转让给A房地产公司，取得价款52 500万元。土地价款及相关税费都已取得合法有效凭据，甲房地产开发公司选择适用简易计税方法计算缴纳转让土地使用权的增值税。

2010年以来，乙公司共计支付贷款利息6 000万元。

要求：计算乙房地产开发公司转让上述土地使用权需要缴纳的土地增值税等相关税费。

【解析】 1. 转让土地使用权取得的收入：52 500÷（1＋5%）＝50 000（万元）。

2. 转让土地使用权应缴纳的相关税费：

转让土地增值税的销售额为：52 500÷（1＋5%）＝50 000（万元）；

应交纳的增值税：50 000×5%＝2 500（万元）；

应交城市维护建设税：2 500×7%＝175（万元）；

应交教育费附加：2 500×3%＝75（万元）；

应交地方教育附加：2 500×2%＝50（万元）；

应交产权转移书据印花税：52 500×0.05%＝26.25（万元）。

3. 扣除项目金额：

（1）取得土地使用权所支付的金额：5 000＋100＝5 100（万元）。

（2）房地产开发成本：10 000万元。

（3）可扣除的与转让房地产相关的税金及附加：175＋75＋50＋26.25＝326.25（万元）。

（4）加计扣除开发成本的20%：10 000×20%＝2 000（万元）。

扣除项目金额合计：5 100＋10 000＋326.25＋2 000＝17 426.25(万元)。

4. 增值额：50 000－17 426.25＝32 573.75(万元)。

5. 增值率：32 573.75÷17 426.25＝186.92％，适用税率为 50％，速算扣除系数为 15％。

6. 应纳土地增值税：32 573.75×50％－17 426.25×15％＝16 286.875－2 613.937 5＝13 672.937 5(万元)。

第三节　转让旧房应纳税额的计算

一、新建房与旧房的界定

(一) 新建房与旧房的界定

根据《财政部　国家税务总局关于土地增值税一些具体问题规定的通知》(财税字〔1995〕48 号)第七条“关于新建房与旧房的界定问题”的规定，新建房是指建成后未使用的房产。凡是已使用一定时间或达到一定磨损程度的房产均属旧房。使用时间和磨损程度标准可由各省、自治区、直辖市财政厅(局)和税务局具体规定。

(二) 新建房具体标准

1. 江苏新建房标准

根据《江苏省地方税务局关于土地增值税若干问题的公告》(苏地税规〔2015〕8 号)第六条“关于新建房问题”的规定，房地产开发企业建造的商品房(不含已列入固定资产或作为投资性房地产的房屋)，应按照转让新建房的政策规定缴纳土地增值税。非房地产开发企业自建房屋，自房屋竣工之日起 3 年内(含)转让的，可按照转让新建房的政策规定缴纳土地增值税。

在此之前，根据《江苏省财政厅　江苏省国家税务局　江苏省地方税务局转发〈财政部　国家税务总局关于土地增值税一些具体问题规定的通知〉的通知》(苏地税发〔1995〕143 号)第一条的规定，“旧房”是指建成后已交付使用了一定时间的房产，其使用时间可掌握在 1 年以上。

2. 安徽旧房的界定

根据《安徽省土地增值税清算管理办法》第四十九条的规定，对房地产开发项目中的房地产，纳税人出租、自用或借予他人使用超过 1 年的，转让时应按销售旧房处理。

3. 辽宁旧房的界定

根据《辽宁省房地产开发企业土地增值税清算管理办法》第七条的规定，房地产开发企业纳税人建造商品房，已自用或出租使用年限在1年以上再出售的，应按照转让旧房及建筑物的政策规定缴纳土地增值税，不再列入土地增值税清算的范围。

(三) 存量房的界定

根据《江苏省财政厅 江苏省国家税务局 江苏省地方税务局转发〈财政部 国家税务总局关于土地增值税一些具体问题规定的通知〉的通知》(苏地税发〔1995〕143号)第二条的规定，存量房是指建成后尚未出售的房产，已经建成并投入使用的房产不属于存量房。

二、转让旧房的扣除项目

(一) 转让旧房的扣除项目

根据《财政部 国家税务总局关于土地增值税一些具体问题规定的通知》(财税字〔1995〕48号)第十条“关于转让旧房如何确定扣除项目金额的问题”的规定，转让旧房的，应按房屋及建筑物的评估价格、取得土地使用权所支付的地价款和按国家统一规定缴纳的有关费用以及在转让环节缴纳的税金及附加作为扣除项目金额计征土地增值税。对取得土地使用权时未支付地价款或不能提供已支付的地价款凭据的，不允许扣除取得土地使用权所支付的金额。

转让旧房可以扣除的项目包括如下3项：

(1) 取得土地使用权所支付的地价款和按国家统一规定缴纳的有关费用。

(2) 房屋及建筑物的评估价格。

(3) 转让环节缴纳的税金及附加。

(二) 转让旧房案例分析

基本情况：

2017年3月27日，某市税务局纳税服务局受理JBN房地产开发有限责任公司转让给SJ科技发展有限公司财富广场商业卖场1～5层。

督察人员检查了如下第1层材料及第2到第5层部分材料：增值税普通发票，房产交易税源局核实反馈情况表，房产交易申报单，房产交易涉税审核表，执行裁定书，房产证，土地使用证，营业执照，拍卖价格说明，房地产评估报告(市场价值、重置价值)，金税三期税收管理系统调取的该笔交易完税信息。

上述材料证实：卖场1～5层拍卖价格401 366 800元，其中第1层拍卖价格135 263 900元。

卖场1～5层评估的重置成本价值190 122 600元(包含所占土地价值)，其中第1层评估的重置成本价值30 472 910.75元(包含所占土地价值)；卖场1～5层重置成本价值未明确区分房产、土地评估价格，但区分每层所含土地面积(其中第1层297.20平方米)。

本次交易转让方缴税明细(以下为第1层完税信息)如下：增值税6 441 138.10元，城市维护建设税、教育费附加、地方教育附加合计772 936.58元，印花税67 632元，土地增值税47 545 851.78元。

以第1层交易为例，房产交易税源局核实反馈情况表显示：纳税服务局核实需要缴纳“土地增值税：47 545 851.79元”；基础税源局核实反馈：“房产交易环节涉及以上税款要求买卖双方及时足额缴纳入库；经与佳赢土地房地产评估咨询有限公司签字评估师王某联系核实，重置价值中已包含土地价值，重置价值已考虑成新度，核实后疑点消除，未发现其他问题。”

由于评估报告未明确区分房产和土地的重置评估价值，督察人员联系评估机构佳赢土地房地产咨询有限公司，取得土地评估信息如下：“土地单价：15 368元/平方米，土地面积1 854平方米，土地总价2 849.23万元。”由此得出土地增值税扣除项目累计多计28 492 272元，具体违法行为及涉税金额由主管税务机关进一步核实。

三、评估费用的扣除

根据《国家税务总局关于印发〈土地增值税宣传提纲〉的通知》(国税函发〔1995〕110号)的规定，纳税人缴纳的评估费用，允许作为扣除项目金额予以扣除。

《财政部　国家税务总局关于土地增值税一些具体问题规定的通知》(财税字〔1995〕48号)第十二条“关于评估费用可否在计算增值额时扣除的问题”规定，纳税人转让旧房及建筑物时因计算纳税的需要而对房地产进行评估，其支付的评估费用允许在计算增值额时予以扣除。对《土地增值税暂行条例》第九条规定的纳税人隐瞒、虚报房地产成交价格的；提供扣除项目金额不实的；转让房地产的成交价格低于房地产评估价格，又无正当理由的等情形而按房地产评估价格计算征收土地增值税所发生的评估费用，不允许在计算土地增值税时予以扣除。

四、转让旧房应纳税额的计算案例分析

（一）转让旧房土地增值税案例

《国家税务总局关于实施房地产税收一体化管理若干具体问题的通知》（国税发〔2005〕156号）规定，纳税人在办理契税纳税申报时，须提交销售不动产发票，否则税务机关不予受理。上述规定在执行中遇到一些契税纳税人确实无法取得销售不动产发票的情形，对于这些情形下，税务机关是否受理契税纳税人申报以及如何受理契税纳税人申报等问题，《国家税务总局关于契税纳税申报有关问题的公告》（国家税务总局公告2015年第67号）作出相应规定，自2015年9月25日起，根据实体从旧、程序从新的原则，对于符合《国家税务总局关于契税纳税申报有关问题的公告》规定情形、《国家税务总局关于契税纳税申报有关问题的公告》公布之日前曾到税务机关办理契税纳税申报未被受理的纳税人，在《国家税务总局关于契税纳税申报有关问题的公告》发布后，也可以按照《国家税务总局关于契税纳税申报有关问题的公告》规定办理契税纳税申报。

（1）根据人民法院、仲裁委员会的生效法律文书发生土地、房屋权属转移，纳税人不能取得销售不动产发票的，可持人民法院执行裁定书原件及相关材料办理契税纳税申报，税务机关应予受理。

（2）购买新建商品房的纳税人在办理契税纳税申报时，由于销售新建商品房的房地产开发企业已办理注销税务登记或者被税务机关列为非正常户等原因，致使纳税人不能取得销售不动产发票的，税务机关在核实有关情况后应予受理。

【例6-8】 2019年2月6日，何某受让孔某位于某市翟山综合楼101室、202室、301室、302室（税票号码0405＊＊＊6），该房以第三次拍卖流价4 055 232元抵偿孔某、陆某的债务，在办理过户手续时，根据《国家税务总局关于契税纳税申报有关问题的公告》（国家税务总局公告2015年第67号）的规定，未征收转让方销售不动产增值税、城市维护建设税、教育费附加等税费232 405.20元。

2019年3月3日，周某受让路路通达工程机械有限公司位于经济开发区大黄山镇可恋庄东房产（契税号码0407＊＊＊5），价格为法院流拍价2 178.72万元，根据《国家税务总局关于契税纳税申报有关问题的公告》（国家税务总局公告

2015 年第 67 号)的规定，该笔业务仅征收承受方契税、印花税，未征收转让方销售不动产增值税、城市维护建设税、教育费附加等税费约 763 万元。

要求：分析说明存在的涉税问题。

【解析】 国家税务总局公告 2015 年第 67 号文件明确了不再要求契税纳税人在申报时必须提供销售不动产发票的两类情形，并就不同情形下纳税人申报时应提供的材料及税务机关的受理条件提出了要求。具体如下：

第一类情形是，根据人民法院、仲裁委员会的生效法律文书发生的土地、房屋权属转移，契税纳税人不能取得销售不动产发票的情形，比如原产权人已失踪、死亡或者拒不执行等。对此类情形，纳税人可持人民法院执行裁定书原件及相关材料办理契税纳税申报，税务机关应予受理。

第二类情形是，购买新建商品房的纳税人在办理契税纳税申报时，由于销售新建商品房的房地产开发企业已办理注销税务登记或者被税务机关列为非正常户等原因，致使纳税人不能取得销售不动产发票的情形。对此类情形，税务机关在核实有关情况后应予受理。

税务机关在根据上述规定办理相关业务后，建议将销售方应缴纳的增值税、城建税等相关税费纳入正常管理，防止税收流失。

(二) 转让旧房土地增值税计算案例一

【例 6-9】 甲工业企业是增值税一般纳税人，2019 年 5 月 10 日转让其位于县城的一栋办公楼，取得含增值税收入 12 600 万元(其中按简易计税方法计算应纳的增值税为 600 万元)。2015 年建造该办公楼时，为取得土地使用权支付金额 3 000 万元，发生建造成本 4 000 万元。转让时经政府批准的房地产评估机构评估后，确定该办公楼的重置成本价为 8 000 万元，成新度折扣率为 60%。

甲企业选择适用简易计税方法计算缴纳销售该办公楼的增值税。

要求：根据上述资料，回答问题。

(1) 请解释重置成本价的含义。

(2) 计算土地增值税时允许扣除的该企业办公楼的评估价格。

(3) 计算土地增值税时允许扣除的税金及附加。

(4) 计算土地增值税时允许扣除的印花税。

(5) 计算土地增值税时允许扣除项目金额的合计数。

(6) 计算转让办公楼应缴纳的土地增值税。

【解析】 (1)重置成本价的含义是：对旧房及建筑物，按转让时的建材价格及人工费用计算，建筑同样面积、同样层次、同样结构、同样建设标准的新房及建筑物所需花费的成本费用。

(2) 计算土地增值税时允许扣除的该企业办公楼的评估价格为：8 000×60%＝4 800(万元)。

(3) 计算土地增值税时允许扣除的税金及附加：

应纳的销售不动产增值税：12 600÷(1＋5%)×5%＝600(万元)；

应纳的城市维护建设税：600×5%＝30(万元)；

应纳的教育费附加和地方教育附加：600×(3%＋2%)＝30(万元)；

计算土地增值税时允许扣除的税金及附加：30＋30＝60(万元)。

(4) 计算土地增值税时允许扣除的印花税：

根据《财政部　国家税务总局关于印花税若干政策的通知》(财税〔2006〕162号)的规定，对土地使用权出让合同、土地使用权转让合同按产权转移书据征收印花税。对商品房销售合同按照产权转移书据征收印花税。

因而，计算土地增值税时允许扣除的印花税：12 000×0.05%＝6(万元)。

(5) 计算土地增值税时允许扣除项目金额：3 000＋4 800＋60＋6＝7 866(万元)。

(6) 计算转让办公楼应缴纳的土地增值税：

转让房地产收入：12 600÷(1＋5%)＝12 000(万元)；

转让房地产的增值额：12 000－7 866＝4 134(万元)；

增值率：4 134÷7 866＝52.56%，适用税率为40%，速算扣除系数为5%；

应纳的土地增值税为：4 134×40%－7 866×5%＝1 653.6－393.3＝1 260.3(万元)。

(三) 转让旧房土地增值税计算案例二

【例6-10】 江苏某市市区的乙公司(增值税一般纳税人)2019年土地房产相关业务如下。已知城镇土地使用税每平方米年税额4元，当地政府规定的计征房产税时房产原值扣除比例为30%，转让不动产符合并选择适用简易计税方法计算缴纳增值税。

(1) 2019年乙公司占地情况如下：厂房占地58 000平方米，办公楼占地6 000平方米，厂办子弟学校占地3 000平方米，厂办职工食堂及对外营业餐厅占地2 000平方米，厂办医院和幼儿园占地各3 000平方米，厂区内绿化用地占地3 000平方米，养殖专业用地占地8 000平方米，6月份新占用非耕地5 000平方米用于厂房扩建，支付价款350万元，并且取得了土地使用证。

(2) 2018年年末乙公司房产原值6 000万元，自2019年3月1日起与甲企业签订合同以其中价值1 000万元的房产使用权出租给甲企业，期限两年，每月收取21万元(含增值税)的租金。

2017年取得10 000平方米的国有土地使用权，支付土地出让金及相关税费600万元，记入“无形资产”科目核算。公司在该地块上自建两栋厂房，于2018年12月投入使用，不含土地成本的厂房建造价为3 000万元，当年计提固定资产折旧200万元，建筑面积合计4 000平方米。

(3) 2019年12月20日，企业将2015年购入的办公楼一栋出售(购房发票开具日期为2015年2月10日，金额1 000万元，缴纳契税40万元)，按照销售合同约定取得价款2 100万元(含增值税)，该办公楼累计计提折旧200万元，未能提供评估价格。

(4) 2019年5月8日，将位于江苏某县城的一栋老办公楼向某房地产开发公司投资以开发城市综合体，根据中介机构的评估价双方签订的投资合同约定作价12 600万元。已知2012年建造该办公楼时，为取得土地使用权支付金额3 000万元，发生建造成本4 000万元。投资时经政府批准的房地产评估机构评估后，确定该办公楼的重置成本价为8 000万元，所占用的土地评估价为8 500万元。投资时该办公楼成新度折扣率为60%。假定上述投资行为不符合免征土地增值税优惠条件。

根据上述资料和税法有关规定，回答下列问题：

1. 根据资料(1)计算2019年应缴纳的城镇土地使用税。

2. 根据资料(2)计算2019年应缴纳的房产税。

3. 根据资料(3)计算应缴纳的土地增值税等相关税费。

4. 根据资料(4)计算投资涉及的相关税费。

【解析】 1. 2019年应缴纳的城镇土地使用税：

厂办的子弟学校、医院、幼儿园均属于城镇土地使用税免税范围；用于养殖专业用地免征城镇土地使用税。

全年应缴纳的城镇土地使用税＝(58 000＋6 000＋2 000＋3 000)×4＋5 000×4×6÷12＝286 000(元)。

2. 2019年应缴房产税的计算：

(1) 出租房产租金月收入：21÷(1＋5%)＝20(万元)；

出租房产应从租计征房产税，应纳房产税＝20×10×12%＝24（万元）。

（2）2018年12月新建厂房应纳房产税：

容积率：4 000÷10 000＝0.4＜0.5；

应并入房产原值的土地价值：4 000×2÷10 000×600＝480（万元）；

应纳房产税：（3 000＋480）×（1－30%）×1.2%＝29.232（万元）；

（3）其他从价计征房产税：（6 000－1 000）×（1－30%）×1.2%＋1 000×（1－30%）×1.2%×2÷12＝42＋1.4＝43.4（万元）；

合计应纳房产税：24＋29.232＋43.4＝96.632（万元）。

3. 出售办公楼应纳税款的计算：

（1）销售房地产取得的收入：2 100÷（1＋5%）＝2 000（万元）；

（2）转让不动产应缴纳的相关税费：

应交增值税：2 000×5%＝100（万元）；

应交城市维护建设税：100×7%＝7（万元）；

应交教育费附加与地方教育附加：100×（3%＋2%）＝5（万元）；

应交印花税：2 100×0.05%＝1.05（万元）。

（3）扣除项目：

每年加扣5%金额：1 000×（1＋5%×5）＝1 250（万元）；

与转让房地产相关的税金及附加：7＋5＋1.05＋40＝53.05（万元）；

扣除项目合计：1 250＋53.05＝1 303.05（万元）。

（4）增值额：

增值额＝2 000－1 250－53.05＝696.95（万元）。

（5）增值率＝696.95÷1 303.05×100%＝53.49%。

（6）应纳土地增值税：696.95×40%－1 303.05×5%＝278.78－65.152 5＝213.627 5（万元）。

4. 投资相关税费的计算：

以不动产对外投资，应按销售不动产计算缴纳增值税及附加。

（1）转让房地产收入：12 600÷（1＋5%）＝12 000（万元）。

（2）转让办公楼应缴纳的流转税及其附加等相关税费：

应交增值税：12 000×5%＝600（万元）；

应交城市维护建设税：600×5%＝30（万元）；

应交教育费附加和地方教育附加：600×（3%＋2%）＝30（万元）；

应交印花税：12 600×0.05％＝6.3(万元)。

(3) 转让房地产土地增值税的扣除项目：

取得土地使用权支付的金额：3 000 万元；

计算土地增值税时甲企业办公楼的评估价格为：8 000×60％＝4 800(万元)。

(4) 允许扣除与转让房地产相关的税金：30＋30＋6.3＝66.3(万元)；

扣除项目合计：3 000＋4 800＋66.3＝7 866.3(万元)。

(5) 计算转让办公楼应缴纳的土地增值税为：

增值额：12 000－3 000－4 800－66.3＝4 133.7(万元)；

增值率：4 133.7÷7 866.3×100％＝52.55％，适用税率 40％，速算扣除系数 5％；

应纳土地增值税为：4 133.7×40％－7 866.3×5％＝1 653.48－393.315＝1 260.165 (万元)。

五、按房地产评估价格计算征收的情形

(一) 房地产评估价格及其采用

《土地增值税暂行条例实施细则》第十三条规定，房地产评估价格，是指由政府批准设立的房地产评估机构根据相同地段、同类房地产进行综合评定的价格。评估价格须经当地税务机关确认。

根据《财政部　国家税务总局　国家国有资产管理局关于转让国有房地产征收土地增值税中有关房地产价格评估问题的通知》(财税字〔1995〕61 号)的规定，房地产所在地主管税务机关应根据《土地增值税暂行条例》及其实施细则的有关规定，对应纳税房地产的评估结果进行严格审核及确认，对不符合实际情况的评估结果不予采用。

房地产评估价格，是指由政府批准设立的房地产评估机构根据相同地段、同类房地产进行综合评定的价格，税务机关根据评估价格，确定其转让房地产的收入、扣除项目金额等，计算房地产转让时所要缴纳的土地增值税。对评估价与市场交易价差距较大的转让项目，税务机关有权不予确认，要求其重新评估。

(二) 按房地产评估价格计算征收的情形

根据《土地增值税暂行条例》第九条的规定，纳税人有下列情形之一的，按照

房地产评估价格计算征收。

1. 隐瞒、虚报房地产成交价格的

根据《土地增值税暂行条例实施细则》第十四条的规定，这里所称的隐瞒、虚报房地产成交价格，是指纳税人不报或有意低报转让土地使用权、地上建筑物及其附着物价款的行为。

隐瞒、虚报房地产成交价格，应由评估机构参照同类房地产的市场交易价格进行评估。税务机关根据评估价格确定转让房地产的收入。

2. 提供扣除项目金额不实的

根据《土地增值税暂行条例实施细则》第十四条的规定，这里所称的提供扣除项目金额不实的，是指纳税人在纳税申报时不据实提供扣除项目金额的行为。

提供扣除项目金额不实的，应由评估机构按照房屋重置成本价乘以成新度折扣率计算的房屋成本价和取得土地使用权时的基准地价进行评估。税务机关根据评估价格确定扣除项目金额。

3. 成交价格低于房地产评估价格又无正当理由的

根据《土地增值税暂行条例实施细则》第十四条的规定，这里所称的转让房地产的成交价格低于房地产评估价格，又无正当理由，是指纳税人申报的转让房地产的实际成交价低于房地产评估机构评定的交易价，纳税人又不能提供凭据或无正当理由的行为。

转让房地产的成交价格低于房地产评估价格，又无正当理由的，由税务机关参照房地产评估价格确定转让房地产的收入。

(三) 房地产评估的计税事项

在土地增值税征管中，对发生下列情况的，需要进行房地产评估：

(1) 出售旧房及建筑物的。

(2) 隐瞒、虚报房地产成交价格的。

(3) 提供扣除项目金额不实的。

(4) 转让房地产的成交价格低于房地产评估价格，又无正当理由的。

六、不能取得评估价但能提供购房发票的处理

(一) 不能取得评估价格但能提供购房发票的处理

根据《财政部　国家税务总局关于土地增值税若干问题的通知》(财税〔2006〕21 号)第二条“关于转让旧房准予扣除项目的计算问题”第一款的规定，纳

税人转让旧房及建筑物，凡不能取得评估价格，但能提供购房发票的，经当地税务部门确认，《土地增值税暂行条例》第六条第(一)(取得土地使用权所支付的金额)、(三)(旧房及建筑物的评估价)项规定的扣除项目的金额，可按发票所载金额并从购买年度起至转让年度止每年加计5%计算。对纳税人购房时缴纳的契税，凡能提供契税完税凭证的，准予作为“与转让房地产有关的税金”予以扣除，但不作为加计5%的基数。

(二) 转让旧房准予扣除项目的加计

《国家税务总局关于土地增值税清算有关问题的通知》(国税函〔2010〕220号)第七条“关于转让旧房准予扣除项目的加计问题”规定，《财政部　国家税务总局关于土地增值税若干问题的通知》(财税〔2006〕21号)第二条第一款规定“纳税人转让旧房及建筑物，凡不能取得评估价格，但能提供购房发票的，经当地税务部门确认，《土地增值税暂行条例》第六条第(一)、(三)项规定的扣除项目的金额，可按发票所载金额并从购买年度起至转让年度止每年加计5%计算”。计算扣除项目时“每年”按购房发票所载日期起至售房发票开具之日止，每满12个月计一年；超过一年，未满12个月但超过6个月的，可以视同为一年。

【例6-11】 2019年7月，A省税务局在对某市税务局税收执法督察时发现：2018年11月15日，付某受让赵某位于人民家园1号楼109室(契税号码0407＊＊＊4)商用房，该房屋为赵某2018年4月19日取得(不动产发票日期)，购买原价800 000.00元，在计算土地增值税时按1年加计5%扣除。

要求：分析说明案例中存在的相关税收问题。

【解析】 根据《财政部　国家税务总局关于土地增值税若干问题的通知》(财税〔2006〕21号)第二条第一款的规定：“纳税人转让旧房及建筑物，凡不能取得评估价格，但能提供购房发票的，经当地税务部门确认，《土地增值税暂行条例》第六条第(一)、(三)项规定的扣除项目的金额，可按发票所载金额并从购买年度起至转让年度止每年加计5%计算”。根据《国家税务总局关于土地增值税清算有关问题的通知》(国税函〔2010〕220号)第七条的规定，计算扣除项目时“每年”按购房发票所载日期起至售房发票开具之日止，每满12个月计一年；超过一年，未满12个月但超过6个月的，可以视同为一年。

2018年11月15日，付某受让赵某位于人民家园1#—109房屋，该房屋为赵某2018年4月19日取得(不动产发票日期，购买原价800 000.00元)，持有时间为7个月，不足一年，在计算土地增值税时不得按1年加计5%扣除。

（三）营改增后转让旧房及建筑物的处理

根据《国家税务总局关于营改增后土地增值税若干征管规定的公告》（国家税务总局公告2016年第70号）第六条“关于旧房转让时的扣除计算问题”的规定，营改增后，纳税人转让旧房及建筑物，凡不能取得评估价格，但能提供购房发票的，《中华人民共和国土地增值税暂行条例》第六条第（一）、（三）项规定的扣除项目的金额按照下列方法计算：

（1）提供的购房凭据为营改增前取得的营业税发票的，按照发票所载金额（不扣减营业税）并从购买年度起至转让年度止每年加计5%计算。

（2）提供的购房凭据为营改增后取得的增值税普通发票的，按照发票所载价税合计金额从购买年度起至转让年度止每年加计5%计算。

（3）提供的购房发票为营改增后取得的增值税专用发票的，按照发票所载不含增值税金额加上不允许抵扣的增值税进项税额之和，并从购买年度起至转让年度止每年加计5%计算。

七、旧房转让土地增值税处理

（一）个人转让住宅类旧房

对个人转让住宅类的旧房，按《财政部　国家税务总局关于调整房地产交易环节税收政策的通知》（财税〔2008〕137号）第三条规定，自2008年11月1日起，暂免征收土地增值税。

财税〔2008〕137号文件第二条规定，对个人销售或购买住房暂免征收印花税。

（二）个人转让非住宅类旧房

个人转让非住宅类旧房及建筑物，凡不能取得评估价格，但能提供购房发票的，经当地税务部门确认，《土地增值税暂行条例》第六条第（一）、（三）项规定的扣除项目的金额，可按发票所载金额并从购买年度起至转让年度止每年加计5%计算。对纳税人购房时缴纳的契税，凡能提供契税完税凭证的，准予作为“与转让房地产有关的税金”予以扣除，但不作为加计5%的基数。

对于个人转让非住宅类旧房及建筑物，既没有评估价格，又不能提供购房发票的，税务机关可以根据《中华人民共和国税收征收管理法》第三十五条的规定，实行核定征收。

（三）单位转让旧房及建筑物

对单位转让旧房及建筑物，按《财政部　国家税务总局关于土地增值税若干问题的通知》(财税〔2006〕21 号)第二条规定执行,即纳税人转让旧房及建筑物,凡不能取得评估价格,但能提供购房发票的,经当地税务部门确认,《土地增值税暂行条例》第六条第(一)、(三)项规定的扣除项目的金额,可按发票所载金额并从购买年度起至转让年度止每年加计 5%计算。对纳税人购房时缴纳的契税,凡能提供契税完税凭证的,准予作为“与转让房地产有关的税金”予以扣除,但不作为加计 5%的基数。

对于单位转让旧房及建筑物,既没有评估价格,又不能提供购房发票的,税务机关可以根据《中华人民共和国税收征收管理法》第三十五条的规定,实行核定征收。

(四) 旧房转让的核定征收

对旧房转让实行核定征收的,按照《国家税务总局关于加强土地增值税征管工作的通知》(国税发〔2010〕53 号)第四条的规定,核定征收率原则上不得低于 5%。

根据《江苏省地方税务局关于加强土地增值税征管工作的通知》(苏地税发〔2011〕53 号)第三条的规定,在测算增值率的基础上,确定核定征收率,计征土地增值税。自 2016 年 8 月 11 日起,《江苏省地方税务局关于明确个人转让非住宅类旧房及建筑物土地增值税核定征收率的公告》(苏地税规〔2016〕4 号)规定,个人转让非住宅类的旧房及建筑物,既没有计算增值额的扣除项目的评估价格,又不能提供购房发票的,税务机关可以实行核定征收,核定征收率为 5%。这里所称的个人包括个体经营者。

应纳税额＝转让房地产取得的收入(不含增值税)×核定征收率(5%)

【例 6-12】 2017 年 7 月,甲省税务局在对 A 市税务局执法督察时发现:2015 年 6 月 20 日,海天商贸有限公司以 27 528 300 元的价格受让力倍投资发展集团有限公司位于经济技术开发区桃山路 1 号商业办公楼房屋(金汇大厦),该房产购置原价为 6 420 000 元。2017 年 2 月 23 日,纳税人办理过户手续时,申报缴纳了销售不动产增值税:(27 528 300－6 420 000)×5%÷105%＝1 005 157.14(元),城市维护建设税 70 361.00 元,教育费附加 30 154.71 元,地方教育费附加 20 103.14 元,土地增值税 6 869 471.43 元,未缴印花税,没有加收滞纳金。

要求:计算上述业务应纳土地增值税等相关税费。

【解析】 根据《财政部　国家税务总局关于全面推开营业税改征增值税试点的通知》(财税〔2016〕36 号)的规定,自 2016 年 5 月 1 日起,在全国范围内全面推开营业税改征增值税(以下称营改增)试点,建筑业、房地产业、金融业、生活服务业等全部营业税纳税人,纳入试点范围,由缴纳营业税改为缴纳增值税。

根据《中华人民共和国营业税暂行条例》第十二条和财税〔2016〕36 号文件的规定,上述业务应缴纳、未缴纳营业税,错误地缴纳了增值税。

应缴纳营业税:(27 528 300－6 420 000)×5%＝1 055 415.00(元)。于 2017 年 2 月 23 日错缴纳了增值税。同日,纳税人还缴纳了土地增值税6 869 471.43 元,上述税款未按规定加收滞纳金约 2 332 546.97 元(自 2015 年 7 月 16 日起)。

该笔业务也未缴纳转让方印花税 13 764.20 元。相关税款的计算如表 6-3 所示。

表 6-3　　税款计算表　　单位:元

成交价格	27 528 300.00	
购买价格	6 420 000.00	
应缴营业税及附加		错缴增值税及附加
营业额或收入	21 108 300.00	20 103 142.86
营业税/增值税	1 055 415.00	1 005 157.14
城市维护建设税	73 879.05	70 361.00
教育费附加	31 662.45	30 154.71
地方教育费附加	21 108.30	20 103.14
印花税	13 764.15	未征
土地增值税		
收入	27 528 300.00	26 523 142.86
契税	204 000.00	204 000.00
购买价格	6 420 000.00	6 420 000.00
加计扣除	3 210 000.00	3 210 000.00
税金	1 195 828.95	未扣除
扣除合计	11 029 828.95	9 834 000.00
增值额	16 498 471.05	16 689 142.86
增值率	149.58%	169.71%
应纳土地增值税	6 594 761.18	6 869 471.43

根据《国家税务总局关于明确营改增试点若干征管问题的公告》(国家税务总局公告 2016 年第 26 号)第二条的规定,个人转让住房,在 2016 年 4 月 30 日前已签订转让合同,2016 年 5 月 1 日以后办理产权变更事项的,应缴纳增值税,不

缴纳营业税。

上述个人包括个体工商户和其他个人。这里讲的是转让住房，对于个人转让非住房，在 2016 年 4 月 30 日前已签订转让合同，2016 年 5 月 1 日以后办理产权变更事项的，应根据营业税和增值税纳税义务发生时间来判断是缴纳增值税还是营业税。

八、转让旧房应纳税款的申报

《土地增值税纳税申报表(三)(非从事房地产开发的纳税人适用)》适用于非从事房地产开发的纳税人。该纳税人应在签订房地产转让合同后的 7 日内，向房地产所在地主管税务机关填报《土地增值税纳税申报表(三)》。

《土地增值税纳税申报表(三)》还适用于以下从事房地产开发的纳税人：将开发产品转为自用、出租等用途且已达到主管税务机关旧房界定标准后，又将该旧房对外出售的。如表 6-4 所示。

表 6-4　　土地增值税纳税申报表(三)

(非从事房地产开发的纳税人适用)

税款所属时间：　年　月　日至　年　月　日　　　　填表日期：　年　月　日

金额单位：元至角分　　　　面积单位：平方米

纳税人识别号□□□□□□□□□□□□□□□□□□□□

<table>
<tr><td>纳税人名称</td><td colspan="2"></td><td>项目名称</td><td colspan="2"></td><td>项目地址</td><td></td></tr>
<tr><td>所属行业</td><td></td><td>登记注册类型</td><td></td><td>纳税人地址</td><td></td><td>邮政编码</td><td></td></tr>
<tr><td>开户银行</td><td></td><td>银行账号</td><td></td><td>主管部门</td><td></td><td>电　话</td><td></td></tr>
</table>

<table>
<tr><th colspan="3">项　　目</th><th>行次</th><th>金　额</th></tr>
<tr><td colspan="3">一、转让房地产收入总额　1＝2＋3＋4</td><td>1</td><td></td></tr>
<tr><td rowspan="3">其中</td><td colspan="2">货币收入</td><td>2</td><td></td></tr>
<tr><td colspan="2">实物收入</td><td>3</td><td></td></tr>
<tr><td colspan="2">其他收入</td><td>4</td><td></td></tr>
<tr><td colspan="3">二、扣除项目金额合计
(1) 5＝6＋7＋10＋15
(2) 5＝11＋12＋14＋15</td><td>5</td><td></td></tr>
<tr><td rowspan="5">(1) 提供评估价格</td><td colspan="2">1. 取得土地使用权所支付的金额</td><td>6</td><td></td></tr>
<tr><td colspan="2">2. 旧房及建筑物的评估价格　7＝8×9</td><td>7</td><td></td></tr>
<tr><td rowspan="2">其中</td><td>旧房及建筑物的重置成本价</td><td>8</td><td></td></tr>
<tr><td>成新度折扣率</td><td>9</td><td></td></tr>
<tr><td colspan="2">3. 评估费用</td><td>10</td><td></td></tr>
</table>

（续表）

项目		行次	金额
(2) 提供购房发票	1. 购房发票金额	11	
	2. 发票加计扣除金额　12＝11×5％×13	12	
	其中:房产实际持有年数	13	
	3. 购房契税	14	
4. 与转让房地产有关的税金等　15＝16＋17＋18＋19		15	
其中	营业税	16	
	城市维护建设税	17	
	印花税	18	
	教育费附加	19	
三、增值额　20＝1－5		20	
四、增值额与扣除项目金额之比(％)　21＝20÷5		21	
五、适用税率(％)		22	
六、速算扣除系数(％)		23	
七、应缴土地增值税税额　24＝20×22－5×23		24	
八、减免税额(减免性质代码:＿＿＿＿＿＿＿＿)		25	
九、已缴土地增值税税额		26	
十、应补(退)土地增值税税额　27＝24－25－26		27	

以下由纳税人填写:

纳税人声明	此纳税申报表是根据《中华人民共和国土地增值税暂行条例》及其实施细则和国家有关税收规定填报的,是真实的、可靠的、完整的。				
纳税人签章		代理人签章		代理人身份证号	

以下由税务机关填写:

受理人		受理日期	年　月　日	受理税务机关签章	

本表一式两份,一份纳税人留存,一份税务机关留存。

填表说明:

一、适用范围

土地增值税纳税申报表(三)适用于非从事房地产开发的纳税人。该纳税人应在签订房地产转让合同后的七日内,向房地产所在地主管税务机关填报土地增值税纳税申报表(三)。

土地增值税纳税申报表(三)还适用于以下从事房地产开发的纳税人:将开发产品转为自用、出租等用途且已达到主管税务机关旧房界定标准后,又将该旧房对外出售的。

二、土地增值税纳税申报表(三)主要项目填表说明

(一)表头项目

1. 纳税人识别号：填写税务机关为纳税人确定的识别号。

2. 项目名称：填写纳税人转让的房地产项目全称。

3. 登记注册类型：单位，根据税务登记证或组织机构代码证中登记的注册类型填写；纳税人是企业的，根据国家统计局《关于划分企业登记注册类型的规定》填写。该项可由系统根据纳税人识别号自动带出，无须纳税人填写。

4. 所属行业：根据《国民经济行业分类》(GB/T 4754—2011)填写。该项可由系统根据纳税人识别号自动带出，无须纳税人填写。

5. 主管部门：按纳税人隶属的管理部门或总机构填写。外商投资企业不填。

(二)表中项目

土地增值税纳税申报表(三)的各主要项目内容，应根据纳税人转让的房地产项目作为填报对象。纳税人如果同时转让两个或两个以上房地产的，应分别填报。

1. 表第1栏"转让房地产收入总额"，按纳税人转让房地产所取得的全部收入额(不含增值税)填写。

2. 表第2栏"货币收入"，按纳税人转让房地产所取得的货币形态的收入额(不含增值税)填写。

3. 表第3、4栏"实物收入""其他收入"，按纳税人转让房地产所取得的实物形态的收入和无形资产等其他形式的收入额(不含增值税)填写。

4. 表第6栏"取得土地使用权所支付的金额"，按纳税人为取得该房地产开发项目所需要的土地使用权而实际支付(补交)的土地出让金(地价款)及按国家统一规定缴纳的有关费用的数额填写。

5. 表第7栏"旧房及建筑物的评估价格"，是指根据《中华人民共和国土地增值税暂行条例》(国务院令第138号，以下简称《条例》)和《中华人民共和国土地增值税暂行条例实施细则》(财法字〔1995〕6号，以下简称《细则》)等有关规定，按重置成本法评估旧房及建筑物并经当地税务机关确认的评估价格的数额。本栏由第8栏与第9栏相乘得出。如果本栏数额能够直接根据评估报告填报，则本表第8、9栏可以不必再填报。

6. 表第8栏"旧房及建筑物的重置成本价"，是指按照《条例》和《细则》规定，由政府批准设立的房地产评估机构评定的重置成本价。

7. 表第9栏"成新度折扣率"，是指按照《条例》和《细则》规定，由政府批准设立的房地产评估机构评定的旧房及建筑物的新旧程度折扣率。

8. 表第10栏"评估费用"，是指纳税人转让旧房及建筑物时因计算纳税的需要而对房地产进行评估，其支付的评估费用允许在计算增值额时予以扣除。

9. 表第11栏"购房发票金额"，区分以下情形填写：提供营业税销售不动产发票的，按发票所载金额填写；提供增值税专用发票的，按发票所载金额与不允许抵扣进项

税额合计金额数填写；提供增值税普通发票的，按照发票所载价税合计金额数填写。

10. 表第 12 栏“发票加计扣除金额”是指购房发票金额乘以房产实际持有年数乘以 5%的积数。

11. 表第 13 栏“房产实际持有年数”是指，按购房发票所载日期起至售房发票开具之日止，每满 12 个月计一年；超过一年，未满 12 个月但超过 6 个月的，可以视同为一年。

12. 表第 14 栏“购房契税”是指购房时支付的契税。

13. 表第 15 栏“与转让房地产有关的税金等”为表第 16 栏至表第 19 栏的合计数。

14. 表第 16 栏至表第 19 栏，按纳税人转让房地产时实际缴纳的有关税金的数额填写。开具营业税发票的，按转让房地产时缴纳的营业税数额填写；开具增值税发票的，第 16 栏营业税为 0。

15. 表第 22 栏“适用税率”，应根据《条例》规定的四级超率累进税率，按所适用的最高一级税率填写。

16. 表第 23 栏“速算扣除系数”，应根据《细则》第十条的规定找出相关速算扣除系数填写。

第四节　土地增值税的核定征收

一、核定征收土地增值税的条件

（一）核定征收应符合的条件

根据《税收征收管理法》第三十五的规定，纳税人有下列情形之一的，税务机关有权核定其应纳税额：

（1）依照法律、行政法规的规定可以不设置账簿的。

（2）依照法律、行政法规的规定应当设置但未设置账簿的。

（3）擅自销毁账簿或者拒不提供纳税资料的。

（4）虽设置账簿，但账目混乱或者成本资料、收入凭证、费用凭证残缺不全、难以查账的。

（5）发生纳税义务，未按照规定的期限办理纳税申报，经税务机关责令限期申报，逾期仍不申报的。

（6）纳税人申报的计税依据明显偏低，又无正当理由的。

税务机关核定应纳税额的具体程序和方法由国务院税务主管部门规定。

（二）房地产企业核定征收土地增值税应符合的条件

1. 房地产企业核定征收土地增值税应符合的条件

根据《国家税务总局关于房地产开发企业土地增值税清算管理有关问题的通知》（国税发〔2006〕187 号）第七条的规定，房地产开发企业有下列情形之一的，税务机关可以参照与其开发规模和收入水平相近的当地企业的土地增值税税负情况，按不低于预征率的征收率核定征收土地增值税：

（1）依照法律、行政法规的规定应当设置但未设置账簿的。

（2）擅自销毁账簿或者拒不提供纳税资料的。

（3）虽设置账簿，但账目混乱或者成本资料、收入凭证、费用凭证残缺不全，难以确定转让收入或扣除项目金额的。

（4）符合土地增值税清算条件，未按照规定的期限办理清算手续，经税务机关责令限期清算，逾期仍不清算的。

（5）申报的计税依据明显偏低，又无正当理由的。

根据《国家税务总局关于印发〈土地增值税清算管理规程〉的通知》（国税发〔2009〕91 号，以下简称为国税发〔2009〕91 号文件）第三十四条的规定，在土地增值税清算中符合以下条件之一的，可实行核定征收。

（1）依照法律、行政法规的规定应当设置但未设置账簿的。

（2）擅自销毁账簿或者拒不提供纳税资料的。

（3）虽设置账簿，但账目混乱或者成本资料、收入凭证、费用凭证残缺不全，难以确定转让收入或扣除项目金额的。

（4）符合土地增值税清算条件，企业未按照规定的期限办理清算手续，经税务机关责令限期清算，逾期仍不清算的。

（5）申报的计税依据明显偏低，又无正当理由的。

2. 计税依据明显偏低又无正当理由的界定

根据国税发〔2009〕91 号文件的规定："在土地增值税清算中符合以下条件之一的，可实行核定征收。……（五）申报的计税依据明显偏低，又无正当理由的。"在实务中，何为"计税依据明显偏低"和"正当理由"常常是税企争议的焦点。例如对明显偏低的认定，是低于销售均价的 20%、30%还是 50%？再如笔者曾接触到某案件，某房地产开发企业在受让土地时，根据土地所在地政府的要求，在开发产品中需提供若干平方米房地产（包括住宅和非住宅），并且约定的房价低于成本价。此时是否认定该计税价格有合理正当理由？企业认为不应进行调整，但税务局坚持该房屋以成本价销售给政府，计税价格明显偏低且不具备合理理由。

（三）转让旧房及建筑物核定征收应符合的条件

根据《财政部　国家税务总局关于土地增值税若干问题的通知》（财税〔2006〕21号）第二条“关于转让旧房准予扣除项目的计算问题”第二款的规定，对于转让旧房及建筑物，既没有评估价格，又不能提供购房发票的，税务机关可以根据《中华人民共和国税收征收管理法》第三十五条的规定，实行核定征收。

二、核定征收的管理

（一）依照规定的条件进行核定征收

根据《国家税务总局关于加强土地增值税征管工作的通知》（国税发〔2010〕53号）第四条的规定，核定征收必须严格依照税收法律法规规定的条件进行，任何单位和个人不得擅自扩大核定征收范围，严禁在清算中出现“以核定为主、一核了之”“求快图省”的做法。凡擅自将核定征收作为本地区土地增值税清算主要方式的，必须立即纠正。对确需核定征收的，要严格按照税收法律法规的要求，从严、从高确定核定征收率。为了规范核定工作，核定征收率原则上不得低于5%，各省级税务机关可结合本地实际，区分不同房地产类型制定核定征收率。

《国家税务总局关于进一步做好土地增值税征管工作的通知》（税总发〔2013〕67号）规定，要严格执行核定征收规定，不得擅自扩大核定征收的范围，对不符合核定征收条件的，坚决不得核定征收，对符合条件、确需核定的，要根据实际情况从严确定核定征收率，不搞一刀切。

（二）严控核定征收，防范税收流失

《国家税务总局关于深入开展土地增值税清算工作的通知》（税总函〔2013〕658号）第三条“严控核定征收，防范税收流失的规定”规定，要严格控制核定征收的范围，严格执行核定征收的规定。对符合核定征收规定的，通过向国土部门查询项目土地价格、参照当地建安造价标准等数据对项目情况进行具体的评估后，核定税额，不能搞一刀切。

三、核定征收具体办法

（一）江苏核定征收具体办法

1. 江苏加强土地增值税核定征收管理规定

《江苏省地方税务局关于加强土地增值税征管工作的通知》（苏地税发

〔2011〕53 号)第二条“加强土地增值税核定征收管理”规定：

(1) 对符合《土地增值税清算管理规程》(国税发〔2009〕91 号)第三十四条规定应按核定征收方式对房地产项目进行清算的，主管税务机关要事先进行核查，并出具报告，报省辖市税务局备案后执行。

(2) 实行核定征收方式进行清算的房地产项目，主管税务机关应根据其房地产单位售价、单位土地成本、当地建设工程造价管理部门公布的单位平均造价等指标测算其增值率，确定核定征收率，报省辖市税务局备案。同一期清算项目中包含的普通标准住宅、普通住宅、非普通住宅或其他类型房地产，应当分别测算增值率，并分别确定核定征收率。同一幢楼内的普通住宅、非普通住宅和商业用房，可合并测算增值率，确定核定征收率。

2. 江苏个人转让非住宅类旧房及建筑物核定征收率

自 2016 年 8 月 11 日起，《江苏省地方税务局关于明确个人转让非住宅类旧房及建筑物土地增值税核定征收率的公告》(苏地税规〔2016〕4 号)规定，个人转让非住宅类的旧房及建筑物，既没有计算增值额的扣除项目的评估价格，又不能提供购房发票的，税务机关可以实行核定征收，核定征收率为 5%。

应纳税额＝转让房地产取得的收入(不含增值税)×核定征收率(5%)

3. 征管和稽查中发现不符合核定征收条件的处理

根据《关于进一步明确土地增值税征管有关问题通知》(苏地税函〔2011〕190 号)的规定，税务机关在日常征管和稽查中，发现已清算项目存在不符合核定征收条件或纳税人申报不实等情形的，应重新进行清算并依法补征税款。构成偷税的，按《中华人民共和国税收征管法》的有关规定处理。

(二) 安徽核定征收具体办法

根据《安徽省土地增值税清算管理办法》第四十六条的规定，按照收入金额的一定比例实行核定征收的，核定征收率不得低于 5%。

(三) 北京核定征收的具体规定

《北京市地方税务局关于明确土地增值税有关问题的公告》(北京市地方税务局公告 2013 年第 8 号)第三条规定，个人转让存量房征收土地增值税时，对既不能提供房屋及建筑物价格评估报告，又不能提供购房发票证明的，税务机关可采取核定征收办法，按转让存量房交易价格全额 5%的征收率计征土地增值税。

(四) 福建核定征收具体规定

《国家税务总局福建省税务局关于土地增值税若干政策问题的公告》(国家

税务总局福建省税务局公告 2018 年第 21 号)第八条“关于土地增值税核定征收问题”规定：

(1) 在土地增值税清算过程中,对房地产开发企业符合核定征收条件的,可以实行核定征收。其中：普通住房核定征收率不得低于 5%,非普通住宅核定征收率不得低于 5.5%,非住房核定征收率不得低于 6%。

(2) 对转让旧房及建筑物,既未提供评估价格,也未提供购房发票的,税务机关可以根据《税收征收管理法》及其实施细则的有关规定实行核定征收,确定的核定征收率不得低于 5%。

(五) 厦门核定征收具体规定

根据《国家税务总局厦门市税务局关于土地增值税预征和核定征收有关事项的公告》(厦税公告 2018 年第 10 号)第二条“关于土地增值税核定征收问题”的规定,纳税人应当按照现行土地增值税规定,据实办理土地增值税清算,符合《中华人民共和国税收征收管理法》第三十五条规定的,实行核定征收。

(1) 从事房地产开发的纳税人,其开发的房地产项目在清算时确实符合核定征收条件的,经主管税务机关确认后,实行核定征收。其中普通住宅核定征收率不得低于 5%,非普通住宅核定征收率不得低于 5.5%,非住宅核定征收率不得低于 6%。

(2) 对纳税人转让存量房的行为：

第一,个人转让非住房等存量房的,按转让收入全额的 5%核定征收土地增值税。

第二,单位被主管税务机关认定为非正常户后,其存量房被委托拍卖,若买受人愿意代缴相关税费并向主管税务机关申请代开发票的,由买受人提交相关书面材料,主管税务机关在确认后,按拍卖收入全额的 5%核定征收土地增值税。

第三,异地单位以委托拍卖或其他形式转让其坐落在厦门市的存量房,应提供转让相关书面材料,按拍卖收入全额或经主管税务机关确认后的计税收入额的 5%核定征收土地增值税。

第四,异地单位和个人转让存量房需要按查账征收方式进行土地增值税清算的,应当提供相关书面材料,经主管税务机关确认,予以按实进行土地增值税清算。

(六) 辽宁核定征收的具体规定

根据《辽宁省土地增值税预征管理规定》[辽地税发〔2006〕86 号,根据《国家税务总局辽宁省税务局关于发布修改部分税收规范性文件的公告》(国家税务总局辽宁省税务局公告 2018 年第 3 号)修改]第六条的规定，对已竣工验收的房地产项目，凡转让的房地产的建筑面积占整个项目可售面积的比例在 85%以上的，对有可能造成税款流失的，经县(区)以上主管税务机关批准后，征收机关可以要求纳税人按照已转让房地产的建筑面积占整个项目可售面积的比例，确定清算部分相对应的扣除项目金额，对已转让的房地产进行土地增值税清算，多退少补。剩余部分按已清算的土地增值税应纳税额占已转让的房地产收入的比例核定征收率计算征收。

(七) 深圳核定征收的具体规定

根据《深圳市地方税务局关于土地增值税核定征收有关问题的通知》(深地税发〔2009〕460 号)的规定，核定征收率如下：

对普通标准住宅销售收入核定征收率为 6%，对非普通标准住宅销售收入核定征收率为 8%，对写字楼、商铺销售收入核定征收率为 10%，对其他类型房地产销售收入核定征收率为 5%。核定征收税款包含已预征税款。

(八) 湖北核定征收的具体规定

自 2018 年 6 月 15 日起，根据《国家税务总局湖北省税务局关于我省土地增值税预征率和核定征收率有关事项的公告》(国家税务总局湖北省税务局公告 2018 年第 6 号)的规定，湖北省土地增值税核定征收率，按普通住房、非普通住房及其他类型房地产三种划分，分别为 5%、7%、9%。各市、州税务机关可在此基础上，根据当地房地产市场实际情况，对所辖县(市、区)非普通住宅、其他类型房地产两类核定征收率上下浮动 1%予以确定。

对个人转让非住宅存量房，能够提供合法、完整、准确的凭证，并能正确计算应纳税额的，应采取查账征收；对个人未能提供相关凭证，不能正确计算应纳税额的，统一按计税价格的 7%核定计征土地增值税。

(九) 甘肃核定征收的具体规定

根据《国家税务总局甘肃省税务局关于调整土地增值税预征率、核定征收率的公告》(国家税务总局甘肃省税务局公告 2018 年第 10 号，自 2018 年 7 月 1 日起执行，有效期为 5 年)第三条的规定，在土地增值税清算中，依照法律、行政法规的规定应当设置账簿但未设置的；擅自销毁账簿或者拒不提供纳税资料的；虽设置账簿，但账目混乱或者成本资料、收入凭证残缺不全，难以确定转让收入或扣除项目金额的；符合土地增值税清算条件，企业未按照规定的期限办理清算手续，经税务机关责令限期清算，逾期仍不清算的；申报的计税依据明显偏低，又无正当理由的，按以下核定征收率征收土地增值税：

第一，兰州市城关区、七里河区、西固区，兰州经济技术开发区，天水市秦州区、麦积区，嘉峪关市及其他地级市政府（不包括临夏州、甘南州）所在区的核定征收率调整为：

（1）普通住宅 5%。

（2）非普通住宅为 7%。

（3）其他类型房地产为 9%。

第二，临夏州、甘南州、兰州新区及不属于上述第一中的其他县（市、区）核定征收率调整为：

（1）普通住宅为 5%。

（2）非普通住宅为 6%。

（3）其他类型房地产为 7%。

四、核定征收清算税款的申报

《土地增值税纳税申报表（五）（从事房地产开发的纳税人清算方式为核定征收适用）》（如表 6-5 所示）适用于从事房地产开发与建设的纳税人，清算方式为核定征收时填报，各行次应按不同房产类型分别填写。纳税人在填报《土地增值税纳税申报表（五）》时，应同时提交税务机关出具的核定文书。

表 6-5　　土地增值税纳税申报表（五）

（从事房地产开发的纳税人清算方式为核定征收适用）

税款所属时间：　年　月　日至　年　月　日　　　　填表日期：　年　月　日

金额单位：元至角分　　　　面积单位：平方米

纳税人识别号□□□□□□□□□□□□□□□□□□□□

纳税人名称		项目名称		项目编号		项目地址	
所属行业		登记注册类型		纳税人地址		邮政编码	
开户银行		银行账号		主管部门		电　　话	

项　　目		行次	金　额			
			普通住宅	非普通住宅	其他类型房地产	合计
一、转让房地产收入总额		1				
其中	货币收入	2				
	实物收入及其他收入	3				
	视同销售收入	4				

（续表）

项目			行次	金额			
				普通住宅	非普通住宅	其他类型房地产	合计
二、扣除项目金额合计			5				
1. 取得土地使用权所支付的金额			6				
2. 房地产开发成本			7				
其中	土地征用及拆迁补偿费		8				
	前期工程费		9				
	建筑安装工程费		10				
	基础设施费		11				
	公共配套设施费		12				
	开发间接费用		13				
3. 房地产开发费用			14				
其中	利息支出		15				
	其他房地产开发费用		16				
4. 与转让房地产有关的税金等			17				
其中	营业税		18				
	城市维护建设税		19				
	教育费附加		20				
5. 财政部规定的其他扣除项目			21				
6. 代收费用			22				
三、增值额			23				
四、增值额与扣除项目金额之比(%)			24				
五、适用税率(核定征收率)(%)			25				
六、速算扣除系数(%)			26				
七、应缴土地增值税税额			27				
八、减免税额　28＝30＋32＋34			28				
其中	减免税(1)	减免性质代码(1)	29				
		减免税额(1)	30				
	减免税(2)	减免性质代码(2)	31				
		减免税额(2)	32				
	减免税(3)	减免性质代码(3)	33				
		减免税额(3)	34				

（续表）

项　　目	行次	金　　额			
		普通住宅	非普通住宅	其他类型房地产	合计
九、已缴土地增值税税额	35				
十、应补(退)土地增值税税额　36＝27－28－35	36				

以下由纳税人填写：

纳税人声明	此纳税申报表是根据《中华人民共和国土地增值税暂行条例》及其实施细则和国家有关税收规定填报的，是真实的、可靠的、完整的。				
纳税人签章		代理人签章		代理人身份证号	

以下由税务机关填写：

受理人		受理日期	年　月　日	受理税务机关签章	

本表一式两份，一份纳税人留存，一份税务机关留存。

填表说明：

一、适用范围

土地增值税纳税申报表(五)，适用于从事房地产开发与建设的纳税人，清算方式为核定征收时填报，各行次应按不同房产类型分别填写。纳税人在填报土地增值税纳税申报表(五)时，应同时提交税务机关出具的核定文书。

二、土地增值税纳税申报表

(一) 表头项目

1. 纳税人识别号：填写税务机关为纳税人确定的识别号。

2. 项目名称：填写纳税人所开发并转让的房地产开发项目全称。

3. 项目编号：是在进行房地产项目登记时，税务机关按照一定的规则赋予的编号，此编号会跟随项目的预征清算全过程。

4. 所属行业：根据《国民经济行业分类》(GB/T 4754—2011)填写。该项可由系统根据纳税人识别号自动带出，无须纳税人填写。

5. 登记注册类型：单位，根据税务登记证或组织机构代码证中登记的注册类型填写；纳税人是企业的，根据国家统计局《关于划分企业登记注册类型的规定》填写。该项可由系统根据纳税人识别号自动带出，无须纳税人填写。

6. 主管部门：按纳税人隶属的管理部门或总机构填写。外商投资企业不填。

7. 开户银行：填写纳税人开设银行账户的银行名称；如果纳税人在多个银行开户的，填写其主要经营账户的银行名称。

8. 银行账号：填写纳税人开设的银行账户的号码；如果纳税人拥有多个银行账户的，填写其主要经营账户的号码。

(二) 表中项目

按税务机关出具的核定文书要求填写。

五、非房地产开发企业核定征收的申报

《土地增值税纳税申报表(七)(非从事房地产开发的纳税人核定征收适用)》适用于非从事房地产开发的纳税人,清算方式为核定征收时填报。该纳税人应在签订房地产转让合同后的7日内,向房地产所在地主管税务机关填报《土地增值税纳税申报表(七)》。

《土地增值税纳税申报表(七)》还适用于以下从事房地产开发的纳税人核定征收时填报:将开发产品转为自用、出租等用途且已达到主管税务机关旧房界定标准后,又将该旧房对外出售的。如表6-6所示。

纳税人在填报土地增值税纳税申报表(七)时,应同时提交税务机关出具的核定文书。

表6-6　　土地增值税纳税申报表(七)

(非从事房地产开发的纳税人核定征收适用)

税款所属时间:　年　月　日至　年　月　日　　　　填表日期:　年　月　日

金额单位:元至角分　　　　面积单位:平方米

纳税人识别号□□□□□□□□□□□□□□□□□□□□

纳税人名称		项目名称			项目地址		
所属行业		登记注册类型		纳税人地址		邮政编码	
开户银行		银行账号		主管部门		电　话	

项目			行次	金　额
一、转让房地产收入总额			1	
其中	货币收入		2	
	实物收入		3	
	其他收入		4	
二、扣除项目金额合计			5	
(1)提供评估价格	1. 取得土地使用权所支付的金额		6	
	2. 旧房及建筑物的评估价格		7	
	其中	旧房及建筑物的重置成本价	8	
		成新度折扣率	9	
	3. 评估费用		10	
(2)提供购房发票	1. 购房发票金额		11	
	2. 发票加计扣除金额		12	
	其中:房产实际持有年数		13	
	3. 购房契税		14	

（续表）

项目		行次	金额
4.与转让房地产有关的税金等		15	
其中	营业税	16	
	城市维护建设税	17	
	印花税	18	
	教育费附加	19	
三、增值额		20	
四、增值额与扣除项目金额之比(%)		21	
五、适用税率(核定征收率)(%)		22	
六、速算扣除系数(%)		23	
七、应缴土地增值税税额		24	
八、减免税额(减免性质代码：________)		25	
九、已缴土地增值税税额		26	
十、应补(退)土地增值税税额　27＝24－25－26		27	

以下由纳税人填写：

纳税人声明	此纳税申报表是根据《中华人民共和国土地增值税暂行条例》及其实施细则和国家有关税收规定填报的，是真实的、可靠的、完整的。				
纳税人签章		代理人签章		代理人身份证号	

以下由税务机关填写：

受理人		受理日期	年　月　日	受理税务机关签章	

本表一式两份，一份纳税人留存，一份税务机关留存。

填表说明：

一、适用范围

土地增值税纳税申报表(七)适用于非从事房地产开发的纳税人，清算方式为核定征收时填报。该纳税人应在签订房地产转让合同后的七日内，向房地产所在地主管税务机关填报土地增值税纳税申报表(七)。

土地增值税纳税申报表(七)还适用于以下从事房地产开发的纳税人核定征收时填报：将开发产品转为自用、出租等用途且已达到主管税务机关旧房界定标准后，又将该旧房对外出售的。

纳税人在填报土地增值税纳税申报表(七)时，应同时提交税务机关出具的核定文书。

二、土地增值税纳税申报表(七)主要项目填表说明

(一) 表头项目

1.纳税人识别号：填写税务机关为纳税人确定的识别号。

2.项目名称：填写纳税人转让的房地产项目全称。

3. 登记注册类型：单位，根据税务登记证或组织机构代码证中登记的注册类型填写；纳税人是企业的，根据国家统计局《关于划分企业登记注册类型的规定》填写。该项可由系统根据纳税人识别号自动带出，无须纳税人填写。

4. 所属行业：根据《国民经济行业分类》(GB/T 4754—2011)填写。该项可由系统根据纳税人识别号自动带出，无须纳税人填写。

5. 主管部门：按纳税人隶属的管理部门或总机构填写。外商投资企业不填。

(二) 表中项目

按税务机关出具的核定文书要求填写。

六、企业所得税的核定征收

根据《房地产开发经营业务企业所得税处理办法》(国税发〔2009〕31 号)第四条的规定，企业出现《中华人民共和国税收征收管理法》第三十五条规定的情形，税务机关可对其以往应缴的企业所得税按核定征收方式进行征收管理，并逐步规范，同时按《中华人民共和国税收征收管理法》等税收法律、行政法规的规定进行处理，但不得事先确定企业的所得税按核定征收方式进行征收、管理。

七、广州德发房产建设有限公司税案

本案争议的焦点：广州德发房产建设有限公司将涉案房产拍卖形成的拍卖成交价格作为计税依据纳税后，广州税务稽查局第一稽查局在税务检查过程中能否以计税依据价格明显偏低且无正当理由为由重新核定应纳税额补征税款并加收滞纳金。

最高人民法院对税务稽查局的执法资格、执法权限、核定价格追征税款和加收滞纳金是否合法等问题分别作出评述。

关于税务稽查局是否具有独立的执法主体资格问题。相关法律和行政法规已经明确了省以下税务局所属稽查局的法律地位，省级以下税务局的稽查局具有行政主体资格。因此，省以下各级税务局稽查局具有独立的执法主体资格。

关于税务稽查局是否有权核定计税依据及应纳税款问题。稽查局在查处涉嫌税务违法行为时，依据《税收征收管理法》第三十五条的规定核定应纳税额是其职权的内在要求和必要延伸，符合税务稽查的业务特点和执法规律，各地税务机关根据《国家税务总局关于稽查局职责问题的通知》确立的职权划分原则，以及在执法实践中形成的符合税务执法规律的惯例，人民法院应予尊重。

关于税务机关对价格偏低且无正当理由的计税依据核定权问题。税务机关基于国家税收利益的考虑，也可以不以拍卖价格作为计税依据，另行核定应纳税额。同时，“计税依据明显偏低，又无正当理由”的判断，具有较强的裁量性，人民法院一般应尊重税务机关基于法定调查程序作出的专业认定，除非这种认定明显不合理或者滥用职权。

关于税务机关核定应纳税款后追征税款和加征滞纳金的问题。税务机关应当在统筹兼顾保障国家税收、纳税人的信赖利益和税收征管法律关系的稳定等因素的基础上，在合理期限内核定和追征，依法启动的调查程序期间应当在计算追征期中予以扣除。税务机关基于国家税收利益的考虑，也可以不以拍卖价格作为计税依据，另行核定应纳税额。新确定的应纳税额，纳税义务应当自核定之日发生，其对纳税人征收该税款确定之前的滞纳金，没有法律依据。

广州德发房产建设有限公司与广东省广州市地方税务局第一稽查局再审行政判决书

中华人民共和国最高人民法院行政判决书(2015)行提字第13号

再审申请人(一审原告、二审上诉人)广州德发房产建设有限公司，住所地广东省广州市荔湾区人民中路555号美国银行中心1808室。

法定代表人郭超，该公司董事长。

委托代理人袁凤翔，北京市华贸硅谷律师事务所上海分所律师。

委托代理人张瑞茵，该公司工作人员。

被申请人(一审被告、二审被上诉人)广东省广州市地方税务局第一稽查局，住所地广东省广州市天河区珠江新城华利路59号西塔。

法定代表人侯国光，该局局长。

委托代理人王家本，北京天驰洪范律师事务所律师。

委托代理人张学干，该局工作人员。

再审申请人广州德发房产建设有限公司(以下简称德发公司)因诉广东省广州市地方税务局第一稽查局(以下简称广州税稽一局)税务处理决定一案，不服广州市中级人民法院(2010)穗中法行终字第564号行政判决，向本院申请再审。本院依照修订前的《中华人民共和国行政诉讼法》第六十三条第二款和《最高人民法院关于执行〈中华人民共和国行政诉讼法〉若干问题的解释》(以下简称若干解释)第六十三条第一款第十三项、第七十四条、第七十七条之规定，提审本案，并依法组成由审判员李广宇、耿宝建、李涛参加的合议庭，于2015年6月29日公开开庭审理了本案，再审申请人德发公司委托代理人袁凤翔、张瑞茵，被申请人广州税稽一局负责人陈小湛副局长，委托代理人王家本、张学干到庭参加诉讼。现已审理终结。

(一) 案件基本情况

二审法院查明：2004 年 11 月 30 日，德发公司与广州穗和拍卖行有限公司(以下简称穗和拍卖行)签订委托拍卖合同，委托穗和拍卖行拍卖其自有的位于广州市人民中路 555 号“美国银行中心”的房产。委托拍卖的房产包括地下负一层至负四层的车库(199 个)，面积 13 022.467 8 平方米；首层至第三层的商铺，面积 7 936.747 8 平方米；4～9 层、11～13 层、16～17 层、20～28 层部分单位的写字楼，面积共计 42 285.578 8 平方米。德发公司在拍卖合同中对上述总面积为 63 244.794 4 平方米的房产估值金额为 530 769 427.08 港元。2004 年 12 月 2 日，穗和拍卖行在信息时报 C16 版刊登拍卖公告，公布将于 2004 年 12 月 9 日举行拍卖会。穗和拍卖行根据委托合同的约定，在拍卖公告中明确竞投者须在拍卖前将拍卖保证金港币 6 800 万元转到德发公司指定的银行账户内。2004 年 12 月 19 日，盛丰实业有限公司(中国香港公司)通过拍卖，以底价 1.3 亿港元(按当时的银行汇率，兑换人民币为 1.382 55 亿元)竞买了上述部分房产，面积为59 907.092 1 平方米。上述房产拍卖后，德发公司按 1.382 55 亿元的拍卖成交价格，先后向税务部门缴付了营业税 6 912 750 元及堤围防护费 124 429.5 元，并取得了相应的完税凭证。2006 年间，广州税稽一局在检查德发公司 2004 年至 2005 年地方税费的缴纳情况时，发现德发公司存在上述情况，展开调查。经向广州市国土资源和房屋管理局调取德发公司委托拍卖房产所在的周边房产的交易价格情况进行分析，广州税稽一局得出当时德发公司委托拍卖房产的周边房产的交易价格，其中写字楼为 5 500～20 001 元/平方米，商铺为 10 984～40 205 元/平方米，地下停车位为 89 000～242 159 元/个。因此，广州税稽一局认为德发公司以 1.382 55 亿元出售上述房产，拍卖成交单价格仅为 2 300 元/平方米，不及市场价的一半，价格严重偏低。遂于 2009 年 8 月 11 日，根据《中华人民共和国税收征收管理法》(以下简称税收征管法)第三十五条及《中华人民共和国税收征收管理法实施细则》(以下简称税收征管法实施细则)第四十七条的规定，作出税务检查情况核对意见书，以停车位85 000 元/个、商场 10 500 元/平方米、写字楼 5 000 元/平方米的价格计算，核定德发公司委托拍卖的房产的交易价格为 311 678 775 元(85 000×199＋10 500×7 936.75＋5 000×42 285.58)，并以 311 678 775 元为标准核定应缴纳营业税及堤围防护费。德发公司应缴纳营业税15 583 938.75元(311 678 775×5%),扣除已缴纳的6 912 750元,应补缴8 671 188.75元(15 583 938.75-6 912 750);应缴纳堤围防护费280 510.90元,扣除已缴纳的124 429.50元,应补缴156 081.40元。该意见书同时载明了广州税稽一局将按规定加收滞纳金及罚款的情况。德发公司于2009年8月12日收到上述税务检查情况核对意见书后,于同月17日向广州税稽一局提交了复函,认为广州税稽一局对其委托拍卖的房产价值核准为311 678 775元缺乏依据。广州税稽一局没有采纳德发公司的陈述意见。2009年9月14日,广州税稽一局作出穗地税稽一处〔2009〕66号税务处理决定,认为德发公司存在违法违章行为并决定:

1. 根据税收征管法第三十五条、税收征管法实施细则第四十七条、《中华人民共和国营业税暂行条例》(以下简称营业税条例)第一条、第二条、第四条的规定,核定德发公司于2004年12月取得的拍卖收入应申报缴纳营业税15 583 938.75元,已申报缴纳6 912 750元,少申报缴纳8 671 188.75元;决定追缴德发公司未缴纳的营业税8 671 188.75元,并根据税收征管法第三十二条的规定,对德发公司应补缴的营业税加收滞纳金2 805 129.56元。

2. 根据广州市人民政府《广州市市区防洪工程维护费征收、使用和管理试行办法》(穗府〔1990〕88号)第二条、第三条、第七条及广州市财政局、广州市地方税务局、广州市水利局《关于征收广州市市区堤围防护费有关问题的补充通知》(财农〔1998〕413号)第一条规定,核定德发公司2004年12月取得的计费收入应缴纳堤围防护费280 510.90元,已申报缴纳124 429.50元,少申报缴纳156 081.40元,决定追缴少申报的156 081.40元,并加收滞纳金48 619.36元。德发公司不服广州税稽一局的处理决定,向广州市地方税务局申请行政复议。广州市地方税务局经复议后于2010年2月8日作出穗地税行复字〔2009〕8号行政复议决定,维持了广州税稽一局的处理决定。

广州市天河区人民法院一审认为:税收征管法第五条第一款规定:"国务院税务主管部门主管全国税收征收管理工作。各地国家税务局和地方税务局应当按照国务院规定的税收征收管理范围分别进行征收管理。"因此,依法核定、征收税款是广州税稽一局应履行的法定职责。营业税条例第一条规定:"在中华人民共和国境内提供本条例规定的劳务、转让无形资产或者销售不动产的单位和个人,为营业税的纳税人,应当依照本条例缴纳营业税。"第四条规定:"纳税人提供应税劳务、转让无形资产或者销售不动产,按照营业额和规定的税率计算应纳税额。"税收征管法第三十五条第一款第六项规定,纳税人申报的计税依据明显偏低，又无正当理由的，税务机关有权核定其应纳税额。税收征管法实施细则第四十七条第一款第四项规定，纳税人有税收征管法第三十五条或者第三十七条所列情形之一的，税务机关有权按照其他合理方法核定其应纳税额。税收征管法第三十二条规定："纳税人未按照规定期限缴纳税款的，扣缴义务人未按照规定期限解缴税款的，税务机关除责令限期缴纳外，从滞纳税款之日起，按日加收滞纳税款万分之五的滞纳金。"本案中，广州税稽一局检查发现德发公司委托拍卖的房产，在拍卖活动中只有一个竞买人参与拍卖，且房产是以底价成交的，认为交易价值明显低于市场价值，于是进行调查。在调查取证过程中，广州税稽一局向房屋管理部门查询了 2003 年至 2005 年间的使用性质相同的房产交易档案材料，收集当时的市场交易价值数据，并与德发公司委托拍卖的房产的交易价格进行比较、分析，认定德发公司委托拍卖的房产的交易价格明显低于市场交易价格，在向德发公司送达税务检查情况核对意见书，将检查过程中发现的问题及核定查补其营业税和堤围防护费的具体数额、相关政策以及整个核定查补税费的计算方法、德发公司享有陈述的权利等告知德发公司后，根据上述法律法规的规定，作出被诉穗地税稽一处〔2009〕66 号税务处理决定，认定事实清楚，证据充分，处理恰当，符合税收征管法的规定，予以支持。由于德发公司在委托拍卖时，约定的拍卖保证金高达 6 800 万港元，导致只有一个竞买人，并最终只能以底价1.3 亿港元成交，是造成交易价值比市场价值偏低的主要原因。德发公司依法应按房产的实际价值缴纳营业税及堤围防护费。德发公司申报的计税依据明显偏低，广州税稽一局作为税务管理机关，依法依职权核定其应纳税额，并作出相应的处理并无不当，也未侵犯德发公司的合法权益。因此，德发公司以广州税稽一局的行政行为侵犯其合法权益，请求撤销广州税稽一局的税务处理决定，并退回已缴税款、滞纳金以及堤围防护费、滞纳金，并判决广州税稽一局赔偿德发公司因缴纳税款、滞纳金以及堤围防护费、滞纳金所产生的利息损失、案件诉讼费的诉讼请求缺乏事实依据和法律依据，应予驳回。综上，广州市天河区人民法院依照若干解释第五十六条第四项之规定，作出(2010)天法行初字第 26 号行政判决，驳回德发公司的诉讼请求。

（二）纳税人观点

德发公司不服，向广州市中级人民法院提起上诉。

广州市中级人民法院二审认为：税收征管法第三十五条第一款规定："纳税人有下列情形之一的，税务机关有权核定其应纳税额：……(六)纳税人申报的计税依据明显偏低,又无正当理由的。”税收征管法实施细则第四十七条第一款规定:“纳税人有税收征管法第三十五条或者第三十七条所列情形之一的,税务机关有权采用下列任何一种方法核定其应纳税额:(一)参照当地同类行业或者类似行业中经营规模和收入水平相近的纳税人的税负水平核定;(二)按照营业收入或者成本加合理的费用和利润的方法核定;(三)按照耗用的原材料、燃料、动力等推算或者测算核定;(四)按照其他合理方法核定。”本案中广州税稽一局经对德发公司纳税情况检查,发现其拍卖涉案房产时交易价值明显低于市场价值,广州税稽一局对此展开调查。经向广州市国土资源和房屋管理局调取2003年至2005年间的广州市部分房产交易价值的数据,广州税稽一局参考上述数据,并考虑了涉案房产整体拍卖的因素,确定德发公司拍卖的涉案房产市场交易价格应为停车位85 000元/个、商场10 500元/平方米、写字楼5 000元/平方米,从而核定德发公司委托拍卖的房产的交易价格应为311 678 775元,而德发公司在拍卖涉案房产时交易价格仅以1.382 55亿元的低价成交,广州税稽一局据此认定德发公司存在申报的计税依据明显偏低且无正当理由,事实依据充分。一审判决认定广州税稽一局作出的涉案处罚认定事实清楚,证据充分正确,予以确认。德发公司拍卖涉案房产时仅有一个竞买人参与拍卖且以底价成交,其主张其拍卖价格不存在偏低,应当以拍卖价格计税的主张理由不充分,不予采纳。

税收征管法第三十二条规定:“纳税人未按照规定期限缴纳税款的,扣缴义务人未按照规定期限解缴税款的,税务机关除责令限期缴纳外,从滞纳税款之日起,按日加收滞纳税款万分之五的滞纳金。”参照《广州市市区防洪工程维护费征收、使用和管理试行办法》第三条第一款规定:“维护费的征收标准:……中外合资、合作、外商独资经营企业可按年营业销售总额的千分之零点九计征。”第七条规定:“纳费人必须依照规定按期缴纳维护费,逾期不交者,从逾期之日起,每天加收万分之五的滞纳金。逾期十天仍不缴交的,按国家和地方政府水利工程水费管理办法的有关规定处罚。”广州税稽一局经核定德发公司拍卖涉案房产的实际交易价格,并以此为标准计算德发公司应当缴纳的营业税额及堤围防护费额,扣除德发公司已缴纳的部分后确定其应当补缴营业税8 671 188.75元、堤围防护费156 081.4元,并加收相应的滞纳金。广州税稽一局就上述税务检查的情况向德发公司发出核对意见书,德发公司亦复函广州税稽一局陈述了己方的意见。广州税稽一局据此作出涉案税务处理决定书,依据上述规定,决定对德发公司追缴其少申报的营业税和堤围防护费并加收滞纳金适用法律正确,行政程序适当,其加收的滞纳金数额亦在法定的额度之内。一审判决认定广州税稽一局作出的涉案处理决定恰当，未影响德发公司的合法权益正确，予以维持。德发公司主张广州税稽一局作出涉案处罚理解、适用法律存在严重错误的主张缺乏证据支持，不予支持。

综上，广州税稽一局作出的税务处理决定，认定事实清楚，证据充分，适用法律正确，德发公司诉讼请求撤销该处理决定理据不足，其要求退回已缴税款、滞纳金以及堤围防护费、滞纳金，并赔偿因缴纳税款、滞纳金以及堤围防护费、滞纳金所产生的利息损失的诉讼请求亦缺乏事实和法律依据，一审法院驳回其诉讼请求正确。广州市中级人民法院依照修订前的《中华人民共和国行政诉讼法》第六十一条第一项的规定，作出(2010)穗中法行终字第564号行政判决，驳回上诉，维持原判。

德发公司不服，向广东省高级人民法院申请再审，广东省高级人民法院作出(2012)粤高法行申字第264号驳回再审申请通知，驳回德发公司再审申请。

德发公司向本院申请再审称：1.被申请人广州税稽一局不是适格行政主体。1999年10月21日最高人民法院对福建省高级人民法院《关于福建省地方税务局稽查分局是否具有行政主体资格的请示报告》的答复意见(行他〔1999〕25号)认为："地方税务局稽查分局以自己的名义对外作出行政处理决定缺乏法律依据"。根据上述意见，广州税稽一局并非独立行政主体，自然不能作为本案的诉讼主体。2.被申请人超越职权，无权核定纳税人的应纳税额。税收征管法实施细则第九条第一款规定："稽查局专司偷税、逃避追缴欠税、骗税、抗税案件的查处"。本案不属于"偷税、逃避追缴欠税、骗税、抗税"的情形，不属于稽查局的职权范围，被申请人无权对再审申请人拍卖收入核定应纳税额。被诉税务处理决定超出被申请人的职权范围，应属无效决定。3.被诉税务处理决定认定德发公司申报纳税存在"申报的计税依据明显偏低"和"无正当理由"的证据明显不足。本案中从委托拍卖合同签订，到刊登拍卖公告，再到竞买人现场竞得并签署成交确认单，整个过程均依法进行，成交价格1.3亿港元亦未低于拍卖保留价。拍卖价格是市场需求与拍卖物本身价值互相作用的结果。拍卖前，申请人银行债务1.3亿港元已全部到期，银行已多次发出律师函追收，本案拍卖是再审申请人为挽救公司而不得已采取的措施。但拍卖遵循的是市场规律，成交价的高低完全不是再审申请人所能控制，本案拍卖成交价虽然不尽如人意，但不影响拍卖效力，再审申请人只能也只应以拍卖成交价作为应纳税额申报缴纳税款。4.再审申请人已经按照拍卖成交价足额申报纳税并取得主管税务机关出具的完税凭证，没有任何税法违法违章行为，被申请人无权重新核定应纳税额。本案物业拍卖成交后，2005 年 3 月至 7 月，申请人按照全部 1.3 亿港元拍卖收入，申报和缴纳营业税款 6 912 750 元，以及堤围防护费 124 429.5 元，并取得荔湾区地方税务局出具的完税凭证。期间，主管税务机关从未提出核定应纳税额，申请人不可能知晓税务机关会对拍卖价进行何种调整，只能也只应按照全部拍卖成交价纳税。在缴纳上述税款后，申请人的纳税义务已全部完成，不存在被诉税务处理决定和原审判决认定的“未按税法规定足额申报缴纳营业税”和“未足额申报缴纳堤围防护费”等所谓“违法违章行为”。5.即使再审申请人存在“申报的计税依据明显偏低”和“无正当理由”的情况，被申请人也应当依照税收征管法第五十二条行使职权，其在再审申请人申报纳税 4 年多后进行追征税款和滞纳金，超过了税收征管法第五十二条关于税款和滞纳金追征期限的规定。税务机关追征税款和滞纳金，除法定的其他前提条件外，需受到 3 年追征期限的限制。本案被申请人的被诉税务处理决定对申请人纳税行为没有认定为偷税、抗税、骗税的情形，没有认定是编造虚假计税依据的情形，也没有认定是存在因纳税人计算错误等法定特殊情形，如果追征税款必须在 3 年以内即 2008 年 1 月 15 日以前提出处理意见，并不得加收滞纳金，而不能没有任何理由将追征期限无限制延长，或者延长至 5 年。本案即使存在少缴税款的情形，也是因被申请人和主管税务机关违法不作为及适用法律不当造成的。综上，请求本院：1.依法撤销广州市天河区人民法院(2010)天法行初字第 26 号行政判决和广州市中级人民法院(2010)穗中法行终字第 564 号行政判决；2.依法撤销被申请人于 2009 年 9 月 16 日作出的穗地税稽一处〔2009〕66 号《税务处理决定书》；3.判令被申请人退回违法征收的申请人营业税 8 671 188.75 元及滞纳金人民币 2 805 129.56 元，退回违法征收的申请人堤围防护费 156 081.40 元及滞纳金人民币 48 619.36 元，以及上述款项从缴纳之日起至实际返还之日止按同期银行贷款利率计算的利息。

(三) 税务机关观点

广州税稽一局答辩称：

1. 关于答辩人独立执法资格及职权范围的问题。(1)执法资格。根据税收征管法第十四条以及税收征管法实施细则第九条的规定，答辩人具有独立执法资格。(2)职权范围。根据税收征管法实施细则第九条第二款，《国家税务总局关于稽查局职责问题的通知》(国税函〔2003〕140 号)、《转发广东省机构编制委员会办公室、广东省地方税务局关于重新印发广州等市区地方税务局职能配置、内设机构和人员编制规定的通知》(穗地税发〔2004〕89 号)等文件规定,稽查局的现行主要职责是指:稽查业务管理、税务检查和税收违法案件查处;凡需要对纳税人、扣缴义务人进行账证检查或者调查取证,并对其税收违法行为进行税务行政处理(处罚)的执法活动,仍由各级稽查局负责。答辩人不存在越权执法的问题。(3)核定权限。根据税收征管法第三十五条规定,税款核定的主体是税务机关,而税收征管法所称的"税务机关"包括省以下税务局的稽查局。

2. 关于答辩人对拍卖成交价格不予认可的问题。(1)答辩人质疑拍卖成交价的法律依据。税收征管法第三十五条第一款第六项所称的"纳税人申报的计税依据明显偏低,又无正当理由的"情形,并没有将拍卖成交价格明显偏低的情形排除在外。(2)答辩人认为计税依据明显偏低的主要理由:一是拍卖价格与历史成交价相比悬殊。根据再审申请人提供的广州市东方会计师事务所有限公司 2005 年 6 月 23 日出具的《专项审计报告》显示,再审申请人全部物业的收入为 7.17 亿元,再审申请人约八成的收入是由约三成的物业销售产生,其余约二成的收入 1.38 亿元,是由再审申请人本次拍卖约七成的物业产生。二是本次拍卖成交价格明显偏低,明显偏离同期、同类、同档次物业的市场成交价格。该物业是位于广州市城市中心的高档写字楼,拍卖成交均价仅为 2 300 余元/平方米。答辩人根据至少 8 个相近楼盘大量数据(2003 年至 2005 年期间的交易成交价格)进行分析比对,最终认定本次拍卖的成交价明显低于市场价格(写字楼仅为四成,商铺不到三成,停车场甚至不到一成)。三是拍卖成交价格远低于再审申请人自行提供的评估价和成本价。再审申请人委托拍卖的估价,均价约为 8 400 元/平方米;再审申请人委托会计师事务所审计确认的成本均价约为 7 100 元/平方米。(3)关于计税依据明显偏低,无正当理由的依据。一是只有唯一竞买人。根据现行拍卖行规及《中华人民共和国拍卖法》的规定,拍卖应当公开竞价。只有两个或两个以上的竞买人才能进行竞价,没有竞买人竞争的不能称为拍卖,在仅有一位竞买人的情况下,应当中止拍卖。二是拍卖保证金门槛设置过高。本次拍卖保证金占拍卖保留价的比例高达 50%,但再审申请人一直未对其拍卖前设立高额保证金门槛的具体理由,作出令人信服的解释,过高的保证金比例限制了其他潜在的竞买人参与拍卖竞买。三是拍卖保留价设置过低。依据《最高人民法院关于人民法院民事执行中拍卖、变卖财产的规定》第八条、《最高人民法院关于人民法院委托评估、拍卖工作的若干规定》第十三条的规定,拍卖保留价应参照财产评估价确定，本案申请人第一次拍卖就将拍卖保留价，设置约为其自行确定房产评估价的20%，明显不符合财产拍卖的惯常做法。四是拍卖的房产已办抵押，拍卖未征询全部抵押权人银行的同意。再审申请人在拍卖前并未按照《中华人民共和国担保法》等法律规定将本次拍卖的时间、地点等拍卖信息书面通知银行债权人，甚至个别债权人对此一无所知。五是竞买人拍卖前知道拍卖底价，交易双方有诚信问题。委托拍卖前，唯一竞买人曾私下接触拍卖行，拍卖行向其透露底价，违反公平交易原则。答辩人调查取证时，交易双方均否认拍卖前相识。事实上，交易双方法定代表人曾经是夫妻关系。

3. 关于核定程序是否合法、核定价格是否合理等问题。答辩人有权进行核定。一、二审法院根据答辩人提供的相关举证材料，对核定程序是否合法，核定价格是否合理进行审核和审查，并有结论。

4. 关于追征税款、滞纳金问题。(1)税务机关查补税款是法定的职责，再审申请人的房产于2004年12月9日拍卖成交，答辩人于2006年9月18日依法对再审申请人送达《税务检查通知书》，历经三年税务检查，并于2009年9月16日依法作出税务处理决定，系依法履行职责，本案也不属于税收征管法第五十二条第一款的情形，根据税收征管法实施细则第八十条规定，税务机关的责任是指税务机关适用法律、行政法规不当或者执法行为违法，本案不存在此类情形。(2)加收税收滞纳金的法律依据。一是税收滞纳金加收的起始日期的依据。根据税收征管法第二十二条的规定，申请人少缴税款，是从滞纳税款之日起算。二是营业税纳税义务时间。按照营业税条例第九条、第十三条的规定，应当在收款之日起的次月15日(2005年1月15日)内向税务机关申报缴纳其应缴税款。三是申请人申报纳税的义务。根据税收征管法第二十五条第一款规定，再审申请人必须依照法律、行政法规规定或者税务机关依照法律、行政法规的规定确定的申报期限、申报内容如实办理纳税申报。再审申请人以其自认为合理的价格进行纳税申报，应对其未能如实、依法纳税申报的行为承担法律责任。综上，一、二审法院判决认定事实清楚，证据充分，适用法律正确，程序合法，请求维持原判。

(四) 法院观点

法院认为：

本院再审查明事实与原审查明事实基本一致。

本院认为：本案争议的焦点问题是德发公司将涉案房产拍卖形成的拍卖成交价格作为计税依据纳税后，广州税稽一局在税务检查过程中能否以计税依据价格明显偏低且无正当理由为由重新核定应纳税额补征税款并加收滞纳金。结合双方当事人再审期间的诉辩意见，本院对当事人广州税稽一局的执法资格、执法权限、将涉案房产拍卖价格作为计税依据申报纳税是否明显偏低且无正当理由、广州税稽一局追征税款和加收滞纳金是否合法等问题分别评述如下：

1. 关于广州税稽一局是否具有独立的执法主体资格的问题。

2001 年修订前的税收征管法未明确规定各级税务局所属稽查局的法律地位，2001 年修订后的税收征管法第十四条规定："本法所称税务机关是指各级税务局、税务分局、税务所和按照国务院规定设立的并向社会公告的税务机构。"2002 年施行的税收征管法实施细则第九条进一步明确规定："税收征管法第十四条所称按照国务院规定设立的并向社会公告的税务机构，是指省以下税务局的稽查局。"据此，相关法律和行政法规已经明确了省以下税务局所属稽查局的法律地位，省级以下税务局的稽查局具有行政主体资格。因此，广州税稽一局作为广州市地方税务局所属的稽查局，具有独立的执法主体资格。虽然最高人民法院 1999 年 10 月 21 日作出的《对福建省高级人民法院〈关于福建省地方税务局稽查分局是否具有行政主体资格的请示报告〉的答复意见》(行他〔1999〕25 号)明确"地方税务局稽查分局以自己的名义对外作出行政处理决定缺乏法律依据"，但该答复是对 2001 年修订前的税收征管法的理解和适用，2001 年税收征管法修订后，该答复因解释的对象发生变化，因而对审判实践不再具有指导性。德发公司以该答复意见主张广州税稽一局不具有独立执法资格，无权作出被诉税务处理决定的理由不能成立。

2. 关于广州税稽一局行使税收征管法第三十五条规定的应纳税额核定权是否超越职权的问题。

此问题涉及税收征管法实施细则第九条关于税务局和所属稽查局的职权范围划分原则的理解和适用。税收征管法实施细则第九条除明确税务局所属稽查局的法律地位外，还对税务稽查局的职权范围作出了原则规定，即专司偷税、逃避追缴欠税、骗税、抗税案件的查处，同时授权国家税务总局明确划分税务局和稽查局的职责，避免职责交叉。国家税务总局据此于 2003 年 2 月 28 日作出的《国家税务总局关于稽查局职责问题的通知》(国税函〔2003〕140 号)进一步规定："《中华人民共和国税收征管法实施细则》第九条第二款规定'国家税务总局应当明确划分税务局和稽查局的职责，避免职责交叉。'为了切实贯彻这一规定，保证税收征管改革的深化与推进，科学合理地确定稽查局和其他税务机构的职责，国家税务总局正在调查论证具体方案。在国家税务总局统一明确之前，各级稽查局现行职责不变。稽查局的现行职责是指：稽查业务管理、税务检查和税收违法案件查处；凡需要对纳税人、扣缴义务人进行账证检查或者调查取证，并对其税收违法行为进行税务行政处理（处罚）的执法活动，仍由各级稽查局负责。"从上述规定可知，税务稽查局的职权范围不仅包括偷税、逃避追缴欠税、骗税、抗税案件的查处，还包括与查处税务违法行为密切关联的稽查管理、税务检查、调查和处理等延伸性职权。虽然国家税务总局没有明确各级稽查局是否具有税收征管法第三十五条规定的核定应纳税额的具体职权，但稽查局查处涉嫌违法行为不可避免地需要对纳税行为进行检查和调查。特别是出现税收征管法第三十五条规定的计税依据明显偏低的情形时，如果稽查局不能行使应纳税款核定权，必然会影响稽查工作的效率和效果，甚至对税收征管形成障碍。因此，稽查局在查处涉嫌税务违法行为时，依据税收征管法第三十五条的规定核定应纳税额是其职权的内在要求和必要延伸，符合税务稽查的业务特点和执法规律，符合《国家税务总局关于稽查局职责问题的通知》关于税务局和稽查局的职权范围划分的精神。在国家税务总局对税务局和稽查局职权范围未另行作出划分前，各地税务机关根据通知确立的职权划分原则，以及在执法实践中形成的符合税务执法规律的惯例，人民法院应予尊重。本案中，广州税稽一局根据税收征管法第三十五条规定核定应纳税款的行为是在广州税稽一局对德发公司销售涉案房产涉嫌偷税进行税务检查的过程中作出的，不违反税收征管法实施细则第九条的规定。德发公司以税收征管法实施细则第九条规定"稽查局专司偷税、逃避追缴欠税、骗税、抗税案件的查处"，本案不属于"偷税、逃避追缴欠税、骗税、抗税"的情形为由，认为广州税稽一局无权依据税收征管法第三十五条的规定对德发公司拍卖涉案不动产的收入重新核定应纳税额，被诉税务处理决定超出广州税稽一局的职权范围，应属无效决定的理由不能成立。

3. 关于德发公司以涉案房产的拍卖成交价格作为计税依据申报纳税是否存在"计税依据明显偏低，又无正当理由"情形的问题。

根据税收征管法第三十五条第一款第六项规定，税务机关不认可纳税义务人自行申报的纳税额，重新核定应纳税额的条件有两个：一是计税依据价格明显偏低，二是无正当理由。德发公司委托拍卖的涉案房产包括写字楼、商铺和车位面积共计 63 244.794 4 平方米，成交面积为 59 907.092 1 平方米，拍卖实际成交价格 1.3 亿港元，明显低于德发公司委托拍卖时的 5.3 亿港元估值；涉案房产

2 300 元/平方米的平均成交单价，也明显低于广州税稽一局对涉案房产周边的写字楼、商铺和车库等与涉案房产相同或类似房产抽样后确定的最低交易价格标准，即写字楼 5 000 元/平方米、商铺 10 500 元/平方米、停车场车位 85 000 元/个；更低于德发公司委托的广州东方会计师事务所有限公司对涉案房产项目审计后确认的 7 123.95 元/平方米的成本价。因此，广州税稽一局认定涉案房产的拍卖价格明显偏低并无不当。

营业税条例第四条和《广州市市区防洪工程维护费征收、使用和管理试行办法》第三条第一款规定销售不动产的营业额是营业税的计税依据。拍卖是销售不动产的方式之一，不动产的公开拍卖价格就是销售不动产的营业额，应当作为营业税等税费的计税依据。就本案而言，广东省和广州市的地方税务局有更为明确的规范性文件可以参考，《广东省地方税务局关于拍卖行拍卖房地产征税问题的批复》(粤地税函〔1996〕215 号)和《广州市地方税务局关于明确拍卖房地产税收征收问题的通知》(穗地税发〔2003〕34 号)明确规定拍卖房地产的拍卖成交额可以作为征收营业税的计税价格；《广东省财政厅 广东省地方税务局关于规范我省二手房屋交易最低计税价格管理的指导性意见》(粤财法〔2008〕93 号)规定，通过法定程序公开拍卖的房屋，以拍卖价格为最低计税价格标准。

拍卖价格的形成机制较为复杂，因受到诸多不确定因素的影响，相同商品的拍卖价格可能会出现较大差异。影响房地产价格的因素更多，拍卖价格差异可能会更大。依照法定程序进行的拍卖活动，由于经过公开、公平的竞价，不论拍卖成交价格的高低，都是充分竞争的结果，较之一般的销售方式更能客观地反映商品价格，可以视为市场的公允价格。如果没有法定机构依法认定拍卖行为无效或者违反拍卖法的禁止性规定，原则上税务机关应当尊重作为计税依据的拍卖成交价格，不能以拍卖价格明显偏低为由行使核定征收权。广州市地方税务局 2013 年修订后的《存量房交易计税价格异议处理办法》就明确规定，通过具有合法资质的拍卖机构依法公开拍卖的房屋权属转移，以拍卖对价为计税价格的，可以作为税务机关认定的正当理由。该规范性文件虽然在本案税收征管行为发生后施行，但文件中对拍卖价格本身即构成正当理由的精神，本案可以参考。因此，对于一个明显偏低的计税依据，并不必然需要税务机关重新核定；尤其是该计税依据是通过拍卖方式形成时，税务机关一般应予认可和尊重，不宜轻易启动核定程序，以行政认定取代市场竞争形成的计税依据。

但应当明确，拍卖行为的效力与应纳税款核定权，分别受民事法律规范和行政法律规范调整,拍卖行为有效并不意味税务机关不能行使应纳税额核定权,另行核定应纳税额也并非否定拍卖行为的有效性。保障国家税收的足额征收是税务机关的基本职责,税务机关对作为计税依据的交易价格采取严格的判断标准符合税收征管法的目的。如果不考虑案件实际,一律要求税务机关必须以拍卖成交价格作为计税依据,则既可能造成以当事人意思自治为名排除税务机关的核定权,还可能因市场竞价不充分导致拍卖价格明显偏低而造成国家税收流失。因此,有效的拍卖行为并不能绝对地排除税务机关的应纳税额核定权,但税务机关行使核定权时仍应有严格限定。

具体到本案,广州税稽一局在被诉税务处理决定中认定拍卖价格明显偏低且无正当理由的主要依据是,涉案房产以底价拍卖给唯一参加竞买的盛丰实业有限公司,而一人竞买不符合拍卖法关于公开竞价的规定,扭曲拍卖的正常价格形成机制,导致实际成交价格明显偏低。此问题的关键在于,在没有法定机构认定涉案拍卖行为无效,也没有充分证据证明涉案拍卖行为违反拍卖法的禁止性规定,涉案拍卖行为仍然有效的情况下,税务机关能否以涉案拍卖行为只有一个竞买人参加竞买即一人竞拍为由,不认可拍卖形成的价格作为计税依据,直接核定应纳税额。一人竞拍的法律问题较为特殊和复杂,拍卖法虽然强调拍卖的公开竞价原则,但并未明确禁止一人竞拍行为,在法律或委托拍卖合同对竞买人数量没有作出限制性规定的情况下,否定一人竞买的效力尚无明确法律依据。但对于拍卖活动中未实现充分竞价的一人竞拍,在拍卖成交价格明显偏低的情况下,即使拍卖当事人对拍卖效力不持异议,因涉及国家税收利益,该拍卖成交价格作为计税依据并非绝对不能质疑。本案中,虽然履行拍卖公告的一人竞拍行为满足了基本的竞价条件,但一人竞拍因仅有一人参与拍卖竞价,可能会出现竞价程度不充分的情况,特别是本案以预留底价成交,而拍卖底价又明显低于涉案房产估值的情形,即便德发公司对拍卖成交价格无异议,税务机关基于国家税收利益的考虑,也可以不以拍卖价格作为计税依据,另行核定应纳税额。同时,"计税依据明显偏低,又无正当理由"的判断,具有较强的裁量性,人民法院一般应尊重税务机关基于法定调查程序作出的专业认定,除非这种认定明显不合理或者滥用职权。广州税稽一局在被诉税务处理决定中认定涉案拍卖行为存在一人竞拍、保留底价偏低的情形,广州市地方税务局经复议补充认为,涉案拍卖行为保证金设置过高、一人竞拍导致拍卖活动缺乏竞争,以较低的保留底价成交,综合判定该次拍卖成交价格不能反映正常的市场价格,且德发公司未能合理说明上述情形并未对拍卖活动的竞价产生影响的情况下，广州税稽一局行使核定权，依法核定德发公司的应纳税款，并未违反法律规定。

4. 关于广州税稽一局核定应纳税款后追征税款和加征滞纳金是否合法的问题。

税收征管法对税务机关在纳税人已经缴纳税款后重新核定应纳税款并追征税款的期限虽然没有明确规定，但并不意味税务机关的核定权和追征权没有期限限制。税务机关应当在统筹兼顾保障国家税收、纳税人的信赖利益和税收征管法律关系的稳定等因素的基础上，在合理期限内核定和追征。在纳税义务人不存在违反税法和税收征管过错的情况下，税务机关可以参照税收征管法第五十二条第一款规定确定的税款追征期限，原则上在3年内追征税款。本案核定应纳税款之前的纳税义务发生在2005年1月，广州税稽一局自2006年对涉案纳税行为进行检查，虽经3年多调查后，未查出德发公司存在偷税、骗税、抗税等违法行为，但依法启动的调查程序期间应当予以扣除，因而广州税稽一局2009年9月重新核定应纳税款并作出被诉税务处理决定，并不违反上述有关追征期限的规定。德发公司关于追征税款决定必须在2008年1月15日以前作出的主张不能成立。

根据依法行政的基本要求，没有法律、法规和规章的规定，行政机关不得作出影响行政相对人合法权益或者增加行政相对人义务的决定；在法律规定存在多种解释时，应当首先考虑选择适用有利于行政相对人的解释。有权核定并追缴税款，与加收滞纳金属于两个不同问题。根据税收征管法第三十二条，第五十二条第二款、第三款规定，加收税收滞纳金应当符合以下条件之一：纳税人未按规定期限缴纳税款；自身存在计算错误等失误；或者故意偷税、抗税、骗税的。本案中德发公司在拍卖成交后依法缴纳了税款，不存在计算错误等失误，税务机关经过长期调查也未发现德发公司存在偷税、抗税、骗税情形，因此德发公司不存在缴纳滞纳金的法定情形。被诉税务处理决定认定的拍卖底价成交和一人竞买拍卖行为虽然能证明税务机关对成交价格未形成充分竞价的合理怀疑具有正当理由，但拍卖活动和拍卖价格并非德发公司所能控制和决定，广州税稽一局在依法进行的调查程序中也未能证明德发公司在拍卖活动中存在恶意串通等违法行为。同时本案还应考虑德发公司基于对拍卖行为以及地方税务局完税凭证的信赖而形成的信赖利益保护问题。在税务机关无法证明纳税人存在责任的情况下，可以参考税收征管法第五十二条第一款关于“因税务机关的责任，致使纳税人、扣缴义务人未缴或者少缴税款的，税务机关，3 年内可以要求纳税人、扣缴义务人补缴税款，但是不得加收滞纳金”的规定，作出对行政相对人有利的处理方式。因此，广州税稽一局重新核定德发公司拍卖涉案房产的计税价格后新确定的应纳税额，纳税义务应当自核定之日发生，其对德发公司征收该税款确定之前的滞纳金，没有法律依据。此外，被诉税务处理决定没有明确具体的滞纳金起算时间和截止时间，也属认定事实不清。

综上，广州税稽一局核定德发公司应纳税额，追缴 8 671 188.75 元税款，符合税收征管法第三十五条、税收征管法实施细则第四十七条的规定；追缴 156 081.40 元堤围防护费，符合《广州市市区防洪工程维护费征收、使用和管理试行办法》的规定；广州税稽一局认定德发公司存在违法违章行为没有事实和法律依据；责令德发公司补缴上述税费产生的滞纳金属于认定事实不清且无法律依据。据此，依照《中华人民共和国行政诉讼法》第七十条第一项、第二项，第八十九条第一款第二项的规定，《中华人民共和国国家赔偿法》第三十六条第一项、第七项的规定，参照《最高人民法院关于审理民事、行政诉讼中司法赔偿案件适用法律若干问题的解释》第十五条第一款的规定，判决如下：

1. 撤销广州市中级人民法院(2010)穗中法行终字第 564 号行政判决和广州市天河区人民法院(2010)天法行初字第 26 号行政判决。

2. 撤销广州市地方税务局第一稽查局穗地税稽一处〔2009〕66 号税务处理决定中对广州德发房产建设有限公司征收营业税滞纳金 2 805 129.56 元和堤围防护费滞纳金 48 619.36 元的决定。

3. 责令广州市地方税务局第一稽查局在本判决生效之日起 30 日内返还已经征收的营业税滞纳金 2 805 129.56 元和堤围防护费滞纳金 48 619.36 元，并按照同期中国人民银行公布的一年期人民币整存整取定期存款基准利率支付相应利息。

4. 驳回广州德发房产建设有限公司其他诉讼请求。

一、二审案件受理费 100 元，由广州德发房产建设有限公司和广州市地方税务局第一稽查局各负担50 元。

本判决为终审判决。

审判长　李广宇

审判员　耿宝建

审判员　李　涛

二〇一七年四月七日

书记员　梁　卓

第七章　土地增值税清算管理

取于民有度，用之有止，国虽小必安；取于民无度，用之不止，国虽大必危。

——管仲

土地增值税清算，是指纳税人在符合土地增值税清算条件后，依照税收法律、法规及土地增值税有关政策规定，计算房地产开发项目应缴纳的土地增值税税额，并填写《土地增值税纳税申报表(二)(从事房地产开发的纳税人清算适用)》，向主管税务机关提供有关资料，办理土地增值税清算手续，结清该房地产项目应缴纳土地增值税税款的行为。为了加强房地产开发企业的土地增值税征收管理，规范土地增值税清算工作，国家税务总局制定印发了《土地增值税清算管理规程》(国税发〔2009〕91 号)，自 2009 年 6 月 1 日起，适用于房地产开发项目土地增值税清算工作。

第一节　清算前期管理

一、职责划分

(一) 纳税人的如实申报义务

纳税人应当如实申报应缴纳的土地增值税税额，保证清算申报的真实性、准确性和完整性。

(二) 主管税务机关的审核责任

税务机关应当为纳税人提供优质纳税服务，加强土地增值税政策宣传辅导。主管税务机关应及时对纳税人清算申报的收入、扣除项目金额、增值额、增值率以及税款计算等情况进行审核，依法征收土地增值税。

各级税务机关会全面开展土地增值税清算审核工作。根据《国家税务总局关于加强土地增值税征管工作的通知》(国税发〔2010〕53号)第三条的规定,对未按照税收法律法规要求及时进行清算的纳税人,要依法进行处罚;对审核中发现重大疑点的,要及时移交税务稽查部门进行稽查;对涉及偷逃土地增值税税款的重大稽查案件要及时向社会公布案件处理情况。

二、前期管理

(一) 实施项目管理

主管税务机关应加强房地产开发项目的日常税收管理,实施项目管理。主管税务机关应从纳税人取得土地使用权开始,按项目分别建立档案、设置台账,对纳税人项目立项、规划设计、施工、预售、竣工验收、工程结算、项目清盘等房地产开发全过程情况实行跟踪监控,做到税务管理与纳税人项目开发同步。

在安徽,根据《安徽省土地增值税清算管理办法》(安徽省地方税务局公告2017年第6号印发)的规定,纳税人应自取得下列批复、备案、证照或签订相关合同之日起30日内向主管税务机关报送复印件或税务机关认可的其他形式资料:

(1) 发展改革等有关部门下发的项目立项(备案)文件。

(2) 取得土地使用权所签订的合同、协议。

(3) 国有土地使用权证。

(4) 建设用地规划许可证。

(5) 建设工程规划许可证。

(6) 建筑工程施工许可证。

(7) 建设施工合同。

(8) 预(销)售许可证。

(9) 竣工验收备案表。

(10) 税务机关要求报送的其他资料。

纳税人应在取得土地使用权并获得建筑工程施工许可证后,根据税务机关确定的时间和要求办理土地增值税项目申报,向主管税务机关报送《土地增值税项目报告表(从事房地产开发的纳税人适用)》,并在每月转让(预售)房地产时,依次填报表中规定栏目的内容。

（二）会计核算管理

主管税务机关对纳税人项目开发期间的会计核算工作应当积极关注，对纳税人分期开发项目或者同时开发多个项目的，应督促纳税人根据清算要求按不同期间和不同项目合理归集有关收入、成本、费用。

《安徽省土地增值税清算管理办法》（安徽省地方税务局公告 2017 年第 6 号印发）规定，纳税人应按照财务会计制度的规定进行财务会计核算，准确核算房地产开发项目的收入、成本、费用。纳税人同时开发多个项目的，应按项目合理归集有关收入、成本、费用；分期开发项目的，应按照分期开发项目合理归集有关收入、成本、费用。

第二节　清 算 受 理

一、办理清算手续的时间

（一）一般规定

对于符合应清算条件的规定，应进行土地增值税清算的项目，纳税人应当在满足条件之日起 90 日内到主管税务机关办理清算手续。对于符合可清算条件规定税务机关可要求纳税人进行土地增值税清算的项目，由主管税务机关确定是否进行清算；对于确定需要进行清算的项目，由主管税务机关下达清算通知，纳税人应当在收到清算通知之日起 90 日内办理清算手续。

应进行土地增值税清算的纳税人或经主管税务机关确定需要进行清算的纳税人，在上述规定的期限内拒不清算或不提供清算资料的，主管税务机关可依据《中华人民共和国税收征收管理法》有关规定处理。

（二）具体规定

1. 江苏办理清算手续的具体时间规定

根据《江苏省地方税务局关于印发〈土地增值税清算管理规程〉的通知》（苏地税发〔2009〕72 号印发）第十一条的规定，对于符合应清算条件的规定，应进行土地增值税清算的项目，纳税人应当在满足条件之日起 90 日内到主管税务机关报送清算资料。对于符合可清算条件规定税务机关可要求纳税人进行土地增值税清算的项目，由主管税务机关确定是否进行清算；对于确定需要进行清算的项目，由主管税务机关下达清算通知，纳税人应当在收到清算通知之日起 90 日内报送清算资料。

2. 海南办理清算手续的具体时间规定

根据《海南省地方税务局关于土地增值税清算申报管理有关问题的公告》(海南省地方税务局公告2018年第2号)的规定，纳税人开发的房地产项目符合《国家税务总局关于印发〈土地增值税清算管理规程〉的通知》(国税发〔2009〕91号)第九条规定的应清算条件之一的，应当在满足清算条件之日起90日内到主管税务机关办理清算申报。纳税人开发的房地产项目符合《国家税务总局关于印发〈土地增值税清算管理规程〉的通知》(国税发〔2009〕91号)第十条规定的可清算条件且主管税务机关下发通知要求清算的，应当在收到通知之日起90日内，到主管税务机关办理清算申报。

纳税人在规定期限届满未办理清算申报的，主管税务机关发出《责令限期改正通知书》，责令纳税人在收到通知书之日起15日内办理清算申报。

逾期仍未申报的，主管税务机关经核查认为纳税人涉嫌偷税的，按照程序移交稽查部门进行检查；不涉嫌偷税的，按规定核定应纳税额，责令限期缴纳。

3. 安徽办理清算手续的具体时间

根据《安徽省土地增值税清算管理办法》的规定，符合规定的应清算条件的房地产开发项目，纳税人应当在清算条件满足之日起90日内向主管税务机关办理清算申报。符合可清算条件的房地产开发项目，且主管税务机关已下发《税务事项通知书》通知清算的，应当在收到通知书之日起90日内，向主管税务机关办理清算申报。

对于符合规定的可清算条件的房地产开发项目，主管税务机关应集体审议，根据项目实际情况确定是否需要进行清算，集体审议的结果应当形成记录存档。对于确定需要进行清算的房地产开发项目，主管税务机关应及时下达《税务事项通知书》，通知纳税人清算。纳税人对主管税务机关清算通知有异议的，可请求主管税务机关复核。

纳税人办理清算申报，少缴税款的，应当补缴税款；多缴税款的，按照规定办理退抵税款手续。

纳税人在规定期限内办理清算申报确有困难，需要延期的，应当在申报期限届满前提出书面延期申请，经主管税务机关核准，在核准的期限内办理清算申报。

纳税人未按规定期限办理清算申报的，由主管税务机关责令限期改正；逾期仍未申报的，按照《中华人民共和国税收征收管理法》及其实施细则有关规定处理。

纳税人办理清算时，应以清算申报当日为确认清算收入和归集扣除项目金额的截止时间。

4. 辽宁办理清算手续的具体时间

根据《辽宁省房地产开发企业土地增值税清算管理办法》第八条的规定，凡符合应办理土地增值税清算条件的纳税人，应在满足清算条件后90个工作日内向主管税务机关办理清算税款手续，并据实填写《土地增值税清算申请表》。

根据《辽宁省房地产开发企业土地增值税清算管理办法》第九条的规定，凡主管税务机关要求纳税人办理土地增值税清算手续的房地产开发项目，主管税务机关应向纳税人出具《土地增值税清算通知书》。纳税人应在接到《土地增值税清算通知书》之日起90个工作日内，到主管税务机关办理清算税款手续。

二、清算资料

纳税人清算土地增值税时应提供的清算资料主要包括：

(1) 土地增值税纳税(预缴)申报表及完税凭证，土地增值税清算申报表及其附表。

(2) 房地产开发项目清算说明，主要内容应包括房地产开发项目立项、用地、开发、销售、关联方交易、融资、税款缴纳等基本情况及主管税务机关需要了解的其他情况。

(3) 取得土地使用权所支付的地价款凭证、国有土地使用权出让或转让合同。

(4) 银行贷款合同及贷款利息结算通知单。

(5) 项目工程建设合同及其价款结算单。

(6) 项目竣工决算报表、商品房购销合同统计表、销售明细表、预售许可证等与转让房地产的收入、成本和费用有关的证明资料。

主管税务机关需要相应项目记账凭证的，纳税人还应提供记账凭证复印件。

(7) 无偿移交给政府、公共事业单位用于非营利性社会公共事业的凭证。

(8) 转让房地产项目成本费用、分期开发分摊依据。

(9) 转让房地产有关税金的合法有效凭证。

(10) 纳税人委托税务中介机构审核鉴证的清算项目，还应报送中介机构出具的《土地增值税清算税款鉴证报告》。

(11) 与土地增值税清算有关的其他证明资料。

三、清算受理

(一) 清算受理的一般规定

主管税务机关收到纳税人清算资料后,对符合清算条件的项目,且报送的清算资料完备的,予以受理;对纳税人符合清算条件、但报送的清算资料不全的,应要求纳税人在规定限期内补报,纳税人在规定的期限内补齐清算资料后,予以受理;对不符合清算条件的项目,不予受理。上述具体期限由各省、自治区、直辖市、计划单列市税务机关确定。主管税务机关已受理的清算申请,纳税人无正当理由不得撤销。

(二) 清算受理的具体规定

1. 江苏清算受理的具体规定

根据《江苏省地方税务局关于印发〈土地增值税清算管理规程〉的通知》(苏地税发〔2009〕72 号印发)第十三条的规定,主管税务机关收到纳税人清算资料后,对符合清算条件的项目,且报送的清算资料完备的,予以受理;对纳税人符合清算条件、但报送的清算资料不全的,应通知纳税人在 30 日内按规定补证;对不符合清算条件的项目,不予受理。主管税务机关已受理的清算申请,纳税人无正当理由不得撤销。

2. 安徽清算受理的具体规定

根据《安徽省土地增值税清算管理办法》第二十八条的规定,主管税务机关应认真核对纳税人报送的清算资料,对纳税人提交的清算资料齐全的,主管税务机关予以受理;不齐全的,应一次性告知纳税人在规定期限内补正资料。

纳税人补正资料的,予以受理;未能补正的,经纳税人提供确因不可抗力等客观原因造成资料难以补正的书面说明及相关证明材料,可以受理。

四、可清算项目评估

(一) 一般规定

主管税务机关按照规定进行项目管理时,对符合税务机关可要求纳税人进行清算情形的,应当作出评估,并经分管领导批准,确定何时要求纳税人进行清算的时间。对确定暂不通知清算的,应继续做好项目管理,每年作出评估,及时确定清算时间并通知纳税人办理清算。

(二) 具体规定

根据《江苏省地方税务局关于印发〈土地增值税清算管理规程〉的通知》(苏地税发〔2009〕72号印发)第十四条的规定,主管税务机关按照规定进行项目管理时,对符合税务机关可要求纳税人进行清算情形的,应在对清算项目评估的基础上经分管领导批准,确定清算的方式和清算的时间。对确定暂不通知清算的,应继续做好项目管理,每年作出评估,及时确定清算时间并通知纳税人办理清算。

第三节　清算审核

一、清算审核期限

(一) 清算审核期限的一般规定

主管税务机关受理纳税人清算资料后,应在一定期限内及时组织清算审核。具体期限由各省、自治区、直辖市、计划单列市税务机关确定。

(二) 清算审核期限的具体规定

1. 江苏清算审核期限的具体规定

根据《江苏省地方税务局关于印发〈土地增值税清算管理规程〉的通知》(苏地税发〔2009〕72号印发)第十五条的规定,主管税务机关应在受理纳税人清算资料之日起60日内完成清算审核。

2. 安徽清算审核期限的具体规定

根据《安徽省土地增值税清算管理办法》第二十九条的规定,主管税务机关应当自纳税人办理清算申报之次日起90日内完成清算审核;确需延长审核时间的,应当经主管税务机关主要负责人批准。

3. 辽宁清算审核期限的具体规定

根据《辽宁省房地产开发企业土地增值税清算管理办法》第十二条的规定,主管税务机关应自受理纳税人清算申请之日起90个工作日内完成清算审核工作,不含纳税人应税务机关要求补充资料的时间。

4. 广东清算审核期限的具体规定

根据《广东省税务局土地增值税清算管理规程(暂行)》第十七条的规定,主管税务机关应在项目清算受理之日起 180 日内完成清算审核，作出清算结论；如确有困难的，经县级税务局批准，可延期 90 日完成；如有特殊情况的，经地级以上市税务局批准，可再延期 90 日完成，并书面告知纳税人。

5. 上海清算审核期限的具体规定

根据《上海市地方税务局关于土地增值税清算管理有关问题的通知》(沪地税财行〔2010〕1 号)第三条“税务机关清算审核期限问题”的规定，主管税务机关受理纳税人清算资料后，应在 30 个工作日内完成清算审核工作。情况复杂的，经主管税务机关分管局领导批准，可以适当延长办理期限，但延长期限不超过 15 个工作日。

二、审核分类与关注事项

清算审核包括案头审核、实地审核。

(一) 案头审核

案头审核是指对纳税人报送的清算资料进行数据、逻辑审核，重点审核项目归集的一致性、数据计算准确性等。

(二) 实地审核

实地审核是指在案头审核的基础上，通过对房地产开发项目实地查验等方式，对纳税人申报情况的客观性、真实性、合理性进行审核。

实地审核时，可结合项目修建详细规划(图)，重点实地查核项目的楼栋、道路、挡土墙、绿化、学校、幼儿园、会所、体育场馆、酒店、车位等的工程量，确定学校、幼儿园、会所、体育场馆、酒店、车位等的产权归属。

(三) 审核应关注事项

开展土地增值税清算审核时，应当对下列事项充分关注：

(1) 明确清算项目及其范围。

(2) 正确划分清算项目与非清算项目的收入和支出。

(3) 正确划分清算项目中普通住宅、非普通住宅及其他类型房产的收入和支出。

(4) 正确划分不同时期的开发项目，对于分期开发的项目，以分期项目为单位清算。

(5) 正确划分征税项目与免税项目，防止混淆两者的界限。

(6) 明确清算项目的起止日期。

三、清算单位的审核

（一）一般规定

清算审核时，应审核房地产开发项目是否以国家有关部门审批、备案的项目为单位进行清算；对于分期开发的项目，是否以分期项目为单位清算；对不同类型房地产是否分别计算增值额、增值率，缴纳土地增值税。

（二）具体要求

根据《江苏省地方税务局关于〈土地增值税清算管理规程〉的通知》（苏地税发〔2009〕72号印发）第十七条的规定，清算审核时，应审核房地产开发项目是否以国家有关部门审批、备案的项目为单位进行清算；对于由发改委或规划部门批准的分期开发的项目，是否以分期项目为单位清算；普通标准住宅是否与其他类型的房屋分别计算增值额、增值率，缴纳土地增值税。

四、收入的审核

清算项目的收入，是指转让国有土地使用权、地上的建筑物及其附着物（以下简称房地产）并取得的全部价款及有关的经济收益，包括货币收入、实物收入、其他收入和视同销售收入。收入实现时间的确定，按国家税务总局有关规定执行。

（一）收入审核的基本程序

土地增值税清算项目收入审核的基本程序和方法包括：

（1）获取或编制土地增值税清算项目收入明细表，复核加计正确，并与报表、总账、明细账及有关申报表等进行核对。

（2）了解纳税人与土地增值税清算项目相关的合同、协议及执行情况。

（3）查明收入的确认原则、方法，注意国家统一会计制度与税收规定以及不同税种在收入确认上的差异。

（4）正确划分预售收入与销售收入，防止影响清算数据的准确性。

（5）必要时，利用专家的工作审核清算项目的收入总额。

（二）收入审核重点与方法

审核收入情况时，应结合销售发票、销售合同（含房管部门网上备案登记资料）、商品房销售（预售）许可证、房产销售分户明细表及其他有关资料，重点审核销售明细表、房地产销售面积与项目可售面积的数据关联性，以核实计税收入；

对销售合同所载商品房面积与有关部门实际测量面积不一致，而发生补、退房款的收入调整情况进行审核；对销售价格进行评估，审核有无价格明显偏低情况。对纳税人转让房地产成交价格明显偏低且无正当理由的，由主管税务机关按该项目同期同类房地产的平均价格或评估价值确定其收入。

必要时，主管税务机关可通过实地查验，确认有无少计、漏计事项，确认有无将开发产品用于职工福利、奖励、对外投资、分配给股东或投资人、抵偿债务、换取其他单位和个人的非货币性资产等情况。

（三）应税收入确认的审核

应当按照税法及有关规定审核纳税人是否准确划分征税收入与不征税收入，确认土地增值税的应税收入。

土地增值税以人民币为计算单位。转让房地产所取得的收入为人民币以外的货币的，以取得收入当天或当月1日国家公布的市场汇价折合成人民币，据以计算应纳土地增值税税额。对于以分期收款形式取得的外币收入，应当按实际收款日或收款当月1日国家公布的市场汇价折合人民币。

（四）视同销售收入的审核

房地产开发企业将开发产品用于职工福利、奖励、对外投资、分配给股东或投资人、抵偿债务、换取其他单位和个人的非货币性资产等，发生所有权转移时应视同销售房地产，其收入按下列方法和顺序确认：

（1）按本企业在同一地区、同一年度销售的同类房地产的平均价格确定。

（2）由主管税务机关参照当地当年、同类房地产的市场价格或评估价值确定。

房地产开发企业将开发的部分房地产转为企业自用或用于出租等商业用途时，如果产权未发生转移，不征收土地增值税，在税款清算时不列收入，不扣除相应的成本和费用。

（五）代收费用的审核

对纳税人按县级以上人民政府的规定在售房时代收的各项费用，应区分不同情形分别处理：

（1）代收费用计入房价向购买方一并收取的，应将代收费用作为转让房地产所取得的收入计税。实际支付的代收费用，在计算扣除项目金额时，可予以扣除，但不允许作为加计扣除的基数。

（2）代收费用在房价之外单独收取且未计入房地产价格的，不作为转让房地产的收入，在计算增值额时不允许扣除代收费用。

对于县级以上人民政府要求房地产开发企业在售房时代收的各项费用，审核其代收费用是否计入房价并向购买方一并收取；当代收费用计入房价时，审核有无将代收费用计入加计扣除以及房地产开发费用计算基数的情形。

（六）截止性测试

必要时，应当运用截止性测试确认收入的真实性和准确性。审核的主要内容包括：

（1）审核企业按照项目设立的“预售收入备查簿”的相关内容，观察项目合同签订日期、交付使用日期、预售款确认收入日期、收入金额和成本费用的处理情况。

（2）确认销售退回、销售折扣与折让业务是否真实，内容是否完整，相关手续是否符合规定，折扣与折让的计算和会计处理是否正确。重点审查给予关联方的销售折扣与折让是否合理，是否有利用销售折扣和折让转利于关联方等情况。

（3）审核企业对于以土地使用权投资开发的项目，是否按规定进行税务处理。

（4）审核按揭贷款收入有无申报纳税，有无挂在往来账，如“其他应付款”，不作销售收入申报纳税的情形。

（5）审核纳税人以房换地，在房产移交使用时是否视同销售不动产申报缴纳税款。

（6）审核纳税人采用“还本”方式销售商品房和以房产补偿给拆迁户时，是否按规定申报纳税。

（7）审核纳税人在销售不动产过程中收取的价外费用，如天然气初装费、有线电视初装费等收益，是否按规定申报纳税。

（8）审核将房地产抵债转让给其他单位和个人或被法院拍卖的房产，是否按规定申报纳税。

（9）审核纳税人转让在建项目是否按规定申报纳税。

（10）审核以房地产或土地作价入股投资或联营从事房地产开发，或者房地产开发企业以其建造的商品房进行投资或联营，是否按规定申报纳税。

（七）收入确认审核的具体方法

纳税人转让房地产的收入包括转让房地产的全部价款及有关的经济收益。

主管税务机关应根据纳税人报送的清算资料，结合测绘成果资料、商品房销售明细表、发票等核实房地产转让收入，重点审核纳税人申报的应税收入是否真实、准确、完整，相关房产的价格是否明显偏低。根据《安徽省土地增值税清算管理办法》的规定，收入具体确认方式包括但不限于以下情况：

(1) 土地增值税清算时，已全额开具发票的，按照发票所载金额确认收入；未开具发票或未全额开具发票的，以交易双方签订的销售合同所载的售房金额及其他收益确认收入。销售合同所载商品房面积与有关部门实际测量面积不一致，在清算前已发生补、退房款的，应在计算土地增值税时予以调整。

(2) 纳税人将开发产品用于职工福利、奖励、对外投资、分配给股东或投资人、抵偿债务、换取其他单位和个人的非货币性资产等，发生权属转移时应视同销售房地产，其收入按下列方法和顺序确认：

第一，按本企业当月销售的同类房地产的平均价格核定。

第二，按本企业在同一地区、同一年度销售的同类房地产的平均价格确认。

第三，参照当地当年、同类房地产的市场价格或评估价值确认。

(3) 纳税人申报的转让房地产的成交价低于本企业当月销售的同类房地产的平均价格，或者低于本企业在同一地区、同一年度销售的同类房地产的平均价格，或者低于当地当年、同类房地产的市场价格，又无正当理由的，税务机关根据评估价格确定转让房地产的收入。前述正当理由包括但不限于以下情形：

第一，采取政府指导价、限价等非市场定价方式销售的开发产品。

第二，法院判决或裁定价格的开发产品。

第三，以公开拍卖方式转让的开发产品。

五、扣除项目的审核

(一) 扣除项目范围的审核

审核人员应当审核纳税人申报的扣除项目是否符合土地增值税暂行条例实施细则第七条规定的范围。土地增值税扣除项目审核的内容包括：

(1) 取得土地使用权所支付的金额。

(2) 房地产开发成本，包括土地征用及拆迁补偿费、前期工程费、建筑安装工程费、基础设施费、公共配套设施费、开发间接费用。

(3) 房地产开发费用。

(4) 与转让房地产有关的税金。

(5) 国家规定的其他扣除项目。

(二) 审核的基本程序和方法

扣除项目审核的基本程序和方法包括：

(1) 获取或编制扣除项目明细表，并与明细账、总账及有关申报表核对是否一致。

(2) 审核相关合同、协议和项目预(概)算资料，并了解其执行情况，审核成本、费用支出项目。

(3) 审核扣除项目的记录、归集是否正确，是否取得合法、有效的凭证，会计及税务处理是否正确，确认扣除项目的金额是否准确。

(4) 实地查看、询问调查和核实。剔除不属于清算项目所发生的开发成本和费用。

(5) 必要时，利用专家审核扣除项目。

(三) 可扣除项目的要求

审核扣除项目是否符合下列要求：

(1) 在土地增值税清算中，计算扣除项目金额时，其实际发生的支出应当取得但未取得合法凭据的不得扣除。

对哪些属于扣除项目的合法凭证问题，安徽省的规定比较具体。根据《安徽省土地增值税清算管理办法》第三十六条的规定，扣除项目金额中所归集的各项成本和费用，应取得合法有效凭证。包括但不限于：

第一，支付给境内单位或者个人的款项，且属于《中华人民共和国发票管理办法》第十九条规定的开具发票范围的，以取得的发票或者按照规定视同发票管理的凭证为合法有效凭证。

第二，支付的行政事业性收费或者政府性基金，以取得的财政票据为合法有效凭证。

第三，支付给境外单位或者个人的款项，以该单位或者个人的签收单据及境外公证机构的确认证明为合法有效凭证；属于境内代扣代缴税款的，按国家税务总局有关规定执行。

第四，法院判决书、裁定书、调解书，以及仲裁裁决书、公证债权文书。

第五，财政部、国家税务总局规定的其他合法有效凭证。

(2) 扣除项目金额中所归集的各项成本和费用，必须是实际发生的。

(3) 扣除项目金额应当准确地在各扣除项目中分别归集，不得混淆。

（4）扣除项目金额中所归集的各项成本和费用必须是在清算项目开发中直接发生的或应当分摊的。

（5）纳税人分期开发项目或者同时开发多个项目的，或者同一项目中建造不同类型房地产的，应按照受益对象，采用合理的分配方法，分摊共同的成本费用。

根据《江苏省地方税务局关于印发〈土地增值税清算管理规程〉的通知》（苏地税发〔2009〕72号印发）第二十一条的规定，纳税人分期开发项目或者同时开发多个项目的，或者同一项目中既建普通标准住宅又建造其他类型房地产的，应按照受益对象，采用转让土地使用权的面积占总面积的比例或转让建筑面积占总面积比例等分配方法，分摊共同的成本费用。

（6）对同一类事项，应当采取相同的会计政策或处理方法。会计核算与税务处理规定不一致的，纳税时以税务处理规定为准。

此外，根据《安徽省土地增值税清算管理办法》第三十五条的规定，扣除项目应同时符合下列要求：

一是符合国家法律、法规、规章以及有关规范性文件的规定。

二是经济业务应当是真实发生的。

三是扣除项目金额应当按照《中华人民共和国土地增值税暂行条例实施细则》第七条的规定，准确地在各项目中分别归集，不得混淆。

四是扣除项目金额中所归集的各项成本和费用必须是在清算项目开发中直接发生的或应当分摊的。

五是纳税人同时开发多个项目、分期开发项目或者同一项目中建造不同类型房地产涉及分摊共同的成本费用的，应按照受益对象，采用合理的分配方法分摊。

六是在土地增值税清算中，对同一类事项，应当采取相同的会计政策及税务处理方法。会计核算与税务处理规定不一致的，以税务处理规定为准。

七是取得土地所支付的金额、土地征用及拆迁补偿费、前期工程费、建筑安装工程费、基础设施费、公共配套设施费以及据实计算扣除的利息支出，应当已经实际支付。

（四）扣除项目分配的审核

审核各项扣除项目分配或分摊的顺序和标准是否符合下列规定，并确认扣除项目的具体金额：

(1) 扣除项目能够直接认定的,审核是否取得合法、有效的凭证。

(2) 扣除项目不能够直接认定的,审核当期扣除项目分配标准和口径是否一致,是否按照规定合理分摊。

(3) 审核并确认房地产开发土地面积、建筑面积和可售面积,是否与权属证、房产证、预售证、房屋测绘所测量数据、销售记录、销售合同、有关主管部门的文件等载明的面积数据相一致,并确定各项扣除项目分摊所使用的分配标准。

如果上述性质相同的三类面积所获取的各项证据发生冲突、不能相互印证时,应当追加审核程序,并按照外部证据比内部证据更可靠的原则,确认适当的面积。

(4) 审核并确认扣除项目的具体金额时,应当考虑总成本、单位成本、可售面积、累计已售面积、累计已售分摊成本、未售分摊成本(存货)等因素。

(5) 对于纳税人成片受让土地使用权后,分期分批开发、转让房地产的,审核其扣除项目金额是否按主管税务机关确定的分摊方法计算分摊扣除。

六、取得土地使用权支付金额的审核

取得土地使用权支付金额的审核,应当包括下列内容:

(1) 审核取得土地使用权支付的金额是否获取合法有效的凭证,口径是否一致。

(2) 如果同一土地有多个开发项目,审核取得土地使用权支付金额是否予以分摊,分摊办法是否合理、合规,分配比例和具体金额的计算是否正确。

(3) 审核取得土地使用权支付金额是否含有关联方的费用。

(4) 审核有无将期间费用记入取得土地使用权支付金额的情形。

(5) 审核有无预提的取得土地使用权支付金额。

(6) 比较、分析相同地段、相同期间、相同档次项目,判断其取得土地使用权支付金额是否存在明显异常。

七、房地产开发成本的审核

(一) 土地征用及拆迁补偿费的审核

审核土地征用及拆迁补偿费时应当重点关注:

(1) 审核征地费用、拆迁费用等实际支出与概预算是否存在明显异常。

(2) 审核支付给个人的拆迁补偿款所需的拆迁(回迁)合同和签收花名册，并与相关账目核对。

(3) 同一宗土地有多个开发项目，是否予以分摊，分摊办法是否合理、合规，分摊比例和具体金额的计算是否正确。

(4) 是否存在将房地产开发费用记入土地征用及拆迁补偿费的情形。

(5) 拆迁补偿费是否实际发生，尤其是支付给个人的拆迁补偿款、拆迁(回迁)合同和签收花名册或签收凭证是否一一对应。

(二) 前期工程费的审核

审核前期工程费时应当重点关注：

(1) 审核前期工程费的各项实际支出与概预算是否存在明显异常。

(2) 前期工程费是否真实发生，是否虚列前期工程费。

(3) 是否将房地产开发费用记入前期工程费。

(4) 多个(或分期)项目共同发生的前期工程费，是否按项目合理分摊。

(三) 公共配套设施费的审核

审核公共配套设施费时应当重点关注：

(1) 公共配套设施的界定是否准确，公共配套设施费是否真实发生，有无预提的公共配套设施费情况。

(2) 是否将房地产开发费用记入公共配套设施费。

(3) 多个(或分期)项目共同发生的公共配套设施费，是否按项目合理分摊。

(四) 基础设施费的审核

审核基础设施费时应当重点关注：

(1) 获取项目概预算资料，比较、分析概预算费用与实际费用是否存在明显异常，并进一步审核基础设施费的各项实际支出与概预算是否存在明显异常。

(2) 基础设施费是否真实发生，是否虚列相关费用，土地开发费用是否按税收规定扣除。

(3) 是否将房地产开发费用记入基础设施费。

(4) 如果有多个开发项目，基础设施费是否分项目核算，是否将应记入其他项目的费用记入了清算项目。

(5) 审核各项基础设施费是否取得合法有效的凭证。

(6) 审核各项基础设施费是否含有其他企业的费用。

(7) 审核各项基础设施费是否含有以明显不合理的金额开具的各类凭证。

(8) 审核有无预提的基础设施费。

(9) 审核基础设施费应负担各项开发成本是否已经按规定分摊。

(10) 各项基础设施费分摊和扣除是否符合有关税收规定。

(五) 建筑安装工程费的审核

审核建筑安装工程费时应当重点关注：

(1) 发生的费用是否与决算报告、审计报告、工程结算报告、工程施工合同记载的内容相符。

(2) 房地产开发企业自购建筑材料时，自购建材费用是否重复计算扣除项目。

(3) 参照当地当期同类开发项目单位平均建安成本或当地建设部门公布的单位定额成本，验证建筑安装工程费支出是否存在异常。

如有异常，应进一步详细审核房地产开发企业与建筑施工企业签订的建筑工程施工合同、施工企业送审的结算书及房地产开发企业与工程监理公司、施工企业三方签名盖章确认的竣工图等。

(4) 房地产开发企业采用自营方式自行施工建设的，还应当关注有无虚列、多列施工人工费、材料费、机械使用费等情况。

(5) 2016年5月1日“营改增”前建筑安装费发票是否在项目所在地税务机关开具。取得营改增后开具的建安发票的备注栏内是否注明建筑服务发生地县(市、区)名称及项目名称，否则不得计入土地增值税扣除项目金额。

1. 出包方式

重点审核完工决算成本与工程概预算成本是否存在明显异常。当二者差异较大时，应当追加下列审核程序，以获取充分、适当、真实的证据：

(1) 从合同管理部门获取施工单位与开发商签订的施工合同，并与相关账目进行核对。

(2) 实地查看项目工程情况，必要时，向建筑监理公司取证。

(3) 审核纳税人是否存在利用关联方(尤其是各企业适用不同的征收方式、不同税率、不同时段享受税收优惠时)承包或分包工程，增加或减少建筑安装成本造价的情形。

2. 自营方式

重点审核施工所发生的人工费、材料费、机械使用费、其他直接费和管理费支出是否取得合法有效的凭证，是否按规定进行会计处理和税务处理。

(六) 开发间接费用的审核

审核开发间接费用时应当重点关注：

(1) 是否存在将企业行政管理部门(总部)为组织和管理生产经营活动而发生的管理费用记入开发间接费用的情形。

(2) 开发间接费用是否真实发生，有无预提开发间接费用的情况，取得的凭证是否合法有效。

(3) 审核各项开发间接费用是否取得合法有效凭证。

(4) 如果有多个开发项目，开发间接费用是否分项目核算，是否将应记入其他项目的费用记入了清算项目。

(5) 审核各项开发间接费用是否含有其他企业的费用。

(6) 审核各项开发间接费用是否含有以明显不合理的金额开具的各类凭证。

(7) 审核是否将期间费用记入开发间接费用。

(8) 审核纳税人的预提费用及为管理和组织经营活动而发生的管理费用，是否在本项目中予以剔除。

(9) 在计算加计扣除项目基数时，审核是否剔除了已计入开发成本的借款费用。

八、房地产开发费用的审核

房地产开发费用的审核，应当包括下列内容。

(一) 房地产开发费用的审核

审核应据实列支的贷款利息支出是否取得合法有效的凭证，除据实列支的利息支出外的其他房地产开发费用是否按规定比例计算扣除。

(二) 利息支出的审核

企业开发项目的利息支出不能够提供金融机构证明的，审核其利息支出是否并入其他房地产开发费用按税收规定的比例计算扣除；开发项目的利息支出能够提供金融机构证明的，应按下列方法进行审核：

(1) 审核各项利息费用是否取得合法有效的凭证。

(2) 如果有多个开发项目，利息费用是否分项目核算，是否将应记入其他项目的利息费用记入了清算项目。

(3) 审核各项借款合同，判断其相应条款是否符合有关规定。

(4) 审核利息费用是否超过按商业银行同类同期贷款利率计算的金额。

(5) 是否将利息支出从房地产开发成本中调整至开发费用。

(6) 分期开发项目或者同时开发多个项目的,其取得的项目贷款的利息支出,是否按照项目合理分摊。

(7) 分期开发项目或者同时开发多个项目的,其取得的一般性贷款的利息支出,是否按照项目合理分摊。

(8) 利用闲置专项借款对外投资取得收益,其收益是否冲减利息支出。

九、与转让房地产有关税金的审核

与转让房地产有关的税金审核,应当确认与转让房地产有关的税金及附加扣除的范围是否符合税收有关规定,计算的扣除金额是否正确。

对于不属于清算范围或者不属于转让房地产时发生的税金及附加,或者按照预售收入(不包括已经结转销售收入部分)计算并缴纳的税金及附加,不应作为清算的扣除项目。

营改增后审核与转让房地产有关的税金是否符合如下公式要求:

$$\text{与转让房地产有关的税金}=\text{营改增前实际缴纳的营业税、城建税、教育费附加}+\text{营改增后允许扣除的城建税、教育费附加}$$

十、国家规定的加计扣除项目的审核

国家规定的加计扣除项目的审核,应当包括下列内容:

(1) 对取得土地(不论是生地还是熟地)使用权后,未进行任何形式的开发即转让的,审核是否按税收规定计算扣除项目金额,核实有无违反税收规定加计扣除的情形。

(2) 对于取得土地使用权后,仅进行土地开发(如“三通一平”等),不建造房屋即转让土地使用权的,审核是否按税收规定计算扣除项目金额,是否按取得土地使用权时支付的地价款和开发土地的成本之和计算加计扣除。

(3) 对于取得了房地产产权后,未进行任何实质性的改良或开发即再行转让的,审核是否按税收规定计算扣除项目金额,核实有无违反税收规定加计扣除的情形。

(4) 对于县级以上人民政府要求房地产开发企业在售房时代收的各项费用,审核其代收费用是否计入房价并向购买方一并收取,核实有无将代收费用作为加计扣除的基数的情形。

十一、应纳税额的审核

(一) 应纳税额的审核

应按照《土地增值税暂行条例》及其实施细则的规定审核清算项目的收入总额、扣除项目的金额,并确认其增值额及适用税率,正确计算应缴税款。审核程序通常包括:

(1) 审核清算项目的收入总额是否符合税收规定,计算是否正确。

(2) 审核清算项目的扣除金额及其增值额是否符合税收规定,计算是否正确。

第一,如果企业有多个开发项目,审核收入与扣除项目金额是否属于同一项目。

第二,如果同一个项目既有普通住宅,又有非普通住宅或其他类型房地产的,审核其收入额与扣除项目金额是否分开核算。

第三,对于同一清算项目,一段时间免税、一段时间征税的,应当特别关注收入的实现时间及其扣除项目的配比。

(3) 审核增值额与扣除项目之比的计算是否正确,并确认土地增值税的适用税率。

(4) 审核并确认清算项目当期土地增值税应纳税额及应补或应退税额。

(二) 关联方交易行为的审核

在审核收入和扣除项目时,应重点关注关联企业交易是否按照公允价值和营业常规进行业务往来。

应当关注企业大额应付款余额,审核交易行为是否真实。

(三) 鉴证报告的审核与未采信的处理

纳税人委托中介机构审核鉴证的清算项目,主管税务机关应当采取适当方法对有关鉴证报告的合法性、真实性进行审核。

对纳税人委托中介机构审核鉴证的清算项目,主管税务机关未采信或部分未采信鉴证报告的,应当告知其理由。

(四) 审核结果通知纳税人

土地增值税清算审核结束,主管税务机关应当将审核结果书面通知纳税人,并确定办理补、退税期限。

十二、某房地产开发公司土地增值税清算案例

（一）案例背景

我国土地增值税于1994年开征，旨在增强政府对房地产开发和交易市场的调控，从而有利于抑制炒卖土地获取暴利的行为。土地增值税是国家参与土地增值收益分配和房地产宏观调控的重要措施。2013年3月份，国务院下发了《国务院办公厅关于继续做好房地产市场调控工作的通知》，明确要求税务部门要强化土地增值税的征收管理工作，严格按照有关规定进行清算审核和稽查。国家税务总局几乎每年都下发文件，要求做好加强土地增值税征收与管理的工作。

在实务中，由于房地产开发项目从获取土地、开发建设、房产销售至项目注销，需历时数年完成，因此，《中华人民共和国土地增值税暂行条例实施细则》（财法字〔1995〕6号）第十六条规定，纳税人在项目全部竣工结算前转让房地产取得的收入，由于涉及成本确定或其他原因，而无法据以计算土地增值税的，可以预征土地增值税，待该项目全部竣工、办理结算后再进行清算，多退少补。具体办法由各省、自治区、直辖市地方税务局根据当地情况制定。由于房地产行业经营情况复杂，土地增值税税制设计比较复杂，土地增值税清算需要审核大量跨若干年度的收入、成本和费用，导致税收征管难度大并容易产生执法风险。税务干部对土地增值税清算工作普遍怀有畏难情绪。

为加强房地产行业税收征管，堵塞征管漏洞，打击偷逃土地增值税行为，某市地税稽查局对辖区内近3年已完成土地增值税清算的所有房地产开发项目进行数据收集和筛选，发现A房地产开发公司开发的朝阳商住小区土地增值税税负率仅为1.79%，低于本市同行业3.1%的平均税负水平。稽查局认为该开发项目虽然是以住宅为主，但土地增值税税负率远低于本行业平均水平，显然不正常，遂将其列为重点检查对象。稽查局决定从2015年5月4日起对该公司2010至2014年的纳税情况进行立案检查，并重点对土地增值税清算进行审核。

（二）案例内容

某市地税稽查局检查一科张科长收到选案部门传来的《税务稽查任务通知书》后，立即成立稽查小组，委派小王和小李实施检查。小王和小李严格按照税收征管法及细则、税务稽查工作规程的要求对企业实施检查。

1. 案头分析，层层深入，发现疑点。

小王和小李在下户检查前，对该公司征管资料以及土地增值税清算申报表

静态资料进行了细致审核。

(1) 开发项目的基本情况。

该房地产公司成立于 2009 年 12 月 31 日，经公开出让（挂牌）方式，拍得土地一块，占地面积 100 000 平方米，价格 280 000 000 元（包含契税与土地登记等费用），分两期开发：一期为住宅和商铺，占地面积 75 000 平方米；二期为普通标准住宅，占地面积 25 000 平方米。截至 2014 年 12 月 31 日，一期开发总建筑面积合计 152 000 平方米（其中产权归属于一、二期项目全体业主的游泳馆、幼儿园等公共配套设施建筑面积 1 700 平方米），总可售建筑面积 150 000 平方米，已销售建筑面积 147 000 平方米，销售比例达到 98%。二期开发总建筑面积合计 60 500 平方米，总可售建筑面积 60 000 平方米，已售建筑面积 18 000 平方米，如表 7-1 所示。

表 7-1　　截至 2014 年 12 月 31 日项目开发及销售情况表

项目	占地面积（平方米）	总建筑面积（平方米）	总可售面积（平方米）	已销售面积（平方米）	销售比例
一期（住宅和商铺）	75 000	152 000（含公共配套设施 2 000）	150 000	147 000	98%
二期（普通标准住宅）	25 000	60 500	60 000	18 000	30%
合计	100 000	212 500	210 000	165 000	

该公司区分一期和二期项目分别核算收入与成本，已于 2014 年 12 月 31 日向当地主管税务机关进行了一期项目的土地增值税清算，其企业所得税由国税局征管。

一期项目清算收入总额为 679 150 000 元，累计预缴土地增值税 11 406 000 元，清算补缴税款 779 280 元。其中，普通标准住宅可售面积 100 000 平方米，已售 98 000 平方米，收入总额为 392 000 000 元；非普通住宅可售面积 40 000 平方米，已售 40 000 平方米，收入总额为 200 000 000 元；商铺可售面积 10 000 平方米，已售 9 000 平方米，收入总额为 87 150 000 元，如表 7-2 所示。

表 7-2　　一期项目清算的基本情况

项　目	可售面积（平方米）	已售（平方米）	收入总额（元）
普通标准住宅	100 000	98 000	392 000 000
非普通住宅	40 000	40 000	200 000 000
商铺	10 000	9 000	87 150 000
合计	150 000	147 000	679 150 000

(2) 缜密剖析,发现疑点。

① 营业税纳税申报资料显示,该公司一期项目销售不动产缴纳营业税35 007 500 元,倒算出来的销售额为 700 150 000 元。而公司申报的土地增值税清算收入合计 679 150 000 元,两者明显不匹配。

小王认为,从常理上推断,纳税人不会无故多缴营业税,有少申报土地增值税清算收入的嫌疑。小李认为,两个税种的计税依据不应该有差额,一定存在问题。

② 项目占地面积为 100 000 平方米,公司一期项目申报扣除的土地成本210 000 000 元,高于附近楼盘。存在虚增或多分摊一期项目土地成本的可能,需要进一步核对。

③ 公司一期项目申报扣除的房地产开发成本(不含土地)292 000 000 元,建造成本为 1 946.67 元/平方米,存在虚增或多分摊一期项目建造成本的可能,需要进一步核对。

经过案头分析,小王、小李初步判断公司可能存在的问题有:一是一期项目土地增值税清算收入总额与缴纳的营业税倒推出来的销售收入总额相差较大;二是申报的单位扣除项目金额明显高于周边楼盘;三是公共配套设施分配是否准确。于是,二人将公司是否隐瞒销售收入和虚增扣除项目金额列为检查重点。

2. 实施检查,抽丝剥茧,证实问题。

(1) 认真检查收入账户和往来款账户。

检查人员检查公司"预收账款"科目,发现本账户贷方发生额为 676 150 000 元,期末余额为零。而汇总"营业(销售)收入"科目总额为 679 150 000 元,这两个数据相差 300 万元,均小于根据营业税倒算出来的销售额 700 150 000 元。为什么三个数据都不相同?为了找到收入额差异形成的原因,小王和小李反复核对,终于发现了两个问题:

一是"其他应付款——代收费用"科目,贷方累计发生额为 24 000 000 元(注:代收款项是当地市政府要求在售房时向业主代收的未计入房价的款项)。

二是企业发生的一笔对外投资业务,经询问财务人员得知,公司于2014 年年底将500 平方米商铺作价 3 000 000 对外投资,与他人合伙开了一个超市,已办理了过户手续,公司按照会计准则要求确认收入并结转了相应成本。会计分录为:

借:长期股权投资　　3 000 000

　　贷:主营业务收入　　3 000 000

将代收费用24 000 000元和申报的清算收入679 150 000元相加，再减去对外投资确认的收入额3 000 000元，正好等于营业税计税收入额[即24 000 000+679 150 000−3 000 000=700 150 000(元)]。可见，公司将代收费用申报缴纳了营业税，但未申报土地增值税，将不动产对外投资申报缴纳了土地增值税，但未申报缴纳营业税，收入谜团就此解开。

小王认为，公司财务人员对代收款项和对外投资的涉税处理是正确的，不存在任何问题。而小李坚持认为，营业税和土地增值税计税依据应当完全相同，企业少申报缴纳了税款。

两人无法达成统一意见，于是征求张科长意见。张科长支持小王的观点，指出以不动产对外投资有文件明确不征营业税，该企业将投资行为视同销售并按协议价格申报缴纳土地增值税是正确的处理方式，并进一步指出，代收费用无论怎么处理都不会影响最终的应纳土地增值税税额，原因在于，代收费用若不计入收入总额征税，也不能作为扣除项目；代收费用若并入收入征税，则可以作为扣除项目，一增一减对增值额不产生影响。

(2) 查阅土地出让合同和相应凭据。

公司提供的《国有土地使用权出让合同》载明，其以280 000 000元的价格(假设包含契税与土地登记等费用)受让位于某市的土地100 000平方米，用途为住宅和商业用地。由于申报扣除的土地成本明显高于周边楼盘同期拿地成本，检查人员怀疑公司采取了不合理的分摊方法，将二期土地成本多结转至一期承担。经核对，财务人员先按占地面积分摊两期土地成本，再按建筑面积在一期建筑物之间划分土地成本，并无异常。但是，小李在翻阅合同时发现另附有公司与政府签订的招商引资协议一份，约定国土局在收到土地款后的第三个月，一次性按每平方米返还400元，总额为40 000 000元。2010年4月，公司收到土地返还款的账务处理为：

借：银行存款	40 000 000	
贷：递延收益		40 000 000

截止到目前，“递延收益”科目余额仍为40 000 000元。

小王认为，该公司收到返还款与土地增值税应税收入无关，应该记入营业外收入缴纳企业所得税，故建议企业调整账务并主动向国税局申报。而小李却认为，根据配比原则，该笔土地返还款应该冲减土地成本，将款项计入“递延收益”科目无疑虚增了土地增值税扣除项目，必将少纳土地增值税税额。如小王认为该公司收到土地返还款，按企业所得税相关规定应该并入收入总额缴纳企业所得税。而小李却认为，根据土地增值税相关规定，该笔土地返还款在计征土地增值税时应该冲减土地成本。

(3) 逐项比对开发成本项目。

检查人员首先要求财务人员说明成本偏高的理由，对方只是模糊回应该块土地地下地形复杂，成本水涨船高实属正常，并声称工程造价真实且经过权威部门审计，提供了审核机构出具的审核报告及相关附件，相应的结算书、预算书、设计图纸等资料，似乎并无破绽。于是，检查人员怀疑公司未将资本化利息从成本中剥离，但经检查发现其在清算时已将计入成本中的利息全额调减，由于无法按转让房地产项目计算分摊利息支出，该公司房地产开发费用按照10%的比例计算扣除。为了验证公司成本是否真实可靠，小王和小李还开展了外围调查，依法询问了施工单位负责人，仍未有实质性突破。因此，检查人员决定对公司的海量成本资料进行全面检查，逐笔印证。

① 检查入账成本的票据。

检查人员对“开发成本”的每张凭证进行检查，发现公司存在白条和按税法不予列支的成本共 1 440 000 元，应调减相应成本。其中：普通住宅调减 400 000 元；非普通住宅调减 320 000 元；店铺调减 720 000 元。

② 检查成本发票的真伪。

检查人员对建安发票逐张进行鉴定，没有发现假发票。但公司入账凭据中有异地工程发票(经协查认证为真发票)一份，金额为 550 000 元。

小王认为，只要不是本市开具的工程发票一律不得税前扣除。小李却认为，某施工企业承建了该公司非普通住宅的部分工程，在完工结算收到工程款后未依法如期向该市申报营业税，6 个月后被其机构所在地(另一城市)主管税务机关发现，补征了税款并开具了建筑业发票，这笔业务经查证是真实的，发票也是真实的，应该允许扣除。

③ 从支付工程款的资金流向寻找突破。

虽然从发票真伪的角度无法找到突破口，但检查人员并没有放弃，及时转变思路另辟蹊径，决定从资金流入手。小李和小王对所有通过银行支付工程款的项目进行列表，发现有两个地下工程的施工单位和发票开具单位都是“某建筑公司”，但工程款的收款单位是“某贸易公司”，累计金额 7 200 000 元。检查人员对这一异常情况高度关注，立刻赶赴“某建筑公司”和“某贸易公司”开展调查。经查发现“某建筑公司”并没有发生过这笔业务,“某贸易公司”账上也没有记载这笔资金,财务人员也否认收过这笔资金。当检查人员出示了银行进账的记录后,财务人员不得已供出事实的真相：三家公司是关联企业,房产公司为了列支某些费用和虚增成本,通过虚构地下隐蔽工程,把房地产的资金转移到该公司后支付。

通过外围取证,检查人员认定该房地产公司存在虚增成本的事实,对方也承认存在虚增开发成本的行为。主要做法为：一是移花接木,把不好入账的“灰色支出”做实,采取虚构工程项目,编造虚假工程合同和决算书,到税务机关套开建筑发票入账转出资金。二是与施工方相互勾结,采取虚假招投标或签订补充合同等方式虚构工程项目、虚增业务量增加开发成本。经过测算和分摊,普通住宅调减成本 3 000 000 元,非普通住宅调减 2 500 000 元,商铺调减 1 700 000 元。

④ 核对公共配套设施的分摊方法。

检查人员详细核对了公共配套设施的入账凭据和相应资料,未发现任何问题,但小王指出公司将该笔费用全额摊入一期成本的做法是错误的。财务人员认为,游泳馆、幼儿园等公共配套设施是作为一期项目立项的,理应和一期其他可售面积组成为一个清算单位。因此,公司在土地增值税清算时,将造价为3 466 836 元的公共配套设施费全额一次性摊入一期可售面积是正确的。

(三) 讨论问题

要求：请结合上述材料,分析讨论以下问题：

1. 讨论营业税计税依据与土地增值税计税依据之间是否存在关联,两者金额不相等是否属于异常现象。

2. 分析张科长、小王和小李三人关于代收费用涉税处理的观点是否正确。

3. 分析企业以开发产品对外投资的涉税处理是否正确。

4. 分析小王和小李对土地返还款的处理意见是否正确。

5. 分析异地工程发票能否作为土地增值税的税前扣除凭据。

6. 分析企业财务人员对公共配套设施的涉税处理是否正确。

7. 结合工作实践,探讨房地产企业为少缴土地增值税常见的造假方式及应对方法。

8. 根据案例资料,计算该房地产开发公司一期项目应纳土地增值税税额。

（四）案例解析

1. 讨论营业税计税依据与土地增值税计税依据之间是否存在关联，两者金额不相等是否属于异常现象。

营业税计税收入与土地增值税清算收入存在一定的关联性，但不能完全等同（如租金收入、投资、价外费用的处理就不尽相同），两者不相等并不一定意味着不正常，要视具体情况具体分析。如《土地增值税暂行条例》第五条规定，纳税人转让房地产所取得的收入，包括货币收入、实物收入和其他收入。《中华人民共和国营业税暂行条例》第五条规定，纳税人的营业额为纳税人提供应税劳务、转让无形资产或者销售不动产收取的全部价款和价外费用。

《国家税务总局关于土地增值税清算有关问题的通知》（国税函〔2010〕220号）第一项规定，土地增值税清算时，已全额开具商品房销售发票的，按照发票所载金额确认收入；未开具发票或未全额开具发票的，以交易双方签订的销售合同所载的售房金额及其他收益确认收入。销售合同所载商品房面积与有关部门实际测量面积不一致，在清算前已发生补、退房款的，应在计算土地增值税时予以调整。

2. 分析张科长、小王和小李三人关于代收费用涉税处理的观点是否正确。

代收费用土地增值税处理主要参照两个文件：《财政部　国家税务总局关于土地增值税一些具体问题规定的通知》（财税字〔1995〕48号）第六条规定，对于县级及县级以上人民政府要求房地产开发企业在售房时代收的各项费用，如果代收费用是计入房价中向购买方一并收取的，可作为转让房地产所取得的收入计税。对于代收费用作为转让收入计税的，在计算扣除项目金额时，可予以扣除，但不允许作为加计20%扣除的基数。《国家税务总局关于印发土地增值税清算管理规程的通知》（国税发〔2009〕91号）第二十八条规定，代收费用的审核，对于县级以上人民政府要求房地产开发企业在售房时代收的各项费用，审核其代收费用是否计入房价并向购买方一并收取；当代收费用计入房价时，审核有无将代收费用计入加计扣除以及房地产开发费用计算基数的情形。

依据上述文件可知，A公司未将代收费用并入房价一并收取，不用确认为土地增值税的收入。根据营业税暂行条例规定，代收费用除非符合特定条件，一般情况下都要征收营业税。

可见，小李关于代收费用涉税处理的观点是错误的。需要说明的是，张科长的观点并不完全正确，代收费用计入房价与否可能会影响企业最终应纳土地增值税税额(若增值率超过50%,将代收费用确认为收入一定会减少企业应纳税额)。

3. 分析企业以开发产品对外投资的涉税处理是否正确。

《财政部 国家税务总局关于股权转让有关营业税问题的通知》(财税〔2002〕191号)规定,以无形资产、不动产投资入股,参与接受投资方利润分配,共同承担投资风险的行为,不征收营业税。

《国家税务总局关于房地产开发企业土地增值税清算管理有关问题的通知》(国税发〔2006〕187号)规定,房地产开发企业将开发产品用于职工福利、奖励、对外投资、分配给股东或投资人、抵偿债务、换取其他单位和个人的非货币性资产等,发生所有权转移时应视同销售房地产,其收入按下列方法和顺序确认:

(1) 按本企业在同一地区、同一年度销售的同类房地产的平均价格确定。

(2) 由主管税务机关参照当地当年、同类房地产的市场价格或评估价值确定。

A公司销售商铺9 000平方米,确认收入87 150 000元。剔除对外投资(500平方米)部分每平方米均价为:(87 150 000－3 000 000)÷(9 000－500)＝9 900(元),则投资应视同销售收入500×9 900＝4 950 000(元),而公司只确认了3 000 000元的收入,价格偏低,应调增收入1 950 000元。

4. 分析小王和小李对土地返还款的处理意见是否正确。

《中华人民共和国土地增值税暂行条例实施细则》规定,取得土地使用权所支付的金额,是指纳税人为取得土地使用权所支付的地价款和按国家统一规定缴纳的有关费用。

A公司在缴纳土地出让金后,政府在三个月内按出让土地面积返还土地款40 000 000元,应该冲减土地成本。尽管总局层面未出台相关政策,但不少省市已有类似规定。如江苏省地税局明确规定:纳税人为取得土地使用权所支付的地价款,在计算土地增值税时,应以纳税人实际支付土地出让金(包括后期补缴的土地出让金),减去因受让该宗土地政府以各种形式支付给纳税人的经济利益后予以确认。

提示:与企业所得税政策相衔接;若是与土地无关的返还款不用冲减土地成本。

5. 分析异地工程发票能否作为土地增值税的税前扣除凭据。

《国家税务总局关于印发〈土地增值税清算管理规程〉的通知》(国税发〔2009〕91号)第二十五条第(五)项规定,审核建筑安装工程费时应当重点关注建筑安装发票是否在项目所在地税务机关开具。据此规定，若房地产企业取得的是异地开具工程发票，不允许税前扣除。但在实务中，各地政策不尽相同，如济南省地税局分两种情况处理：

(1) 通常情况下，清算项目建安工程应按劳务发生地征税原则取得从项目所在地税务机关领取并开具的发票(或由项目所在地税务机关代开的发票)。对于房地产开发企业取得的异地建安工程发票，应视同不合法票据，不予扣除。但经主管税务机关查实上述劳务确属真实发生的，由施工企业或个人重新提供项目所在地建筑业发票后，可予以扣除。

(2) 施工企业或个人发生旧《中华人民共和国营业税暂行条例实施细则》第三十条、现行《中华人民共和国营业税暂行条例实施细则》第二十六条规定的情形，由其机构所在地或居住地主管税务机关补征营业税并开具发票的，主管税务机关可凭异地工程发票、施工企业或个人主管税务机关出具的相关证明、税收缴款书复印件(上面必须有加收的滞纳金)等资料确认扣除项目金额并予以扣除。

可见，济南市关于异地工程发票税前扣除的规定非常人性化，显然更切合实际，易于操作。假定本案所在地税务机关适用的政策和济南市规定一致，符合条件的异地工程发票可以作为合法凭据。

6. 分析企业财务人员对公共配套设施的涉税处理是否正确。

A公司修建的游泳馆、幼儿园等公共配套设施尽管是作为一期项目立项的，其产权和服务对象均是一期和二期项目全体业主。本着受益原则不能将公共配套成本3 466 836元全部计入一期项目，应按可售建筑面积在一、二期分摊。一期应分摊的成本为3 466 836×150 000÷(150 000+60 000)=2 476 311(元)。

7.结合实践，探讨房地产企业为少缴土地增值税常见的造假方式及应对方法。

房地产企业为了少缴土地增值税，常见的做假方式有隐瞒收入、滞后确认收入、虚增开发成本、预提开发成本、开发费用挤占至开发成本、采用不合理方法分摊共同成本等。分摊共同成本的基本操作思路是：增值率高的项目尽量多分摊共同成本，增值率低或负增值率的项目尽量少分摊共同成本；自用、出租等开发产品尽量少分摊共同成本，对外出售的开发产品尽量多分摊共同成本。

对土地增值税而言，隐瞒100万元收入与虚增100万元成本的效果截然不同。实践中，诸如地下隐蔽工程、绿化工程、拆迁支出是成本做假的重灾区，广大税务干部缺乏建筑行业的相关知识，对此有心无力。

解决方法：国税发〔2006〕187号文件规定，房地产开发企业办理土地增值税清算所附送的前期工程费、建筑安装工程费、基础设施费、开发间接费用的凭证或资料不符合清算要求或不实的，地方税务机关可参照当地建设工程造价管理部门公布的建安造价定额资料，结合房屋结构、用途、区位等因素，核定上述四项开发成本的单位面积金额标准，并据以计算扣除。具体核定方法由省税务机关确定。

8. 根据资料，计算该房地产开发公司一期项目应纳土地增值税税额。

根据上述收入和成本的调整，该公司累计应缴土地增值税19 585 132.03元，已预征和自行补缴土地增值税12 185 280元，还应补缴土地增值税7 399 852.03元。分项计算过程如下：

(1) 普通住宅收入不变，取得土地使用权所支付的金额调减20 000 000元，调减开发成本3 400 000元（为简化计算过程，将调减部分全部计入建筑安装工程费，下同）。另外，公共配套设施应分摊2 476 311×100 000÷150 000＝1 650 874（元），调减2 311 224－1 650 874＝660 350（元）。注：在计算扣除项目金额时，调整事项要乘以销售比例。如表7-3所示。

表7-3　应纳土地增值税计算表　　单位：元

项目		行次	普通住宅
一、转让房地产收入总额　1＝2＋3		1	392 000 000.00
其中	货币收入	2	392 000 000.00
	实物收入及其他收入	3	
二、扣除项目金额合计　4＝5＋6＋13＋16＋20		4	398 979 114.10
1.取得土地使用权所支付的金额		5	117 600 000.00
2.房地产开发成本　6＝7＋8＋9＋10＋11＋12		6	172 420 857.00
其中	土地征用及拆迁补偿费	7	165 000.00
	前期工程费	8	12 000 000.00
	建筑安装工程费	9	122 138 000.00
	基础设施费	10	35 000 000.00
	公共配套设施费	11	1 617 857.00
	开发间接费用	12	1 500 000.00
3.房地产开发费用　13＝14＋15		13	29 002 085.70
其中	利息支出	14	14 501 042.85
	其他房地产开发费用	15	14 501 042.85

（续表）

项　　目		行次	普通住宅
4.与转让房地产有关的税金等　16=17+18+19		16	21 952 000.00
其中	营业税	17	19 600 000.00
	城市维护建设税	18	1 372 000.00
	教育费附加(含地方教育费)	19	980 000.00
5.财政部规定的其他扣除项目		20	58 004 171.40
三、增值额　23=1－4		21	－6 979 114.10
四、增值额与扣除项目金额之比(%)　22=21÷4		22	－1.749 2%
五、适用税率(%)		23	0
六、速算扣除系数(%)		24	0
七、应缴土地增值税税额		25	0
八、已缴土地增值税税额		26	3 920 000.00
九、应补(退)土地增值税税额　27=25－26		27	－3 920 000.00

(2) 非普通住宅收入不变，取得土地使用权所支付的金额调减 8 000 000 元，调减开发成本 2 820 000 元。另外，公共配套设施应分摊 2 476 311×40 000÷150 000=660 350(元)，调减 924 490－660 350=264 140(元)。如表 7-4 所示。

表 7-4　　应纳土地增值税计算表　　单位：元

项　　目		行次	非普通住宅
一、转让房地产收入总额　1=2+3		1	200 000 000.00
其中	货币收入	2	200 000 000.00
	实物收入及其他收入	3	
二、扣除项目金额合计　4=5+6+13+16+20		4	173 590 618.00
1. 取得土地使用权所支付的金额		5	48 000 000.00
2. 房地产开发成本　6=7+8+9+10+11+12		6	76 915 860.00
其中	土地征用及拆迁补偿费	7	75 000.00
	前期工程费	8	5 500 000.00
	建筑安装工程费	9	54 180 000.00
	基础设施费	10	15 800 000.00
	公共配套设施费	11	660 350.00
	开发间接费用	12	700 510.00
3. 房地产开发费用　13=14+15		13	12 491 586.00

（续表）

项　　目		行次	非普通住宅
其中	利息支出	14	6 245 793.00
	其他房地产开发费用	15	6 245 793.00
4.与转让房地产有关的税金等 16＝17＋18＋19		16	11 200 000.00
其中	营业税	17	10 000 000.00
	城市维护建设税	18	700 000.00
	教育费附加(含地方教育费)	19	500 000.00
5. 财政部规定的其他扣除项目		20	24 983 172.00
三、增值额 23＝1－4		21	26 409 382.00
四、增值额与扣除项目金额之比(％) 22＝21÷4		22	15.213 6％
五、适用税率(％)		23	30％
六、速算扣除系数(％)		24	0
七、应缴土地增值税税额		25	7 922 814.60
八、已缴土地增值税税额		26	4 000 000.00
九、应补(退)土地增值税税额 27＝25－26		27	3 922 814.60

(3) 其他类型房地产收入调增 1 950 000 元，取得土地使用权所支付的金额调减 2 000 000 元，调减开发成本 2 420 000 元。另外，公共配套设施应分摊 2 476 311×10 000÷150 000＝165 087(元)，调减 231 122－165 087＝66 035(元)。注：在计算扣除项目金额时，调整事项要乘以销售比例。如表 7-5 所示。

表 7-5　　应纳土地增值税计算表　　单位：元

项　　目		行次	其他类型房地产
一、转让房地产收入总额 1＝2＋3		1	89 100 000.00
其中	货币收入	2	84 150 000.00
	实物收入及其他收入	3	4 950 000.00
二、扣除项目金额合计 4＝5＋6＋13＋16＋20		4	53 283 738.40
1. 取得土地使用权所支付的金额		5	10 800 000.00
2. 房地产开发成本 6＝7＋8＋9＋10＋11＋12		6	26 562 568.00
其中	土地征用及拆迁补偿费	7	24 000.00
	前期工程费	8	1 900 000.00
	建筑安装工程费	9	18 722 000.00
	基础设施费	10	5 500 000.00
	公共配套设施费	11	148 578.00
	开发间接费用	12	267 990.00

（续表）

项　　目		行次	其他类型房地产
3. 房地产开发费用　13=14+15		13	3 736 256.80
其中	利息支出	14	1 868 128.40
	其他房地产开发费用	15	1 868 128.40
4. 与转让房地产有关的税金等　16=17+18+19		16	4 712 400.00
其中	营业税	17	4 207 500.00
	城市维护建设税	18	294 525.00
	教育费附加（含地方教育费）	19	210 375.00
5. 财政部规定的其他扣除项目		20	7 472 513.60
三、增值额　23=1-4		21	35 816 261.60
四、增值额与扣除项目金额之比（%）　22=21÷4		22	67.218%
五、适用税率（%）		23	40%
六、速算扣除系数（%）		24	5%
七、应缴土地增值税税额		25	11 662 317.43
八、已缴土地增值税税额		26	3 486 000.00
九、应补（退）土地增值税税额　27=25-26		27	8 176 317.43

第四节　核 定 征 收

在土地增值税清算过程中，发现纳税人符合核定征收条件的，应按核定征收方式对房地产项目进行清算。

一、可实行核定征收的条件

根据《土地增值税清算管理规程》第三十四条的规定，在土地增值税清算中符合以下条件之一的，可实行核定征收。

（1）依照法律、行政法规的规定应当设置但未设置账簿的。

（2）擅自销毁账簿或者拒不提供纳税资料的。

（3）虽设置账簿，但账目混乱或者成本资料、收入凭证、费用凭证残缺不全，难以确定转让收入或扣除项目金额的。

（4）符合土地增值税清算条件，企业未按照规定的期限办理清算手续，经税务机关责令限期清算，逾期仍不清算的。

(5) 申报的计税依据明显偏低，又无正当理由的。

在广东根据《广东省税务局土地增值税清算管理规程（暂行）》第三十七条的规定，主管税务机关应加强核定征收项目的调查核实，严格控制核定征收的范围。纳税人直接转让国有土地使用权的，原则上不得核定征收。

二、核定征收核查

符合核定征收条件的，由主管税务机关发出核定征收的税务事项告知书后，税务人员对房地产项目开展土地增值税核定征收核查，经主管税务机关审核合议，通知纳税人申报缴纳应补缴税款或办理退税。

三、各期清算方式应保持一致

根据《土地增值税清算管理规程》第三十六条的规定，对于分期开发的房地产项目，各期清算的方式应保持一致。

四、核定征收的审核

纳税人能够准确核算清算项目收入总额或收入总额能够查实，但其成本费用支出不能准确核算的，应当按照规定审核收入总额。

纳税人能够准确核算成本费用支出或成本费用支出能够查实，但其收入总额不能准确核算的，应当先按照规定审核扣除项目的金额。

五、核定开发成本的审核

(一) 制定房地产开发成本参考标准

根据《江苏省地方税务局关于加强土地增值税征管工作的通知》（苏地税发〔2011〕53 号，自 2011 年 7 月 1 日起执行）第三条“加强房地产开发成本审核管理”第（一）项的规定，各市县及苏州工业园区税务局应参照当地建设工程造价管理部门公布的建筑安装工程造价指数、定额标准和建筑材料市场指导价格，制定《房地产开发成本参考标准》，并根据市场变化情况适时进行调整。

(二) 开发成本的核定

根据《江苏省地方税务局关于加强土地增值税征管工作的通知》（苏地税发〔2011〕53 号）第三条“加强房地产开发成本审核管理”第（二）项的规定，对纳税人申报的房地产开发成本明显偏高的，税务机关可要求纳税人报送该项目工程决算审计报告或工程结算审核报告；对房地产开发成本明显偏高且无正当理由的，主管税务机关应依据《房地产开发成本参考标准》核定扣除，情节严重的，按规定移交税务稽查部门处理。

对扣除凭证及资料不完整、不规范、不真实的，比照上述办法处理。

第八章　后续管理与风险管理

我就我的收入纳税，这是我生命中最重要的事，让我感到无上光荣。

——马克·吐温

风险管理是土地增值税管理的重要方式。后续管理是土地增值税管理的重要内容，包括清算后再转让房地产的处理，清算导致多缴企业所得税的处理等具体内容。

第一节　清算后再转让房地产的处理

一、清算后再转让房地产的处理规定

（一）清算后再转让房地产的基本处理规定

自 2007 年 2 月 1 日起，根据《国家税务总局关于房地产开发企业土地增值税清算管理有关问题的通知》（国税发〔2006〕187 号）第八条的规定，在土地增值税清算时未转让的房地产，清算后销售或有偿转让的，纳税人应按规定进行土地增值税的纳税申报，扣除项目金额按清算时的单位建筑面积成本费用乘以销售或转让面积计算。计算公式如下：

单位建筑面积成本费用＝清算时的扣除项目总金额÷清算的总建筑面积

（二）清算后再转让房地产的具体处理规定

根据《安徽省土地增值税清算管理办法》第四十八条的规定，土地增值税清算时未转让的房地产，清算后销售或有偿转让的（以下简称清算后转让的），纳税人应按月汇总进行土地增值税纳税申报。申报时，扣除项目金额按清算时的单位建筑面积成本费用（不含与转让房地产有关的税金）乘以清算后转让的面积再加上清算后转让时缴纳的与转让房地产有关的税金计算。计算公式如下：

$$\frac{\text{单位建筑面积成本费用}}{\text{（不含与转让房地产有关的税金）}}=\frac{\text{房地产开发项目总扣除项目金额}}{\text{（不含与转让房地产有关的税金）}}\div\frac{\text{房地产开发项目}}{\text{的总建筑面积}}$$

$$\frac{\text{当期}}{\text{增值额}}=\frac{\text{当期销}}{\text{售收入}}-\left[\left(\frac{\text{清算时的扣除}}{\text{项目总金额}}-\frac{\text{清算时扣除}}{\text{的税费}}\right)\div\frac{\text{清算时总}}{\text{建筑面积}}\right]\times\frac{\text{当期销售}}{\text{建筑面积}}-\frac{\text{当期销售允许}}{\text{扣除的税费}}$$

二、清算后又发生成本的二次清算

（一）二次清算的争议

企业达到清算条件并进行土地增值税清算后，继续支付并取得合法、有效凭证的支出，此时是否允许企业申请对曾经清算过的项目进行重新清算，现北京[《北京市地方税务局关于土地增值税清算管理若干问题的通知》（京地税地〔2007〕325 号）]、湖北[《湖北省地方税务局关于进一步规范土地增值税征管工作的若干意见》（鄂地税发〔2013〕44 号，自 2018 年 6 月 15 日起被国家税务总局湖北省税务局公告 2018 年第 5 号文件废止）]、广西[《广西壮族自治区地方税务局关于明确土地增值税清算若干政策问题的通知》（桂地税发〔2008〕44 号）]、大连[《大连市地方税务局关于进一步明确土地增值税若干问题的通知》（大地税函〔2007〕200 号）]、青岛[《青岛市地方税务局关于印发〈房地产开发项目土地增值税清算业务指引〉的通知》（青地税函〔2013〕44 号）]允许二次清算，而浙江（《浙江省地方税务局关于土地增值税若干政策问题的解答》）则规定将清算后发生的成本计入清算后再转让的房地产中扣除。类似的问题还有清算后取得已清算项目的合法扣除凭证，以及清算后实际支付的公共配套设施费是否允许二次清算。

（二）二次清算的具体规定

根据《安徽省土地增值税清算管理办法》第五十一条的规定，因下列原因，纳税人自结算缴纳土地增值税清算税款之日起 3 年内发现多缴税款的，可以向主管税务机关要求退还多缴的税款，主管税务机关应当自接到纳税人书面退还申请之日起 30 日内核查，对查实的事项应予以追溯调整，涉及从国库中退库的，依照法律、行政法规有关国库管理的规定退还。

（1）清算时应取得但未取得合法有效凭证，清算后取得的。

（2）清算时应实际支付但未实际支付的款项，清算后实际支付的。

（3）清算时应分摊但实际未能分摊的共同的成本费用，清算后能够按照受益对象、采用合理的分配方法分摊的。

（4）其他合法合理原因。

三、房地产开发企业清算后尾盘销售的申报

（一）清算后尾盘销售纳税申报表

《土地增值税纳税申报表（四）（从事房地产开发的纳税人清算后尾盘销售适用）》适用于从事房地产开发与建设的纳税人，在清算后尾盘销售时填报，各行次应按不同房产类型分别填写。如表 8-1 所示。

表 8-1　　　　土地增值税纳税申报表（四）

（从事房地产开发的纳税人清算后尾盘销售适用）

税款所属时间：　年　月　日至　年　月　日　　　　填表日期：　年　月　日

金额单位：元至角分　　　　面积单位：平方米

纳税人识别号□□□□□□□□□□□□□□□□□□□□

纳税人名称		项目名称		项目编号		项目地址	
所属行业		登记注册类型		纳税人地址		邮政编码	
开户银行		银行账号		主管部门		电　话	

项　　目			行次	金　额			
				普通住宅	非普通住宅	其他类型房地产	合计
一、转让房地产收入总额　1=2+3+4			1				
其中	货币收入		2				
	实物收入及其他收入		3				
	视同销售收入		4				
二、扣除项目金额合计			5				
三、增值额　6=1－5			6				
四、增值额与扣除项目金额之比（%）　7=6÷5			7				
五、适用税率（核定征收率）（%）			8				
六、速算扣除系数（%）			9				
七、应缴土地增值税税额　10=6×8－5×9			10				
八、减免税额　11=13+15+17			11				
其中	减免税（1）	减免性质代码（1）	12				
		减免税额（1）	13				
	减免税（2）	减免性质代码（2）	14				
		减免税额（2）	15				
	减免税（3）	减免性质代码（3）	16				
		减免税额（3）	17				

（续表）

项　　目	行次	金　　额			
		普通住宅	非普通住宅	其他类型房地产	合计
九、已缴土地增值税税额	18				
十、应补(退)土地增值税税额 19＝10－11－18	19				

以下由纳税人填写：

纳税人声明	此纳税申报表是根据《中华人民共和国土地增值税暂行条例》及其实施细则和国家有关税收规定填报的，是真实的、可靠的、完整的。				
纳税人签章		代理人签章		代理人身份证号	

以下由税务机关填写：

受理人		受理日期	年　月　日	受理税务机关签章	

本表一式两份，一份纳税人留存，一份税务机关留存。

填表说明：

一、适用范围

土地增值税纳税申报表(四)，适用于从事房地产开发与建设的纳税人，在清算后尾盘销售时填报，各行次应按不同房产类型分别填写。

二、土地增值税纳税申报表

（一）表头项目

1. 纳税人识别号：填写税务机关为纳税人确定的识别号。

2. 项目名称：填写纳税人所开发并转让的房地产开发项目全称。

3. 项目编号：是在进行房地产项目登记时，税务机关按照一定的规则赋予的编号，此编号会跟随项目的预征清算全过程。

4. 所属行业：根据《国民经济行业分类》(GB/T 4754—2011)填写。该项可由系统根据纳税人识别号自动带出，无须纳税人填写。

5. 登记注册类型：单位，根据税务登记证或组织机构代码证中登记的注册类型填写；纳税人是企业的，根据国家统计局《关于划分企业登记注册类型的规定》填写。该项可由系统根据纳税人识别号自动带出，无须纳税人填写。

6. 主管部门：按纳税人隶属的管理部门或总机构填写。外商投资企业不填。

7. 开户银行：填写纳税人开设银行账户的银行名称；如果纳税人在多个银行开户的，填写其主要经营账户的银行名称。

8. 银行账号：填写纳税人开设的银行账户的号码；如果纳税人拥有多个银行账户的，填写其主要经营账户的号码。

（二）表中项目

1. 表第1栏“转让房地产收入总额”，按纳税人在转让房地产开发项目所取得的全部收入额（不含增值税）填写。

2. 表第 2 栏“货币收入”，按纳税人转让房地产开发项目所取得的货币形态的收入额（不含增值税）填写。

3. 表第 3 栏“实物收入及其他收入”，按纳税人转让房地产开发项目所取得的实物形态的收入和无形资产等其他形式的收入额（不含增值税）填写。

4. 表第 4 栏“视同销售收入”，纳税人将开发产品用于职工福利、奖励、对外投资、分配给股东或投资人、抵偿债务、换取其他单位和个人的非货币性资产等，发生所有权转移时应视同销售房地产，其收入不含增值税。

5. 表第 5 栏各类型“扣除项目金额合计”应为附表“清算后尾盘销售土地增值税扣除项目明细表”中对应的该类型扣除项目金额合计数额。

6. 表第 8 栏“适用税率”，应根据《中华人民共和国土地增值税暂行条例》（国务院令第 138 号）规定的四级超率累进税率，按所适用的最高一级税率填写。

7. 表第 9 栏“速算扣除系数”，应根据《中华人民共和国土地增值税暂行条例实施细则》（财法字〔1995〕6 号）第十条的规定找出相关速算扣除系数来填写。

8. 表第 12、14、16 栏“减免性质代码”：按照税务机关最新制发的减免税政策代码表中最细项减免性质代码填报。表第 13、15、17 栏“减免税额”填写相应“减免性质代码”对应的减免税金额，纳税人同时享受多个减免税政策应分别填写，不享受减免税的，不填写此项。

9. 表第 18 栏“已缴土地增值税税额”，按纳税人已经缴纳的土地增值税的数额填写。

10. 表中每栏按照“普通住宅、非普通住宅、其他类型房地产”分别填写。

（二）清算后尾盘销售土地增值税扣除项目明细表

《清算后尾盘销售土地增值税扣除项目明细表》适用于从事房地产开发与建设的纳税人，在清算后尾盘销售时填报。如表 8-2 所示。

表 8-2　　清算后尾盘销售土地增值税扣除项目明细表

纳税人名称：

税款所属期：自　　年　　月　　日至　　年　月　日　　　　填表日期：　　年　　月　　日

金额单位：元至角分　　　　面积单位：平方米

纳税人识别号□□□□□□□□□□□□□□□□□□□□

纳税人名称		项目名称		项目编号		项目地址	
所属行业		登记注册类型		纳税人地址		邮政编码	
开户银行		银行账号		主管部门		电　　话	
项目总可售面积		清算时已售面积		清算后剩余可售面积			

（续表）

项　　目	行次	普通住宅	非普通住宅	其他类型房地产	合计
本次清算后尾盘销售的销售面积	1				
单位成本费用	2				—
扣除项目金额合计　3＝1×2	3				—
本次与转让房地产有关的营业税		本次与转让房地产有关的城市维护建设税		本次与转让房地产有关的教育费附加	
以下由纳税人填写：					
纳税人声明	此纳税申报表是根据《中华人民共和国土地增值税暂行条例》及其实施细则和国家有关税收规定填报的，是真实的、可靠的、完整的。				
纳税人签章		代理人签章		代理人身份证号	
以下由税务机关填写：					
受理人		受理日期	年　月　日	受理税务机关签章	

本表一式两份，送主管税务机关审核盖章后，一份由税务机关留存，一份退纳税人。

项目总可售面积应与纳税人清算时填报的总可售面积一致。清算时已售面积应与纳税人清算时填报的已售面积一致。清算后剩余可售面积计算公式如下：

清算后剩余可售面积＝项目总可售面积－清算时已售面积

第二节　清算导致多缴企业所得税的处理

一、有后续开发项目的处理

根据《国家税务总局关于房地产开发企业土地增值税清算涉及企业所得税退税有关问题的公告》（国家税务总局公告 2016 年第 81 号）第一条的规定，企业按规定对开发项目进行土地增值税清算后，当年企业所得税汇算清缴出现亏损且有其他后续开发项目的，该亏损应按照税法规定向以后年度结转，用以后年度所得弥补。后续开发项目，是指正在开发以及中标的项目。

二、没有后续开发项目的处理

根据《国家税务总局关于房地产开发企业土地增值税清算涉及企业所得税退税有关问题的公告》（国家税务总局公告 2016 年第 81 号）第二条的规定，企业按规定对开发项目进行土地增值税清算后，当年企业所得税汇算清缴出现亏损，且没有后续开发项目的，可以按照以下方法，计算出该项目由于土地增值税原因导致的项目开发各年度多缴企业所得税税款，并申请退税：

（1）该项目缴纳的土地增值税总额，应按照该项目开发各年度实现的项目销售收入占整个项目销售收入总额的比例，在项目开发各年度进行分摊，具体按以下公式计算：

$$\text{各年度应分摊的土地增值税} = \text{土地增值税总额} \times \left(\text{项目年度销售收入} \div \text{整个项目销售收入总额}\right)$$

上述所称销售收入包括视同销售房地产的收入，但不包括企业销售的增值额未超过扣除项目金额20%的普通标准住宅的销售收入。

（2）该项目开发各年度应分摊的土地增值税减去该年度已经在企业所得税税前扣除的土地增值税后，余额属于当年应补充扣除的土地增值税；企业应调整当年度的应纳税所得额，并按规定计算当年度应退的企业所得税税款；当年度已缴纳的企业所得税税款不足退税的，应作为亏损向以后年度结转，并调整以后年度的应纳税所得额。

（3）按照上述方法进行土地增值税分摊调整后，导致相应年度应纳税所得额出现正数的，应按规定计算缴纳企业所得税。

（4）企业按上述方法计算的累计退税额，不得超过其在该项目开发各年度累计实际缴纳的企业所得税；超过部分作为项目清算年度产生的亏损，向以后年度结转。

三、退税手续

根据《国家税务总局关于房地产开发企业土地增值税清算涉及企业所得税退税有关问题的公告》（国家税务总局公告2016年第81号）第三条的规定，企业在申请退税时，应向主管税务机关提供书面材料说明应退企业所得税税款的计算过程，包括该项目缴纳的土地增值税总额、项目销售收入总额、项目年度销售收入额、各年度应分摊的土地增值税和已经税前扣除的土地增值税、各年度的适用税率，以及是否存在后续开发项目等情况。

四、政策衔接

根据《国家税务总局关于房地产开发企业土地增值税清算涉及企业所得税

退税有关问题的公告》(国家税务总局公告2016年第81号,以下简称国家税务总局公告2016年第81号文件)第四条的规定,国家税务总局公告2016年第81号文件自2016年12月9日发布之日起施行。国家税务总局公告2016年第81号文件发布之日前,企业凡已经对土地增值税进行清算且没有后续开发项目的,在国家税务总局公告2016年第81号文件发布后仍存在尚未弥补的因土地增值税清算导致的亏损,按照国家税务总局公告2016年第81号文件第二条规定的方法计算多缴企业所得税税款,并申请退税。

自2010年1月1日至2016年12月8日,《国家税务总局关于房地产开发企业注销前有关企业所得税处理问题的公告》(国家税务总局公告2010年第29号)规定:

(1) 房地产开发企业(以下简称企业)按规定对开发项目进行土地增值税清算后,在向税务机关申请办理注销税务登记时,如注销当年汇算清缴出现亏损,应按照以下方法计算出其在注销前项目开发各年度多缴的企业所得税税款,并申请退税:

第一,企业整个项目缴纳的土地增值税总额,应按照项目开发各年度实现的项目销售收入占整个项目销售收入总额的比例,在项目开发各年度进行分摊,具体按以下公式计算:

$$\text{各年度应分摊的土地增值税} = \text{土地增值税总额} \times \left(\text{项目年度销售收入} \div \text{整个项目销售收入总额}\right)$$

上述所称销售收入包括视同销售房地产的收入,但不包括企业销售的增值额未超过扣除项目金额20%的普通标准住宅的销售收入。

第二,项目开发各年度应分摊的土地增值税减去该年度已经税前扣除的土地增值税后,余额属于当年应补充扣除的土地增值税;企业应调整当年度的应纳税所得额,并按规定计算当年度应退的企业所得税税款;当年度已缴纳的企业所得税税款不足退税的,应作为亏损向以后年度结转,并调整以后年度的应纳税所得额。

第三,企业对项目进行土地增值税清算的当年,由于按照上述方法进行土地增值税分摊调整后,导致当年度应纳税所得额出现正数的,应按规定计算缴纳企业所得税。

第四,企业按上述方法计算的累计退税额,不得超过其在项目开发各年度累计实际缴纳的企业所得税。

（2）企业在申请退税时，应向主管税务机关提供书面材料证明应退企业所得税税款的计算过程，包括企业整个项目缴纳的土地增值税总额、整个项目销售收入总额、项目年度销售收入、各年度应分摊的土地增值税和已经税前扣除的土地增值税、各年度的适用税率等。

（3）企业按规定对开发项目进行土地增值税清算后，在向税务机关申请办理注销税务登记时，如注销当年汇算清缴出现亏损，但土地增值税清算当年未出现亏损，或尽管土地增值税清算当年出现亏损，但在注销之前年度已按税法规定弥补完毕的，不执行该公告。

主管税务机关应结合企业土地增值税清算年度至注销年度之间的汇算清缴情况，判断其是否应该执行国家税务总局公告2016年第81号文件，并对应退企业所得税税款进行核实。

五、案例分析

【例8-1】 某房地产开发企业2017年1月开始开发某房地产项目，2019年10月项目全部竣工并销售完毕，12月进行清算后补缴土地增值税500万元。2019年度汇算清缴扣除补缴的土地增值税后出现亏损400万元。企业没有后续开发项目，拟申请退税。相关数据如表8-3所示。

表8-3　　　　项目各年销售及缴税情况

单位：万元

	2017年	2018年	2019年	合计
税前扣除的预缴土地增值税	240	300	60	600
项目销售收入	12 000	15 000	3 000	30 000
应纳税所得额	180	1 240	－400	1 020
已缴企业所得税	45	310	0	355

请问：甲公司可否申请退还该项目多缴的企业所得税？

【解析】 该项目共计缴纳土地增值税：500＋600＝1 100（万元），需根据项目各年的销售收入占比分摊各年企业所得税税前应扣除的土地增值税。

1. 2017年应退企业所得税的计算

当年应在企业所得税税前分摊扣除的土地增值税金额为：1 100×（12 000÷30 000）＝440（万元）；

当年已扣除预缴的土地增值税240万元，当年企业所得税税前应补扣土地增值税：440－240＝200(万元)；

当年原应纳税所得额仅有180万元，只能补充扣除土地增值税180万元，未扣除的20万元，作为当年亏损结转以后年度扣除。

当年应退企业所得税限额为：200×25％＝50(万元)，当年已缴企业所得税45万元。因而，只能退企业所得税45万元。

2. 2018年应退企业所得税的计算

当年应在企业所得税税前分摊扣除的土地增值税金额为：1 100×(15 000÷30 000)＝550(万元)；

当年已扣除预缴的土地增值税300万元，当年企业所得税税前应补扣土地增值税：550－300＝250(万元)；

当年原应纳税所得额为1 240万元，能够扣除当年应补扣的土地增值税250万元以及上年结转的亏损20万元，扣除后的应纳税所得额为：1 240－250－20＝970(万元)。

当年应退企业所得税限额为：(250＋20)×25％＝67.5(万元)，当年已缴企业所得税310万元，大于应退企业所得税金额。因而，当年可以退企业所得税67.5万元。

3. 2019年应退企业所得税的计算

当年应在企业所得税税前分摊扣除的土地增值税金额为：1 100×(3 000÷30 000)＝110(万元)；

当年已扣除预缴的土地增值税：60＋500＝560(万元)，当年企业所得税税前多扣除土地增值税：560－110＝450(万元)；

当年原应纳税所得额为－400万元，调整扣除后的应纳税所得额为：450－400＝50(万元)。

当年应补企业所得税限额为：50×25％＝12.5(万元)。

整个项目当应退企业所得税为：45＋67.5－12.5＝100(万元)。

如表8-4所示。

表8-4　　应退企业所得税的计算　　单位：万元

项目	2017年	2018年	2019年预缴	合计
项目销售收入	12 000	15 000	3 000	30 000
原应纳税所得额	180	1 240	－400	1 020
已缴纳企业所得税	45	310	0	

（续表）

项目	2017 年	2018 年	2019 年预缴	合计
缴纳土地增值税	240	300	560(60＋500)	1 100
应分摊土地增值税	440［1 100 ×(12 000÷30 000)］	550［1 100 ×(15 000÷30 000)］	110［1 100 ×(3 000÷30 000)］	1 100
应补扣的土地增值税	200	250 (550－300)	－450	
调整后应纳税所得额	－20	970 (1 240－250－20)	50	
应退企业所得税	50 (200×25％)	67.5 ［(250＋20)×25％］	—	
实退企业所得税	45	67.5	—	
应补企业所得税	—	—	12.5 (50×25％)	
累计退税额	—	—	100(45＋67.5－12.5)	

第三节　土地增值税风险管理

一、预缴计税依据小于收入与预收款风险识别模型

表 8-5　　土地增值税预缴计税依据小于同期主营业务收入和预收账款增加额风险指标

对应风险特征编号、名称	房地产企业土地增值税预缴计税依据小于同期主营业务收入和预收账款增加额风险	指标类型	[　]涉嫌偷逃骗税类 [√]一般税收流失类 [　]税收行为管理类
适用范围	房地产业	主题事项(指标分类)	土地增值税比对事项
适用税种、税目	土地增值税	涉及会计科目	预收账款、主营业务收入、应交税费
税收政策依据及内容摘要	《土地增值税暂行条例实施细则》(财法字〔1995〕6 号)第十六条规定，纳税人在项目全部竣工结算前转让房地产取得的收入，由于涉及成本确定或其他原因，而无法据以计算土地增值税的，可以预征土地增值税，待该项目全部竣工、办理结算后再进行清算，多退少补 预征的方法。预征是按预售收入乘以预征率计算。［《江苏省地方税务局关于进一步做好土地增值税预征工作的通知》(苏地税发〔2004〕58 号)］		
相关法律(含行业管理规定)及内容摘要	会计准则		

（续表）

<table>
<tr><td>数据来源
（可多选）</td><td colspan="5">[　]税务登记[　]认定信息[√]财务报表[　]代开发票信息[√]申报表
[　]入库税款[　]国际税收情报交换数据[　]第三方数据（××局、互联网采集数据）
[　]其他数据</td></tr>
<tr><td>数据内容</td><td colspan="5">土地增值税纳税申报表（一）增值税预缴计税依据；财务报表资产负债表本期预收账款期末数和期初数；财务报表利润表主营业务收入</td></tr>
<tr><td rowspan="2">指标属性</td><td>积分度量类别</td><td>指标层级</td><td>指标性质</td><td>是否需要反馈</td><td>是否适用纳税提醒</td></tr>
<tr><td>[√]计税依据
[　]税款
[　]比例
[　]其他</td><td>[√]一级指标
[　]二级指标</td><td>[√]主要
[　]辅助</td><td>[√]是
[　]否</td><td>[√]是
[　]否</td></tr>
<tr><td>指标描述</td><td colspan="5">房地产企业年报（每年 12 月财务报表）利润表中主营收入和预收账款增加额与同期土地增值税预缴计税依据相比较</td></tr>
<tr><td>指标公式</td><td colspan="5">疑点计税依据＝（本期预收账款期末数－本预收账款期初数＋本期销售收入）－土地增值税计税收入</td></tr>
<tr><td>风险识别条件</td><td colspan="5">疑点计税依据大于预警参考值</td></tr>
<tr><td>预警参考值</td><td colspan="5">100 000 元</td></tr>
<tr><td>加工周期</td><td colspan="5">（与数据所属期不同）[　]月[　]季[　]半年[√]年[　]一次性</td></tr>
<tr><td>预警参考值
维护级别</td><td colspan="5">[√]省[　]市[　]县（市、区）</td></tr>
<tr><td>税务机关
提示信息</td><td colspan="5">【纳税人名称】（纳税人识别号），该单位在【年度】年预收账款期末数为【预收账款期末数】元、预收账款期初数为【预收账款期初数】元、本期营业收入【本期营业收入】元，本年度土地增值税预缴的计税依据【本年度土地增值税预缴的计税依据】元，差额为【疑点计税依据】元，可能存在少缴纳土地增值税（预缴）风险，核实其是否足额申报</td></tr>
<tr><td>纳税人提示信息</td><td colspan="5">【纳税人名称】（纳税人识别号），您单位在【年度】年预收账款期末数为【预收账款期末数】元、预收账款期初数为【预收账款期初数】元、本期营业收入【本期营业收入】元，本年度土地增值税预缴的计税依据【本年度土地增值税预缴的计税依据】元，差额为【疑点计税依据】元，可能存在少缴纳土地增值税（预缴）风险，请核查</td></tr>
<tr><td>应对策略</td><td colspan="5">一、风险数据的系统校验（案头审核）
1. 通过“金税三期”—查询统计（核心征管）—申报—财务报表申报查询获取目标年度财务报表，确定同期主营业务收入和预收账款增加额。
2.“金税三期”—户式查询—基础分析—税费征收：查询纳税人已经缴纳的土地增值税（预缴）当期入库数。
3. 根据纳税人应缴纳与已缴纳的土地增值税是否有差额，确定需要纳税人提供的相关资料并转入询问约谈环节。
二、询问约谈资料要求（报送资料）
1. 获取项目规划、立项、报政策批复等资料。
2. 获取主营业务收入及预收账款的明细。
三、核查内容
1. 核查企业基础登记信息和认定信息的准确性。
2. 纳税人各个项目是否存在属暂不实行预征范围。
3. 核查企业每笔主营业务收入及预收账款是否属于当期应预缴土地增值税范围。
4. 区别预收房款所属期，检查预征率适用是否正确。
5. 存在少缴纳税款情形的，通知纳税人补缴并按规定加滞纳金</td></tr>
<tr><td>备注</td><td colspan="5"></td></tr>
</table>

二、预缴计税依据小于销售额风险识别模型

表 8-6　土地增值税预缴计税依据小于增值税销售不动产销售额风险识别模型

<table>
<tr><td>对应风险特征编号、名称</td><td colspan="2">房地产业土地增值税预缴计税依据小于增值税销售不动产销售额风险指标</td><td>指标类型</td><td colspan="2">[　]涉嫌偷逃骗税类
[√]一般税收流失类
[　]税收行为管理类</td></tr>
<tr><td>适用范围</td><td colspan="2">房地产业</td><td>主题事项
（指标分类）</td><td colspan="2">土地增值税比对事项</td></tr>
<tr><td>适用税种、税目</td><td colspan="2">土地增值税</td><td>涉及会计科目</td><td colspan="2">应交税费</td></tr>
<tr><td>税收政策依据及内容摘要</td><td colspan="5">《土地增值税暂行条例实施细则》(财法字〔1995〕6 号)第十六条规定，纳税人在项目全部竣工结算前转让房地产取得的收入，由于涉及成本确定或其他原因，而无法据以计算土地增值税的，可以预征土地增值税，待该项目全部竣工、办理结算后再进行清算，多退少补
预征的方法。预征是按预售收入乘以预征率计算</td></tr>
<tr><td>相关法律（含行业管理规定）及内容摘要</td><td colspan="5">会计准则</td></tr>
<tr><td>数据来源
（可多选）</td><td colspan="5">[　]税务登记[　]认定信息[　]财务报表[　]代开发票信息[√]申报表
[　]入库税款[　]国际税收情报交换数据[√]第三方数据(国税部门)
[　]其他数据</td></tr>
<tr><td>数据内容</td><td colspan="5">土地增值税纳税申报表(一)土地增值税预缴计税依据；第三方数据(国税部门增值税预缴税款表销售不动产销售额)</td></tr>
<tr><td rowspan="2">指标属性</td><td>积分度量类别</td><td>指标层级</td><td>指标性质</td><td>是否需要反馈</td><td>是否适用纳税提醒</td></tr>
<tr><td>[√]计税依据
[　]税款
[　]比例
[　]其他</td><td>[√]一级指标
[　]二级指标</td><td>[√]主要
[　]辅助</td><td>[√]是
[　]否</td><td>[√]是
[　]否</td></tr>
<tr><td>指标描述</td><td colspan="5">同一期的土地增值税纳税申报表(一)土地增值税预缴计税依据与国税部门增值税预缴税款表销售不动产销售额相比较</td></tr>
<tr><td>指标公式</td><td colspan="5">疑点计税依据＝国税部门增值税预缴税款表销售不动产销售额－土地增值税纳税申报表(一)增值税预缴计税依据</td></tr>
<tr><td>风险识别条件</td><td colspan="5">疑点计税依据大于预警参考值</td></tr>
<tr><td>预警参考值</td><td colspan="5">100 000 元</td></tr>
<tr><td>加工周期</td><td colspan="5">(与数据所属期不同)[　]月[　]季[　]半年[√]年[　]一次性</td></tr>
<tr><td>预警参考值维护级别</td><td colspan="5">[√]省[　]市[　]县(市、区)</td></tr>
<tr><td>税务机关提示信息</td><td colspan="5">【纳税人名称】(纳税人识别号)，该单位在【年度】年在国税部门增值税预缴税款表销售不动产销售额为【销售不动产销售额】元，本年度土地增值税预缴的计税依据【本年度土地增值税预缴的计税依据】元，差额为【疑点计税依据】元，可能存在少缴纳土地增值税(预缴)风险，核实其是否足额申报</td></tr>
</table>

（续表）

纳税人提示信息	【纳税人名称】(纳税人识别号)，您单位在【年度】年在国税部门增值税预缴税款表销售不动产销售额为【销售不动产销售额】元，本年度土地增值税预缴的计税依据【本年度土地增值税预缴的计税依据】元，差额为【疑点计税依据】元，可能存在少缴纳土地增值税(预缴)风险，请核查
应对策略	一、风险数据的系统校验(案头审核) 1.“金税三期”一户式查询—基础分析—税费征收：查询纳税人已经缴纳的土地增值税(预缴)当期入库数。 2.根据纳税人应缴纳与已缴纳的土地增值税是否有差额，确定需要纳税人提供的相关资料并转入询问约谈环节。 二、询问约谈资料要求(报送资料) 1.增值税预缴税款表。 2.获取主营业务收入及预收账款的明细。 3.获取项目规划、立项、报政策批复等资料。 三、核查内容 1.核查企业基础登记信息和认定信息的准确性。 2.纳税人各个项目是否存在属暂不实行预征范围。 3.核查企业增值税预缴税应预缴土地增值税范围。 4.区别预收房款所属期，检查预征率适用是否正确。 5.核查企业每笔主营业务收入及预收账款是否及时申报缴纳土地增值税(预缴)。 6.存在少缴纳税款情形的，通知纳税人补缴并按规定加滞纳金
备注	

三、预缴计税依据小于收入与合同金额风险识别模型

表 8-7　土地增值税预缴计税依据小于住建部门房产交易备案合同金额风险指标

<table>
<tr><td>对应风险特征编号、名称</td><td>土地增值税预缴计税依据小于住建部门房产交易备案合同金额</td><td>指标类型</td><td>[　]涉嫌偷逃骗税类
[√]一般税收流失类
[　]税收行为管理类</td></tr>
<tr><td>适用范围</td><td>房地产业</td><td>主题事项
(指标分类)</td><td>土地增值税比对事项</td></tr>
<tr><td>适用税种、税目</td><td>土地增值税</td><td>涉及会计科目</td><td>应交税费</td></tr>
<tr><td>税收政策依据及内容摘要</td><td colspan="3">《土地增值税暂行条例实施细则》(财法字〔1995〕6 号)第十六条规定，纳税人在项目全部竣工结算前转让房地产取得的收入，由于涉及成本确定或其他原因，而无法据以计算土地增值税的，可以预征土地增值税，待该项目全部竣工、办理结算后再进行清算，多退少补
预征的方法。预征是按预售收入乘以预征率计算</td></tr>
<tr><td>相关法律(含行业管理规定)及内容摘要</td><td colspan="3">会计准则</td></tr>
<tr><td>数据来源
(可多选)</td><td colspan="3">[　]税务登记[　]认定信息[　]财务报表[　]代开发票信息[√]申报表
[　]入库税款[　]国际税收情报交换数据[√]第三方数据(住建部门)[　]其他数据</td></tr>
</table>

（续表）

<table>
<tr><td>数据内容</td><td colspan="5">土地增值税纳税申报表(一)增值税预缴计税依据;第三方数据(住建部门房产交易备案合同金额)</td></tr>
<tr><td rowspan="2">指标属性</td><td>积分度量类别</td><td>指标层级</td><td>指标性质</td><td>是否需要反馈</td><td>是否适用纳税提醒</td></tr>
<tr><td>[√]计税依据
[ ]税款
[ ]比例
[ ]其他</td><td>[√]一级指标
[ ]二级指标</td><td>[ ]主要
[√]辅助</td><td>[ ]是
[√]否</td><td>[√]是
[ ]否</td></tr>
<tr><td>指标描述</td><td colspan="5">同一期的土地增值税纳税申报表(一)土地增值税预缴计税依据与住建部门房产交易备案合同金额相比较</td></tr>
<tr><td>指标公式</td><td colspan="5">疑点计税依据=住建部门房产交易备案合同金额－土地增值税纳税申报表(一)土地增值税预缴计税依据</td></tr>
<tr><td>风险识别条件</td><td colspan="5">疑点计税依据大于预警参考值</td></tr>
<tr><td>预警参考值</td><td colspan="5">100 000 元</td></tr>
<tr><td>加工周期</td><td colspan="5">(与数据所属期不同)[ ]月[ ]季[ ]半年[√]年[ ]一次性</td></tr>
<tr><td>预警参考值维护级别</td><td colspan="5">[√]省[ ]市[ ]县(市、区)</td></tr>
<tr><td>税务机关提示信息</td><td colspan="5">【纳税人名称】(纳税人识别号),该单位在【年度】年在住建部门房产交易备案合同金额为【备案合同金额】元,本年度土地增值税预缴的计税依据【本年度土地增值税预缴的计税依据】元,差额为【疑点计税依据】元,可能存在少缴纳土地增值税(预缴)风险,核实其是否足额申报</td></tr>
<tr><td>纳税人提示信息</td><td colspan="5">【纳税人名称】(纳税人识别号),您单位在【年度】年在住建部门房产交易备案合同金额为【备案合同金额】元,本年度土地增值税预缴的计税依据【本年度土地增值税预缴的计税依据】元,差额为【疑点计税依据】元,可能存在少缴纳土地增值税(预缴)风险,请核查</td></tr>
<tr><td>应对策略</td><td colspan="5">一、风险数据的系统校验(案头审核)
1.“金税三期”一户式查询—基础分析—税费征收:查询纳税人已经缴纳的土地增值税(预缴)当期入库数。
2.根据纳税人应缴纳与已缴纳的土地增值税是否有差额,确定需要纳税人提供的相关资料并转入询问约谈环节。
二、询问约谈资料要求(报送资料)
1.获取项目规划、立项、报政策批复等资料。
2.获取主营业务收入及预收账款的明细。
3.纳税人签订的售房合同统计表。
三、核查内容
1.核查企业基础登记信息和认定信息的准确性。
2.纳税人各个项目是否存在属暂不实行预征范围。
3.纳税人签订售房合同后是否及时计入主营业务收入或者取得预付款后是否及时计入预收账款。
4.核查企业每笔主营业务收入及预收账款是否属于当期应预缴土地增值税范围。
5.区别预收房款所属期,检查预征率适用是否正确。
6.存在少缴纳税款情形的,通知纳税人补缴并按规定加滞纳金</td></tr>
<tr><td>备注</td><td colspan="5"></td></tr>
</table>

四、转让土地使用权未缴土地增值税风险识别模型

表 8-8　　　转让土地使用权未缴土地增值税风险识别模型

<table>
<tr><td>对应风险特征编号、名称</td><td colspan="2">土地使用权转让未缴土地增值税风险</td><td>指标类型</td><td colspan="2">[　]涉嫌偷逃骗税类
[√]一般税收流失类
[　]税收行为管理类</td></tr>
<tr><td>适用范围</td><td colspan="2">土地使用权转让的企业纳税人</td><td>主题事项
(指标分类)</td><td colspan="2">土地增值税比对事项</td></tr>
<tr><td>适用税种、税目</td><td colspan="2">土地增值税</td><td>涉及会计科目</td><td colspan="2">应交税费、无形资产</td></tr>
<tr><td>税收政策依据及内容摘要</td><td colspan="5">《土地增值税暂行条例实施细则》(财法字〔1995〕6 号)</td></tr>
<tr><td>相关法律(含行业管理规定)及内容摘要</td><td colspan="5">会计准则</td></tr>
<tr><td>数据来源
(可多选)</td><td colspan="5">[　]税务登记[　]认定信息[　]财务报表[　]代开发票信息[√]申报表[　]入库税款
[　]国际税收情报交换数据[√]第三方数据(互联网土地使用权转让信息)
[　]其他数据</td></tr>
<tr><td>数据内容</td><td colspan="5">《土地增值税纳税申报表(三)(非从事房地产开发的纳税人适用)》的申报记录;第三方数据(互联网土地使用权转让信息)。</td></tr>
<tr><td rowspan="2">指标属性</td><td>积分度量类别</td><td>指标层级</td><td>指标性质</td><td>是否需要反馈</td><td>是否适用纳税提醒</td></tr>
<tr><td>[　]计税依据
[　]税款
[　]比例
[√]其他</td><td>[√]一级指标
[　]二级指标</td><td>[√]主要
[　]辅助</td><td>[√]是
[　]否</td><td>[√]是
[　]否</td></tr>
<tr><td>指标描述</td><td colspan="5">选取同一期在互联网土地使用权转让信息中的企业名称与“金税三期”中《土地增值税纳税申报表(三)(非从事房地产开发的纳税人适用)》的申报记录相比较,没申报记录的则存在土地使用权转让未缴土地增值税风险。</td></tr>
<tr><td>指标公式</td><td colspan="5">在互联网土地使用权转让信息中的有土地使用权转让记录而当期在“金税三期”系统中《土地增值税纳税申报表(三)(非从事房地产开发的纳税人适用)》没有申报记录的纳税人为存在疑点的纳税人。</td></tr>
<tr><td>风险识别条件</td><td colspan="5">在互联网土地使用权转让信息中的有土地使用权转让记录而当期在“金税三期”系统中《土地增值税纳税申报表(三)(非从事房地产开发的纳税人适用)》没有申报记录。</td></tr>
<tr><td>预警参考值</td><td colspan="5"></td></tr>
<tr><td>加工周期</td><td colspan="5">(与数据所属期不同)[　]月[√]季[　]半年[　]年[　]一次性</td></tr>
<tr><td>预警参考值维护级别</td><td colspan="5">[√]省[　]市[　]县(市、区)</td></tr>
</table>

（续表）

税务机关提示信息	【纳税人名称】(纳税人识别号)，该单位在【年度】年在互联网土地使用权转让信息中的有土地使用权转让记录，本年度在“金税三期”系统中《土地增值税纳税申报表(三)(非从事房地产开发的纳税人适用)》没有申报记录，可能存在少缴纳土地增值税风险，核实其是否足额申报
纳税人提示信息	【纳税人名称】(纳税人识别号)，您单位在【年度】年在互联网土地使用权转让信息中有土地使用权转让记录，本年度在“金税三期”系统中《土地增值税纳税申报表(三)(非从事房地产开发的纳税人适用)》没有申报记录，可能存在少缴纳土地增值税风险，请核查
应对策略	一、风险数据的系统校验(案头审核) 1. 通过“金税三期”系统获取目标年度利润表，核实当期是否存在营业外收入。 2.“金税三期”一户式查询—基础分析—税费征收：查询纳税人是否缴纳过土地增值税。 3. 审核互联网的土地使用权转让信息。 4. 根据以上资料，确定需要纳税人提供的相关资料并转入询问约谈环节 二、询问约谈资料要求(报送资料) 1. 土地使用权转让合同。 2. 当期营业外收入明细账。 3. 地税(国税)企业所得税汇缴表中收入支出明细表(A101010 一般企业收入明细表和 A102010 一般企业成本支出明细表)。 三、核查内容 1. 核查企业基础登记信息和认定信息的准确性。 2. 纳税人是否有转让国有土地使用权行为。 3. 纳税人取得的转让国有土地使用权收入是否已及时入账。 4. 核查企业转让国有土地使用权的收入及取得时的成本，确定企业转让国有土地使用权应缴纳的土地增值税。 5. 核查企业《企业所得税年度申报表》A101010《一般企业收入明细表》中非流动资产处置利得、非货币性资产交换利得两栏，以及 A102010 一般企业成本支出明细表非流动资产处置损失、非货币性资产交换损失两栏。核实土地使用权转让所得是否在申报表中反映，核实是否缴纳土地增值税，企业所得税是否做纳税调整。 6. 存在少缴纳税款情形的，通知纳税人补缴并按规定加滞纳金
备注	

第九章　企业改制重组

作为公民，你有义务纳税，同时你也必须了解你作为纳税人的权利。

——唐纳德·C.亚历山大

为支持企业改制重组，优化市场环境，根据《财政部　国家税务总局关于继续实施企业改制重组有关土地增值税政策的通知》(财税〔2018〕57 号)对整体改制、企业合并、企业分立、以房地产对外投资等改制重组有关土地增值税政策进行了明确，自 2018 年 1 月 1 日至 2020 年 12 月 31 日执行。

第一节　整 体 改 制

一、整体改制的土地增值税处理

土地增值税中所讲的整体改制，是指不改变原企业的投资主体，并承继原企业权利、义务的行为。不改变原企业投资主体，是指企业改制重组前后出资人不发生变动，出资人的出资比例可以发生变动。

(一) 非房地产开发企业整体改制暂免土地增值税

2018 年 1 月 1 日至 2020 年 12 月 31 日，根据《财政部　国家税务总局关于继续实施企业改制重组有关土地增值税政策的通知》(财税〔2018〕57 号)第一条的规定，按照《中华人民共和国公司法》的规定，非公司制企业整体改制为有限责任公司或者股份有限公司，有限责任公司(股份有限公司)整体改制为股份有限公司(有限责任公司)，对改制前的企业将国有土地使用权、地上的建筑物及其附着物(以下称房地产)转移、变更到改制后的企业，暂不征土地增值税。房地产转移任意一方为房地产开发企业的除外。

企业在申请享受整体改制土地增值税优惠政策时，应向主管税务机关提交房地产转移双方营业执照、改制重组协议或等效文件，相关房地产权属和价值证明、转让方改制重组前取得土地使用权所支付地价款的凭据（复印件）等书面材料。

自2015年1月1日至2017年12月31日，除房地产开发企业外，根据《财政部　国家税务总局关于企业改制重组有关土地增值税政策的通知》（财税〔2015〕5号）第一条的规定，按照《中华人民共和国公司法》的规定，非公司制企业整体改建为有限责任公司或者股份有限公司，有限责任公司（股份有限公司）整体改建为股份有限公司（有限责任公司）。对改建前的企业将国有土地、房屋权属转移、变更到改建后的企业，暂不征土地增值税。

由于财税〔2018〕57号文件和财税〔2015〕5号文件要求不改变原企业投资主体，很多企业采用先不改变投资主体，变更后，再进行股权转让改变投资主体的形式来规避土地增值税。

【例9-1】 甲市A宾馆，投资方为甲市委办公室，账面房产与土地价值为139.8万元。2016年改制评估净资产5.31亿元，按相关规定行政部门不能继续持有经营性产业，甲市委办公室先将该产业移交国资办，国资办将评估后的A宾馆改建为甲宾馆有限责任公司，将股权全部授权给下属国有企业甲市阳澄湖文商旅集团有限责任公司。

工商部门办理变更过程中一步到位，直接由投资方为市委办的甲市A宾馆变更为投资方为甲市阳澄湖文商旅集团有限责任公司的A宾馆有限责任公司。

要求：分析说明该企业是否应缴纳土地增值税。

【解析】 由于工商部门办理变更过程中一步到位，直接由投资方为市委办的甲市A宾馆变更为投资方为甲市阳澄湖文商旅集团有限责任公司的A宾馆有限责任公司，不符合不改变原企业的投资主体并承继原企业权利、义务的整体改建条件。而该企业主要资产均为房产和土地，经测算需缴纳土地增值税近亿元。纳税人无力缴纳巨额税款，故没能及时变更产权证。

（二）房地产企业整体改制需按规定缴纳土地增值税

2018年1月1日至2020年12月31日，根据《财政部　国家税务总局关于继续实施企业改制重组有关土地增值税政策的通知》（财税〔2018〕57号）第一条和第五条的规定，按照《中华人民共和国公司法》的规定，非公司制企业整体改制为有限责任公司或者股份有限公司，有限责任公司（股份有限公司）整体改制为股份有限公司（有限责任公司），对改制前的企业将国有土地使用权、地上的建筑物及其附着物(以下称房地产)转移、变更到改制后的企业,如果房地产转移任意一方为房地产开发企业的,应按规定征收土地增值税。

自2015年1月1日至2017年12月31日,根据《财政部　国家税务总局关于企业改制重组有关土地增值税政策的通知》(财税〔2015〕5号)第五条的规定,按照《中华人民共和国公司法》的规定,非公司制房地产开发企业(或非房地产开发企业整体改建为房地产开发企业)整体改建为有限责任公司或者股份有限公司,有限责任公司制房地产开发企业整体改建为股份有限公司,股份有限公司制房地产开发企业整体改建为有限责任公司。对改建前的房地产开发企业将国有土地、房屋权属转移、变更到改建后的企业,应按规定征收土地增值税。

(三) 中国中信集团公司重组改制优惠

根据《财政部　国家税务总局关于中国中信集团公司重组改制过程中土地增值税等政策的通知》(财税〔2013〕3号)第一条的规定,在中信集团整体改制为中国中信集团有限公司(以下简称中信有限)过程中,对中信集团无偿转移到中信有限的房地产,以及中信集团无偿转移到中国中信股份有限公司(以下简称中信股份)的房地产,不征土地增值税。在中信集团通过股权投资方式将符合境外上市条件的资产等注入中信股份过程中,对中信集团涉及的土地增值税(房地产开发企业销售房地产除外),予以免征。

二、整体改制的增值税处理

整体改制过程中,通常不涉及销售货物、无形资产、不动产以及提供应税劳务,因而整体改制后的企业承受原企业资产、债权、负债和劳动力,不征增值税。

三、整体改制的契税处理

(一) 企业整体改制契税优惠

自2018年1月1日至2020年12月31日,根据《财政部　国家税务总局关于继续支持企业事业单位改制重组有关契税政策的通知》(财税〔2018〕17号)第一条"企业改制"的规定,企业按照《中华人民共和国公司法》有关规定整体改制,包括非公司制企业改制为有限责任公司或股份有限公司,有限责任公司变更为股份有限公司,股份有限公司变更为有限责任公司,原企业投资主体存续并在改制(变更)后的公司中所持股权(股份)比例超过75%,且改制(变更)后公司承继原企业权利、义务的,对改制(变更)后公司承受原企业土地、房屋权属,免征契税。

自2015年1月1日至2017年12月31日，根据《财政部 国家税务总局关于进一步支持企业事业单位改制重组有关契税政策的通知》(财税〔2015〕37号)第一条的规定，企业按照《中华人民共和国公司法》有关规定整体改制，包括非公司制企业改制为有限责任公司或股份有限公司，有限责任公司变更为股份有限公司，股份有限公司变更为有限责任公司，原企业投资主体存续并在改制(变更)后的公司中所持股权(股份)比例超过75%，且改制(变更)后公司承继原企业权利、义务的，对改制(变更)后公司承受原企业土地、房屋权属，免征契税。

与企业整体改制土地增值税优惠不适用于房地产开发企业不同，企业整体改制的契税优惠政策可以适用于房地产开发企业。另外，在企业整体改制土地增值税优惠政策中，要求不改变原企业投资主体，而企业整体改制契税优惠政策要求原企业投资主体存续并在改制(变更)后的公司中所持股权(股份)比例超过75%。

(二) 事业单位改制契税优惠

自2015年1月1日至2020年12月31日，根据《财政部 国家税务总局关于继续支持企业事业单位改制重组有关契税政策的通知》(财税〔2018〕17号)第二条、《财政部 国家税务总局关于进一步支持企业事业单位改制重组有关契税政策的通知》(财税〔2015〕37号)第二条的规定，事业单位按照国家有关规定改制为企业，原投资主体存续并在改制后企业中出资(股权、股份)比例超过50%的，对改制后企业承受原事业单位土地、房屋权属，免征契税。

而企业整体改建的土地增值税优惠不适用于事业单位整体改制为企业。

四、企业法律形式改变的企业所得税处理

根据《财政部 国家税务总局关于企业重组业务企业所得税处理若干问题的通知》(财税〔2009〕59号)第一条的规定，企业所得税中的企业重组，是指企业在日常经营活动以外发生的法律结构或经济结构重大改变的交易，包括企业法律形式改变、债务重组、股权收购、资产收购、合并、分立等。

(一) 企业法律形式改变的界定

根据财税〔2009〕59号文件第一条第(一)项的规定，企业法律形式改变，是指企业注册名称、住所以及企业组织形式等的简单改变，但符合该通知规定其他重组的类型除外。

(二) 企业法律形式改变的企业所得税处理

根据财税〔2009〕59 号文件第四条第(一)项的规定,企业由法人转变为个人独资企业、合伙企业等非法人组织,或将登记注册地转移至中华人民共和国境外(包括中国港澳台地区),应视同企业进行清算、分配,股东重新投资成立新企业。企业的全部资产以及股东投资的计税基础均应以公允价值为基础确定。

企业发生其他法律形式简单改变的,可直接变更税务登记,除另有规定外,有关企业所得税纳税事项(包括亏损结转、税收优惠等权益和义务)由变更后企业承继,但因住所发生变化而不符合税收优惠条件的除外。

五、整体改制的个人所得税处理

企业由法人转变为个人独资企业、合伙企业等非法人组织,或者由个人独资企业、合伙企业等非法人组织转变为法人企业,或将登记注册地转移至中华人民共和国境外(包括中国港澳台地区),应视同企业进行清算、分配,股东重新投资成立新企业。其自然人股东应按规定缴纳个人所得税。

按照《中华人民共和国公司法》的规定,有限责任公司整体改建为股份有限公司,股份有限公司整体改建为有限责任公司,如不涉及留存收益(资本公积)转增股本的,不用缴纳个人所得税;如涉及留存收益(资本公积)转增股本的,则应按个人所得税法的相关规定缴纳个人所得税。

第二节　企 业 合 并

一、企业合并的土地增值税处理

(一) 企业兼并暂不征收土地增值税老政

在 2015 年以前,根据《财政部　国家税务总局关于土地增值税一些具体问题规定的通知》(财税字〔1995〕48 号)第三条,“关于企业兼并转让房地产的征免税问题”[自 2015 年 1 月 1 日起被《财政部　国家税务总局关于企业改制重组有关土地增值税政策的通知》(财税〔2015〕5 号)废止]的规定,在企业兼并中,对被兼并企业将房地产转让到兼并企业中的,暂免征收土地增值税。

财税字〔1995〕48 号文件规定对兼并中的房地产权属转移给予了暂免征收土地增值税的税收优惠待遇。但何为“兼并”呢? 根据《公司法》的规定,公司合并分为吸收合并和新设合并。兼并的概念是单指吸收合并还是包含了吸收合并和新设合并两种类型呢？由于财政部、国家税务总局文件缺乏明确表述，这也成为实务中争议的问题之一。

（二）非房地产开发企业合并的处理

自2018年1月1日至2020年12月31日，根据《财政部 国家税务总局关于继续实施企业改制重组有关土地增值税政策的通知》（财税〔2018〕57号，以下简称为财税〔2018〕57号文件）第二条的规定，按照法律规定或者合同约定，两个或两个以上企业合并为一个企业，且原企业投资主体存续的，对原企业将房地产转移、变更到合并后的企业，暂不征土地增值税。房地产转移任意一方为房地产开发企业的企业合并除外。

企业在申请享受企业合并土地增值税优惠政策时，应向主管税务机关提交房地产转移双方营业执照、改制重组协议或等效文件，相关房地产权属和价值证明、转让方改制重组前取得土地使用权所支付地价款的凭据（复印件）等书面材料。

自2015年1月1日至2017年12月31日，根据《财政部 国家税务总局关于企业改制重组有关土地增值税政策的通知》（财税〔2015〕5号，以下简称为财税〔2015〕5号文件）第二条的规定，按照法律规定或者合同约定，两个或两个以上企业（非房地产开发企业）合并为一个企业，且原企业投资主体存续的，对原企业将国有土地、房屋权属转移、变更到合并后的企业，暂不征土地增值税。非房地产开发企业除外。

（三）房地产开发企业合并的处理

自2018年1月1日至2020年12月31日，根据《财政部 国家税务总局关于继续实施企业改制重组有关土地增值税政策的通知》（财税〔2018〕57号）第二条和第五条的规定，按照法律规定或者合同约定，两个或两个以上企业合并为一个企业，对原企业将房地产转移、变更到合并后的企业，如果房地产转移任意一方为房地产开发企业的，按规定征收土地增值税。

自2015年1月1日至2017年12月31日，根据《财政部 国家税务总局关于企业改制重组有关土地增值税政策的通知》（财税〔2015〕5号）第五条的规定，按照法律规定或者合同约定，两个或两个以上企业合并为一个企业，对原房地产开发企业将国有土地、房屋权属转移、变更到合并后的企业，应按规定征收土地增值税。

(四) 原企业投资主体存续的界定

根据财税〔2018〕57 号文件和财税〔2015〕5 号文件的规定，在企业合并重组中，投资主体存续是指原企业出资人必须存在于改制重组后的企业，出资人的出资比例可以发生变动。可理解为：哪怕仅仅只有 1 股，亦是如此，并不要求原投资主体之间的股权比例保持不变。例如，甲公司(公允价值 2 000 万元)和乙公司(公允价值 1 200 万元)都从事饮料制造和销售业务，A 公司和 B 公司各自持有甲公司 80%和 20%的股权，C 公司和 D 公司各自持有乙公司 60%和 40%的股权。为了整合业务运营以及提升市场竞争力，A 公司和 B 公司决定拟由甲公司吸收合并乙公司。如果在合并中，乙公司的股东 D 公司希望获得一部分现金 80 万元，对应的股权比例 A 和 B 按照股权比例持有。则合并后甲公司的股权结构是：

A 和 B 合计持有的股权比例＝(2 000＋80)÷3 200＝65%，其中，A 公司持有股权比例：(2 000×80%＋80×80%)÷3 200＝52%，D 公司持有股权比例为 13%，同时 A 公司和 B 公司分别支付 64 万元和 16 万元的现金。

C 和 D 合计持有的股权比例＝(1 200－80)÷3 200＝35%，其中，C 公司持有股权比例＝22.5%，D 公司持有股权比例＝12.5%，同时 D 公司还获得 80 万元的现金。

此时，我们会发现，原被合并企业乙公司的投资主体 C 公司和 D 公司继续在合并后企业甲公司存续，但其股权比例发生了改变，因为 D 公司获取了部分现金对价，因此，其持有的甲公司股权相应地减少。

而财税〔2018〕17 号文件规定的企业改制契税优惠政策为：原企业投资主体存续并在改制(变更)后的公司中所持股权(股份)比例超过 75%，且改制(变更)后公司承继原企业权利、义务的，对改制(变更)后公司承受原企业土地、房屋权属，免征契税。事业单位改制，原投资主体存续并在改制后企业中出资(股权、股份)比例超过 50%的，对改制后企业承受原事业单位土地、房屋权属，免征契税。

【例 9-2】 2019 年 5 月，甲市栢林金属制品有限公司(以下简称栢林金属)与乙市鑫源不锈钢制品有限公司(以下简称鑫源不锈钢)签订合并协议，栢林金属吸收合并鑫源不锈钢，合并后，栢林金属依法存续，鑫源不锈钢予以注销，鑫源不锈钢制品有限公司所有资产和负债并入栢林金属。栢林金属注册资本为 800 万元，其中张某出资 160 万元，占比 20%，葛某出资 640 万元，占比 80%。鑫源不锈钢注册资本 100 万元，其中张某出资 20 万元，占比 20%，葛某出资 80 万元，占比80%。合并后栢林金属制品有限公司注册资本变更为900万元，张某占比20%，葛某占比80%。

2019年6月，栢林金属申请将原鑫源不锈钢制品名下8 786平方米国有土地及地上建筑物变更到合并后存续公司名下。鑫源不锈钢土地及房产评估价格6 849 400元，2005年取得土地时支付土地价款273 676.4元，缴纳土地契税10 947.06元，按房产重置成本价与成新度折扣率计算旧房评估价为4 505 040元，合并重组过程中缴纳了印花税3 424.7元。

要求：分析说明上述企业合并过程中的涉税处理。

【解析】 根据财税〔2018〕57号文件第二条的规定，按照法律规定或者合同约定，两个或两个以上企业合并为一个企业，且原企业投资主体存续的，对原企业将国有土地、房屋权属转移、变更到合并后的企业，房地产转移双方都不是房地产开发企业的，暂不征土地增值税。

减免税款测算：

收入总额：6 849 400元；

扣除项目合计：4 793 088.16元；

增值额：2 056 311.84元；

增值率：2 056 311.84÷4 793 088.16=42.90%；

减免土地增值税：2 056 311.84×30%=616 893.55(元)。

(五) 中国联合网络通信企业合并资产整合优惠

根据《财政部　国家税务总局关于中国联合网络通信集团有限公司转让CDMA网及其用户资产企业合并资产整合过程中涉及的增值税　营业税　印花税和土地增值税政策问题的通知》(财税〔2011〕13号，以下简称为财税〔2011〕13号文件)第九条的规定，对中国联合网络通信集团有限公司(原中国联合通信有限公司)、联通新时空通信有限公司(原联通新时空移动通信有限公司)、中国联合网络通信有限公司(原中国联通有限公司)向中国电信转让CDMA网络资产和业务过程中，转让房地产涉及的土地增值税，予以免征。

根据财税〔2011〕13号文件第十条的规定，对中国联合网络通信集团有限公司吸收合并中国网络通信集团公司、中国联合网络通信有限公司吸收合并中国网通(集团)有限公司过程中涉及的土地增值税，予以免征。

根据财税〔2011〕13号文件第十一条的规定，对联通新国信通信有限公司在资产整合过程中，向中国联合网络通信集团有限公司(原中国联合通信有限公司)转让房地产涉及的土地增值税,予以免征。

二、公司合并的契税处理

自2015年1月1日至2020年12月31日,根据《财政部　国家税务总局关于进一步支持企业事业单位改制重组有关契税政策的通知》(财税〔2015〕37号)第三条和《财政部　国家税务总局关于继续支持企业事业单位改制重组有关契税政策的通知》(财税〔2018〕17号)第三条"公司合并"的规定,两个或两个以上的公司,依照法律规定、合同约定,合并为一个公司,且原投资主体存续的,对合并后公司承受原合并各方土地、房屋权属,免征契税。

这里原投资主体存续的企业合并的契税优惠,也适用于房地产开发企业。企业、公司,是指依照我国有关法律法规设立并在中国境内注册的企业、公司。投资主体存续,是指原企业的出资人必须存在于改制重组后的企业,出资人的出资比例可以发生变动;投资主体相同,是指公司分立前后出资人不发生变动,出资人的出资比例可以发生变动。

三、企业合并的增值税处理

(一) 企业合并中货物转让的增值税处理

自2011年3月1日起,根据《国家税务总局关于纳税人资产重组有关增值税问题的公告》(国家税务总局公告2011年第13号)的规定,纳税人在资产重组过程中,通过合并、分立、出售、置换等方式,将全部或者部分实物资产以及与其相关联的债权、负债和劳动力一并转让给其他单位和个人,不属于增值税的征税范围,其中涉及的货物转让,不征收增值税。

自2013年12月1日起,根据《国家税务总局关于纳税人资产重组有关增值税问题的公告》(国家税务总局公告2013年第66号)的规定,纳税人在资产重组过程中,通过合并、分立、出售、置换等方式,将全部或者部分实物资产以及与其相关联的债权、负债经多次转让后,最终的受让方与劳动力接收方为同一单位和个人的,仍适用《国家税务总局关于纳税人资产重组有关增值税问题的公告》(国家税务总局公告2011年第13号)的相关规定,其中货物的多次转让行为均不征收增值税。资产的出让方需将资产重组方案等文件资料报其主管税务机关。

因而,法人企业、合伙企业、个人独资企业等纳税人在资产重组过程中,通过合并等方式,将全部或者部分实物资产以及与其相关联的债权、负债和劳动力一并转让给其他单位和个人，以及经多次转让后最终的受让方与劳动力接收方为同一单位和个人的，其中涉及的货物转让不征收增值税。

（二）合并中不动产、土地使用权转让的增值税处理

根据《营业税改征增值税试点有关事项的规定》（财税〔2016〕36 号印发）第一条第（二）项“不征收增值税项目”第五点的规定，在资产重组过程中，通过合并、分立、出售、置换等方式，将全部或者部分实物资产以及与其相关联的债权、负债和劳动力一并转让给其他单位和个人，其中涉及的不动产、土地使用权转让行为。

因而，法人企业、合伙企业、个人独资企业等纳税人在资产重组过程中，通过合并等方式，将全部或者部分实物资产以及与其相关联的债权、负债和劳动力一并转让给其他单位和个人，其中涉及的不动产、土地使用权转让，不征收增值税。

需要说明的是，上述合并交易中过程涉及的不动产转移不征增值税，纳税人可以用货物与劳务编码“607”资产重组涉及的不动产，或“608”资产重组涉及的土地使用权，按照未发生销售行为的不征税项目开具增值税普通发票，不得开具增值税专用发票。

四、企业合并的企业所得税处理

企业所得税中的合并，是指一家或多家企业（以下称为被合并企业）将其全部资产和负债转让给另一家现存或新设企业（以下称为合并企业），被合并企业股东换取合并企业的股权或非股权支付，实现两个或两个以上企业的依法合并。

（一）合并的一般性税务处理

企业合并，除符合规定适用特殊性税务处理规定的外，根据财税〔2009〕59 号文件第四条第（四）项的规定，当事各方应按下列规定处理：

（1）合并企业应按公允价值确定接受被合并企业各项资产和负债的计税基础。

（2）被合并企业及其股东都应按清算进行所得税处理。

（3）被合并企业的亏损不得在合并企业结转弥补。

（二）合并的特殊性税务处理

1. 企业合并适用特殊性税务处理应符合的条件

根据财税〔2009〕59 号文件第五条的规定，企业合并同时符合下列条件的，适用特殊性税务处理规定：

(1) 具有合理的商业目的，且不以减少、免除或者推迟缴纳税款为主要目的。

(2) 企业合并重组后的连续12个月内不改变重组资产原来的实质性经营活动。

(3) 企业股东在该企业合并发生时取得的股权支付金额不低于其交易支付总额的85%，或是同一控制下且不需要支付对价的企业合并。

(4) 企业合并重组中取得股权支付的原主要股东，在合并重组后连续12个月内，不得转让所取得的股权。

2. 企业合并的特殊性税务处理

根据财税〔2009〕59号文件第六条第（四）项的规定，企业合并符合规定的特殊性税务处理条件的，交易各方对其交易中的股权支付部分，可以选择按照以下规定进行特殊性税务处理：

(1) 合并企业接受被合并企业资产和负债的计税基础，以被合并企业的原有计税基础确定。

(2) 被合并企业合并前的相关所得税事项由合并企业承继。

(3) 可由合并企业弥补的被合并企业亏损的限额＝被合并企业净资产公允价值×截至合并业务发生当年年末国家发行的最长期限的国债利率。

(4) 被合并企业股东取得合并企业股权的计税基础，以其原持有的被合并企业股权的计税基础确定。

3. 股权支付与非股权支付

股权支付，是指企业重组中购买、换取资产的一方支付的对价中，以本企业或其控股企业的股权、股份作为支付的形式；所称非股权支付，是指以本企业的现金、银行存款、应收款项、本企业或其控股企业股权和股份以外的有价证券、存货、固定资产、其他资产以及承担债务等作为支付的形式。

4. 非股权支付对应资产转让所得或损失的确认

根据财税〔2009〕59号文件第六条第（六）项的规定，合并重组交易各方按规定对交易中股权支付暂不确认有关资产的转让所得或损失的，其非股权支付仍应在交易当期确认相应的资产转让所得或损失，并调整相应资产的计税基础。用公式表示为：

$$\text{非股权支付对应的资产转让所得或损失}=\left(\text{被转让资产的公允价值}-\text{被转让资产的计税基础}\right)\times\left(\text{非股权支付金额}\div\text{被转让资产的公允价值}\right)$$

五、合并的个人所得税处理

根据《国家税务总局关于企业重组业务企业所得税征收管理若干问题的公告》(国家税务总局公告 2015 年第 48 号)第一条的规定,企业合并中合并企业、被合并企业及被合并企业股东当事各方中被合并企业股东可以是自然人。当事各方中的自然人应按个人所得税的相关规定进行税务处理。

六、企业合并案例分析

【例 9-3】 甲省红星房地产开发有限公司,其法人股东甲省红星家电有限公司为了上市,经股东会议决议,由母公司吸收合并全资子公司甲省红星房地产开发有限公司,2016 年 8 月 5 日签订吸收合并协议,2016 年 8 月 8 日申请注销税务登记。主管税务机关于 2016 年 8 月 10 日下发《检查通知书》,对其经营涉税情况进行检查,并对已售的开发产品进行土地增值税清算,以开发产品销售给母公司内部职工、价格明显偏低,按组成计税价格核定销售收入作为营业税(增值税)和土地增值税的计税依据,未说明按组成计税价格核定销售收入的理由,以及是否有本单位同期同类房地产销售价格等。

检查还发现,该单位开具发票的价格每平方米在 1 500.00～2 300.00 元之间,税务机关认定的单位成本 3 183.17 元/平方米,销售给内部职工的价格低于成本价,未代扣代缴个人所得税。

讨论问题:

1. 按照组成计税价格核定收入计征营业税和土地增值税是否正确?

2. 是否应就低价销售房地产行为征收个人所得税?

3. 企业合并涉及的不动产转移是否征收土地增值税?

4. 企业合并中合并方承受不动产是否要缴纳契税?

5. 企业合并如何进行企业所得税处理?

6. 未销售部分房产转让到合并企业时是否要征收土地增值税?

【解析】 1. 核定收入方法问题。

根据《中华人民共和国营业税暂行条例实施细则》第二十条的规定:纳税人有条例第七条所称价格明显偏低并无正当理由或者本细则第五条所列视同发生应税行为而无营业额的,按下列顺序确定其营业额:

(1) 按纳税人最近时期发生同类应税行为的平均价格核定;

（2）按其他纳税人最近时期发生同类应税行为的平均价格核定；

（3）按下列公式核定：

营业额＝营业成本或者工程成本×（1＋成本利润率）÷（1－营业税税率）

公式中的成本利润率，由省、自治区、直辖市税务局确定。

根据《增值税暂行条例实施细则》第十六条的规定，纳税人有增值税暂行条例第七条所称价格明显偏低并无正当理由或者有本细则第四条所列视同销售货物行为而无销售额者，按下列顺序确定销售额：

（1）按纳税人最近时期同类货物的平均销售价格确定。

（2）按其他纳税人最近时期同类货物的平均销售价格确定。

（3）按组成计税价格确定。组成计税价格的公式为：

组成计税价格＝成本×（1＋成本利润率）

属于应征消费税的货物，其组成计税价格中应加计消费税额。

公式中的成本是指：销售自产货物的为实际生产成本，销售外购货物的为实际采购成本。公式中的成本利润率由国家税务总局确定。

而根据《土地增值税清算管理规程》（国税发〔2009〕91号印发）第十九条的规定，房地产开发企业将开发产品用于职工福利、奖励、对外投资、分配给股东或投资人、抵偿债务、换取其他单位和个人的非货币性资产等，发生所有权转移时应视同销售房地产，其收入按下列方法和顺序确认：

（1）按本企业在同一地区、同一年度销售的同类房地产的平均价格确定。

（2）由主管税务机关参照当地当年、同类房地产的市场价格或评估价值确定。

由此可见，土地增值税与增值税（营业税）视同销售金额的确定方法不同，土地增值税不采用组成计税价格法。因而，案例中按组成计税价格法来确定土地增值税视同销售金额，不符合相关规定。

2. 低价售房给母公司职工是否缴纳个人所得税问题。

根据《财政部　国家税务总局关于单位低价向职工售房有关个人所得税问题的通知》（财税〔2007〕13号，以下简称为财税〔2007〕13号文件）第二条的规定，单位按低于购置或建造成本价格出售住房给职工，职工因此而少支出的差价部分，属于个人所得税应税所得，应按照“工资、薪金所得”项目缴纳个人所得税。

上述所称差价部分，是指职工实际支付的购房价款低于该房屋的购置或建造成本价格的差额。

由于母公司的职工与本公司的职工不同，因而单位低于建造成本价出售住房给母公司职工，不能适用财税〔2007〕13号文件，征收个人所得税。

3. 对合并中未售房地产计征土地增值税问题。

根据《财政部 国家税务总局关于企业改制重组有关土地增值税政策的通知》（财税〔2015〕5号）和《财政部 国家税务总局关于继续实施企业改制重组有关土地增值税政策的通知》（财税〔2018〕57号）第二条和第五条的规定，按照法律规定或者合同约定，两个或两个以上企业合并为一个企业，且原企业投资主体存续的，对原企业将房地产转移、变更到合并后的企业，如果房地产转移任意一方为房地产开发企业的，应按规定征收土地增值税。

案例中，房地产开发企业被母公司合并，房地产开发企业仅对已售房产进行清算缴纳土地增值税，而对未售转移到母公司部分房地产未缴纳土地增值税，不符合现行相关规定。

4. 合并中的增值税处理。

根据《营业税改征增值税试点有关事项的规定》（财税〔2016〕36号印发）第一条第（二）项的规定，在资产重组过程中，通过合并、分立、出售、置换等方式，将全部或者部分实物资产以及与其相关联的债权、负债和劳动力一并转让给其他单位和个人，其中涉及的不动产、土地使用权转让行为不征收增值税。

因而，案例中房地产公司在资产重组过程中，通过合并等方式，将全部或者部分实物资产以及与其相关联的债权、负债和劳动力一并转让给其母公司，其中涉及的不动产、土地使用权转让，不征收增值税。

5. 合并中的契税处理。

根据《财政部 国家税务总局关于进一步支持企业事业单位改制重组有关契税政策的通知》（财税〔2015〕37号）第三条和《财政部 国家税务总局关于继续支持企业事业单位改制重组有关契税政策的通知》（财税〔2018〕17号）第三条的规定，两个或两个以上的公司，依照法律规定、合同约定，合并为一个公司，且原投资主体存续的，对合并后公司承受原合并各方土地、房屋权属，免征契税。

因而，案例中母公司承受子公司的房地产，免征契税。

6. 合并中的企业所得税处理。

案例中的企业合并，符合财税〔2009〕59号文件第六条第（四）项规定的特殊性税务处理条件的，交易各方对其交易中的股权支付部分，可以选择按照以下规定进行特殊性税务处理：

(1) 合并企业接受被合并企业资产和负债的计税基础，以被合并企业的原有计税基础确定。

(2) 被合并企业合并前的相关所得税事项由合并企业承继。

(3) 可由合并企业弥补的被合并企业亏损的限额＝被合并企业净资产公允价值×截至合并业务发生当年年末国家发行的最长期限的国债利率。

(4) 被合并企业股东取得合并企业股权的计税基础，以其原持有的被合并企业股权的计税基础确定。

第三节　企业分立

一、企业分立的土地增值税处理

(一) 分立是否征收土地增值税的争议

《土地增值税暂行条例》第二条规定，转让国有土地使用权、地上的建筑物及其附着物(以下简称转让房地产)并取得收入的单位和个人，为土地增值税的纳税义务人(以下简称纳税人)，应依照本条例缴纳土地增值税。根据上述规定，征收土地增值税的前提条件是“转让房地产”并“取得收入”。

企业分立导致的房地产权属转移是否属于“转让房地产”且“取得收入”呢？分立是《公司法》上的组织变更行为，不同于一般的房地产交易。分立行为除涉及转移营业部门财产的物权与债权行为外，还可能涉及组织设立行为。此外分立的实行，还会发生财产承受与股东地位取得的效果，带有浓厚的组织法色彩。因而，各地对分立是否属于土地增值税的征税范围执行口径出现较大的差异。例如青岛地税局在《青岛市地方税务局关于印发〈房地产开发项目土地增值税清算有关业务问题问答〉的通知》(青地税函〔2009〕47号)中规定，房地产开发企业依照法律规定、合同约定分设为两个或两个以上的企业，对派生方、新设方承受原企业房地产的，不征收土地增值税。海南地税局在《海南省地方税务局关于海南华润石梅湾旅游开发有限公司存续分立财产土地分割过户是否征收营业税和土地增值税问题的批复》(琼地税函〔2010〕265号)中规定：“根据《中华人民共和国土地增值税暂行条例实施细则》第二条规定，海南华润石梅湾旅游开发有限公司存续分立分割土地的行为，不属于‘有偿转让房地产’范围，因此，不征收土地增值税。"以上两个地方明确分立不属于土地增值税的征税范围。而《新疆维吾尔自治区地方税务局关于土地增值税若干政策问题的公告》(新疆维吾尔自治区地税局公告2014年第1号)则规定:"在公司分立中,公司依照法律规定、合同约定分立为两个或两个以上与原公司投资主体相同的公司,对派生方和新设方承受原公司房地产的,不征收土地增值税。投资主体相同是指分立后各公司投资人名称和出资比例均不发生改变。凡改变上述两项内容的,均属于投资主体发生改变。……对于分立或合并后的公司为房地产开发企业(或从事房地产开发)的不适用上述规定。"根据上述文件,新疆地税将分立不征土地增值税限定为投资主体相同且分立后的企业为非房地产开发企业。未看到其他省份出台分立土地增值税的税收政策,但实践中有某企业因股东僵局进行分立,被税务局征收1.3亿元土地增值税的案例。

(二)非房地产开发企业分立的处理

自2018年1月1日至2020年12月31日,根据《财政部　国家税务总局关于继续实施企业改制重组有关土地增值税政策的通知》(财税〔2018〕57号)第三条的规定,按照法律规定或者合同约定,企业分设为两个或两个以上与原企业投资主体相同的企业,对原企业将房地产转移、变更到分立后的企业,暂不征土地增值税。

企业在申请享受分立土地增值税优惠政策时,应向主管税务机关提交房地产转移双方营业执照、改制重组协议或等效文件,相关房地产权属和价值证明、转让方改制重组前取得土地使用权所支付地价款的凭据(复印件)等书面材料。

自2015年1月1日起至2017年12月31日,根据财税〔2015〕5号文件第三条的规定,按照法律规定或者合同约定,非房地产开发企业分设为两个或两个以上与原企业投资主体相同的企业,对原企业将国有土地、房屋权属转移、变更到分立后的企业,暂不征土地增值税。

【例9-4】 A市业纺机械制造有限公司,注册资本800万,其中:股东陈某出资360万,占45%,股东李某出资440万,占55%。2016年8月3日,经股东会决议通过,将A市业纺机械制造有限公司存续分立为A市业纺机械制造有限公司和A市润弘汇科技有限公司,其中分立后A市业纺机械制造有限公司注册资本600万(股东陈某出资270万,占45%,股东李某出资330万,占55%),A市润弘汇科技有限公司注册资本200万(股东陈某出资90万,占45%,股东李某出资110万，占55%）。分立前后投资主体不变。分立后，原A市业纺机械制造有限公司锡新国用（2005）第6号土地中的4 003.6平方米、锡房权证字第XQ1000598001-1号中的第1幢、锡房权证字第XQ1000527278号中的第6、7幢转移至A市润弘汇科技有限公司。上述房产评估价5 315 258元，土地评估价2 402 160元，合计7 717 418元。土地成本为1 201 080元，房屋重置成本价4 906 392元。

（三）房地产开发企业分立的处理

自2015年1月1日至2020年12月31日，根据财税〔2015〕5号和《财政部　国家税务总局关于继续实施企业改制重组有关土地增值税政策的通知》（财税〔2018〕57号）第三条和第五条的规定，按照法律规定或者合同约定，企业分设为两个或两个以上与原企业投资主体相同的企业，对原企业将房地产转移、变更到分立后的企业，如房地产转移任意一方为房地产开发企业的，应按规定征收土地增值税。

举例说明：大唐高分子材料有限公司通过派生分立成立朗亚科技有限公司、详天科技有限公司。大唐高分子材料有限公司将位于经济技术开发区和顺路南侧、咏贤路北侧地块合计33 045平方米，分割19 827平方米至朗亚科技有限公司，分割13 218平方米至详天科技有限公司。A市场监督管理局经济开发区分局出具派生分立证明，分立后投资主体及投资比例保持不变，不涉及土地增值税、契税，分割双方需缴纳产权转移书据印花税。大唐高分子材料有限公司应缴印花税1 137.50元，朗亚科技有限公司应缴印花税682.50元，详天科技有限公司应缴印花税455元。

二、企业分立的契税处理

自2015年1月1日至2020年12月31日，《财政部　国家税务总局关于进一步支持企业事业单位改制重组有关契税政策的通知》（财税〔2015〕37号）第四条和《财政部　国家税务总局关于继续支持企业事业单位改制重组有关契税政策的通知》（财税〔2018〕17号）第四条规定，公司依照法律规定、合同约定分立为两个或两个以上与原公司投资主体相同的公司，对分立后公司承受原公司土地、房屋权属，免征契税。

这里公司分立为与原公司投资主体相同的分立的契税优惠，同样适用于房地产开发企业。

三、企业分立的增值税处理

（一）分立中货物转让的增值税处理

根据《国家税务总局关于纳税人资产重组有关增值税问题的公告》（国家税务总局公告2011年第13号）的规定，纳税人在资产重组过程中，通过合并、分立、出售、置换等方式，将全部或者部分实物资产以及与其相关联的债权、负债和劳动力一并转让给其他单位和个人，不属于增值税的征税范围，其中涉及的货物转让，不征收增值税。

根据《国家税务总局关于纳税人资产重组有关增值税问题的公告》（国家税务总局公告2013年第66号）的规定，纳税人在资产重组过程中，通过合并、分立、出售、置换等方式，将全部或者部分实物资产以及与其相关联的债权、负债经多次转让后，最终的受让方与劳动力接收方为同一单位和个人的，仍适用《国家税务总局关于纳税人资产重组有关增值税问题的公告》（国家税务总局公告2011年第13号）的相关规定，其中货物的多次转让行为均不征收增值税。资产的出让方需将资产重组方案等文件资料报其主管税务机关。

因而，法人企业、合伙企业、个人独资企业等纳税人在资产重组过程中，通过分立等方式，将全部或者部分实物资产以及与其相关联的债权、负债和劳动力一并转让给其他单位和个人，以及经多次转让后最终的受让方与劳动力接收方为同一单位和个人的，其中涉及的货物的转让不征收增值税。

（二）分立中不动产、土地使用权转让的增值税处理

根据《营业税改征增值税试点有关事项的规定》（财税〔2016〕36号印发）第一条第（二）项“不征收增值税项目”第五点的规定，在资产重组过程中，通过合并、分立、出售、置换等方式，将全部或者部分实物资产以及与其相关联的债权、负债和劳动力一并转让给其他单位和个人，其中涉及的不动产、土地使用权转让行为，不征增值税。

因而，法人企业、合伙企业、个人独资企业等纳税人在资产重组过程中，通过分立等方式，将全部或者部分实物资产以及与其相关联的债权、负债和劳动力一并转让给其他单位和个人，其中涉及的不动产、土地使用权转让，不征收增值税。

四、分立的企业所得税处理

企业所得税中的分立，是指一家企业（以下称为被分立企业）将部分或全部

资产分离转让给现存或新设的企业(以下称为分立企业),被分立企业股东换取分立企业的股权或非股权支付,实现企业的依法分立。

(一) 分立的一般性税务处理

企业分立,除符合规定适用特殊性税务处理规定的外,根据财税〔2009〕59号文件第四条第(五)项的规定,当事各方应按下列规定处理:

(1) 被分立企业对分立出去资产应按公允价值确认资产转让所得或损失。

(2) 分立企业应按公允价值确认接受资产的计税基础。

(3) 被分立企业继续存在时,其股东取得的对价应视同被分立企业分配进行处理。

(4) 被分立企业不再继续存在时,被分立企业及其股东都应按清算进行所得税处理。

(5) 企业分立相关企业的亏损不得相互结转弥补。

(二) 分立的特殊性税务处理

1. 分立适用特殊性税务处理应符合的条件

根据财税〔2009〕59号文件第五条的规定,企业分立同时符合下列条件的,适用特殊性税务处理规定:

(1) 具有合理的商业目的,且不以减少、免除或者推迟缴纳税款为主要目的。

(2) 企业分立重组后的连续12个月内不改变重组资产原来的实质性经营活动。

(3) 被分立企业股东在该企业分立发生时取得的股权支付金额不低于其交易支付总额的85%。

(4) 企业分立重组中取得股权支付的原主要股东,在重组后连续12个月内,不得转让所取得的股权。

(5) 企业分立,被分立企业所有股东按原持股比例取得分立企业的股权,分立企业和被分立企业均不改变原来的实质经营活动。

2. 分立的特殊性税务处理

根据财税〔2009〕59号文件第六条第(五)项的规定,企业分立符合适用特殊性税务处理规定条件的,交易各方对其交易中的股权支付部分,可以选择按以下规定进行特殊性税务处理:

(1) 分立企业接受被分立企业资产和负债的计税基础,以被分立企业的原有计税基础确定。

(2) 被分立企业已分立出去资产相应的所得税事项由分立企业承继。

(3) 被分立企业未超过法定弥补期限的亏损额可按分立资产占全部资产的比例进行分配,由分立企业继续弥补。

(4) 被分立企业的股东取得分立企业的股权(以下简称“新股”),如需部分或全部放弃原持有的被分立企业的股权(以下简称“旧股”),“新股”的计税基础应以放弃“旧股”的计税基础确定。如不需放弃“旧股”,则其取得“新股”的计税基础可从以下两种方法中选择确定:直接将“新股”的计税基础确定为零;或者以被分立企业分立出去的净资产占被分立企业全部净资产的比例先调减原持有的“旧股”的计税基础,再将调减的计税基础平均分配到“新股”上。

3. 非股权支付对应资产转让所得或损失的确认

根据财税〔2009〕59号文件第六条第(六)项的规定,分立重组交易各方按规定对交易中股权支付暂不确认有关资产的转让所得或损失的,其非股权支付仍应在交易当期确认相应的资产转让所得或损失,并调整相应资产的计税基础。用公式表示为:

$$\text{非股权支付对应的资产转让所得或损失}=\left(\text{被转让资产的公允价值}-\text{被转让资产的计税基础}\right)\times\left(\text{非股权支付金额}\div\text{被转让资产的公允价值}\right)$$

五、企业分立的个人所得税处理

根据《国家税务总局关于企业重组业务企业所得税征收管理若干问题的公告》(国家税务总局公告2015年第48号)第一条的规定,企业分立中分立企业、被分立企业及被分立企业股东当事各方中被分立企业股东可以是自然人。当事各方中的自然人应按个人所得税的相关规定进行税务处理。

第四节　以房地产对外投资

一、以房地产对外投资的土地增值税处理

(一) 以房地产投资土地增值税老政

自2006年3月2日至2014年12月31日,根据《财政部　国家税务总局关

于土地增值税若干问题的通知》(财税〔2006〕21 号)第五条(自 2015 年 1 月 1 日起被财税〔2015〕5 号文件废止)的规定,对于以土地(房地产)作价入股进行投资或联营的,凡所投资、联营的企业从事房地产开发的,或者房地产开发企业以其建造的商品房进行投资和联营的,均不适用《财政部　国家税务总局关于土地增值税一些具体问题规定的通知》(财税字〔1995〕48 号)第一条暂免征收土地增值税的规定。

在 2014 年 12 月 31 日以前,根据《财政部　国家税务总局关于土地增值税一些具体问题规定的通知》(财税字〔1995〕48 号)第一条(自 2015 年 1 月 1 日起被财税〔2015〕5 号文废止)的规定,对于以房地产进行投资、联营的,投资、联营的一方以土地(房地产)作价入股进行投资或作为联营条件,将房地产转让到所投资、联营的企业中时,暂免征收土地增值税。对投资、联营企业将上述房地产再转让的,应征收土地增值税。

(二) 房地产转让双方都不是房地产开发企业改制重组时的投资

自 2018 年 1 月 1 日至 2020 年 12 月 31 日,根据《财政部　国家税务总局关于继续实施企业改制重组有关土地增值税政策的通知》(财税〔2018〕57 号)第四条的规定,单位、个人在改制重组时以房地产作价入股进行投资,房地产转移双方都不是房地产开发企业的,对其将房地产转移、变更到被投资的企业,暂不征土地增值税。

自 2015 年 1 月 1 日至 2017 年 12 月 31 日,根据《财政部　国家税务总局关于企业改制重组有关土地增值税政策的通知》(财税〔2015〕5 号)第四条的规定,单位、个人在改制重组时以国有土地、房屋进行投资,对其将国有土地、房屋权属转移、变更到被投资的企业,暂不征土地增值税。

有的地方税务机关要求只有改制重组时的投资,才可以享受土地增值税优惠。而有的税务机关认为投资就是改制重组的一种形式,只要是投资均可享受优惠。

(三) 房地产转移任一方是房地产开发企业以房地产投资的处理

自 2015 年 1 月 1 日至 2020 年 12 月 31 日,根据财税〔2015〕5 号第四条和第五条的规定和《财政部　国家税务总局关于继续实施企业改制重组有关土地增值税政策的通知》(财税〔2018〕57 号)第四条和第五条的规定,单位、个人在改制重组时以房地产作价入股进行投资,对其将房地产转移、变更到被投资的企业,如果房地产转移任意一方为房地产开发企业的,应按规定征收土地增值税。

根据《国家税务总局关于房地产开发企业土地增值税清算管理有关问题的

通知》(国税发〔2006〕187 号)第三条的规定，房地产开发企业将开发产品用于职工福利、奖励、对外投资、分配给股东或投资人、抵偿债务、换取其他单位和个人的非货币性资产等，发生所有权转移时应视同销售房地产，其收入按下列方法和顺序确认：

(1) 按本企业在同一地区、同一年度销售的同类房地产的平均价格确定。

(2) 由主管税务机关参照当地当年、同类房地产的市场价格或评估价值确定。

(四) 改制重组后再转让国有土地使用权的处理

企业整体改制、合并、分立、投资等企业改制时，由于符合财税〔2015〕5 号和财税〔2018〕57 号文件的相关规定，国有土地、房屋权属转移暂不征土地增值税，企业改制重组后再转让国有土地使用权并申报缴纳土地增值税时，根据财税〔2015〕5 号第六条和财税〔2018〕57 号第六条的规定，企业改制重组后再转让国有土地使用权并申报缴纳土地增值税时，应以改制前取得该宗国有土地使用权所支付的地价款和按国家统一规定缴纳的有关费用，作为该企业“取得土地使用权所支付的金额”扣除。企业在改制重组过程中经省级以上(含省级)国土管理部门批准，国家以国有土地使用权作价出资入股的，再转让该宗国有土地使用权并申报缴纳土地增值税时，应以该宗土地作价入股时省级以上(含省级)国土管理部门批准的评估价格，作为该企业“取得土地使用权所支付的金额”扣除。办理纳税申报时，企业应提供该宗土地作价入股时省级以上(含省级)国土管理部门的批准文件和批准的评估价格，不能提供批准文件和批准的评估价格的，不得扣除。

二、接受土地、房屋投资的契税处理

自 2018 年 1 月 1 日至 2020 年 12 月 31 日，根据《财政部　国家税务总局关于继续支持企业事业单位改制重组有关契税政策的通知》(财税〔2018〕17 号，以下简称财税〔2018〕17 号文件)第六条的规定，对承受县级以上人民政府或国有资产管理部门按规定进行行政性调整、划转国有土地、房屋权属的单位，免征契税。

同一投资主体内部所属企业之间土地、房屋权属的划转，包括母公司与其全资子公司之间，同一公司所属全资子公司之间，同一自然人与其设立的个人独资企业、一人有限公司之间土地、房屋权属的划转，免征契税。

母公司以土地、房屋权属向其全资子公司增资，视同划转，免征契税。

根据财税〔2018〕17号文件第八条“划拨用地出让或作价出资”的规定，以出让方式或国家作价出资（入股）方式承受原改制重组企业、事业单位划拨用地的，不属上述规定的免税范围，对承受方应按规定征收契税。

自2015年1月1日至2017年12月31日，《财政部　国家税务总局关于进一步支持企业事业单位改制重组有关契税政策的通知》（财税〔2015〕37号）第八条“划拨用地出让或作价出资”的规定，以出让方式或国家作价出资（入股）方式承受原改制重组企业、事业单位划拨用地的，不属免税范围，对承受方应按规定征收契税。

三、非货币资产投资的增值税处理

（一）货物投资的增值税处理

根据《增值税暂行条例实施细则》第四条的规定，单位或者个体工商户将自产、委托加工或者购进的货物作为投资，提供给其他单位或者个体工商户的，视同销售货物，按规定征收增值税。

（二）技术成果投资入股增值税处理

根据《营业税改征增值税试点过渡政策的规定》第一条第（二十六）项的规定，纳税人提供技术转让、技术开发和与之相关的技术咨询、技术服务项目免征增值税。技术包括专利技术与非专利技术。

因而，纳税人以技术成果投资入股可免征增值税。

（三）不动产投资入股的增值税处理

根据财税〔2016〕36号文件的相关规定，纳税人以不动产、土地使用权投资入股，应按销售不动产、无形资产征收增值税。

四、非货币资产投资的企业所得税处理

（一）居民企业以非货币性资产投资分期纳税

根据《财政部　国家税务总局关于非货币性资产投资企业所得税政策问题的通知》（财税〔2014〕116号，以下简称为财税〔2014〕116号文件）第一条的规定，居民企业（以下简称企业）以非货币性资产对外投资确认的非货币性资产转让所得，可在不超过5年期限内，分期均匀计入相应年度的应纳税所得额，按规定计算缴纳企业所得税。

《国家税务总局关于非货币性资产投资企业所得税有关征管问题的公告》

（国家税务总局公告 2015 年第 33 号）第一条规定，实行查账征收的居民企业（以下简称企业）以非货币性资产对外投资确认的非货币性资产转让所得，可自确认非货币性资产转让收入年度起不超过连续 5 个纳税年度的期间内，分期均匀计入相应年度的应纳税所得额，按规定计算缴纳企业所得税。

所称非货币性资产，是指现金、银行存款、应收账款、应收票据以及准备持有至到期的债券投资等货币性资产以外的资产。非货币性资产投资，限于以非货币性资产出资设立新的居民企业，或将非货币性资产注入现存的居民企业。“不超过 5 年期限”，是指从确认非货币性资产转让收入年度起不超过连续 5 个纳税年度的期间。

（二）非货币资产转让收入与所得的确定

根据财税〔2014〕116 号文件第二条的规定，企业以非货币性资产对外投资，应对非货币性资产进行评估并按评估后的公允价值扣除计税基础后的余额，计算确认非货币性资产转让所得。

企业以非货币性资产对外投资，应于投资协议生效并办理股权登记手续时，确认非货币性资产转让收入的实现。

这是针对企业非货币性资产投资收入确认时点的一般规定。但是，关联企业之间发生非货币性资产投资行为，可能由于具有关联关系而不及时办理或不办理股权登记手续，以延迟确认或长期不确认非货币性资产转让收入，实际上延长了递延纳税期限，造成对此项政策的滥用。为防止此种情况发生，《国家税务总局关于非货币性资产投资企业所得税有关征管问题的公告》（国家税务总局公告 2015 年第 33 号）第二条规定，关联企业之间发生的非货币性资产投资行为，投资协议生效后 12 个月内尚未完成股权变更登记手续的，于投资协议生效时，确认非货币性资产转让收入的实现。

（三）计税基础的确定

根据财税〔2014〕116 号文件第三条的规定，企业以非货币性资产对外投资而取得被投资企业的股权，应以非货币性资产的原计税成本为计税基础，加上每年确认的非货币性资产转让所得，逐年进行调整。

被投资企业取得非货币性资产的计税基础，应按非货币性资产的公允价值确定。

（四）转让或收回投资的处理

根据财税〔2014〕116 号文件第四条的规定，企业在对外投资 5 年内转让上述股权或投资收回的，应停止执行递延纳税政策，并就递延期内尚未确认的非货币性资产转让所得，在转让股权或投资收回当年的企业所得税年度汇算清缴时，一次性计算缴纳企业所得税；企业在计算股权转让所得时，可按规定将股权的计税基础一次调整到位。

企业在对外投资 5 年内注销的，应停止执行递延纳税政策，并就递延期内尚未确认的非货币性资产转让所得，在注销当年的企业所得税年度汇算清缴时，一次性计算缴纳企业所得税。

（五）政策衔接

企业发生非货币性资产投资，符合《财政部　国家税务总局关于企业重组业务企业所得税处理若干问题的通知》（财税〔2009〕59 号）等文件规定的特殊性税务处理条件的，也可选择按特殊性税务处理规定执行。

《国家税务总局关于非货币性资产投资企业所得税有关征管问题的公告》（国家税务总局公告 2015 年第 33 号）第三条规定，符合财税〔2014〕116 号文件规定的企业非货币性资产投资行为，同时又符合《财政部　国家税务总局关于企业重组业务企业所得税处理若干问题的通知》（财税〔2009〕59 号）、《财政部　国家税务总局关于促进企业重组有关企业所得税处理问题的通知》（财税〔2014〕109 号）等文件规定的特殊性税务处理条件的，可由企业选择其中一项政策执行，且一经选择，不得改变。

五、非货币资产投资的个人所得税处理

（一）非货币性资产投资

非货币性资产投资，就是以非货币性资产出资设立新的企业，或者以非货币性资产出资参与企业增资扩股、定向增发股票、重组改制以及其他类似的投资（包括股权换股权）。根据《财政部　国家税务总局关于个人非货币性资产投资有关个人所得税政策的通知》（财税〔2015〕41 号，以下简称为财税〔2015〕41 号文件）第五条第二款的规定，非货币性资产投资包括以非货币性资产出资设立新的企业，以及以非货币性资产出资参与企业增资扩股、定向增发股票、股权置换、重组改制等投资行为。

（二）应税项目的确定

非货币性资产投资，实质为个人“转让非货币性资产”和“对外投资”两笔经济业务同时发生。个人通过转移非货币性资产权属，投资换得被投资企业的股

权(或股票,以下统称股权),实现了对非货币性资产的转让性处置。根据《中华人民共和国公司法》的规定,以非货币性资产投资应对资产评估作价,对资产评估价值高出个人初始取得该资产时实际发生的支出(即资产原值)的部分,个人虽然没有现金流入,但取得了另一家企业的股权,符合个人所得税法关于"个人所得的形式包括现金、实物、有价证券和其他形式的经济利益"的规定,应按"财产转让所得"项目缴纳个人所得税。反之,如果评估后的公允价值没有超过原值,个人则没有所得,也就不需要缴纳个人所得税。

因而,财税〔2015〕41 号文件第一条规定,个人以非货币性资产投资,属于个人转让非货币性资产和投资同时发生。对个人转让非货币性资产的所得,应按照"财产转让所得"项目,依法计算缴纳个人所得税。

(三) 应纳税所得额

根据财税〔2015〕41 号文件第一条的规定,个人以非货币性资产投资,应按评估后的公允价值确认非货币性资产转让收入。非货币性资产转让收入减除该资产原值及合理税费后的余额为应纳税所得额。《国家税务总局关于个人非货币性资产投资有关个人所得税征管问题的公告》(国家税务总局公告 2015 年第 20 号)第四条进一步明确:纳税人非货币性资产投资应纳税所得额为非货币性资产转让收入减除该资产原值及合理税费后的余额。

用公式表示为:

$$\text{应纳税所得额}=\text{非货币性资产转让收入}-\text{资产原值}-\text{转让时按规定支付的合理税费}$$

$$\text{应纳税额}=\text{应纳税所得额}\times 20\%$$

个人以非货币性资产投资,应于非货币性资产转让、取得被投资企业股权时,确认非货币性资产转让收入的实现。

非货币性资产原值为纳税人取得该项资产时实际发生的支出。即非货币性资产原值以历史成本进行确认。

纳税人无法提供完整、准确的非货币性资产原值凭证,不能正确计算非货币性资产原值的,主管税务机关可依法核定其非货币性资产原值。

合理税费是指纳税人在非货币性资产投资过程中发生的与资产转移相关的税金及合理费用。即允许扣除的税费必须与非货币性资产投资相关,且具有合理性。

【例 9-5】 中国公民王先生、李先生 2012 年初各出资 300 万元成立 A 公司。为促进企业发展壮大，2019 年 10 月 1 日，王、李两位股东与 B 公司达成重组协议，B 公司以发行股份并支付现金补价方式购买王先生、李先生持有的 A 公司股权。其中，向王先生和李先生分别发行价值 2 700 万元和 3 000 万元的股份，并分别支付 600 万元和 300 万元的现金，在此过程中两人各自发生评估费、中介费等相关税费 100 万元。

要求：计算应纳的个人所得税。

【解析】 根据财税〔2015〕41 号文件和《国家税务总局关于个人非货币性资产投资有关个人所得税征管问题的公告》的相关规定，王先生应缴纳财产转让所得个人所得税为：

$$(2700+600-300-100)\times 20\%=580(\text{万元})$$

李先生应缴纳财产转让所得个人所得税为：

$$(3\,000+300-300-100)\times 20\%=580(\text{万元})$$

（四）纳税人与纳税地点

非货币性资产投资个人所得税以发生非货币性资产投资行为并取得被投资企业股权的个人为纳税人。

纳税人以不动产投资的，以不动产所在地税务机关为主管税务机关；纳税人以其持有的企业股权对外投资的，以该企业所在地税务机关为主管税务机关；纳税人以其他非货币性资产投资的，以被投资企业所在地税务机关为主管税务机关。

（五）非货币性资产投资分期缴税

根据财税〔2015〕41 号文件第三条的规定，个人应在发生非货币性资产投资应税行为的次月 15 日内向主管税务机关申报纳税。纳税人一次性缴税有困难的，可合理确定分期缴纳计划并报主管税务机关备案后，自发生上述应税行为之日起不超过 5 个公历年度内（含）分期缴纳个人所得税。这样处理，也与企业以非货币性资产对外投资的所得税处理原则一致。

根据财税〔2015〕41 号文件第四条第一款的规定，个人以非货币性资产投资交易过程中取得现金补价的，现金部分应优先用于缴税；现金不足以缴纳的部分，可分期缴纳。也就是说，个人以非货币性资产投资取得现金补价，现金部分足以缴税的，税款应一次结清；现金不足以全部缴清税款的，不足部分可以分期缴纳。上述现金补价，是指个人在以非货币性资产投资过程中，除了取得被投资企业的股权外，还可能取得一定数量的现金，对这部分现金称为现金补价。

根据财税〔2015〕41号文件第四条第二款的规定，个人在分期缴税期间转让其持有的上述全部或部分股权，并取得现金收入的，该现金收入应优先用于缴纳尚未缴清的税款。

也就是说，个人在分期缴税期间转让其以非货币性资产投资取得的全部或部分股权并取得现金收入的，该现金收入应优先用于缴纳尚未缴清的税款。对部分转让股权且取得的现金不足以一次结清税款的，剩余部分可以继续分期缴纳。

第五节　股权转让

一、股权(股份)转让的土地增值税处理

(一) 以转让股权名义转让房地产的土地增值税处理

由于企业转让房地产需要缴纳土地增值税、增值税(营改增前为营业税)及附加，受让方需要缴纳契税，而股东转让持有的公司股权只需要缴纳所得税和印花税。因此，有些企业将转让资产行为改变交易模式，变成企业股东转让持有公司100%股权。如果企业以转让股权方式转让房地产，是否要对该股权转让行为征收土地增值税呢？国家税务总局曾在《国家税务总局关于以转让股权名义转让房地产行为征收土地增值税问题的批复》(国税函〔2000〕687号)中对深圳市能源集团有限公司和深圳能源投资股份有限公司一次性共同转让深圳能源(钦州)实业有限公司100%的股权一案给广西地税局批复："鉴于深圳市能源集团有限公司和深圳能源投资股份有限公司一次性共同转让深圳能源(钦州)实业有限公司100%的股权，且这些以股权形式表现的资产主要是土地使用权、地上建筑物及附着物，经研究，对此应按土地增值税的规定征税"。但该文件仅是针对个案且仅批复至广西地税局。基层税务局是否有反避税的权力对股权转让行为刺破公司面纱征收土地增值税？启动反避税要满足什么样的条件，反避税应遵循何种程序，企业有何救济渠道？由于缺乏明确的规定，导致实务中税企常常因这些问题发生争议。

(二) 股权转让土地增值税的具体规定

《安徽省地方税务局关于对股权转让如何征收土地增值税问题的批复》(皖地税政三字〔1996〕367号)明确规定：对投资联营一方由于经营状况等原因而中

止联营关系，正常撤资的，其股权转让行为，暂不征收土地增值税；对以转让房地产为盈利目的的股权转让，应按规定征收土地增值税。

根据《国家税务总局关于天津泰达恒生转让土地使用权土地增值税征缴问题的批复》（国税函〔2011〕415 号）的规定，经研究，同意天津市地方税务局关于“北京国泰恒生投资有限公司利用股权转让方式让渡土地使用权，实质是房地产交易行为”的认定，应依照《土地增值税暂行条例》的规定，征收土地增值税。

根据《国家税务总局关于土地增值税相关政策问题的批复》（国税函〔2009〕387 号）的规定，鉴于广西玉柴营销有限公司在 2007 年 10 月 30 日将房地产作价入股后，于 2007 年 12 月 6 日、18 日办理了房地产过户手续，同月 25 日即将股权进行了转让，且股权转让金额等同于房地产的评估值。因此，国家税务总局认为这一行为实质上是房地产交易行为，应按规定征收土地增值税。

二、公司股权（股份）转让的契税处理

根据《财政部 国家税务总局关于继续支持企业事业单位改制重组有关契税政策的通知》（财税〔2018〕17 号）和《财政部 国家税务总局关于进一步支持企业事业单位改制重组有关契税政策的通知》（财税〔2015〕37 号，自 2015 年 1 月 1 日起至 2017 年 12 月 31 日执行）第九条的规定，在股权（股份）转让中，单位、个人承受公司股权（股份），公司土地、房屋权属不发生转移，不征收契税。

三、股权收购的企业所得税处理

企业所得税中的股权收购，是指一家企业（以下称为收购企业）购买另一家企业（以下称为被收购企业）的股权，以实现对被收购企业控制的交易。收购企业支付对价的形式包括股权支付、非股权支付或两者的组合。

（一）股权收购的一般性税务处理

股权收购，除符合适用特殊性税务处理的规定，根据财税〔2009〕59 号文件第四条第（三）项的规定，企业股权收购、资产收购重组交易，相关交易应按以下规定处理：

（1）被收购方应确认股权、资产转让所得或损失。

（2）收购方取得股权或资产的计税基础应以公允价值为基础确定。

（3）被收购企业的相关所得税事项原则上保持不变。

（二）股权收购的特殊性税务处理

1. 股权收购适用特殊性税务处理应符合的条件

根据财税〔2009〕59 号文件第五条和《财政部 国家税务总局关于促进企业重组有关企业所得税处理问题的通知》（财税〔2014〕109 号）第一条“关于股权收购”的规定，股权收购重组同时符合下列条件的，适用特殊性税务处理规定：

（1）具有合理的商业目的，且不以减少、免除或者推迟缴纳税款为主要目的。

（2）收购企业购买的股权不低于被收购企业全部股权的 50%。

（3）企业重组后的连续 12 个月内不改变重组资产原来的实质性经营活动。

（4）收购企业在该股权收购发生时的股权支付金额不低于其交易支付总额的 85%。

（5）企业重组中取得股权支付的原主要股东，在重组后连续 12 个月内，不得转让所取得的股权。

2. 股权收购的特殊性税务处理

根据财税〔2009〕59 号文件第六条第（二）项的规定，企业股权收购重组符合上述特殊性税务处理规定条件的，交易各方对其交易中的股权支付部分，可以选择按以下规定进行特殊性税务处理：

（1）被收购企业的股东取得收购企业股权的计税基础，以被收购股权的原有计税基础确定。

（2）收购企业取得被收购企业股权的计税基础，以被收购股权的原有计税基础确定。

（3）收购企业、被收购企业的原有各项资产和负债的计税基础和其他相关所得税事项保持不变。

3. 非股权支付对应部分资产转让所得或损失的确认

根据财税〔2009〕59 号文件第六条第（六）项的规定，股权收购重组交易各方按规定对交易中股权支付暂不确认有关资产的转让所得或损失的，其非股权支付仍应在交易当期确认相应的资产转让所得或损失，并调整相应资产的计税基础。用公式表示为：

$$\text{非股权支付对应的资产转让所得或损失}=\left(\text{被转让股权的公允价值}-\text{被转让股权的计税基础}\right)\times\left(\text{非股权支付金额}\div\text{被转让资产的公允价值}\right)$$

第十章 征 收 管 理

好牧羊人的职责是剪羊毛，而不是扒羊皮。

——提布瑞思·恺撒

土地增值税征管是系统性工作，各环节紧密联系，预征是土地增值税征管工作的基础，清算是落实土地增值税功能的关键，对房地产开发项目的全流程监管是夯实税源的保障。

第一节 土地增值税征收管理

一、纳税地点与纳税期限

根据《土地增值税暂行条例》第十条的规定，纳税人应当自转让房地产合同签订之日起 7 日内向房地产所在地主管税务机关办理纳税申报，并在税务机关核定的期限内缴纳土地增值税。

根据《土地增值税暂行条例实施细则》第十七条的规定，房地产所在地，是指房地产的坐落(法规原文为座落，下同)地。纳税人转让房地产坐落在两个或两个以上地区的，应按房地产所在地分别申报纳税。

根据《财政部 国家税务总局关于土地增值税一些具体问题规定的通知》(财税字〔1995〕48 号)第十六条“关于纳税期限的问题”的规定，税务机关核定的纳税期限，应在纳税人签订房地产转让合同之后、办理房地产权属转让(即过户及登记)手续之前。

二、纳税义务发生时间

根据《江苏省国家税务局江苏省地方税务局转发〈国家税务总局关于印发

《土地增值税纳税申报表》的通知〉的通知》(苏地税发〔1995〕132 号)第三条"纳税义务发生时间"的规定,转让国有土地使用权、地上建筑物及附着物的,以取得收入的当天;以赊销或分期收款方式转让房地产的,以本期收到价款的当天或合同约定本期应收价款日期的当天;采用预收价款方式转让房地产的,以收到预收价款的当天。

三、结清清算税款时间与滞纳金加收

(一) 加收滞纳金的争议

根据国税发〔2009〕91 号文件的规定,纳税人应在满足清算条件或收到清算通知书之日起 90 日内,到主管税务机关办理清算申报手续。主管税务机关受理纳税人清算资料后,应在一定期限内及时组织清算审核。土地增值税清算审核结束,主管税务机关应当将审核结果书面通知纳税人,并确定办理补、退税期限。按该清算规程的规定,企业在收到主管税务机关的审核结论后,才有结清土地增值税税款的义务。或者说,企业需要缴纳的土地增值税的金额并不是以企业自行申报为主,而是要经过税务机关的审核确定。那么对清算申报后主管税务机关通过审核查补的税款,是否应该自申报期届满之次日加收滞纳金呢?该问题涉及土地增值税清算到底是以纳税人自行申报为主还是以税务机关审核为主。武汉地税局曾以《武汉市地方税务局关于进一步规范土地增值税征收管理工作的通知》(武地税发〔2013〕30 号)明确:"对清算申报后主管税务机关通过审核查补的税款,应自申报期届满之次日起加收滞纳金。"但其他很多地方并未要求审核查补的税款加收滞纳金。

(二) 加收滞纳金的具体规定

1. 海南加收滞纳金的具体规定

根据《海南省地方税务局关于土地增值税清算申报管理有关问题的公告》(海南省地方税务局公告 2018 年第 2 号)的规定,纳税人办理清算申报应补缴的税款,应当在规定的清算申报期限届满的次月 15 日内缴纳。纳税人未按规定期限缴纳清算申报应补缴税款的,以及纳税人办理清算申报后,税务机关通过清算审核或税务稽查确定应补缴税款的,根据《海南省地方税务局关于土地增值税清算申报管理有关问题的公告》第三条的规定,缴纳期限届满的次日起加收滞纳金。

2. 安徽加收滞纳金的具体规定

根据《安徽省土地增值税清算管理办法》第五十条的规定，纳税人办理清算申报后，主管税务机关通过清算审核补缴的税款，应当自规定的申报期届满之次日起加收滞纳金。税务机关延长审核时间的，延长审核期间不加收滞纳金。

四、预征与清算

根据《江苏省国家税务局江苏省地方税务局转发〈国家税务总局关于印发《土地增值税纳税申报表》的通知〉的通知》(苏地税发〔1995〕132 号)第二条“纳税申报”的规定，纳税人向房地产所在地主管税务机关报送房地产开发项目登记表后，按下列规定办理纳税申报手续：纳税人应在每次签订转让房地产合同并取得收入后 7 日内，到房地产所在地主管税务机关办理纳税申报，并同时提供与该项目有关的资料。

根据《国家税务总局关于加强土地增值税管理工作的通知》(国税函〔2004〕938 号)第二条的规定，纳税人因经常发生房地产转让而难以在每次转让后申报，是指房地产开发企业开发建造的房地产，因分次转让而频繁发生纳税义务，难以在每次转让后申报纳税的情况，土地增值税可按月或按各省、自治区、直辖市和计划单列市税务局规定的期限申报缴纳。

《江苏省国家税务局江苏省地方税务局转发〈国家税务总局关于印发《土地增值税纳税申报表》的通知〉的通知》(苏地税发〔1995〕132 号)第四条“征收方法”规定，纳税人于项目转让后一次性取得价款的，应按规定计算缴纳土地增值税；如采取分期收款方式转让房地产的，可预征土地增值税，待结清价款后进行清算，多退少补。

纳税人采取预售方式转让房地产的，现行通常可按每笔预收价款的一定比例计算每次需缴纳的税额，于每次预收价款时预征土地增值税，待项目竣工后进行清算。

纳税人成片受让土地使用权后，分期分批开发分块转让，对允许扣除项目的金额，原则上按转让土地使用权的面积占总面积的比例计算分摊，若按此办法难以计算或明显不合理的，也可按建筑面积计算分摊允许扣除项目的金额。

除上述方法外，各地可根据当地实际，采取其他征收方法。

第二节　土地增值税征管措施

一、部门协作共治

根据《土地增值税暂行条例》第十一条的规定，土地增值税由税务机关征收。土地管理部门、房产管理部门应当向税务机关提供有关资料，并协助税务机关依法征收土地增值税。

根据《土地增值税暂行条例实施细则》第十八条的规定，土地管理部门、房产管理部门应当向税务机关提供有关资料，是指向房地产所在地主管税务机关提供有关房屋及建筑物产权、土地使用权、土地出让金数额、土地基准地价、房地产市场交易价格及权属变更等方面的资料。

二、先税后证征管措施

根据《土地增值税暂行条例》第十二条的规定，纳税人未按照该条例缴纳土地增值税的，土地管理部门、房产管理部门不得办理有关的权属变更手续。

根据《国家税务总局　国家土地管理局关于土地增值税若干征管问题的通知》(国税发〔1996〕4 号)第三条的规定，土地管理部门凭税务部门出具的土地增值税完税(或免税)证明，办理土地使用权的权属变更登记，更换《国有土地使用证》。凡未取得主管税务部门发放的完税(或免税)证明的，土地管理机关不予办理土地使用权的登记及过户手续，也不发放《国有土地使用证》。

根据《国家税务总局　建设部关于土地增值税征收管理有关问题的通知》(国税发〔1996〕48 号)第三条的规定，凡是转让房地产的纳税人，应当根据土地增值税的有关规定，在规定的期限内到主管税务机关办理土地增值税的纳税登记和申报手续，经主管税务机关审核后，按照规定的期限缴纳土地增值税。对于已经完税的纳税人，由主管税务机关发给完税证明；对于不属于征税范围或应予免税的，由主管税务机关发给免税证明。凡没有取得主管税务部门发放的完税(或免税)证明的，房地产管理机关不予办理有关的权属变更手续，不予发放房地产权属证书。

三、项目管理与信息比对

（一）实行项目管理

税务机关依托“金税三期”系统，以增值税管理和土地增值税管理相关联的房地产项目为基础，按项目归集增值税发票等信息，实现房地产项目涉税信息共享。

税务机关应按项目归集房地产相关基础信息、销售房地产发票开具信息、建筑安装发票开具信息以及已认证增值税扣税凭证清单等信息。继续实施和不断完善房地产项目登记台账管理。依托与国土、规划等部门的协作机制，及时取得房地产项目规划、开发用地价格等信息，建立土地增值税管理与增值税管理的关联关系，按土地增值税管理项目归集、整理销售收入、建安成本等信息。

（二）开展信息比对

税务机关应充分利用房地产项目登记台账信息加强土地增值税管理。根据增值税发票信息掌握项目销售进度，加强土地增值税预征管理；利用建筑安装信息和销售信息，加强土地增值税清算管理。对未按照规定进行土地增值税申报的纳税人，税务机关应依法处理，并采取相应措施，对其实施重点管理，在纳税信用评价时从严掌握。

主管税务机关应加强纳税辅导，规范房地产项目增值税发票开具，应要求销售自行开发房地产项目的纳税人在开具增值税发票时，在“商品和服务名称”栏规范填写房地产项目名称，在“单位”栏准确填写面积单位，在备注栏注明项目详细地址和销售房号等信息；要求提供建筑服务的纳税人在向房地产开发企业开具增值税发票时，在“商品和服务名称”栏规范填写建筑服务名称，在备注栏注明建筑服务发生地所在县（市、区）名称及房地产项目名称。

四、土地增值税清算案例

（一）公司设立

（1）雄安 M 房地产开发有限责任公司（以下简称 M 公司）成立于 2015 年 12 月 15 日，注册地址：坞城路××号。由 A 科技有限公司、B 建筑有限公司、C 投资有限公司三家公司共同出资设立，公司注册资本为 20 000 000 元，于 2015 年 12 月 15 日取得营业执照，按公司章程约定：A、B、C 三家公司持股比例分别为 55％ 、25％和 20％，各投资者于 2015 年 12 月 25 日前一次性缴足投资款项，2015 年 12 月 25 日依据银行进账单回单和公司章程，进行账务处理。

借：银行存款——基本账户　20 000 000

　贷：实收资本——A 公司　11 000 000

　　　　　　——B 公司　5 000 000

　　　　　　——C 公司　4 000 000

(2) 2015 年 12 月发生办公费用和人员工资等 30 000 元。依据取得的普通发票、工资单和付款凭证等资料，进行会计处理。

借：管理费用——开办费　30 000

　贷：银行存款　30 000

(3) 2016 年 1 月 15 日申报缴纳记载资金的账簿印花税 10 000 元。

借：管理费用——印花税　10 000

　贷：银行存款　10 000

(4) M 公司为增值税一般纳税人，企业所得税和印花税查账征收，机构所在地与项目所在地的城市维护建设税税率均为 7%，教育费附加征收率为 3%，不考虑地方教育费附加。土地增值税预征率为 2%，财务费用中的利息支出，凡能够按转让房地产项目计算分摊并提供金融机构证明的，允许据实扣除，但最高不能超过按商业银行同类同期贷款利率计算的金额。其他房地产开发费用，在按照“取得土地使用权所支付的金额”与“房地产开发成本”金额之和的 5%计算扣除。凡不能按转让房地产项目计算分摊利息支出或不能提供金融机构证明的，房地产开发费用在按“取得土地使用权所支付的金额”与“房地产开发成本”金额之和的 10%计算扣除。

(二) 土地征用及拆迁补偿

(1) 2016 年 1 月 10 日，M 公司与甲市土地管理部门签订了《×××棚户区土地开发合同》，合同约定：M 公司负责×××棚户区的拆迁补偿及土地“三通一平”工程，甲市土地管理部门对该地块收储出让后，以该地块土地出让金的 30%返还 M 公司，自负盈亏。M 公司以银行存款支付中标服务费 50 000 元。

借：管理费用——其他　50 000

　贷：银行存款　50 000

(2) 2016年 1 月 12 日，以银行存款预付 R 建筑安装公司工程费2 700 000 元。

借：预付账款——R 公司　2 700 000

　贷：银行存款　2 700 000

(3) 2016 年 5 月 12 日，经股东会研究同意，三家法人股东以货币资金向 M 公司再次注资 5 000 万元，按出资比例注资，计入资本公积。2016 年 13 日 50 000 000 元资金到账。

借：银行存款　　50 000 000

　　贷：资本公积　　50 000 000

(4) 2016 年 6 月 18 日，经统计，需拆迁补偿建筑面积 6 000 平方米，被拆迁户可以选择按每平方米 5 000 元进行现金补偿，也可选择按 1∶1 标准置换该地块开发的住宅。

2016 年 6 月 23 日 M 公司与住户全部达成拆迁补偿协议，当月支付补偿金 1 875 万元，拆迁补偿款由当地政府×××棚户区改造办公室代为收取和发放。剩余 2 250 平方米土地置换住宅，需置换住宅面积 2 250 平方米，拆迁补偿合同约定被拆迁户购买超补偿面积部分，按每平方米 5 000 元购买，于该公司办理拆迁补偿房移交时一次性缴付。

借：开发成本——土地征用与拆迁补偿费——拆迁补偿费　　18 750 000

　　贷：银行存款　　18 750 000

(5) 2016 年 7 月 25 日，完成拆迁工程，经结算，应支付建筑物拆除费 390 万元，取得增值税普通发票 390 万元。

借：开发成本——土地征用及拆迁补偿费——拆迁补偿费　　3 900 000

　　贷：预付账款——R 公司　　2 700 000

　　　　应付账款——R 公司　　1 200 000

(6) 2016 年 7 月 28 日，计提项目部人员 7 月工资，项目部工资 210 000 元。

借：开发间接费用——工资　　210 000

　　贷：应付职工薪酬——工资　　210 000

(7) 2016 年 7 月 28 日，项目开发部报业务招待费 89 000 元。

借：管理费用——业务招待费　　89 000

　　贷：银行存款　　89 000

(8) 2016 年 7 月 28 日，M 公司与 E 建筑公司签署协议，E 公司承包拆迁地块进行“三通一平”工程，工程造价 468 万元。同日，预付工程款 200 万元。

借：预付账款——E 公司　　2 000 000

　　贷：银行存款　　2 000 000

(9) 2016年8月26日,E建筑公司完成了拆迁地块的“三通一平”工程,按合同约定E建筑公司向M公司开具了增值税专用发票400万元,注明税额68万元。M公司以银行存款支付2 000 000元,余款暂欠。

借:开发成本——前期工程费——三通一平费　　4 000 000
　　应交税费——应交增值税(进项税额)　　680 000
　　贷:银行存款　　2 000 000
　　　　预付账款——E公司　　2 000 000
　　　　应付账款——E公司　　680 000

(三) 土地竞拍

2016年9月2日,甲市土地管理部门对M公司负责的×××棚户区的拆迁补偿工作及土地“三通一平”工程进行了验收,达到出让条件。

2016年9月3日,甲市土地管理部门对×××棚户区的土地进行拍卖公示,拍卖公告显示:拍卖地块位于中山路××号,面积30 000平方米,净地出让。参与竞拍的单位和个人应于2016年3月8日前向土地储备中心缴纳保证金500万元。竞拍获取该块土地的单位和个人需履行与被拆迁户签订的拆迁补偿协议。

(1) 2016年9月8日,M公司按该拍卖公告要求支付竞拍保证金500万元。依据土地储备部门开具的资金往来结算票据和银行付款凭证,进行会计处理。

借:其他应收款——竞拍保证金　　5 000 000
　　贷:银行存款　　5 000 000

(2) 2016年9月10日竞拍成功,支付拍卖佣金300 333.33元。依据拍卖公司开具的增值税专用发票和付款凭证进行会计处理。

借:管理费用　　283 333.33
　　应交税费——应交增值税(进项税额)　　17 000.00
　　贷:银行存款　　300 333.33

(3) 2016年9月11日,M公司与甲市国土部门签订《国有建设用地使用权出让合同》,合同约定,本合同项下出让宗地编号为2016WT026,宗地总面积3万平方米。出让人同意在2016年9月20日前将出让宗地交付给受让人,出让方承诺在交付土地时该宗地应达到场地平整和周围基础设施“三通”的交付条件。该宗地的土地使用权出让金总额为12 000万元;分两期支付,每次支付6 000万元,第一期于2016年9月15前支付,第二期于2017年9月15前支付。

分期支付土地出让金的，受让人在支付第二期及以后各期土地出让金时，应按照第一次支付土地出让金时银行同期贷款利率向出让人支付相应的利息。受让人同意在本合同项下宗地范围内一并修建幼儿园，面积 2 000 平方米，并在建成后无偿移交给政府。

2016 年 9 月 13 日，向股东借款 7 000 万元，其中借 A 科技公司 3 850 万元，B 建筑公司 1 750 万元，C 建筑公司 1 400 万元，约定无利息。依据借款收据记账联和与股东签署无息借款协议等进行会计处理。

借：银行存款	70 000 000	
贷：其他应付款——A 公司		38 500 000
——B 公司		17 500 000
——C 公司		14 000 000

(4) 2016 年 9 月 14 日，支付土地出让金 6 000 万元。依据财政部门开具的省财政厅监制的非税收入一般缴款书(收据联)和付款凭证进行会计处理。

借：开发成本——土地征用及拆迁补偿费——土地出让金	60 000 000	
贷：银行存款		55 000 000
其他应收款——竞拍保证金		5 000 000

(5) 2016 年 9 月 17 号，申报缴纳契税和印花税，依据完税凭证和付款凭证进行会计处理。

借：开发成本——土地征用及拆迁补偿费——契税	3 600 000	
营业税金及附加——印花税	60 000	
贷：银行存款		3 660 000

(6) 2016 年 9 月 18 日，该宗地交付。

2016 年 9 月 20 日，交纳该笔交易的契税和印花税，契税税率 3%，并办理了土地使用证。

2016 年 9 月 27 日，收到土地储备中心出让金返还款 3 600 万元，拨付文件指明用于被拆迁户的货币补偿和建筑拆除等；另收到土地储备中心支付的 2 220 万元，拨付文件规定用于被拆迁户的实物补偿。

借：银行存款	58 200 000	
贷：其他业务收入		36 000 000
其他应付款——拆迁补偿专项资金		22 200 000

借：其他业务成本　26 860 000

　贷：开发成本——土地征用及拆迁补偿费——拆迁补偿费　22 650 000

　　开发成本——前期工程费——三通一平费　4 000 000

　　开发间接费用——工资　210 000

涉税分析：依据《×××棚户区土地开发合同》，M公司与地方政府合作，投资政府土地改造项目。当该地块符合国家土地出让条件时，地方政府将该地块进行挂牌出让，M公司收到土地储备中心土地出让金的30％返还款3 600万元。若低于M公司投资总额，亏损由M公司自行承担；若超过M公司投资总额，所获收益归M公司。符合《国家税务总局关于纳税人投资政府土地改造项目有关营业税问题的公告》(国家税务总局公告2013年第15号)所规定的"投资行为"，其取得的投资收益不征收营业税。《河北省国家税务局关于发布〈河北省国家税务局关于全面推开营改增有关政策问题的解答之七〉》明确，纳税人(以下称投资方)与地方政府合作，投资政府土地改造项目(包括企业搬迁、危房拆除、土地平整等土地整理工作)，符合《关于纳税人投资政府土地改造项目有关营业税问题的公告》(国家税务总局2013年第15号公告)所规定的"投资行为"的，取得的投资收益不属于增值税征税范围，不征收增值税。投资方收取固定或保底收益的，按照贷款服务税目征收增值税。

借：应交税费——预交增值税[22 200 000÷(1＋11％)×3％]　600 000

　　——应交土地增值税[(22 200 000－600 000)×2％]　432 000

　　——应交城市维护建设税(600 000×7％)　42 000

　　——应交教育费附加(600 000×3％)　18 000

　贷：银行存款　1 092 000

涉税分析：M公司收到土地储备中心支付的2 220万元，用于被拆迁户的实物补偿。《国有土地上房屋征收与补偿条例》规定，市、县级人民政府负责本行政区域的房屋征收与补偿工作。市、县级人民政府确定的房屋征收部门(以下称房屋征收部门)组织实施本行政区域的房屋征收与补偿工作。土地储备中心向M公司支付的2 220万元，实质是政府向M公司购买开发产品用于向被拆迁户补偿。因此，2 220万元为预收账款，应申报缴纳增值税和土地增值税。

根据《房地产开发企业销售自行开发的房地产项目增值税征收管理暂行办法》(国家税务总局公告2016年第18号)的规定，一般纳税人采取预收款方式销售自行开发的房地产项目，应在收到预收款时按照3％的预征率预缴增值税。

应预缴税款按照以下公式计算：

应预缴税款＝预收款÷(1＋适用税率或征收率)×3%

适用一般计税方法计税的，按照适用税率计算；适用简易计税方法计税的，按照5%的征收率计算。一般纳税人应在取得预收款的次月纳税申报期向主管税务机关预缴税款。

《国家税务总局关于营改增后土地增值税若干征管规定的公告》(国家税务总局公告2016年第70号)规定，营改增后，纳税人转让房地产的土地增值税应税收入不含增值税。适用增值税一般计税方法的纳税人，其转让房地产的土地增值税应税收入不含增值税销项税额。房地产开发企业采取预收款方式销售自行开发的房地产项目的，可按照以下方法计算土地增值税预征计征依据：

土地增值税预征的计征依据＝预收款－应预缴增值税税款

(四) 项目立项和规划

M公司拟用拍得的地块用于开发墅院商住项目。已按规定取得固定资产投资许可证、土地规划许可证和建筑工程规划许可证。该项目的基本情况如下：

(1) 土地规划许可证显示：开发墅院商住项目一期规划占地10 000平方米。

(2) 建筑工程规划许可证显示：商住楼两座，分为A座和B座，均为10层，各10 000平方米。两楼结构相同，1～2层为商铺，建筑面积均为2 000平方米，建商铺20套；3～10层为住宅，建筑面积均为8 000平方米。其中，A座64套，每套建筑面积125平方米；B座50套，每套建筑面积160平方米。

(3) 配套设施的面积为3 000平方米，分别为变电站和热力站面积1 000平方米；幼儿园面积2 000平方米，均为不可转让公共设施。

(4) M公司只有墅院商住项目。

(5) M公司为一般纳税人，墅院商住项目采用一般计税方法计算缴纳增值税。

(6) 项目立项阶段的相关交易事项及会计处理

① 2015年9月26日，M公司与某建筑设计院签订设计合同，10月15日，收到设计的墅院项目建筑图纸，支付设计费价税合计583 000元，以银行存款支付，取得增值税专用发票注明的税额为33 000元。

借：开发成本——前期工程费——规划设计费	550 000	
应交税费——应交增值税(进项税额)	33 000	
贷：银行存款		583 000

② 2015年10月20日，M公司与勘察院签订勘察设计合同，对墅院项目进行地质勘察设计，12月11日，支付勘察院勘测费1 060 000元，取得增值税专用发票注明的税额为60 000元。

借：开发成本——前期工程费——勘察费　　1 000 000
　　应交税费——应交增值税（进项税额）　　60 000
　　贷：银行存款　　1 060 000

③ 2016年5月13日，支付城市公共配套费等行政收费6 450 000元。根据付款凭证和财政票据进行会计处理。

借：开发成本——前期工程费——报批报建费　　6 450 000
　　贷：银行存款　　6 450 000

④ 2016年12月30日，M公司以墅院项目的土地使用权为抵押，向中国建设银行裕华路分理处借款4 000万元，借款期为2年，年利率为6%，银行预扣一季度利息，余款存到公司账户。缴纳印花税2 000元。根据增值税普通发票、借据、借款合同和完税凭证进行会计处理。

借：银行存款——建行户　　39 400 000
　　开发间接费用　　600 000
　　贷：长期借款　　40 000 000

借：税金及附加　　2 000
　　贷：银行存款　　2 000

（五）建筑安装业务

2017年1月15号，墅院商住项目取得建筑工程开工许可证。

墅院商住项目的采用包工包料方式承包给E公司进行施工，合同价款5 550万元；附属公共设施土建工程由G公司以666万元中标。其中，变电站和热力站222万元，幼儿园444万元。

与E公司签订的施工合同约定，除开工预付款100万元外，工程价款按工程进度支付，由工程部按工程进度计算完工量，监理公司签署质量意见后，由财务部根据合同、付款审批单和增值税专用发票付款。

墅院商住项目部委托中正监理公司为本项目的监理方，并签署了监理合同，合同金额42.4万元。

建设期共发生下列业务：

(1) 2017 年 3 月 5 日，预付 E 公司工程款 100 万元，根据收款收据、付款审批单和付款凭证进行会计处理。

借：预付账款——E 公司　　1 000 000
　贷：银行存款　　1 000 000

(2) 2017 年 4 月 30 日，以银行存款支付监理费 63 600 元取得增值税专用发票注明的税额为 3 600 元，根据增值税专用发票、付款审批单和付款凭证进行会计处理。

借：开发间接费用——监理费　　60 000
　应交税费——应交增值税(进项税额)　　3 600
　贷：银行存款　　63 600

(3) 2017 年 10 月 13 日，财务部收到工程部当月的工程结算和增值税专用发票，应结付 E 公司工程款 1 776 万元，取得增值税专用发票注明的税额为 176 万元；根据增值税专用发票、付款审批单和付款凭证进行会计处理。

借：开发成本——建筑安装工程费——A、B 商住楼　　16 000 000
　应交税费——应交增值税(进项税额)　　1 760 000
　贷：预付账款——E 公司　　1 000 000
　　银行存款　　16 760 000

(4) 2017 年 10 月 16 日，收到工程部当月的工程价款结算单和发票，应付 G 公司幼儿园工程款 111 万元，取得增值税专用发票注明的税额为 11 万元。根据增值税专用发票、付款审批单和付款凭证进行会计处理。

借：开发成本——公共配套　　1 000 000
　应交税费——应交增值税(进项税额)　　110 000
　贷：银行存款　　1 110 000

(5) 2017 年 10 月 18 日，墅院供应部招标采购变压器和自来水二次加压设备，甲、乙、丙三公司参与投标，各交纳保证金 5 000 元。乙公司中标后反悔，按规定没收乙公司保证金；二次投标后，甲公司以 81.9 万元中标，丙公司未中标，退还甲公司、丙公司保证金。根据收款凭证、招标说明和退标证明进行会计处理。

借：银行存款　　15 000
　贷：其他应付款——甲公司(投标金)　　5 000
　　　　——乙公司(投标金)　　5 000
　　　　——丙公司(投标金)　　5 000

借：其他应付款——乙公司(投标金)　　5 000
　贷：营业外收入　　5 000

借：其他应付款——甲公司(投标金)　　5 000
　　　　　　——乙公司(投标金)　　5 000
　贷：银行存款　　10 000

(6) 2017年10月29日，变压器和供水设备到货，验收入库，票未到，按合同不含税价70万元。根据验收单和合同进行会计处理。

借：工程物资——变压器及供水设备(暂估入账)　　700 000
　贷：应付账款——甲公司(暂估入账)　　700 000

(7) 2017年11月9日，收到变压器和供水设备的发票，支付81.9万元，取得增值税专用发票上注明的税额是11.9万元；另付运费5 300元，取得增值税专用发票上注明的税额是525.23元，运费由M公司承担。上述费用以银行存款支付。根据增值税专用发票、付款审批单和付款凭证进行会计处理。

借：应付账款——甲公司(暂估入账)　　700 000.00
　贷：工程物资——变压器及供水设备(暂估入账)　　700 000.00

借：工程物资——变压器及供水设备　　704 774.77
　应交税费——应交增值税(进项税额)　　119 525.23
　贷：银行存款　　824 300.00

(8) 2017年11月12日，G公司领用变压器和供水设备并安装。根据领料单，工程验收单进行会计处理。

借：开发成本——公共配套费　　704 774.77
　贷：工程物资——变压器及供水设备　　704 774.77

(9) 2017年12月20日，财务部收到工程部工程结算单和发票，应付E公司应结算工程款2 220万元；G公司333万元。上述款项未付.根据增值税专用发票、付款审批单进行会计处理。

借：开发成本——建筑安装工程费——A、B商住楼　　20 000 000.00
　开发成本——公共设施费　　3 000 000.00
　应交税费——应交增值税(进项税额)　　2 530 000.00
　贷：预付账款——E公司　　22 200 000.00
　　预付账款——G公司　　3 330 000.00

(10) 2017年12月21日，本年度墅院项目发生电费27万元，取得增值税专用发票注明的税额为 45 900 元。以银行存款支付。根据电表分配本年度电费，其 E 公司负担 17 万元，G 公司负担 3 万元，上述金额三建筑公司经核对并确认。其余由项目部负担。根据增值税专用发票、建筑公司确认单和付款申请审批进行会计处理。

借：开发间接费用——办公费——水电费　　224 100.00
　　应交税费——应交增值税（进项税额）　　45 900.00
　　贷：银行存款　　270 000.00

借：其他应收款——E 公司　　170 000.00
　　其他应收款——G 公司　　30 000.00
　　贷：应交税费——应交增值税（销项税额）　　29 059.83
　　　　开发间接费用——办公费——水电费　　170 940.17

(11) 2017 年 12 月 25 日，项目全部竣工，项目部与施工单位进行决算，A、B 商住楼决算价为 5 550 万元中标，热力站和变电站为 180 万元，幼儿园为 441.6 万元。根据增值税专用发票、付款申请审批表和结算书进行会计处理。

借：开发成本——建筑工程费——A、B 商住楼　　14 000 000.00
　　开发成本——基础、公共配套设施费　　1 600 000.00
　　应交税费——应交增值税（进项税额）　　1 716 000.00
　　贷：预付账款——E 公司　　15 540 000.00
　　　　预付账款——G 公司　　1 776 000.00

(12) 2017 年 12 月 25 日，以银行存款支付监理费 36.04 万元，取得增值税专用发票注明的税额为 2.04 万元。根据增值税专用发票、付款审批单和付款凭证进行会计处理。

借：开发间接费——监理费　　340 000.00
　　应交税费——应交增值税（进项税额）　　20 400.00
　　贷：银行存款　　360 400.00

(六) 其他业务

(1) 2017 年 9 月 15 日，支付土地出让金，取得的非税收入一般缴款书（收据联）注明土地出让金 6 000 万元、资金占用费 36 万元。

借：开发成本——土地征用及拆迁补偿费——土地出让金　　60 000 000
　　开发成本——开发间接费用　　360 000
　　贷：银行存款　　60 360 000

(2) 2017 年 1—12 月，缴纳城镇土地使用税，单位税额为每平方米 15 元。

该省规定土地使用税按年计算，分季缴纳。每季度根据完税凭证进行会计处理。

借：税金及附加　　　　30 000
　　贷：银行存款　　　　30 000

(3) 2017 年 2～4 季度每季度末支付银行贷款利息 60 万元。根据每季度增值税普通发票和利息单据进行会计处理。

借：开发成本——开发间接费用——利息支出　　　　600 000
　　贷：银行存款　　　　600 000

(4) 2017 年 12 月 29 日，支付广告牌制作费 40.95 万元，取得增值税专用发票注明的税额为 5.95 万元，根据增值税专用发票、付款申请审批表和付款凭证进行会计处理。

借：销售费用——广告费　　　　350 000
　　应交税费——应交增值税(进项税额)　　　　59 500
　　贷：银行存款　　　　409 500

(5) 2017 年 1～12 月，每月计提和发放项目部人员工资 210 000 元。

借：开发成本——开发间接费用——工资　　　　210 000
　　贷：应付职工薪酬——工资　　　　210 000

借：应付职工薪酬——工资　　　　210 000
　　贷：银行存款　　　　210 000

(6) 2017 年 12 月 30 日，将开发成本及附属设施成本转开发产品。

A、B 商住楼分摊土地成本＝(12 000＋360)×10 000÷30 000＝4 120(万元)

A、B 商住楼成本分配明细如表 10-1 所示。

表 10-1　　A、B 商住楼成本分配明细表

开发类型	建筑面积合计	A、B 住宅楼	商铺
建筑面积(平方米)	20 000	16 000	4 000
成本分配比例		0.8	0.2
成本项目	成本金额	分配金额	分配金额
土地成本(万元)	4 120	3 296	824
前期工程费(万元)	800	640	160
建安成本(万元)	5 000	4 000	1 000
公共配套成本分配(万元)	630.48	504.384	126.096

（续表）

成本项目	成本金额	分配金额	分配金额
开发间接费配套(万元)	573.32	458.66	114.66
成本合计(万元)	11 123.8	8 899.044	2 224.756
单位成本(元/平方米)		0.556 2	0.556 2

(7) 完工结转进行账务处理。

借：开发产品——A、B住宅　88 990 440
　　开发产品——商铺　22 247 560
　贷：开发成本——建筑安装工程费——A、B商住楼　50 000 000
　　　开发成本——土地拆迁及补偿费　41 200 000
　　　开发间接费　5 733 200
　　　开发成本——基础、公共配套设施费　6 304 800
　　　开发成本——前期工程费　8 000 000

(七) 预(销)售业务

(1) 2017年6月10日，墅院项目取得预售许可证。当月预售房款700万元，收定金50万元，均为住宅预售。

借：银行存款　7 500 000
　贷：预收账款　7 500 000

(2) 2017年11月13日，申报缴纳10月增值税和土地增值税税金。根据完税凭证进行会计处理。

借：应交税费——预交增值税　202 702.70
　　　　——应交城市维护建设税　14 189.19
　　　　——应交教育费附加　6 081.08
　　　　——应交土地增值税[(7 500 000－202 702.70)×2%]
　　　　　　　　　　　　145 945.95
　贷：银行存款　368 918.92

(3) 2017年8月，在中国建设银行裕华路分理处开办购房按揭业务。按协议约定该行从贷款中收取10%的保证金。11月收承购人首付款4 100万元，银行贷款7 000万元，扣除保证金700万元，余款转入项目部在该行的账户；放款次月起，承购人开始还贷。

借：银行存款　104 000 000
　　其他货币资金——按揭贷款保证金　7 000 000
　贷：预收账款　111 000 000

(4) 2017 年 9 月，申报缴纳 8 月增值税和土地增值税等税金。根据完税凭证进行会计处理。

借：应交税费——预交增值税　　3 000 000
　　　　　——应交城市维护建设税　　210 000
　　　　　——应交教育费附加　　90 000
　　　　　——应交土地增值税　　2 160 000
　贷：银行存款　　54 600 000

(5) 2017 年 11 月，因承购人甲未及时还款，月末银行从保证金中扣款 7 000 元。根据按揭银行通知进行会计处理。

借：其他应收款——甲　　7 000
　贷：其他货币资金——按揭贷款保证金　　7 000

(6) 2017 年 12 月，收预售房款 650 万元。根据普通发票记账联和银行转款回执进行会计处理。

借：银行存款　　6 500 000
　贷：预收账款　　6 500 000

(7) 2017 年 12 月，支付房屋销售代理公司服务费 53 万元，取得增值税专用发票注明的税额为 3 万元。根据增值税专用发票、付款申请审批表和结算书进行会计处理。

借：销售费用——销售中介费——策划与咨询费　　500 000
　　应交税费——应交增值税(进项税额)　　30 000
　贷：银行存款　　530 000

(8) 2018 年 1 月，申报缴纳 12 月增值税和土地增值税等税费。根据完税凭证进行会计处理。

借：应交税费——预交增值税　　175 675.68
　　　　　——应交城市维护建设税　　12 297.30
　　　　　——应交教育费附加　　5 270.27
　　　　　——应交土地增值税　　126 486.49
　贷：银行存款　　319 729.73

(9) 2018 年 1 月，预售房款为 2 331 万元。根据收款收据记账联和银行转款回执进行会计处理。

借：银行存款　　23 310 000

　贷：预收账款　　23 310 000

(10) 2018年2月，申报缴纳1月增值税和土地增值税等税费。根据完税凭证进行会计处理。

借：应交税费——预交增值税　　630 000

　　　　——应交城市维护建设税　　44 100

　　　　——应交教育费附加　　18 900

　　　　——应交土地增值税　　453 600

　贷：银行存款　　1 146 600

(11) 2018年4月25日，对已出售住宅12 250平方米，门市3 000平方米，向业主交付房产。其中，普通标准住宅4 250平方米，非普通标准住宅8 000平方米；结转收入总额133 612 612.61元，其中，普通标准住宅27 937 837.84元；非普通标准住宅51 891 891.89元；商铺53 782 882.88元。结转成本84 820 500元，其中，住宅68 134 500元；商铺16 686 000元。

借：预收账款　　148 310 000.00

　贷：主营业务收入　　133 612 612.61

　　应交税费——应交增值税(销项税额)　　14 697 387.39

借：主营业务成本　　84 820 500.00

　贷：开发产品——住宅　　68 134 500.00

　　　　　——商业　　16 686 000.00

该开发项目，支付政府部门土地出让金12 000万元，取得合规票据。

销项税额抵减金额＝4 000÷(1＋11%)×11%×(12 250＋3 000)÷20 000×10 000＝3 022 522.52(元)。

借：应交税费——应交增值税——销项税额抵减　　3 022 522.52

　贷：主营业务成本　　3 022 522.52

(12) 2018年4月28日，向被拆迁户交付普通标准住宅2 750平方米，按原拆迁补偿合同收差价款99.9万元。

借：银行存款　　999 000

　其他应付款——拆迁补偿专户　　22 200 000

　贷：主营业务收入　　20 900 000

　　应交税费——应交增值税(销项税额)　　2 299 000

借：主营业务成本　　15 295 500

　贷：开发产品——住宅　　15 295 500

销项税额抵减金额＝4 000÷(1＋11％)×11％×2 750÷20 000＝545 045.05(万元)。

借：应交税费——应交增值税——销项税额抵减　　545 045.05
　贷：主营业务成本　　545 045.05

(13) 2018 年 4 月 28 日，M 公司决定将剩余的 2 000 平方米开发产品，包括 1 000 平方米住宅(均为普通标准住宅)，1 000 平方米门市自用。

借：固定资产——房屋　　11 124 000
　贷：开发产品　　11 124 000

(14) 2018 年 4 月 28 日，进行税金的计算和结转。

进项税额合计＝680 000＋17 000＋33 000＋60 000＋3 600＋1 760 000＋110 000＋119 525.23＋2 530 000＋45 900＋1 716 000＋20 400＋59 500＋30 000＝7 184 925.23(元)；

销项税额合计＝29 059.83＋14 697 387.39＋229 900＝14 956 347.22(元)；

销项税额抵减合计＝3 022 522.52＋545 045.05＝3 567 567.57(元)；

预交增值税合计＝600 000＋202 702.7＋3 000 000＋630 000＋175 675.68＝4 608 378.38 (元)；

本期应申报缴纳的增值税＝14 956 347.22－7 184 925.23－3 567 567.57－4 608 378.38＝－404 523.96(元)；

借：应交税费——未交增值税　　404 523.96
　贷：应交税费——应交增值税(转出多交增值税)　　404 523.96

已缴纳的城市维护建设税合计＝42 000＋14 189.19＋210 000＋12 297.3＋44 100＝322 586.49(元)；

已缴纳的教育费附加合计＝18 000＋6 081.08＋90 000＋5 270.27＋18 900＝138 251.35(元)；

借：税金及附加　　460 837.84
　贷：应交税费——应交城市维护建设税　　322 586.48
　　　　　　——应交教育费附加　　138 251.35

(八) 土地增值税清算

2018 年 5 月 M 公司决定对墅院一期进行土地增值税清算。土地成本和开发成本按建筑面积计算分摊。如表 10-2 所示。

表 10-2

土地增值税纳税申报表(二)

(从事房地产开发的纳税人清算适用)

税款所属时间：2016 年 9 月 27 日至 2018 年 5 月 20 日　　填表日期：2018 年 5 月 30 日　　金额单位：元至角分　　面积单位：平方米

纳税人识别号 6571000000000000000000

纳税人名称	雄安 M 房地产开发有限责任公司	项目名称	墅院商住项目	项目编号	0501	项目地址	武城北路 123 号
所属行业	房地产行业	登记注册类型	有限责任公司	纳税人地址	坞城路××号	邮政编码	056001
开户银行	中国建设银行裕华路分理	银行账号	620700000000	主管部门		电　话	
总可售面积		20 000		自用和出租面积		2 000	
已售面积	18 000	其中：普通住宅已售面积	7 000	其中：非普通住宅已售面积	8 000	其中：其他类型房地产已售面积	3 000

项　目		行次	金　额			
			普通住宅	非普通住宅	其他类型房地产	合计
一、转让房地产收入总额　1=2+3+4		1	50 225 225.23	53 477 477.48	54 377 477.48	158 080 180.18
其中	货币收入	2	50 225 225.23	53 477 477.48	54 377 477.48	158 080 180.18
	实物收入及其他收入	3				
	视同销售收入	4				
二、扣除项目金额合计　5=6+7+14+17+21+22		5	49 536 704.71	56 613 376.82	21 230 016.30	127 380 097.83
1. 取得土地使用权所支付的金额		6	14 420 000.00	16 480 000.00	6 180 000.00	37 080 000.00
2. 房地产开发成本　7=8+9+10+11+12+13		7	23 547 300.00	26 911 200.00	10 091 700.00	60 550 200.00
其中	土地征用及拆迁补偿费	8				
	前期工程费	9	2 800 000.00	3 200 000.00	1 200 000.00	7 200 000.00

（续表）

项目		行次	金额			
			普通住宅	非普通住宅	其他类型房地产	合计
其中	建筑安装工程费	10	17 500 000.00	20 000 000.00	7 500 000.00	45 000 000.00
	基础设施费	11				
	公共配套设施费	12	2 206 680.00	2 521 920.00	945 720.00	5 674 320.00
	开发间接费用	13	1 040 620.00	1 189 280.00	445 980.00	2 675 880.00
3. 房地产开发费用　14＝15＋16		14	3 796 730.00	4 339 120.00	1 627 170.00	9 763 020.00
其中	利息支出	15				
	其他房地产开发费用	16				
4. 与转让房地产有关的税金等　17＝18＋19＋20		17	179 214.71	204 816.81	76 806.30	460 837.83
其中	营业税	18				
	城市维护建设税	19				
	教育费附加	20				
5. 财政部规定的其他扣除项目		21	7 593 460.00	8 678 240.00	3 254 340.00	19 526 040.00
6. 代收费用		22				
三、增值额　23＝1－5		23	688 520.53	－3 135 899.34	33 147 461.13	30 700 082.37
四、增值额与扣除项目金额之比(％)　24＝23÷5		24	1.39％	－5.54％	156.13％	
五、适用税率(％)		25	0	0	50％	
六、速算扣除系数(％)		26			15％	
七、应缴土地增值税税额　27＝23×25－5×26		27	0	0	13 389 228.15	

（续表）

项目			行次	金额			
				普通住宅	非普通住宅	其他类型房地产	合计
八、减免税额　28＝30＋32＋34			28				
其中	减免税(1)	减免性质代码(1)	29				
		减免税额(1)	30				
	减免税(2)	减免性质代码(2)	31				
		减免税额(2)	32				
	减免税(3)	减免性质代码(3)	33				
		减免税额(3)	34				
九、已缴土地增值税税额			35			3 098 032.44	
十、应补(退)土地增值税税额　36＝27－28－35			36			10 291 195.71	

以下由纳税人填写：

纳税人声明	此纳税申报表是根据《中华人民共和国土地增值税暂行条例》及其实施细则和国家有关税收规定填报的，是真实的、可靠的、完整的。				
纳税人签章		代理人签章		代理人身份证号	

以下由税务机关填写：

受理人		受理日期	年　月　日	受理税务机关签章	

本表一式两份，一份纳税人留存，一份税务机关留存。

(1) 转让房产取得的收入＝133 612 612.61＋20 900 000＋3 567 567.57＝158 080 180.18(元)；

其中，普通标准住宅销售收入＝27 937 837.84＋20 900 000＋3 567 567.57×7 000÷18 000＝50 225 225.23(元)；

非普通标准住宅销售收入＝51 891 891.89＋3 567 567.57×8 000÷18 000＝53 477 477.48(元)；

商业销售收入＝53 782 882.88＋3 567 567.57×3 000÷18 000＝54 377 477.48(元)；

(2) 可扣除项目金额合计＝37 080 000＋60 550 200＋9 763 020＋460 837.84＋19 526 040＝127 380 097.84(元)；

① 取得土地使用权支付的地价款及有关费用＝41 200 000×18 000÷20 000＝37 080 000(元)；

② 房地产开发成本为＝(800＋5 000＋630.48＋40＋21×12＋5.32)×18 000÷20 000×10 000＝60 550 200(元)；

③ 房地产开发费用＝(37 080 000＋60 550 200)×10%＝9 763 020(元)；

④ 允许扣除的税费＝460 837.84元；

⑤ 其他可扣除的项目允许扣除额＝(37 080 000＋60 550 200)×20%＝19 526 040(元)；

其中，普通标准住宅可扣除金额合计＝127 380 097.83÷18 000×7 000＝49 536 704.71(元)；

非普通标准住宅可扣除金额合计＝127 380 097.83÷18 000×8 000＝56 613 376.82(元)；

商业扣除金额合计＝127 380 097.83÷18 000×3 000＝21 230 016.3(元)。

(3) 普通标准住宅增值额＝50 225 225.23－49 536 704.71＝688 520.52(元)；

非普通标准住宅增值额＝53 477 477.48－56 613 376.82＝－3 135 899.34(元)；

商业增值额＝54 377 477.48－21 230 016.3＝33 147 461.18(元)；

(4) 普通标准住宅增值率＝688 520.53÷49 536 704.7×100%＝1.4%

商业增值率＝33 147 461.18÷21 230 016.3×100%＝156%

(5) 普通标准住宅增值率不超过20%可免征土地增值税。

商业适用50%税率，速算扣除系数为10%；

（6）商业应纳土地增值税额＝33 147 461.18×50％－21 230 016.3×15％＝13 389 228.15（元）；

（7）应补土地增值税＝13 389 228.15－3 098 032.44＝10 291 195.71（元）；

涉税分析：

第一，土地增值税收入金额和可扣除土地成本金额的确认。

《国家税务总局关于修订土地增值税纳税申报表的通知》（税总函〔2016〕309号）对清算表格中土地价款扣除做出规定：表第6栏“取得土地使用权所支付的金额”，按纳税人为取得该房地产开发项目所需要的土地使用权而实际支付（补交）的土地出让金（地价款）及按国家统一规定交纳的有关费用的数额填写。

根据《财政部　国家税务总局关于营改增后契税　房产税　土地增值税 个人所得税计税依据问题的通知》（财税〔2016〕43号）的规定，土地增值税纳税人转让房地产取得的收入为不含增值税收入。

《房地产开发企业销售自行开发的房地产项目增值税征收管理暂行办法》（国家税务总局公告2016年第18号）第四条规定，房地产开发企业中的一般纳税人（以下简称一般纳税人）销售自行开发的房地产项目，适用一般计税方法计税，按照取得的全部价款和价外费用，扣除当期销售房地产项目对应的土地价款后的余额计算销售额。销售额的计算公式如下：

销售额＝（全部价款和价外费用－当期允许扣除的土地价款）÷（1＋税率）

根据《国家税务总局关于营改增后土地增值税若干征管规定的公告》（国家税务总局公告2016年第70号）的规定，营改增后，纳税人转让房地产的土地增值税应税收入不含增值税。适用增值税一般计税方法的纳税人，其转让房地产的土地增值税应税收入不含增值税销项税额。

根据《广州市地方税务局关于印发2016年土地增值税清算工作有关问题处理指引的通知》（穗地税函〔2016〕188号）文件规定，一般纳税人选用增值税一般计税方法计税的，用公式表示为：

土地增值税清算收入＝（含税收入＋本项目土地价款×税率）÷（1＋税率）

第二，利息扣除。

贷款后，即用于墅院一期，也用于土地出让金的支付，因此，不符合《关于土地增值税清算有关问题的通知》（国税函〔2010〕220号）规定，财务费用中的利息支出，凡能够按转让房地产项目计算分摊并提供金融机构证明的，允许据实扣除。

第十一章　土地增值税清算鉴证

> 税收的合法性取决于其实质，而不是其名称。
>
> ——本杰明·N.卡多佐

土地增值税清算鉴证，是指税务师事务所接受委托对纳税人土地增值税清算税款申报的信息实施必要审核程序，提出鉴证结论或鉴证意见，并出具鉴证报告，增强税务机关对该项信息信任程度的一种鉴证业务。为了规范土地增值税清算鉴证业务，国家税务总局公布了《土地增值税清算鉴证业务准则》(国税发〔2007〕132 号)，自 2008 年 1 月 1 日起施行。

第一节　清算鉴证概述

一、业务承接

(一) 了解业务环境

在接受委托前，税务师事务所应当初步了解业务环境。业务环境包括：业务约定事项、鉴证对象特征、使用的标准、预期使用者的需求、责任方及其环境的相关特征，以及可能对鉴证业务产生重大影响的事项、交易、条件和惯例及其他事项。

(二) 承接清算鉴证业务的条件

承接土地增值税清算鉴证业务，应当具备下列条件：

(1) 接受委托的清算项目符合土地增值税的清算条件。

(2) 税务师事务所符合独立性和专业胜任能力等相关专业知识和职业道德规范的要求。

(3) 税务师事务所能够获取充分、适当、真实的证据以支持其结论并出具书面鉴证报告。

（4）与委托人协商签订涉税鉴证业务约定书。

（三）清算鉴证的鉴证对象

土地增值税清算鉴证的鉴证对象，是指与土地增值税纳税申报相关的会计资料和纳税资料等可以收集、识别和评价的证据及信息。具体包括：企业会计资料及会计处理、财务状况及财务报表、纳税资料及税务处理、有关文件及证明材料等。

（四）评价或计量标准

税务师事务所运用职业判断对鉴证对象作出合理一致的评价或计量时，应当符合适当的标准。适当的评价标准应当具备相关性、完整性、可靠性、中立性和可理解性等特征。

（五）程序与证据

税务师事务所从事土地增值税清算鉴证业务，应当以职业怀疑态度、有计划地实施必要的审核程序，获取与鉴证对象相关的充分、适当、真实的证据；并及时对制定的计划、实施的程序、获取的相关证据以及得出的结论作出记录。

在确定证据收集的性质、时间和范围时，应当体现重要性原则，评估鉴证业务风险以及可获取证据的数量和质量。

税务师事务所从事土地增值税清算鉴证业务，应当以法律、法规为依据，按照独立、客观、公正原则，在获取充分、适当、真实证据基础上，根据审核鉴证的具体情况，出具真实、合法的鉴证报告并承担相应的法律责任。

二、委托人应提供的资料

税务师事务所应当要求委托人如实提供如下资料：

（1）土地增值税纳税（预缴）申报表及完税凭证。

（2）项目竣工决算报表和有关账簿。

（3）取得土地使用权所支付的地价款凭证、国有土地使用权出让或转让合同。

（4）银行贷款合同及贷款利息结算通知单。

（5）项目工程建设合同及其价款结算单。

（6）商品房购销合同统计表等与转让房地产的收入、成本和费用有关的其他证明资料。

（7）无偿移交给政府、公共事业单位用于非营利性社会公共事业的凭证。

(8) 转让房地产项目成本费用、分期开发分摊依据。

(9) 转让房地产有关税金的合法有效凭证。

(10) 与土地增值税清算有关的其他证明资料。

三、清算鉴证应关注的事项

税务师事务所开展土地增值税清算鉴证业务时,应当对下列事项充分关注:

(1) 明确清算项目及其范围。

(2) 正确划分清算项目与非清算项目的收入和支出。

(3) 正确划分清算项目中普通住宅与非普通住宅及其他类型房地产的收入和支出。

(4) 正确划分不同时期的开发项目,对于分期开发的项目,以分期项目为单位清算。

(5) 正确划分征税项目与免税项目,防止混淆两者的界限。

(6) 明确清算项目的起止日期。

四、核定征收的审核

纳税人能够准确核算清算项目收入总额或收入总额能够查实,但其成本费用支出不能准确核算的,税务师事务所应当按照规定审核收入总额。

纳税人能够准确核算成本费用支出或成本费用支出能够查实,但其收入总额不能准确核算的,税务师事务所应当先按照规定审核扣除项目的金额。

五、可以终止鉴证的情形

税务师事务所在审核鉴证过程中,有下列情形之一的,除符合《土地增值税清算鉴证业务准则》第十七条规定外,可以终止鉴证:

(1) 依照法律、行政法规的规定应当设置但未设置账簿的。

(2) 擅自销毁账簿或者拒不提供纳税资料的。

(3) 虽设置账簿,但账目混乱或者成本资料、收入凭证、费用凭证残缺不全,难以确定转让收入或扣除项目金额的。

(4) 符合土地增值税清算条件,未按照规定的期限办理清算手续,经税务机关责令限期清算,逾期仍不清算的。

(5) 申报的计税依据明显偏低且无正当理由的。

（6）纳税人隐瞒房地产成交价格，其转让房地产成交价格低于房地产评估价格且无正当理由，经税务师事务所与委托人沟通，沟通无效的。

纳税人虽有上述情形，但如有下列委托人委托，税务师事务所仍然可以接受委托执行鉴证业务，但需与委托人签订涉税鉴证业务约定书：

（1）司法机关、税务机关或者其他国家机关。

（2）依法组成的清算组织。

（3）法律、行政法规规定的其他组织和个人。

“纳税人隐瞒房地产成交价格，其转让房地产成交价格低于房地产评估价格且无正当理由，经税务师事务所与委托人沟通，沟通无效的”，但符合上述三种情况仍按规定接受委托执行鉴证业务的，税务师事务所应当获取具有法定资质的专业评估机构确认的同类房地产评估价格，以确认转让房地产的收入。

第二节　清算项目收入的审核

清算项目的收入，是指转让国有土地使用权、地上的建筑物及其附着物（以下简称房地产）并取得的全部价款及有关的经济收益，包括货币收入、实物收入和其他收入。收入实现时间的确定，按国家税务总局有关规定执行。

一、收入审核的基本程序和方法

土地增值税清算项目收入审核的基本程序和方法包括：

（1）评价收入内部控制是否存在、有效且一贯遵守。

（2）获取或编制土地增值税清算项目收入明细表，复核加计正确，并与报表、总账、明细账及有关申报表等进行核对。

（3）了解纳税人与土地增值税清算项目相关的合同、协议及执行情况。

（4）查明收入的确认原则、方法，注意纳税人采用的国家统一会计制度与税收规定以及不同税种在收入确认上的差异。

（5）正确划分预售收入与销售收入，防止影响清算数据的准确性。

（6）必要时，利用专家的工作审核清算项目的收入总额。

二、应税收入的确认

税务师事务所应当按照税法及有关规定审核纳税人是否准确划分征税收入

与不征税收入，确认土地增值税的应税收入。

土地增值税以人民币为计算单位。转让房地产所取得的收入为人民币以外的货币的，以取得收入当天或当月1日国家公布的市场汇价折合成人民币，据以计算应纳土地增值税税额。

对于以分期收款形式取得的外币收入，应当按实际收款日或收款当月1日国家公布的市场汇价折合人民币。

房地产开发企业在营改增后进行房地产开发项目土地增值税清算时，是否按以下方法确定土地增值税应税收入金额：

$$\frac{\text{土地增值税}}{\text{应税收入}}=\frac{\text{营改增前转让房地产}}{\text{取得的收入}}+\frac{\text{营改增后转让房地产}}{\text{取得的不含增值税收入}}$$

三、视同销售收入的审核

纳税人将开发的房地产用于职工福利、奖励、对外投资、分配给股东或投资人、抵偿债务、换取其他单位和个人的非货币性资产等，发生所有权转移时应视同销售房地产，其视同销售收入按下列方法和顺序审核确认：

(1) 按本企业当月销售的同类房地产的平均价格核定。

(2) 按本企业在同一地区、同一年度销售的同类房地产的平均价格确认。

(3) 参照当地当年、同类房地产的市场价格或评估价值确认。

四、代收费用的审核

对纳税人按县级以上人民政府的规定在售房时代收的各项费用，应区分不同情形分别处理：

(1) 代收费用计入房价向购买方一并收取的，应将代收费用作为转让房地产所取得的收入计税。实际支付的代收费用，在计算扣除项目金额时，可予以扣除，但不允许作为加计扣除的基数。

(2) 代收费用在房价之外单独收取且未计入房地产价格的，不作为转让房地产的收入，在计算增值额时不允许扣除代收费用。

五、截止性测试

必要时，税务师应当运用截止性测试确认收入的真实性和准确性。审核的主要内容包括：

（1）审核企业按照项目设立的“预售收入备查簿”的相关内容，观察项目合同签订日期、交付使用日期、预售款确认收入日期、收入金额和成本费用的处理情况。

（2）确认销售退回、销售折扣与折让业务是否真实，内容是否完整，相关手续是否符合规定，折扣与折让的计算和会计处理是否正确。重点审查给予关联方的销售折扣与折让是否合理，是否有利用销售折扣和折让转利于关联方等情况。

（3）审核企业对于以土地使用权投资开发的项目，是否按规定进行税务处理。

（4）审核按揭贷款收入有无申报纳税，有无挂在往来账，如“其他应付款”，不作销售收入申报纳税的情形。

（5）审核纳税人以房换地，在房产移交使用时是否视同销售不动产申报缴纳税款。

（6）审核纳税人采用“还本”方式销售商品房和以房产补偿给拆迁户时，是否按规定申报纳税。

（7）审核纳税人在销售不动产过程中收取的价外费用，如天然气初装费、有线电视初装费等收益，是否按规定申报纳税。

（8）审核将房地产抵债转让给其他单位和个人或被法院拍卖的房产，是否按规定申报纳税。

（9）审核纳税人转让在建项目是否按规定申报纳税。

（10）审核以房地产或土地作价入股投资或联营从事房地产开发，或者房地产开发企业以其建造的商品房进行投资或联营，是否按规定申报纳税。

第三节　扣除项目与应纳税额的审核

一、扣除项目范围的审核

税务师事务所应当审核纳税人申报的扣除项目是否符合土地增值税暂行条例实施细则第七条规定的范围。审核的内容具体包括：

（1）取得土地使用权所支付的金额。

（2）房地产开发成本，包括：土地征用及拆迁补偿费、前期工程费、建筑安装工程费、基础设施费、公共配套设施费、开发间接费用。

(3) 房地产开发费用。

(4) 与转让房地产有关的税金。

(5) 国家规定的其他扣除项目。

二、审核的基本程序和方法

扣除项目审核的基本程序和方法包括：

(1) 评价与扣除项目核算相关的内部控制是否存在、有效且一贯遵守。

(2) 获取或编制扣除项目明细表，并与明细账、总账及有关申报表核对是否一致。

(3) 审核相关合同、协议和项目预(概)算资料，并了解其执行情况，审核成本、费用支出项目。

(4) 审核扣除项目的记录、归集是否正确，是否取得合法、有效的凭证，会计及税务处理是否正确，确认扣除项目的金额是否准确。

(5) 实地查看、询问调查和核实。剔除不属于清算项目所发生的开发成本和费用。

(6) 必要时，利用专家审核扣除项目。

三、扣除项目分配的审核

审核各项扣除项目分配或分摊的顺序和标准是否符合下列规定，并确认扣除项目的具体金额：

(1) 扣除项目能够直接认定的，审核是否取得合法、有效的凭证。

(2) 扣除项目不能够直接认定的，审核当期扣除项目分配标准和口径是否一致，是否按照规定合理分摊。

(3) 审核并确认房地产开发土地面积、建筑面积和可售面积，是否与权属证、房产证、预售证、房屋测绘所测量数据、销售记录、销售合同、有关主管部门的文件等载明的面积数据相一致，并确定各项扣除项目分摊所使用的分配标准。

如果上述性质相同的三类面积所获取的各项证据发生冲突、不能相互印证时，税务师事务所应当追加审核程序，并按照外部证据比内部证据更可靠的原则，确认适当的面积。

(4) 审核并确认扣除项目的具体金额时，应当考虑总成本、单位成本、可售面积、累计已售面积、累计已售分摊成本、未售分摊成本(存货)等因素。

四、取得土地使用权支付金额的审核

取得土地使用权支付金额的审核，应当包括下列内容：

(1) 审核取得土地使用权支付的金额是否获取合法有效的凭证，口径是否一致。

(2) 如果同一土地有多个开发项目，审核取得土地使用权支付金额的分配比例和具体金额的计算是否正确。

(3) 审核取得土地使用权支付金额是否含有关联方的费用。

(4) 审核有无将期间费用记入取得土地使用权支付金额的情形。

(5) 审核有无预提的取得土地使用权支付金额。

(6) 比较、分析相同地段、相同期间、相同档次项目，判断其取得土地使用权支付金额是否存在明显异常。

五、房地产开发成本的审核

(一) 土地征用及拆迁补偿费的审核

土地征用及拆迁补偿费的审核，应当包括下列内容：

(1) 审核征地费用、拆迁费用等实际支出与概预算是否存在明显异常。

(2) 审核支付给个人的拆迁补偿款所需的拆迁(回迁)合同和签收花名册，并与相关账目核对。

(二) 前期工程费的审核

前期工程费的审核，应当包括下列内容：

(1) 审核前期工程费的各项实际支出与概预算是否存在明显异常。

(2) 审核纳税人是否虚列前期工程费，土地开发费用是否按税收规定扣除。

(三) 建筑安装工程费的审核

建筑安装工程费的审核，应当包括下列内容。

1. 出包方式

重点审核完工决算成本与工程概预算成本是否存在明显异常。当二者差异较大时，应当追加下列审核程序，以获取充分、适当、真实的证据：

(1) 从合同管理部门获取施工单位与开发商签订的施工合同，并与相关账目进行核对。

(2) 实地查看项目工程情况，必要时，向建筑监理公司取证。

(3) 审核纳税人是否存在利用关联方(尤其是各企业适用不同的征收方式、不同税率、不同时段享受税收优惠时)承包或分包工程,增加或减少建筑安装成本造价的情形。

2. 自营方式

重点审核施工所发生的人工费、材料费、机械使用费、其他直接费和管理费支出是否取得合法有效的凭证,是否按规定进行会计处理和税务处理。

(四) 基础设施费和公共配套设施费的审核

基础设施费和公共配套设施费的审核,应当包括下列内容:

(1) 审核各项基础设施费和公共配套设施费用是否取得合法有效的凭证。

(2) 如果有多个开发项目,基础设施费和公共配套设施费用是否分项目核算,是否将应记入其他项目的费用记入了清算项目。

(3) 审核各项基础设施费和公共配套设施费用是否含有其他企业的费用。

(4) 审核各项基础设施费和公共配套设施费用是否含有以明显不合理的金额开具的各类凭证。

(5) 审核是否将期间费用记入基础设施费和公共配套设施费用。

(6) 审核有无预提的基础设施费和公共配套设施费用。

(7) 获取项目概预算资料,比较、分析概预算费用与实际费用是否存在明显异常。

(8) 审核基础设施费和公共配套设施应负担各项开发成本是否已经按规定分摊。

(9) 各项基础设施费和公共配套设施费的分摊和扣除是否符合有关税收规定。

(五) 开发间接费用的审核

开发间接费用的审核,应当包括下列内容:

(1) 审核各项开发间接费用是否取得合法有效凭证。

(2) 如果有多个开发项目,开发间接费用是否分项目核算,是否将应记入其他项目的费用记入了清算项目。

(3) 审核各项开发间接费用是否含有其他企业的费用。

(4) 审核各项开发间接费用是否含有以明显不合理的金额开具的各类凭证。

(5) 审核是否将期间费用记入开发间接费用。

(6) 审核有无预提的开发间接费用。

(7) 审核纳税人的预提费用及为管理和组织经营活动而发生的管理费用，是否在本项目中予以剔除。

(8) 在计算加计扣除项目基数时，审核是否剔除了已计入开发成本的借款费用。

六、房地产开发费用的审核

房地产开发费用的审核，应当包括下列内容：

(1) 审核应据实列支的财务费用是否取得合法有效的凭证，除据实列支的财务费用外的房地产开发费用是否按规定比例计算扣除。

(2) 利息支出的审核。企业开发项目的利息支出不能够提供金融机构证明的，审核其利息支出是否按税收规定的比例计算扣除；开发项目的利息支出能够提供金融机构证明的，应按下列方法进行审核：

第一，审核各项利息费用是否取得合法有效的凭证。

第二，如果有多个开发项目，利息费用是否分项目核算，是否将应记入其他项目的利息费用记入了清算项目。

第三，审核各项借款合同，判断其相应条款是否符合有关规定。

第四，审核利息费用是否超过按商业银行同类同期贷款利率计算的金额。

七、与转让房地产有关税金的审核

与转让房地产有关的税金的审核，应当确认与转让房地产有关的税金及附加扣除的范围是否符合税收有关规定，计算的扣除金额是否正确。

对于不属于清算范围或者不属于转让房地产时发生的税金及附加，或者按照预售收入(不包括已经结转销售收入部分)计算并缴纳的税金及附加，不应作为清算的扣除项目。

房地产开发企业在营改增后进行房地产开发项目土地增值税清算时，是否按以下方法确定与转让房地产有关的税金金额：

$$\text{与转让房地产有关的税金} = \text{营改增前实际缴纳的营业税、城建税、教育费附加} + \text{营改增后允许扣除的城建税、教育费附加}$$

八、国家规定的加计扣除项目的审核

国家规定的加计扣除项目的审核，应当包括下列内容：

(1) 对取得土地(不论是生地还是熟地)使用权后,未进行任何形式的开发即转让的,审核是否按税收规定计算扣除项目金额,核实有无违反税收规定加计扣除的情形。

(2) 对于取得土地使用权后,仅进行土地开发(如“三通一平”等),不建造房屋即转让土地使用权的,审核是否按税收规定计算扣除项目金额,是否按取得土地使用权时支付的地价款和开发土地的成本之和计算加计扣除。

(3) 对于取得了房地产产权后,未进行任何实质性的改良或开发即再行转让的,审核是否按税收规定计算扣除项目金额,核实有无违反税收规定加计扣除的情形。

(4) 对于县级以上人民政府要求房地产开发企业在售房时代收的各项费用,审核其代收费用是否计入房价并向购买方一并收取,核实有无将代收费用作为加计扣除的基数的情形。

九、分期分批开发、转让房地产扣除项目的审核

对于纳税人成片受让土地使用权后,分期分批开发、转让房地产的,审核其扣除项目金额是否按主管税务机关确定的分摊方法计算分摊扣除。

十、应纳税额的审核

税务师事务所应按照税法规定审核清算项目的收入总额、扣除项目的金额,并确认其增值额及适用税率,正确计算应缴税款。审核程序通常包括:

(1) 审核清算项目的收入总额是否符合税收规定,计算是否正确。

(2) 审核清算项目的扣除金额及其增值额是否符合税收规定,计算是否正确。

第一,如果企业有多个开发项目,审核收入与扣除项目金额是否属于同一项目。

第二,如果同一个项目既有普通住宅,又有非普通住宅,审核其收入额与扣除项目金额是否分开核算。

第三,对于同一清算项目,一段时间免税、一段时间征税的,应当特别关注收入的实现时间及其扣除项目的配比。

(3) 审核增值额与扣除项目之比的计算是否正确,并确认土地增值税的适用税率。

(4) 审核并确认清算项目当期土地增值税应纳税额及应补或应退税额。

附　　录

一、土地增值税暂行条例

中华人民共和国土地增值税暂行条例

国务院令〔1993〕138号

［2011年1月8日《国务院关于废止和修改部分行政法规的决定》(国务院令588号)将《中华人民共和国土地增值税暂行条例》第八条的“征用”修改为“征收”。］

第一条　为了规范土地、房地产市场交易秩序，合理调节土地增值收益，维护国家权益，制定本条例。

第二条　转让国有土地使用权、地上的建筑物及其附着物(以下简称转让房地产)并取得收入的单位和个人，为土地增值税的纳税义务人(以下简称纳税人)，应当依照本条例缴纳土地增值税。

第三条　土地增值税按照纳税人转让房地产所取得的增值额和本条例第七条规定的税率计算征收。

第四条　纳税人转让房地产所取得的收入减除本条例第六条规定扣除项目金额后的余额，为增值额。

第五条　纳税人转让房地产所取得的收入，包括货币收入、实物收入和其他收入。

第六条　计算增值额的扣除项目：

(一) 取得土地使用权所支付的金额；

(二) 开发土地的成本、费用；

(三) 新建房及配套设施的成本、费用，或者旧房及建筑物的评估价格；

(四) 与转让房地产有关的税金；

(五) 财政部规定的其他扣除项目。

第七条　土地增值税实行四级超率累进税率：

增值额未超过扣除项目金额50%的部分,税率为30%。

增值额超过扣除项目金额50%、未超过扣除项目金额100%的部分,税率为40%。

增值额超过扣除项目金额100%、未超过扣除项目金额200%的部分,税率为50%。

增值额超过扣除项目金额200%的部分,税率为60%。

第八条 有下列情形之一的,免征土地增值税:

(一)纳税人建造普通标准住宅出售,增值额未超过扣除项目金额20%的;

(二)因国家建设需要依法征收、收回的房地产。

第九条 纳税人有下列情形之一的,按照房地产评估价格计算征收:

(一)隐瞒、虚报房地产成交价格的;

(二)提供扣除项目金额不实的;

(三)转让房地产的成交价格低于房地产评估价格,又无正当理由的。

第十条 纳税人应当自转让房地产合同签订之日起七日内向房地产所在地主管税务机关办理纳税申报,并在税务机关核定的期限内缴纳土地增值税。

第十一条 土地增值税由税务机关征收。土地管理部门、房产管理部门应当向税务机关提供有关资料,并协助税务机关依法征收土地增值税。

第十二条 纳税人未按照本条例缴纳土地增值税的,土地管理部门、房产管理部门不得办理有关的权属变更手续。

第十三条 土地增值税的征收管理,依据《中华人民共和国税收征收管理法》及本条例有关规定执行。

第十四条 本条例由财政部负责解释,实施细则由财政部制定。

第十五条 本条例自1994年1月1日起施行。各地区的土地增值费征收办法,与本条例相抵触的,同时停止执行。

二、土地增值税暂行条例实施细则

中华人民共和国土地增值税暂行条例实施细则

财法字〔1995〕6号

第一条 根据《中华人民共和国土地增值税暂行条例》(以下简称条例)第十四条规定,制定本细则。

第二条 条例第二条所称的转让国有土地使用权、地上的建筑物及其附着物并取得收入,是指以出售或者其他方式有偿转让房地产的行为。不包括以继承、赠与方式无偿转让房地产的行为。

第三条　条例第二条所称的国有土地,是指按国家法律规定属于国家所有的土地。

第四条　条例第二条所称的地上的建筑物,是指建于土地上的一切建筑物,包括地上地下的各种附属设施。条例第二条所称的附着物,是指附着于土地上的不能移动,一经移动即遭损坏的物品。

第五条　条例第二条所称的收入,包括转让房地产的全部价款及有关的经济收益。

第六条　条例第二条所称的单位,是指各类企业单位、事业单位、国家机关和社会团体及其他组织。条例第二条所称个人,包括个体经营者。

第七条　条例第六条所列的计算增值额的扣除项目,具体为:

(一)取得土地使用权所支付的金额,是指纳税人为取得土地使用权所支付的地价款和按国家统一规定缴纳的有关费用。

(二)开发土地和新建房及配套设施(以下简称房地产开发)的成本,是指纳税人房地产开发项目实际发生的成本(以下简称房地产开发成本),包括土地征用及拆迁补偿费、前期工程费、建筑安装工程费、基础设施费、公共配套设施费、开发间接费用。土地征用及拆迁补偿费,包括土地征用费、耕地占用税、劳动力安置费及有关地上、地下附着物拆迁补偿的净支出、安置动迁用房支出等。前期工程费,包括规划、设计、项目可行性研究和水文、地质、勘察、测绘、"三通一平"等支出。

建筑安装工程费,是指以出包方式支付给承包单位的建筑安装工程费,以自营方式发生的建筑安装工程费。基础设施费,包括开发小区内道路、供水、供电、供气、排污、排洪、通讯、照明、环卫、绿化等工程发生的支出。

公共配套设施费,包括不能有偿转让的开发小区内公共配套设施发生的支出。

开发间接费用,是指直接组织、管理开发项目发生的费用,包括工资、职工福利费、折旧费、修理费、办公费、水电费、劳动保护费、周转房摊销等。

(三)开发土地和新建房及配套设施的费用(以下简称房地产开发费用),是指与房地产开发项目有关的销售费用、管理费用、财务费用。财务费用中的利息支出,凡能够按转让房地产项目计算分摊并提供金融机构证明的,允许据实扣除，但最高不能超过按商业银行同类同期贷款利率计算的金额。其他房地产开发费用，按本条（一）、（二）项规定计算的金额之和的百分之五以内计算扣除。凡不能按转让房地产项目计算分摊利息支出或不能提供金融机构证明的，房地产开发费用按本条（一）、（二）项规定计算的金额之和的百分之十以内计算扣除。上述计算扣除的具体比例，由各省、自治区、直辖市人民政府规定。

（四）旧房及建筑物的评估价格，是指在转让已使用的房屋及建筑物时，由政府批准设立的房地产评估机构评定的重置成本价乘以成新度折扣率后的价格。评估价格须经当地税务机关确认。

（五）与转让房地产有关的税金，是指在转让房地产时缴纳的营业税、城市维护建设税、印花税。因转让房地产缴纳的教育费附加，也可视同税金予以扣除。

（六）根据条例第六条（五）项规定，对从事房地产开发的纳税人可按本条（一）、（二）项规定计算的金额之和，加计20%的扣除。

第八条 土地增值税以纳税人房地产成本核算的最基本的核算项目或核算对象为单位计算。

第九条 纳税人成片受让土地使用权后，分期分批开发、转让房地产的，其扣除项目金额的确定，可按转让土地使用权的面积占总面积的比例计算分摊，或按建筑面积计算分摊，也可按税务机关确认的其他方式计算分摊。

第十条 条例第七条所列四级超率累进税率，每级"增值额未超过扣除项目金额"的比例，均包括本比例数。计算土地增值税税额，可按增值额乘以适用的税率减去扣除项目金额乘以速算扣除系数的简便方法计算，具体公式如下：

（一）增值额未超过扣除项目金额50%

土地增值税税额＝增值额×30%

（二）增值额超过扣除项目金额50%，未超过100%的

土地增值税税额＝增值额×40%－扣除项目金额×5%

（三）增值额超过扣除项目金额100%，未超过200%的

土地增值税税额＝增值额×50%－扣除项目金额×15%

（四）增值额超过扣除项目金额200%

土地增值税税额＝增值额×60%－扣除项目金额×35%

公式中的5％，15％，35％为速算扣除系数。

第十一条　条例第八条(一)项所称的普通标准住宅，是指按所在地一般民用住宅标准建造的居住用住宅。高级公寓、别墅、度假村等不属于普通标准住宅。普通标准住宅与其他住宅的具体划分界限由各省、自治区、直辖市人民政府规定。

纳税人建造普通标准住宅出售，增值额未超过本细则第七条(一)、(二)、(三)、(五)、(六)项扣除项目金额之和20％的，免征土地增值税；增值额超过扣除项目金额之和20％的，应就其全部增值额按规定计税。

条例第八条(二)项所称的因国家建设需要依法征用、收回的房地产，是指因城市实施规划、国家建设的需要而被政府批准征用的房产或收回的土地使用权。

因城市实施规划、国家建设的需要而搬迁，由纳税人自行转让原房地产的，比照本规定免征土地增值税。

符合上述免税规定的单位和个人，须向房地产所在地税务机关提出免税申请，经税务机关审核后，免予征收土地增值税。

第十二条　个人因工作调动或改善居住条件而转让原自用住房，经向税务机关申报核准，凡居住满五年或五年以上的，免予征收土地增值税；居住满三年未满五年的，减半征收土地增值税。居住未满三年的，按规定计征土地增值税。

第十三条　条例第九条所称的房地产评估价格，是指由政府批准设立的房地产评估机构根据相同地段、同类房地产进行综合评定的价格。评估价格须经当地税务机关确认。

第十四条　条例第九条(一)项所称的隐瞒、虚报房地产成交价格，是指纳税人不报或有意低报转让土地使用权、地上建筑物及其附着物价款的行为。条例第九条(二)项所称的提供扣除项目金额不实的，是指纳税人在纳税申报时不据实提供扣除项目金额的行为。

条例第九条(三)项所称的转让房地产的成交价格低于房地产评估价格，又无正当理由的，是指纳税人申报的转让房地产的实际成交价低于房地产评估机构评定的交易价，纳税人又不能提供凭据或无正当理由的行为。

隐瞒、虚报房地产成交价格，应由评估机构参照同类房地产的市场交易价格进行评估。税务机关根据评估价格确定转让房地产的收入。

提供扣除项目金额不实的，应由评估机构按照房屋重置成本价乘以成新度折扣率计算的房屋成本价和取得土地使用权时的基准地价进行评估。税务机关根据评估价格确定扣除项目金额。

转让房地产的成交价格低于房地产评估价格，又无正当理由的，由税务机关参照房地产评估价格确定转让房地产的收入。

第十五条 根据条例第十条的规定，纳税人应按照下列程序办理纳税手续：

（一）纳税人应在转让房地产合同签订后的七日内，到房地产所在地主管税务机关办理纳税申报，并向税务机关提交房屋及建筑物产权、土地使用权证书，土地转让、房产买卖合同，房地产评估报告及其他与转让房地产有关的资料。

纳税人因经常发生房地产转让而难以在每次转让后申报的，经税务机关审核同意后，可以定期进行纳税申报，具体期限由税务机关根据情况确定。

注：根据《国家税务总局关于加强土地增值税管理工作的通知》（国税函〔2004〕938号）第一条的规定，取消《中华人民共和国土地增值税暂行条例实施细则》第十五条第一款对土地增值税纳税人因经常发生房地产转让而难以在每次转让后申报的，定期进行纳税申报须经税务机关审核同意的规定。

（二）纳税人按照税务机关核定的税额及规定的期限缴纳土地增值税。

第十六条 纳税人在项目全部竣工结算前转让房地产取得的收入，由于涉及成本确定或其他原因，而无法据以计算土地增值税的，可以预征土地增值税，待该项目全部竣工、办理结算后再进行清算，多退少补。具体办法由各省、自治区、直辖市地方税务局根据当地情况制定。

第十七条 条例第十条所称的房地产所在地，是指房地产的座落地。纳税人转让房地产座落在两个或两个以上地区的，应按房地产所在地分别申报纳税。

第十八条 条例第十一条所称的土地管理部门、房产管理部门应当向税务机关提供有关资料，是指向房地产所在地主管税务机关提供有关房屋及建筑物产权、土地使用权、土地出让金数额、土地基准地价、房地产市场交易价格及权属变更等方面的资料。

第十九条 纳税人未按规定提供房屋及建筑物产权、土地使用权证书、土地转让、房产买卖合同，房地产评估报告及其他与转让房地产有关资料的，按照《中华人民共和国税收征收管理法》（以下简称《征管法》）第三十九条的规定进行处理。

纳税人不如实申报房地产交易额及规定扣除项目金额造成少缴或未缴税款的，按照《征管法》第四十条的规定进行处理。

第二十条　土地增值税以人民币为计算单位。转让房地产所取得的收入为外国货币的，以取得收入当天或当月1日国家公布的市场汇价折合成人民币，据以计算应纳土地增值税税额。

第二十一条　条例第十五条所称的各地区的土地增值费征收办法是指与本条例规定的计征对象相同的土地增值费、土地收益金等征收办法。

第二十二条　本细则由财政部解释，或者由国家税务总局解释。

第二十三条　本细则自发布之日起施行。

第二十四条　1994年1月1日至本细则发布之日期间的土地增值税参照本细则的规定计算征收。

三、土地增值税清算管理规程

国家税务总局关于印发《土地增值税清算管理规程》的通知

国税发〔2009〕91号

各省、自治区、直辖市和计划单列市地方税务局：

为了加强房地产开发企业的土地增值税征收管理，规范土地增值税清算工作，根据《中华人民共和国土地增值税暂行条例》及其实施细则、《中华人民共和国税收征收管理法》及其实施细则等有关税收法律、行政法规的规定，结合房地产开发经营业务的特点，国家税务总局制定了《土地增值税清算管理规程》，现印发给你们，请遵照执行。

国家税务总局

二〇〇九年五月十二日

土地增值税清算管理规程

第一章　总　　则

第一条　为了加强土地增值税征收管理，规范土地增值税清算工作，根据《中华人民共和国税收征收管理法》及其实施细则、《中华人民共和国土地增值税暂行条例》及其实施细则等规定，制定本规程（以下简称《规程》）。

第二条　《规程》适用于房地产开发项目土地增值税清算工作。

第三条　《规程》所称土地增值税清算，是指纳税人在符合土地增值税清算条件后，依照税收法律、法规及土地增值税有关政策规定，计算房地产开发项目应缴纳的土地增值税税额，并填写《土地增值税清算申报表》，向主管税务机关提供有关资料，办理土地增值税清算手续，结清该房地产项目应缴纳土地增值税税款的行为。

第四条 纳税人应当如实申报应缴纳的土地增值税税额，保证清算申报的真实性、准确性和完整性。

第五条 税务机关应当为纳税人提供优质纳税服务，加强土地增值税政策宣传辅导。

主管税务机关应及时对纳税人清算申报的收入、扣除项目金额、增值额、增值率以及税款计算等情况进行审核，依法征收土地增值税。

第二章 前 期 管 理

第六条 主管税务机关应加强房地产开发项目的日常税收管理，实施项目管理。主管税务机关应从纳税人取得土地使用权开始，按项目分别建立档案、设置台账，对纳税人项目立项、规划设计、施工、预售、竣工验收、工程结算、项目清盘等房地产开发全过程情况实行跟踪监控，做到税务管理与纳税人项目开发同步。

第七条 主管税务机关对纳税人项目开发期间的会计核算工作应当积极关注，对纳税人分期开发项目或者同时开发多个项目的，应督促纳税人根据清算要求按不同期间和不同项目合理归集有关收入、成本、费用。

第八条 对纳税人分期开发项目或者同时开发多个项目的，有条件的地区，主管税务机关可结合发票管理规定，对纳税人实施项目专用票据管理措施。

第三章 清 算 受 理

第九条 纳税人符合下列条件之一的，应进行土地增值税的清算。

（一）房地产开发项目全部竣工、完成销售的。

（二）整体转让未竣工决算房地产开发项目的。

（三）直接转让土地使用权的。

第十条 对符合以下条件之一的，主管税务机关可要求纳税人进行土地增值税清算。

（一）已竣工验收的房地产开发项目，已转让的房地产建筑面积占整个项目可售建筑面积的比例在85%以上，或该比例虽未超过85%，但剩余的可售建筑面积已经出租或自用的。

（二）取得销售（预售）许可证满三年仍未销售完毕的。

（三）纳税人申请注销税务登记但未办理土地增值税清算手续的。

（四）省（自治区、直辖市、计划单列市）税务机关规定的其他情况。

对前款所列第（三）项情形，应在办理注销登记前进行土地增值税清算。

第十一条 对于符合本规程第九条规定，应进行土地增值税清算的项目，纳税人应当在满足条件之日起 90 日内到主管税务机关办理清算手续。对于符合本规程第十条规定税务机关可要求纳税人进行土地增值税清算的项目，由主管税务机关确定是否进行清算；对于确定需要进行清算的项目，由主管税务机关下达清算通知，纳税人应当在收到清算通知之日起 90 日内办理清算手续。

应进行土地增值税清算的纳税人或经主管税务机关确定需要进行清算的纳税人，在上述规定的期限内拒不清算或不提供清算资料的，主管税务机关可依据《中华人民共和国税收征收管理法》有关规定处理。

第十二条 纳税人清算土地增值税时应提供的清算资料

（一）土地增值税清算表及其附表（参考表样见附件，各地可根据本地实际情况制定）。

（二）房地产开发项目清算说明，主要内容应包括房地产开发项目立项、用地、开发、销售、关联方交易、融资、税款缴纳等基本情况及主管税务机关需要了解的其他情况。

（三）项目竣工决算报表、取得土地使用权所支付的地价款凭证、国有土地使用权出让合同、银行贷款利息结算通知单、项目工程合同结算单、商品房购销合同统计表、销售明细表、预售许可证等与转让房地产的收入、成本和费用有关的证明资料。主管税务机关需要相应项目记账凭证的，纳税人还应提供记账凭证复印件。

（四）纳税人委托税务中介机构审核鉴证的清算项目，还应报送中介机构出具的《土地增值税清算税款鉴证报告》。

第十三条 主管税务机关收到纳税人清算资料后，对符合清算条件的项目，且报送的清算资料完备的，予以受理；对纳税人符合清算条件、但报送的清算资料不全的，应要求纳税人在规定期限内补报，纳税人在规定的期限内补齐清算资料后，予以受理；对不符合清算条件的项目，不予受理。上述具体期限由各省、自治区、直辖市、计划单列市税务机关确定。主管税务机关已受理的清算申请，纳税人无正当理由不得撤销。

第十四条 主管税务机关按照本规程第六条进行项目管理时，对符合税务机关可要求纳税人进行清算情形的，应当作出评估，并经分管领导批准，确定何时要求纳税人进行清算的时间。对确定暂不通知清算的，应继续做好项目管理，每年作出评估，及时确定清算时间并通知纳税人办理清算。

第十五条 主管税务机关受理纳税人清算资料后，应在一定期限内及时组织清算审核。具体期限由各省、自治区、直辖市、计划单列市税务机关确定。

第四章 清 算 审 核

第十六条 清算审核包括案头审核、实地审核。

案头审核是指对纳税人报送的清算资料进行数据、逻辑审核，重点审核项目归集的一致性、数据计算准确性等。

实地审核是指在案头审核的基础上，通过对房地产开发项目实地查验等方式，对纳税人申报情况的客观性、真实性、合理性进行审核。

第十七条 清算审核时，应审核房地产开发项目是否以国家有关部门审批、备案的项目为单位进行清算；对于分期开发的项目，是否以分期项目为单位清算；对不同类型房地产是否分别计算增值额、增值率，缴纳土地增值税。

第十八条 审核收入情况时，应结合销售发票、销售合同（含房管部门网上备案登记资料）、商品房销售（预售）许可证、房产销售分户明细表及其他有关资料，重点审核销售明细表、房地产销售面积与项目可售面积的数据关联性，以核实计税收入；对销售合同所载商品房面积与有关部门实际测量面积不一致，而发生补、退房款的收入调整情况进行审核；对销售价格进行评估，审核有无价格明显偏低情况。

必要时，主管税务机关可通过实地查验，确认有无少计、漏计事项，确认有无将开发产品用于职工福利、奖励、对外投资、分配给股东或投资人、抵偿债务、换取其他单位和个人的非货币性资产等情况。

第十九条 非直接销售和自用房地产的收入确定

（一）房地产开发企业将开发产品用于职工福利、奖励、对外投资、分配给股东或投资人、抵偿债务、换取其他单位和个人的非货币性资产等，发生所有权转移时应视同销售房地产，其收入按下列方法和顺序确认：

1. 按本企业在同一地区、同一年度销售的同类房地产的平均价格确定；

2. 由主管税务机关参照当地当年、同类房地产的市场价格或评估价值确定。

（二）房地产开发企业将开发的部分房地产转为企业自用或用于出租等商业用途时，如果产权未发生转移，不征收土地增值税，在税款清算时不列收入，不扣除相应的成本和费用。

第二十条 土地增值税扣除项目审核的内容包括：

（一）取得土地使用权所支付的金额。

（二）房地产开发成本，包括：土地征用及拆迁补偿费、前期工程费、建筑安装工程费、基础设施费、公共配套设施费、开发间接费用。

（三）房地产开发费用。

（四）与转让房地产有关的税金。

（五）国家规定的其他扣除项目。

第二十一条 审核扣除项目是否符合下列要求：

（一）在土地增值税清算中，计算扣除项目金额时，其实际发生的支出应当取得但未取得合法凭据的不得扣除。

（二）扣除项目金额中所归集的各项成本和费用，必须是实际发生的。

（三）扣除项目金额应当准确地在各扣除项目中分别归集，不得混淆。

（四）扣除项目金额中所归集的各项成本和费用必须是在清算项目开发中直接发生的或应当分摊的。

（五）纳税人分期开发项目或者同时开发多个项目的，或者同一项目中建造不同类型房地产的，应按照受益对象，采用合理的分配方法，分摊共同的成本费用。

（六）对同一类事项，应当采取相同的会计政策或处理方法。会计核算与税务处理规定不一致的，以税务处理规定为准。

第二十二条 审核取得土地使用权支付金额和土地征用及拆迁补偿费时应当重点关注：

（一）同一宗土地有多个开发项目，是否予以分摊，分摊办法是否合理、合规，具体金额的计算是否正确。

（二）是否存在将房地产开发费用记入取得土地使用权支付金额以及土地征用及拆迁补偿费的情形。

（三）拆迁补偿费是否实际发生，尤其是支付给个人的拆迁补偿款、拆迁（回迁）合同和签收花名册或签收凭证是否一一对应。

第二十三条 审核前期工程费、基础设施费时应当重点关注：

（一）前期工程费、基础设施费是否真实发生，是否存在虚列情形。

（二）是否将房地产开发费用记入前期工程费、基础设施费。

（三）多个（或分期）项目共同发生的前期工程费、基础设施费，是否按项目合理分摊。

第二十四条 审核公共配套设施费时应当重点关注：

（一）公共配套设施的界定是否准确，公共配套设施费是否真实发生，有无预提的公共配套设施费情况。

（二）是否将房地产开发费用记入公共配套设施费。

（三）多个（或分期）项目共同发生的公共配套设施费，是否按项目合理分摊。

第二十五条 审核建筑安装工程费时应当重点关注：

（一）发生的费用是否与决算报告、审计报告、工程结算报告、工程施工合同记载的内容相符。

（二）房地产开发企业自购建筑材料时，自购建材费用是否重复计算扣除项目。

（三）参照当地当期同类开发项目单位平均建安成本或当地建设部门公布的单位定额成本，验证建筑安装工程费支出是否存在异常。

（四）房地产开发企业采用自营方式自行施工建设的，还应当关注有无虚列、多列施工人工费、材料费、机械使用费等情况。

（五）建筑安装发票是否在项目所在地税务机关开具。

第二十六条 审核开发间接费用时应当重点关注：

（一）是否存在将企业行政管理部门（总部）为组织和管理生产经营活动而发生的管理费用记入开发间接费用的情形。

（二）开发间接费用是否真实发生，有无预提开发间接费用的情况，取得的凭证是否合法有效。

第二十七条 审核利息支出时应当重点关注：

（一）是否将利息支出从房地产开发成本中调整至开发费用。

（二）分期开发项目或者同时开发多个项目的，其取得的一般性贷款的利息支出，是否按照项目合理分摊。

（三）利用闲置专项借款对外投资取得收益，其收益是否冲减利息支出。

第二十八条　代收费用的审核。

对于县级以上人民政府要求房地产开发企业在售房时代收的各项费用，审核其代收费用是否计入房价并向购买方一并收取；当代收费用计入房价时，审核有无将代收费用计入加计扣除以及房地产开发费用计算基数的情形。

第二十九条　关联方交易行为的审核。

在审核收入和扣除项目时，应重点关注关联企业交易是否按照公允价值和营业常规进行业务往来。

应当关注企业大额应付款余额，审核交易行为是否真实。

第三十条　纳税人委托中介机构审核鉴证的清算项目，主管税务机关应当采取适当方法对有关鉴证报告的合法性、真实性进行审核。

第三十一条　对纳税人委托中介机构审核鉴证的清算项目，主管税务机关未采信或部分未采信鉴证报告的，应当告知其理由。

第三十二条　土地增值税清算审核结束，主管税务机关应当将审核结果书面通知纳税人，并确定办理补、退税期限。

第五章　核定征收

第三十三条　在土地增值税清算过程中，发现纳税人符合核定征收条件的，应按核定征收方式对房地产项目进行清算。

第三十四条　在土地增值税清算中符合以下条件之一的，可实行核定征收。

（一）依照法律、行政法规的规定应当设置但未设置账簿的；

（二）擅自销毁账簿或者拒不提供纳税资料的；

（三）虽设置账簿，但账目混乱或者成本资料、收入凭证、费用凭证残缺不全，难以确定转让收入或扣除项目金额的；

（四）符合土地增值税清算条件，企业未按照规定的期限办理清算手续，经税务机关责令限期清算，逾期仍不清算的；

（五）申报的计税依据明显偏低，又无正当理由的。

第三十五条　符合上述核定征收条件的，由主管税务机关发出核定征收的税务事项告知书后，税务人员对房地产项目开展土地增值税核定征收核查，经主管税务机关审核合议，通知纳税人申报缴纳应补缴税款或办理退税。

第三十六条　对于分期开发的房地产项目，各期清算的方式应保持一致。

第六章　其　　他

第三十七条　土地增值税清算资料应按照档案化管理的要求，妥善保存。

第三十八条　本规程自 2009 年 6 月 1 日起施行，各省(自治区、直辖市、计划单列市)税务机关可结合本地实际，对本规程进行进一步细化。

附件：土地增值税清算表及其附表(略)。

后　　记

土地增值税是国家为了规范土地、房产市场交易秩序，合理调节土地增值收益，维护国家权益，以纳税人转让国有土地使用权、地上的建筑物及其附着物所取得的增值额为征税对象，依照规定税率征收的一种土地资源税。

从2019年度的税收规模上看，土地增值税仅是第五大税种，但由于土地增值税从预征到清算周期长、情况复杂，加之土地增值税制度体系不完善、地方规定不统一、执法口径不一致等，清算争议不断、涉税诉讼时有发生。

为理清土地增值税政策体系，为税企双方进行土地增值税清算提供可借鉴的参考，笔者编著了《土地增值税实务与案例》一书。该书包括土地增值税概述、转让房地产收入、扣除项目、税收优惠、土地增值税预征与清算、应纳税额的计算、土地增值税清算管理、后续管理与风险管理、企业改制重组、征收管理、土地增值税清算鉴证，共计十一章内容。

该书的顺利出版，得到了各方面的大力支持和帮助，谨向你们表示衷心感谢！南京财经大学财政与税务学院院长、公共财政研究中心主任朱军教授在百忙之中为本书作序。甘肃永诚财税集团柴成山董事长提供大量案例并将本书选为集团培训教材，魏高兵和景志伟在百忙之中通读、校对了样书，立信会计出版社编辑对本书出版付出了辛勤劳动，在此一并谨致谢忱！

鉴于土地增值税政策规定多、内容复杂，加之时间紧，书中难免有疏漏和不足之处，敬请读者批评指正。并与我们联系，邮箱：896659584@qq.com(吴健)。

吴　健

2020年4月28日